国際学の道標

―地球市民学への道を拓く―

奥田孝晴 [著]

創 成 社

―孝裕へ（2019.4.20）

序　国際学を遍路する

　近年の目覚ましい宇宙物理学の発展が突き止めたこの世の誕生は，おおよそ138億年ほど前にまで遡ることができるのだそうだ。ビッグ・バンと呼ばれる突然の膨張が始まり，この世の全ての物質，あるいは時間や空間が，そこから生じた。興味深いことに，人類の先哲たちが「この世のはじまり」に対して持っていた想像力はかなり的確だったようで，世界最古の哲学思想と言われるインドのウパニシャッドには宇宙の始原として巨大な「火の玉」が登場するし，旧約聖書にも「地は形無く，虚しく闇が淵のおもてにあり，神の霊が水の表を覆っていた。神は『光あれ』と言われた。すると光があった」と語られる。古代人の叡智はこの世の誕生に触れることによって，「私たちは，もともとは一つのものだった」ということに気付いていたのかもしれない。さらに，地球に生命が生まれたのは約36億年前と言われる。その後の進化の過程は，必ずしもダーウィンらの進化論が想定したような適者生存，弱肉強食の闘争状態では無く，ある単細胞生物が他の種類と合体融合する過程が続き，それらが体内で葉緑体やミトコンドリアなどに変化生成し，原形細胞が作られていったとする説が最近では有力だ。そこには生命が持つ，不思議で，したたかな共存，共生の能力が見て取れる。ここでも，「私たちは，共に生きてきたのだ」ということをあらためて確認できるのではないだろうか。

　昔話にこだわるのは必ずしも本書の意図ではないのだが，そうした自覚を改めて確認するところから，まずは国際学という，この学知への道を歩み始めたいと私は思っている。「この世の生きとし生けるものは，すべて何らかのつながりを持っている」とは2500年前の仏教の開祖ガウダマ・シッダールタが残した森羅万象の存在論だ。あらゆる命を包み込んで成り立つこの関係性は，今日では「因縁」という仏教用語で知られているものだが，21世紀初頭期の世界にあって暮らしを営んでいる私たちにとっては，このような世界観はさほど違和感無く受け入れられるものではないだろうか。そしてこの思いは，宇宙や生命の始源がもとは「一つのもの」であり，私たちは共生あるいは共存を生業として今日の多様な世界を作り上げてきたのだという認識を暗黙のうちに受け

入れることによって，いっそう強いものとなっていく。

　ある意味，現代とはよほど厄介な時代と言えるのかもしれない。グローバリゼーション（その意味するところや実際のありよう，さらにはそれがもたらす様々な困難については本書の中で逐次解明していこうと思っているが…）が激しく進んだ結果，私たちが「世間」と考えている空間は大きく拡大しており，また，今の世代の暮らしが未来の世代により強く影響を及ぼしているという意味で，時間的関係から見たつながりもますます深いものとなっている。カネ・モノ・ヒト・ブンカが相互に移動し，世界の他地域との相互依存が急速に深まっていく中，私たちは「他者」と否応無く，経験したことが無かったような濃密なかかわりを持つに至っている。日々の暮らしが自分一人の思惑や自前の生活資源だけで完結することはもはやありえず，かつては郷や村といった共同体の中に限られていたかかわりの範囲（空間）は国境を越えて広がり，まさにグローブ（束）となって地球上のあらゆる地点に及んでいる。また，過去と現在をつなぐ回路がその太さを増し，たとえば今日のヨーロッパでは旧植民地からの移民流入によって政治的・文化的摩擦を引き起こし，旧宗主国内での緊張を高める，いわば植民地主義の報復とでもいうべき現象に直面していることなど，かかわりは時間軸によって規定され，揺れ動いている。そしてそれは，未来に向っていっそう振り幅を大きくしてゆくだろうことも容易に想像がつく。2011年3月に日本が体験した大震災と原子力発電所事故は，核エネルギーに依存する現役世代の暮らしのツケが，放射性物質の飛散・蓄積あるいは「核のゴミ」の貯蔵という形で，まだ生まれてこない未来世代に極めて深刻なダメージを及ぼすという負の関係性を，まざまざと私たちに見せつけるものだった。

　いわゆる「国際化」とはそうしたトレンド全般を指し示す用語だが，一般的にイメージされる表面上の華々しいイメージとはうらはらに，その実態は矛盾と理不尽にあふれており，かなり暗い部分の存在を否定できない。強慾と隷属，瀟洒と貧困，飽食と飢餓の理不尽な共存，環境破壊，搾取や差別，そして止むことのない戦火…今の世界には不条理や諸矛盾が溢れており，しかもそうした事象は歴史的，経済的，政治的に形作られてきた社会構造のもとで維持され，再生産されている。それらに向き合う国際学という学知には，まるで迷路のような複雑多岐の難路が待ち構えており，私たちはこの道を彷徨いながら，手探りで進んでいく他はない。敢えてその道を進むには，時々の指針あるいは道標

序　国際学を遍路する｜vii

らしきものを立てていく地道な仕事を引き受ける覚悟を決めなければならないのだろう。

　80億人が暮らす地球という惑星には元来，人為的に引かれた国境などあるべくもなく，それ自体が「閉じた空間」だ。大きな格差を抱える矛盾だらけの世界だが，平和学者ケネス・ボールディングが「宇宙船地球号」と呼んだように，私たちは広大な宇宙のごく小さなこの一点から抜け出すことは出来ず，当分の間（他の惑星への移住が出来るまで数百年？）はこの「現場」で生を全うする他はない。とすれば，今の生活をより善きものへと作り変え，明るい未来を次世代に伝えたいと願うことは，一個人，一民族，一国家の枠組みを超えた全人類的な課題となる。国際学（international studies）が踏みしめる「現場」とは，世界のあらゆる場所であり，学知の究極の目標となる幸福の実現は他者のそれとの共振によってこそ達成される課題となる。だが，そうした目標への道のりは多分険しく，試行錯誤に満ちたものでもあるのだろう。
　本書は，国際学の研究というこれまでの試行錯誤を開陳したうえで，そのさすらいの跡から，いまだ発展途上にあるこの学知の体系化のための道標を記していくことを目的としている。森羅万象と対象とする，より実践的な叡智を求めるこの「知の運動」は，数多の理不尽とそれを生み出した歴史的背景，社会構造，それに政治経済的関係性にメスを入れ，問題の所在を明らかにし，諸々の知識や運動への知恵を振り絞り，打開への方途を求めていこうとする。そして，新しい，あるべき理想としてのグローバリゼーションの形や地球市民としての基本となる生活の原理を定めていくことを目指していく。

　私が考えている国際学とは，ガウダマ・ブッダが唱えた「因縁」，つまり森羅万象の「関わり・つながり・交わり」を，それこそお釈迦さまのように掌の上に載せ，俯瞰し，それらをより善きものへと変えていこうという大それた学術的営みでもある。それはまた，最終的には世界とのかかわりにおいて自分の生きざまを問う学びともなるに相違ない。日々の暮らしを営んでいる，あるいは営むことさえ困難な多くの人々がいる世界の中で，私たちはいかに相互に絡みあっているのか，この世の諸事象との関わりにおいてどんな問題が現れているのか，そして，たとえ自分たちが意図したものではないにせよ，自分の暮らしが誰かを踏みつけたり，犠牲にしたりする形で営まれてはいないのか…「つ

ながり」の生成過程や現状を振り返ることは，同時に自身の立ち位置を検証し，「関わり」の望ましい姿を考えることでもある。

この世の複雑な事象に相対する知的な挑戦という意味からも，本書が扱う国際学とは，既成の学問体系とは質的にやや異なる趣を持った学際学（interdisciplinary studies）として，それ自体が極めて複雑で，それゆえに知的な面白さを備えている。そこには予定調和的な正解など無く，また自明な解答が一つに定まることさえ困難な，不確実性が横たわっている。それはあたかも，世界と自分とのかかわりを求めて，好奇心というオール1本を携え，先の見通しのきかない海原へと出帆していくようでもある。国際学は冒険旅行の内実を充分に備えた知のフィールドだ。予測困難なこの航海に乗り出すために，自身の立ち位置の検証や諸状況への想像力，知的武装への努力，さらには社会改革に連動する自己意識や価値観上の変化を伴わずには済まない。世界を知るということは，自身が包含されている自分の世界とのかかわり方を改めてとらえなおし，自身の生き方を再検討すること，言うなれば「自身を知ること」に他ならない。この意味で，人と人，人と自然，多様な諸々の価値観や文化の結びが促す「交わり」の中から自らを再認識することを一つの目的とする国際学とは，「交わりの知的運動」とも呼べるものかもしれない。そうであるならば，私たちは国際学とのふれあいを通じて，自分が今どこにいて，どこへ行くのかについて新しいコンパスを手に入れることにもなる。すなわち，国際学は知的なさすらいという意味での「旅」の機会とフィールドを学ぶ者に提供する。そしてその「旅」は，目的地に達するまでは留まることがない，絶えず歩み続ける運動（movement）ともなっていくだろう。

本書ではこれまで国際学研究の対象としてきた諸課題を総合し，改めて論考の俎上に乗せた。それはまた，地球市民としての教養を形作るうえで必要な一つの知的アプローチとして，「より望ましい地球市民社会」につながってゆく道を遍路していくために，所々に道標を置く試みとなってもいる。本書を通して得られる（と期待している）「知のグッズ」をパッキングして，この歩みを共にしていただければ，と願う次第である。

筆　　者

目　次

序　国際学を遍路する

道標 Ⅰ　私たちの国際学—その系譜と変遷，課題と展望— —— 1

1．「つながり・交わり・関わり」へのこだわり ………………… 1
2．グローバリゼーションという「問題」………………………… 4
3．国際学の系譜と変遷 …………………………………………… 9
4．私たちの国際学：その「立ち位置」と課題 …………………18
5．私たちの国際学の展望：「グローバル人材論」を乗り越える
　　………………………………………………………………………20
6．私たちが望むものは… …………………………………………23

道標 Ⅱ　回帰の「現場」—ヒロシマ，オキナワの「記憶」から— —— 26

1．国際学の「現場」へ ……………………………………………26
2．ヒロシマという「現場」………………………………………28
3．ヒロシマ，「いま一つの記憶」から…………………………31
4．オキナワという「現場」………………………………………34
5．オキナワ，「今」へと連なる道………………………………36
6．オキナワが切り拓く「これから」……………………………41
7．回帰すべき視座 …………………………………………………43

道標 Ⅲ　グローバリゼーションと「豊かさ」について
—「本当の豊かさとは何か」という課題に問われて— —— 45

1．「1776年ロンドン＆フィラデルフィア」から
　　「2011年フクシマ」へ …………………………………………45
2．世界の「周辺部」から「豊かさ」について考える …………49
3．グローバリゼーション下の「豊かさ」と格差の因果律 ……53

4．「有限性」への気付き，オルターナティブな技術体系と
　　　社会への志向 ……………………………………………56
　5．新しい世界認識と人間観の可能性 …………………………59
　6．「本当の豊かさ」への行動指針………………………………60

道標Ⅳ　「連帯の経済学」への視座
―フェアトレード運動と「市民力」成長会計について― ── 64
　1．フェアトレード（FT）運動の背景 …………………………64
　2．FT運動のアジェンダ（行動指針）…………………………67
　3．一次産品商品の特性とその問題点：
　　　第三世界はなぜ「貧しい」のか？ …………………………72
　4．「公正な貿易」をめぐる理論レビュー………………………75
　5．FT運動へのミクロ経済学的アプローチ …………………81
　6．市民社会の「力」と成長会計（生産関数）への適用 ………86
　7．FT運動再考―その意義と危うさ …………………………90
　8．「連帯の経済学」を考える……………………………………92

道標Ⅴ　「原子力帝国」への気付き
―"プルトニウム・ロード"の彼方，地球市民社会の行方― ── 96
　1．「冥王の火」の誕生……………………………………………96
　2．トリニティーのキノコ雲……………………………………99
　3．アラモゴードとポツダムの間 ……………………………101
　4．ボックスカーが飛んだ空―テニアンから長崎へ …………104
　5．「もんじゅ」：「夢の原子炉」の狂騒劇始末…………………106
　6．六ケ所村から見る「核」社会の風景 ……………………110
　7．原発ビジネスとそのグローバル化 ………………………114
　8．プルトニウム・ロードの彼方 ……………………………118
　9．「暗闇の思想」…………………………………………………121

目　次 | xi

道標Ⅵ　「コメ」とトウホク
―日本社会の中枢－周辺構造について（上）
【古代～昭和農業恐慌期】― ━━━━━━━━━━ 125

1．「原風景」としてのトウホク，あるいはトウホク観について
　……………………………………………………………… 125
2．安藤昌益とトウホク―封建社会批判としての「直耕論」… 129
3．大日本帝国にとってのトウホク―日本資本主義の特殊性から
　……………………………………………………………… 133
4．石原莞爾のトウホク―トウキョウ論：
　「周辺ナショナリズム」とアジア主義について…………… 136
5．植民地産米との競合環境から見る「昭和農業恐慌」と
　東北地方 ………………………………………………… 143
6．米価統制と日本型ファシズムがもたらしたもの ……… 149
7．「周辺部」としてのトウホク再評価…………………… 152

道標Ⅶ　「核」とトウホク
―日本社会の中枢－周辺構造について（下）
【高度経済成長期～】― ━━━━━━━━━━━ 155

1．田中角栄のトウホク―トウキョウ論 ………………… 155
2．「総合開発」の時代―或る中央官僚が「トウキョウの向こう」
　に見た景色 ……………………………………………… 159
3．「核半島」の地政学：下北半島国道 338 号線を行く……… 163
4．「新・核街道」のタイムトンネル：福島浜通り国道 6 号線を
　行く ……………………………………………………… 169
5．「核」とトウホク―国家体制と共同体の相克劇………… 176
6．「大盗のシステム」を断ち切るために………………… 181

道標Ⅷ　衰微するアメリカ，「帝国の原理」を俯瞰する ― 185

1．リーマン・ショックからトランプ政権の成立へ
　―その意味するもの ………………………………… 185
2．西洋覇権の終焉―世界システム論と「帝国の原理」から… 189
3．「帝国の原理」の原風景………………………………… 194

４．ソフトパワー：マック，ディズニー，「商品」としての
　　英語…………………………………………………………… 198
５．「安保法制」と「マクロ経済均衡式」から見る日米同盟の本質
　　………………………………………………………………… 204
６．テロの時代・民営化される戦争 ………………………… 212
７．新しい世界地図を描く ……………………………………… 215

道標Ⅸ 「われわれの歴史」の紡ぎ方
―学生・市民による『東アジア共同体への道』編纂記― ── 219
１．軋む東アジア世界にあって―「感情の記憶」と歴史の紡ぎ方
　　………………………………………………………………… 219
２．「知の公共空間」の創造まで…………………………………… 223
３．トランスナショナルな「共通歴史テキスト」比較研究 … 226
４．「知の公共空間」と「学び」の発展過程…………………… 233
５．迷走した「知の公共空間」―研究会の歩みから ………… 235
６．「知の公共空間」再考…………………………………………… 239
７．「われわれの歴史」を紡ぐこと・その意義………………… 241

道標Ⅹ 大日本帝国のグランドデザインと戦争責任・戦後処理 責任問題
―日独比較研究から― ───────────── 246
１．「国家が溶解した時」から考える東アジア世界…………… 246
２．大日本帝国のグランドデザイン・レビュー ……………… 250
３．戦争犯罪・責任意識と「清算作業」に見る日独比較考察 … 261
４．グローカルな地平からの市民意識の再構築 ……………… 279
５．戦争責任・戦後処理責任問題の総括と「清算」の展望 … 280

道標Ⅺ 「死者の光景」を繋ぐ
―強制された「死」の意味，奪われた命に思うこと― ── 285
１．体制の「重さ」と命の「軽さ」との狭間から …………… 285
２．「資材」とされた死者たちの光景：
　　ポーランド，ブジェジンカ村～ビルケナウ絶滅収容所跡… 288

目　次 | xiii

　　3．「資料」とされた死者たちの光景：ハルビン，七三一部隊遺址
　　　　……………………………………………………………… 292
　　4．「資本」とされた死者たちの光景：東京九段，靖国神社… 296
　　5．「資源」とされた死者たちの光景：北マリアナ諸島
　　　　～広島・長崎の回廊 ………………………………………… 301
　　6．「目前の豊かさ」が生み出した「死者の光景」…………… 304
　　7．「死者の思い」と関わり，つながり，交わることの意味… 306

道標XII（終章）　地球市民の実践理性
　　―近代西洋知と「報復の論理」，そして今，"Me-First" と
　　向き合う国際学について― ―――――――――――― 311
　　1．イマニュエル・カントの日常から ……………………… 311
　　2．近代西洋知と「主体」観 ………………………………… 314
　　3．「アトム的主体」観の下で起こっていること
　　　　―"Me-First" の構造………………………………………… 317
　　4．現代国際社会と「報復の論理」………………………… 321
　　5．「報復の論理」の諸様相―「9・11」の衝撃からトランプ現象へ
　　　　……………………………………………………………… 323
　　6．繰り返される『ユートピア』現象？ ………………… 326
　　7．「和解の論理」への道……………………………………… 329
　　8．地球市民の実践理性―国際学という学知を携えて ……… 331

【コラム】歴史の舞台を散策する

国際学の道草①　この海峡から「明治」が生まれた
　―長州奇兵隊：「市民軍」と近代国家の弁証法―【門司／下関／小倉】………… 336
国際学の道草②　Green Energy Movement 顛末記
　―「フクシマ」と向き合った小さな，しかし大いなる企て―
　　【茅ヶ崎・文教大学湘南キャンパス】 ………………………………… 347
国際学の道草③　第2インターナショナル残照と「欧州合衆国への道」
　―戦争と平和，愛国主義と国際主義―【ストラスブール／バーゼル】 ………… 356
国際学の道草④　薩摩切子とダッカモスリンの間で
　　【鹿児島・尚古集成館／ダッカ・国立博物館】……………………………… 368

xiv

国際学の道草⑤ 「アジアからの声」はまだ聴こえていますか？
　【京城／哈爾浜／旅順／仙台／台北】……………………………… 375

国際学の道草⑥ 「核」に壊された町，「核」に脅かされる町
　―2018年「2つの現場」から見えたもの，考えたことなど―
　【福島県大熊町／青森県十和田市】……………………………… 384

あとがき　395
事項索引　399
人名索引　408

道標 I 私たちの国際学
—その系譜と変遷，課題と展望—

1. 「つながり・交わり・関わり」へのこだわり

　「旅」の開始にあたり，まずは始点となる道標として，この学知の生成発展を振り返っておこう。私たちが取り組んでいる国際学（international studies）とは，推移する現代世界のダイナミズムや複雑怪奇なあり様を理解し，神羅万象の「つながり・交わり・関わり」を解析するうえで必要と思われる様々な学問の総合，学際学（interdisciplinary studies）としての性質を持っている。多様な内容を含むこの学知の基本的な立ち位置と，研究への「切込み方」（アプローチ）について考えてみよう。

　時間を人類発祥の瞬間にまで遡ってみる。およそ 440 万年前のエチオピアの高原地帯，この地の森に生息していたアルディビテクス・ラミドゥス（ラミダス猿人）は，現時点で辿ることが出来る「人類」のもっとも古い祖先とされる。けっして単純なプロセスで進んだわけではなかっただろうが，二足歩行し，文字通りの "フリーハンド" を得たとき，ヒトは大自然に対して能動的に挑戦を試みるという特殊能力を身に付けた。弱々しかった彼ら彼女らは身を守り，糧を得るためにその能力をより機能化させるべく群れを成し，様々な技術を獲得していった。当初は試行錯誤の繰り返しに違いなかったものの，人類が環境に適応する手段は多種多様で，道具や火を駆使して進めた生存への営みそのものが「文化」となっていった[1]。カール・マルクス（1818-1883）が人類を「労働する存在」[2] として捉え，あるいはアンリ・ベルグソン（1859-1941）が「ホモ・ファベル（工作人）」[3] と命名し，ヒトを類的存在として捉えようとしたように，

---

1) 文化を意味する英語 culture は，もともと「耕作」（耕す）を意味するラテン語 colere に由来する。その定義や解釈は様々だが，culture ＝文化という語には人間が自然に対して働きかけた「果実」としての精神的思索や，実生活上で改良されていく技術，およびそれらを支えた制度，習慣，言語や生活様式など，特定の人間集団が共有する価値観や暮らしの体系が含まれる，との見方は広く受け入れられている。

2 |

ホモ・サピエンスへの進化と並行した人類の生存フロンティアの拡大は，厳し
い自然環境を乗り越えていくため，集住と協働の必要性を高め，集団的機能の
発展を促していった。そして農耕牧畜技術の普及による生活革命の時代を迎
え，獲得経済から生産経済への移行がいっそうの生産力の拡大をもたらし，遂
には社会的余剰（貯え）を生み出すまでに至った。このとき，これを占有し管
理するものと，生産し供出する者との差異が生まれた。私有概念と階級の発生，
そして「『これは俺のものだ』と言うことを思いつき，人々がそれを信ずるほ
ど単純なのを見出した最初の人間（原文から考えるに，やはり「男」なのだろう―
筆者注）が，政治社会の真の創立者」[4]（ルソー）となって，ヒトは体制という^{レジーム}
新たな，そしてある意味，より過酷な社会環境に包含されていった。

　周辺の環境から受ける影響，あるいは逆に周辺の環境への働きかけ，自然環
境と社会環境との相互作用は必ずしも均衡ある形では発展しなかった。技術進
歩と組織による協業の拡大に伴って，ヒトは自然環境への働きかけを強め，そ
れを改造し，利用する術を身に付ける一方，社会的環境は多層化し，その構造
はますます複雑となり，人々により重くのしかかるようになっていった。風土
などの環境条件と内生的に形成された社会環境が織りなす生活の多様化につれ
て，特定の生活様式と思考を身に付けた集団が分化し，相互の関係も複雑多岐
に進化した。そしてこのことが時の流れとともに，相互の影響と依存の度合い
をさらに強めていく。かくして，諸々の社会集団の構成員となり，また諸々の
社会組織に包含される私たち人間にとって，日々の暮らしを営み続けるには
他者とつながり（communicate, connect），交わり（exchange, associate），関わる
（relate）ことが避けては通れないものとなっていった。

　文化集団相互の関係と接触による変容（文化触変）の重要性を「インターカ

2）「…労働過程は，使用価値を作り出すための目的に合致した活動であり，人間の欲
　望のための自然的なものの取得であり，人間と自然とのあいだの物質代謝の一般的条
　件であり，人間生活の永久の自然条件であって，したがって，この生活のいかなる形
　態からも独立したものであり，むしろ，人間の一切の社会形態に等しく共通のもので
　ある。」カール・マルクス『資本論』第 1 巻（1967）p.239

3）「…人類を規定するのに，…おそらくわれわれは，ホモ・サピエンス（知性人）と
　は言わないで，ホモ・ファベル（工作人）と言うことであろう。要するに，知性とは，
　その根源的な歩みと思われる点から考察するならば，人為的なものを作る能力，特に
　道具をつくるための道具をつくる能力であり，またかかる製作を無限に変化させる能
　力である。」アンリ・ベルグソン『ベルグソン全集 4・創造的進化』（1966）p.163

4）　ジャン・ジャック・ルソー『人間不平等起源論』（1974）p.80

ルチュラリティー」（inter-culturality）という概念を用いて捉え，相互に及ぼす作用というアプローチから国際社会の生成発展過程の考察を試みた国際文化学研究者平野健一郎は，「有史以来，文化の形成と文化関係を取り巻く環境は（自然環境であるよりも）他の文化集団が作る人工的な環境（いわゆる国際環境）であることがほとんどである」[5] として，ヒトにとっての「環境」が自然界から外発的にもたらされる以上に，社会組織もしくは人間集団関係から内生的に付与され，変容していくことを重視している。そして，文化的な統合が人々を統治（支配）体制のもとに包み込まれていく基底にあることに触れて，「人々（people）が国民（nationality）に統合されていく過程は，政治的であると同時に文化的であり，むしろ文化的統合が政治的統合の基盤でさえある」[6] として，同じような意識，均質な思考形態を持つ構成員から作られた文化環境が政治組織＝国家の誕生に決定的な前提条件となることに言及している。ヒトはつながり，交わり，関わるという行為を通じて，社会環境を作り出し生活を営む，まさしく「ポリス的動物」（アリストテレス）となっていったのだ。

　私たちが取り組もうとする国際学とは，つまるところ，森羅万象のつながり，交わり，関わりへの知的好奇心を学術的に包括しようとする試みと言ってもよい。現在，私たちの暮らし自体が複雑に重層化，構造化された世界の中での営みである限り，意識するか否かを問わず，私たちは他者（人間とは限らない。他の生き物，自然環境，まさに「森羅万象」を指している）から何がしかの影響を受け，また逆に影響を与えている。世界の相互依存は空間的に深まるばかりではなく，時間的にも過去に源を発する因果関係が現在の世の在りようを規定し，未来に深刻な影響を及ぼすリスクが強まっている。世界を貫くそうした「因縁」の中にこそ，私たちがこだわり続けるべき課題が横たわる。すなわち，私たちもまたその一部として存在しているこの世界が，いったいどのような構造の下に組み込まれ，どのような状況に置かれているのか，また何が多くの人々に困難を強いているのか，そして，どのような運動を通して今ある世界の関係性を変えてゆけば，自・他の違いや対立を乗り越えてより善い暮らしの営みを実現できるのだろうか…等々の課題を理解し，指針を定めていくことこそが，この学知の一つの目的となるのだ。

5）　平野健一郎「国際文化学の新展開」，国際文化学会誌『インターカルチュラル 11』（2013）所収，p.166
6）　平野健一郎『国際文化論』（2000）p.19

2. グローバリゼーションという「問題」

　国際学が向き合う諸課題あるいは論考の対象とするものを，ごくありふれた，しかしながら多岐にわたる概念を含む言葉で包括して表現するとするならば，それはグローバリゼーション（globalization）と呼ばれる今日的な世界動向であり，結果としてそこに巻き込まれ，その構成単位として影響を受け，あるいは逆に影響を与えている自分自身の暮らしのありよう，生活の実相だろう。

　自分が属している（あるいは属していると意識している）社会集団と他の集団との接触，たとえば民族や国を跨ぐつながり，交わり，関わりの存在は，現代に限ったものではない。古代ギリシアの歴史家ヘロドトス（BC485？-BC420？）は，遥か2500年前，都市国家カルタゴが本拠地としていた地中海域から「ヘラクレスの柱」（ジブラルタル海峡）以遠のアフリカ西海岸地帯まで長駆航海し，「リビア人の住む国」と記されているかの地域の人々を相手に行っていた「沈黙の交易」の話を次のように紹介している。

　　　「…カルタゴ人はこの国に着いて積み荷をおろすと，これを波打際に並べて船に帰り，狼煙をあげる。土地の住民は煙を見ると海岸へ来て，商品の代金として黄金を置き，それから商品の並べてある場所から遠くへさがる。するとカルタゴ人は下船してそれを調べ，黄金の額が商品の価値に釣り合うと見れば，黄金を取って立ち去る。釣合わぬ時には，再び乗船して待機していると，住民が寄ってきて黄金を追加し，カルタゴ人が納得するまでこういうことを続ける。双方とも不正なことは決して行わず，カルタゴ人は黄金の額が商品の価値に等しくなるまでは黄金に手を触れず，住民もカルタゴ人が黄金を取るまでは，商品に手を付けない，という。」[7]

　この記述の中には，古代カルタゴ人の異邦人とのコミュニケーション（つながり），交易という営み（交わり），および相互の利益実現（関わり）の方法とともに，国家・民族の際を舞台とした社会的活動という意味においての，あの時代の「国際社会」の一端が活き活きと描かれている。敢えて彼らの時代と今の時代に違いがあるとすれば，それはモノ，カネ，ヒト，ブンカの行き交う物量やスピー

――――――――――――――――――
7）ヘロドトス『歴史（中）・巻4（メルポメネの巻）-196』（1972）p.110

ドが格段に増し，それらを産み，配分し，消費する仕組みが複雑化，重層化したことが第一に挙げられる。社会組織間での分業や経済規模が拡大し，遠隔地間のつながりをより安定的に支えるために情報科学技術が急速に進歩し，諸々の社会的制度も発展していった。結果，現代社会では生活圏が同心円的に地球大にまで拡がり，相互の依存関係がますます複雑に織り込まれ，「自分」と「他者」が交わる密度が高まっている。生活圏の拡大により地球がますます「小さく」なり，相互の営みの深化によってますます「狭く」なっているのが，今日のグローバリゼーションの姿というところだろう。

　一つの例として，1本のペットボトル飲料水をとってみよう。あなたがコンビニエンス・ストアに立ち寄った際，棚に陳列されているウーロン茶（ペットボトル）を購入するとする。ふと裏のラベルに目を落とすとき，あなたはそこに「原産地：中国△△省，製造：○○○社（日本の企業名）」との記載を見ることだろう。そんな日常風景の中に，私たちは多層化した今日のグローバリゼーションの一つの側面，もっと言えば「構造」と「問題」を見て取れる。すなわち，このペットボトル飲料水が入手できる背景には生産地での安価な賃金労働，日中両国にまたがる茶葉原料の管理と集積のシステム，おそらくは第三国船籍の船会社の雇用に応じてさらに別の国々からやってきた船員たちの働きで支えられる輸入，日本企業による加工製造，そして集配ネットワークなど，諸々のステージが想像できる。製造元である日本企業のビジネスを介して，ペットボトル飲料水の「向こうに拡がる世界」に結び付けられる私たちの暮らし，その詳細までを理解するのはよほど困難な仕事だろうが，ペットボトル飲料水の生産・流通・消費に貫かれている相互依存のありようこそが，世界の人々を結びつけ，多種多様な価値観・世界観の交錯をますます濃密なものとし，時としてそれらの共存や融合さえ促している。

　その一方で，「ペットボトル飲料水の時代」には「沈黙の貿易の時代」には無かったほど強い国家権力の介在，磁力が付きまとう。もともと，国民国家（nation state）という歴史的・社会的概念は17-18世紀のヨーロッパで形作られたものだった。1648年のウエストファリア条約を経て「主権国家」概念が形成された。それは一定の土地（領土）に住む均質的な文化を備えた人間集団（国民）が他の社会集団から自立した意思決定の組織と権力（主権）を認められた結社体（association）として，今日の国際社会の基本的構成単位となっている。近現代史の諸経験が示すように，ある時にはそれは他者の生活圏を脅かし，支

配と隷属を押し付ける災厄の源となったし，またある時には逆に，独立と解放を実現するための手段としての希望のシンボルともなった。グローバリゼーションの進展にもかかわらず，いや，それゆえにこそ，現代国際社会には各国家の意思が複雑に交錯し，その「呪縛」がいっそう強力に働いている。人々はしばしばそれに囚われ，時には権力者が発する甘言や世論操作に惑わされて，排外的なナショナリズムに傾き，やがて民族間の対立や国際紛争の原因ともなっていく。また，既存の国際秩序は諸国家の権力の強弱や経済規模の大小にしたがって構成されているばかりではない。グローバリゼーションが進展する下で，各国民経済はその動向に規定されつつ不均等な形でしか発展しない。格差の拡大が進む結果，世界には重層的な権力「カースト」が形作られ，下層部に置かれる人々を抑圧し，飢餓，貧困，離散といった不条理が押し付けられていく。そう，「ペットボトル飲料水の物語」に表わされている今日のグローバリゼーションは，けっして多くの人々にハッピーな状況をもたらすものでなく，多くの民衆を苦しめる圧力でもあるのだ。

　「幸福でない世界」のありようは，とりわけ 20 世紀末，東西冷戦の崩壊以降にますます露わなものとなってきたように感じられる。新自由主義（ネオ・リベラリズム）という名の市場万能主義論が欧米や日本で力を増し，強者の強欲の結果を「自己責任」と言いくるめる論法がまかり通る一方で，そのしわ寄せを受ける社会的弱者へのセイフティー・ネットは次第に脆弱なものとなり，富と権力の偏在がますます強まっていった。不均等な発展を遂げる世界の中にあって，この優勝劣敗の原理は「グローバル・スタンダード」とまで見なされるようになり，力ある一部の層が富強を占めていく傾向がますます鮮明となっている。その反動として，没落し，疎外された周辺部民衆には不満が鬱屈し，それを背景にした反作用が急進化することで対抗的暴力としてのテロリズムが台頭している。この傾向を主導したアメリカ合衆国への反発が強まることで国際社会はますます流動化し，21 世紀を迎えたとき，国際秩序は極めて不安定な局面に突入していった。ネオコン（neo-conservatism）と称される，国際資本主義を主導するネオ・リベラリストたちがアメリカ合衆国の政権中枢を占めるに至り，驕慢な態度で「アメリカ一極主義」を掲げ，いっそうの構造的暴力を押し拡げようとしたとき，彼らは痛烈な対抗的暴力に直面することとなった。2001 年の「9・11」は，アルカイダによる同時多発テロという形態を取ったが，それは本質的には世界資本主義の中枢に対する周辺部からの対抗的暴力を表す

ものだった。そして驚愕し，体面を汚された合衆国の政権中枢は「テロとの戦い」を大義に掲げてアフガニスタンやイラクへの侵攻作戦を強行し，ニューヨークでの「雪辱」を果たそうとしたわけだが，そこではアメリカの兵士ばかりでなく，現地の民衆（その多くは何らの抵抗の手だてを持たない婦人や子供たちだった）を含む数十万人の命が犠牲に供されたのだった。

　国際社会は急激な変動を遂げている。冷戦構造が崩壊して資本主義が世界を包含するに至り，諸地域の経済発展の不均等があらわになるほど，かつてロシア革命の指導者トロツキー（1879-1940）が80年以上も前に，社会主義革命前ロシアの状況に対して，「先進諸国に肩を並べようとせざるをえない後進国は順番を守らない。歴史上の立ち遅れという特権のおかげで中間の一連の段階を飛び越えて，予定の時期よりも先に既成のものを摂取することが可能となる。いや，もっと正確に言えば，そのことを余儀なくされる」[8]と分析したような流動化現象が，地球規模で現出している。とりわけ海外からの急激な資本移動を背景にして中国，インドを代表格とした一部後発諸国への工業生産能力の移転が急速に進んできた。世界経済重心のシフトという構造的変化は，グローバリゼーションの近未来を考えるうえで極めて重要な要因となるだろう。

　圧迫される世界周辺部からの民衆の対抗運動と，国際社会における"リ・オリエント"の動向，そしてそれらの交錯から生まれる変動とその未来を正確に予見することは難しい。ただ確実に言えることは，私たちが利用できる経済資源が有限なものであることを踏まえる限り，人間の欲望を満たすために際限もなくエネルギーを消費し，果てしなく経済成長に突き進んでいくことには自ずと限界があること，そして，そうした"神話"の上に成り立ってきた既存のグローバリゼーションが到底持続可能なものではあるはずもなく，そこには明らかに何らかの「終わり」が見通せる，ということだろう。

　一方で，IT技術の発展を追い風として進むコミュニケーション環境の劇的変化は，これまで国家や巨大資本の影響下に置かれてきたマスメディアに対抗する潜在力を世界の民衆にも提供し始めている。すなわち，権力による情報の統制や締め付けに対して，その管理を乗り越えようとする市井市民がSNSなどの情報発信ツールの成長に支えられ，既成の国際秩序のあちらこちらに穴をあける動きがみられる。そして，この過程で蓄積された市民社会のソーシ

――――――――――――――――――

8）　トロツキー著／藤井訳『ロシア革命史1』（2000）pp.53-54

ャル・キャピタルを原資として，別のグローバルなステージ（オルターナティブ）が用意されつつある。世界各地では地域に根を張る市民の運動が共通の目標を見出してつながり，距離の制約を乗り越えて交わり，自身の生活の改善と共に他者のそれとの関わりを捉え，自身の立ち位置へのラジカルな再検討を迫るモーメントを生み出している。多元的な世界民衆の位相と文化的多様性を認め，そのうえでの「自」・「他」の区分を止揚しようとする地球規模での民衆の連帯と市民間ネットワークの生成発展，政治哲学者アントニオ・ネグリ，マイケル・ハートらが「マルチチュード」[9]と名付けた，自立する市民による既存社会の矛盾を問い直すような諸運動が一つの潮流となりつつあることも，今日のグローバリゼーションを語るうえでは見逃せない。

　要するに，こういうことだ。「沈黙の貿易」時代に比べて，「ペットボトル飲料水」時代の世界のありようは複雑化し，重層的な権力構造がビルトインされ，不均等な発展が諸々の深刻な問題を生み出している。そして，浪費する規模に比する資源の制約が顕在化していく状況の下で，類的存在としてのヒト集団は強者と弱者，「富める者」と「貧しき者」，「中枢」と「周辺」へと分解し，市民社会の紐帯は解き崩され，多くの人々が生存さえ脅かされている。そして，一部の人々の強欲と占有をグローバルな規模で支えようとする「力の原理」に対峙する形で，主体的につながり，交わり，関わろうとする人々の，地球市民意識に基づいた諸々の運動が萌胚している。それらが目指す「もう一つの，別物としてのグローバリゼーション」の原理こそが，私たちが注目したいものであり，「ペットボトル飲料水」の物語もまた，既成のグローバリゼーションの脈絡とは異なる，別の物語の中で再構成されるべきものなのだ。

---

[9]　「…グローバリゼーションには，国境や大陸を超えた新しい協働と協調の回路を創造し，無数の出会いを生み出すというもうひとつの側面もある。…それぞれの違いはそのままで，私たちが互いにコミュニケートしたり一緒に行動したりすることのできる＜共＞性［＝共同・共通性］を見出す可能性が生まれているということだ。したがってマルチチュードもまた，ネットワークとして考えることができるだろう。すなわち，あらゆる差異を自由かつ対等に表現することのできる発展的で開かれたネットワーク，言いかえれば，出会いの手段を提供し，私たちが共に働き生きることを可能にするネットワークである。」アントニオ・ネグリ，マイケル・ハート『マルチチュード（上）』（2005）p.19

3. 国際学の系譜と変遷

　グローバリゼーションの進展と社会の変容に伴って，「国際」に関連した学知もまた，近代以来，様々な形で生成発展を遂げてきた。ここでは私たちが思い描く「国際学」へとつながっていく，「国際」学知の発展系譜を辿ってみよう。それはまた，時代の変遷とともに生まれ，育ってきた私たちの「国際学」の内実とその課題，そして展望を確認するうえでも，何がしかの示唆を与えてくれる。

a. 国際関係 (inter-national relations) 学としての「国際学」：近代〜20世紀後半

　現代の国際社会が主権を持った国民国家を単位として構成されていることからすれば，多くの人が「国際」の対象もしくはイメージを国家間の関係に向けることはごく自然のことだろう。国家間関係 (relations of inter-nation states) を対象とした本格的な考察は，1648年のウエストファリア条約による主権国家システムの成立以降あらわれ，近代に入って形を成してきた。フランス革命後，ヨーロッパ規模の国際戦争となったナポレオン戦争の経験をふまえたプロイセンのフォン・クラウゼヴィッツ (1780-1831) の『戦争論』 (Carl von Clausewitz, *Vom Kriege*, 1832) や，同世紀末のアメリカ合衆国の台頭と海軍力拡充を背景にシーパワーの戦略的重要性を唱えたアルフレッド・マハン (1840-1914) の『海上権力史論』 (Mahan, A., *The Influence of Sea Power upon History*, 1890)，さらには第一次世界大戦という総力戦の経験をふまえて著された昭和初期日本の石原莞爾 (1889-1949) による『世界最終戦論 (最終戦争論)』 (1940) などは，その代表的著作となるものだろう。これらに共通しているのは，国家間の勢力均衡もしくはその変更を外交，時には戦争という手段を駆使して実現し，国益の最大化を追求するという課題に関心が集中しており，「国際」という言葉を掲げながらも，実際には一国 (自国益) 主義に立って国際社会の実体を認識し，為政者たちのパワーポリティックスに貢献しようとするものだったという点だ。

　こうした国益中心思考の傾向は，第二次世界大戦後に至っても基本的に変わるものではなかった。東西冷戦は表向きにはイデオロギー対立を装いながらも，本質的には2極にブロック化された主権国家間の関係力学に支配されており，当時の「国際社会」に関する学知が意味するものの実質は，伝統的な勢力均衡理論に基づいた，国家権力間の関係と戦略分析を主目的とした静態的な国

際関係（inter-national relations）学としての性格が強かった。そした国家を主要なプレイヤーとし，国家権力の強弱に従って構成される各国政府の世界戦略を分析することを主眼としていたがゆえに，ここに蓄積された「知」は専ら政権エリートたちに利用され，時の権力者たちの利益に奉仕するものとなっていく傾向が強かった。「自由世界（アメリカを中心とした「西」側―筆者注）が公然たる赤軍（ソ連を中心とした「東」側―同注）からの侵略をはねのける断固とした意思，もし世界のいかなる場所でのそれが起きた場合，侵略を撃退するための手段は即座に報復することこそが一つの，それも唯一の解決策である」[10] として大量報復戦略理論を唱えたアイゼンハワー大統領時代（在：1952-1960）の国務長官ジョン・ダレス（1888-1959）はそうした学知の忠実な履行者だった。また，ニクソン大統領時代（在：1969-1974）の大統領補佐官，国務長官を歴任したヘンリー・キッシンジャーも，「…1か国か，いくつかの国からなるグループが，平和―戦争を避けること―を，その第一の目標としていた時は必ずと言っていいほど国際組織は，国際社会の中の最も残酷な国家の意のままにされてきた。ある主義に対して，たとえ平和のためであっても，妥協することができないと国際秩序が確認した時には，少なくとも，力の均衡にもとづく安定だけは考えられたのである。」[11] として，国家間のパワーバランスを核心的概念とする国際関係論を信奉していた。現実主義的反共論者としてのキッシンジャーは，"近代伝統的発想" をもって勢力均衡の重要性を以下のように力説している。

> 「我々が，少なくとも我々とソヴィエト・ブロックとの間の力の均衡を維持しない限り，いかなる積極的な手段をも取る機会をもつことがないであろう。…国家は，正義に対する自らの解釈ならびに死活的な関心事に対する自らの考え方のために，すすんで戦うときにのみ生存できる。」[12]

冷戦期アメリカ合衆国の権力中枢にあった両氏に共通した「国際」観は極めて明快だ。すなわち，ここに言う「国際」とは，国家間関係を国益の維持・拡大という観点から追求され，結果として国家権力間の妥協をひねり出すための

---

10) Richard H. Immerman, *John Foster Dulles, Piety, Pragmatism, and Power in U.S. Foreign Policy*, 1999, p.40
11) ヘンリー・キッシンジャー『回復された平和』（2009）p.2
12) 同上著『核兵器と外交政策』（1988）pp.282-283

"舞台"でしかなく，国際関係論は主権国家間の「最大幸福」の実現（ただし，それはけっして「最大多数の」ではなく，超大国を頂点とする権力序列に基づいた，しかも不安定な形での実現）に関する権力エリートが独占する学術の域を出るものではなかった。

b．民際（inter-nations）学としての「国際学」：20世紀末〜21世紀初頭

　ヴェトナム戦争を契機としたアメリカへの侵略行為に対する道義的批判の高まり，その絶対的な覇権の動揺，第三世界の資源ナショナリズム，ベルリンの壁崩壊，ソ連消滅といった大事件が続き，冷戦構造が大きく崩れていく20世紀末の変動を背景にして，世界には従来の一国主義的取組み，あるいは各国家権力間の合従連衡とパワーゲームだけでは解決が困難な問題が顕在化するようになってきた。地球温暖化対策としてのCO_2排出削減問題など，いわゆるグローバル・イッシューが深刻化する一方で，ヨーロッパにおける欧州連合（European Union）の拡大と深化，あるいは中距離核戦力配備反対運動や「緑の党」に象徴されるエコロジー運動やフェミニズム運動の発展としてのジェンダー・フリー論の台頭など，国境を超えた，より広域的な共同体市民としての意識が覚醒し，それらの運動を草の根で担い，支える市民の動きが台頭してきた。「国際的活動」の担い手が各国政府から国民各層の民間諸組織にも広がり，また国境を跨ぐ広域的な連携やつながりが発展していった。国際機関，市民団体，NPO，企業さらには大学などの多様な文化主体が国際的なつながり・交わり・関わりの度合いを深め，重層的な国際関係が構造化されていく中，さまざまな文化主体の「横」（諸運動の地域的な広がり）と「縦」（諸運動の時系列的な発展と重層化）の広がりによって，グローバリゼーションの解釈にもまた，次第に多様なニュアンスが付加されていくこととなっていった。その帰結として，「国際」に関する学知を権力エリートの占有から開放し，「際」を跨ぐ民衆にとってより有益な学知を求める期待が高まっていった。

　学術分野に目を転じれば，こうした対抗軸が世界的な「反逆の時代」である1960〜70年代に既に生まれてきたことは興味深い。経済学では新マルクス主義派と呼ばれる論者たちが第三世界の貧困，低開発問題をマルクス経済学の剰余価値論を援用し，剰余価値率の国際的格差が周辺部（第三世界）から中枢部（先進諸国）への富の移転をもたらす，との従属理論によって解釈しようとした。英米資本主義に従属するチリの低開発問題を「低開発の開発」との概念で

論じたアンドレ・フランク，制度的に差異化された剰余価値率の違いから国際的不等価交換が生じるとしたアルジリ・エマヌエル，資本主義の世界体制下で商品・資本の可動性と労働の非可動性という矛盾に焦点を当て，中枢部から周辺部への剰余価値搾取＝価値移転が制度化されるとの理論フレームで欧州—アフリカ間の不等価交換システムを説明しようとしたサミール・アミンなど，一連の労作がこの時期に現れている[13]。また歴史学の分野では，イマニュエル・ウォーラーステインが16世紀以降の世界が西欧世界の主導下で一体化され，史的（資本主義的）社会システムとしての近代世界が現出したとする「世界システム論」を展開した[14]。これらはいずれも，為政者に奉仕するのではなく，民衆の側に立ち，彼ら彼女らが辛酸をなめてきた抑圧や搾取の根本原因に迫ろうとした学究アプローチとして注目される。それはまた，当時の冷戦構造の行き詰まりや第三世界からの既存国際秩序に対する挑戦，いわば「反逆の時代」を背景にして生まれてきた学知でもあった。

　ところで，「国際学」を意味する英語 international studies が示すように，もともとそれはグローバリゼーションの構成要素の多様化あるいは重層化をより包括的に捉えるために，既成の諸学問が既成の体系（コンテクスト）の不十分さを相互に補うことで壁を乗り越え，単にパワーポリティックスの関係に留まらない諸国家・諸国民の社会・経済・文化的関係を総合的に理解する必要に応えようとする総合化への努力，すなわち学際学（interdisciplinary studies）として形を成してきたものだった。20世紀末にあらわれてきた「国際学」は，一部の権力エリートがプレイヤーである国家間の勢力均衡ゲームに代わって，国家以外の文化主体，非政府組織等がより能動的な役割を果たす国際社会の現実に対応すべく，旧来の「国際関係学」をもっと裾野の広い，より重層的な広領域学として捉え，諸国民間での協力やコミュニケーションの意義を説いた。それは実際面では国家・政府間の関係レベルを超えた，諸国民間の相互関係研

---

13)　主な著作は以下のとおり。Frank, A. G., *Capitalism and Underdevelopment in Latin America*, 1971, Emmanuel, A., *L'echange Inégal*, 1970, Amin, S., *L'echange Inégal et la Loi de la Valueur-la fin d'un Debat, avec une Contribution de Jadish C. Saigal*, 1973

14)　主な著作は以下のとおり。Wallerstein, I., *The Modern World-System: Capitalist Agriculture and the Origin of the European World-economy in the Sixteen Century*, 1974, *The Modern World-System vol.2: Mercantilism and the Consolidation of the European World-economy, 1600-1750*, 1980, *The Modern World-System vol.3; the Second Era of Great Expansion of the Capitalist World-economy, 1730-1840s*, 1989

究としての「民際（inter-nations）学」として，また思想的には「権力者の学」への一種の対抗知として生まれてきたと言えよう[15]。

日本におけるそうした思想萌芽の一例として，ここでは筆者が所属する大学・学部の先達でもある戸田三三冬（歴史学）の論文から，以下の一節を紹介したい。ここからは，国家間のパワーゲームを超え，そこからはみ出し，抵抗する民衆の運動，あるいは民族の移住，国家を超えた移動がもたらす世界構造変移をふまえた，脱国民国家的な視点が見て取れる。

　　「…おおまかに『近代』として知られる時期と，『グローバリゼーションの時代』との間には，決定的な相違がある。近代の特徴は，強力なヘゲモニーを発揮する国民国家のリーダーたちが，排他的な市民性を作ろうとしていた。世界はもはやそのようなものではない。国民国家を超えて外に開かれた多面的な連帯組織の範囲は，よりオープンに，より受容的に，ディアスポラ（移住，植民）的な忠誠を許容してきている。」[16]

戸田の指摘は20世紀末の冷戦構造の崩壊を促した西欧などにおける脱国家主義的な市民運動や，第三世界の台頭を背景に，国民国家枠を乗り越えて形成されていく民衆の連帯運動ネットワークとしての「越境する市民社会」を肯定的に捉え，それらがより調和的で平和的な社会を構築するための手段となるとする考え方に立っている。しかしその一方で，市民組織が「リベラルデモクラシー実践の障害と見なされるだけでなく，時にナショナリズム，排外主義，さらには人種主義的な様相を呈し，国家間や民族間の対立を緩和するのではなくて逆に摩擦を劇化させる存在ともなっている」[17]との指摘もある。とりわけ東アジアにあっては，反日，嫌韓・嫌中などの排外的なナショナリズムに強く結びつけられている市民組織もけっして少なくはなく，それらの主張が世論を喚起し，政治的にも影響を及ぼしている。市民社会の多様性・多層性は同時

---

15) 必ずしも明示的なものではなかったものの，学際学的な知の拠点として我が国における国際学部は1986年に明治学院大学において初めて創設され，1989年に桜美林大学がそれに続いた。ちなみに，筆者の所属組織（文教大学国際学部）は1990年，日本では3番目の創設となった。

16) 戸田三三冬，山脇千賀子「グローバリゼーションとディアスポラ―なかま，つながり，＜ホーム＞をめぐる対話」（2001.2）p.99

17) テッサモーリス・スズキ「地域外交における市民社会」（2013）p.258

に「複雑系」をも生み出すのであり，社会におけるさまざまな利害および既得
権の所有と分配をめぐる調整と対立の場として市民社会の存在が21世紀になっ
てクローズアップされるようになってきた。そして，共生や協働を説く草の根グ
ローバリズムとは逆に，サミュエル・ハンチントンの「文明の衝突」論[18] が提
起するような，諸国民・諸民族の価値観の相違を強調する傾向もまた強く残っ
ている。「不平等が数多く存在し，政治的緊張の高い場所としての市民社会の性
格」[19] が露わとなっていく中で，諸国民間の連帯の運動を理想とした民際学的ア
プローチの限界もまた露呈し始めており，錯綜する利害対立のもとで，それら
を止揚した高次の共同的利益，すなわち，地球市民（global citizenship）としての
「公共益」をより積極的に求めていく知的運動の要請が近年では強まってきた。

c. 「グローバリゼーション・オルターナティブズ」と私たちの「国際学」： これから～

　「地球上には様々な文化が存在する」と言うとき，それは何も平面的に広が
った文化主体の多様さを意味するだけではなく，個人から国際社会までの重層
的な厚みをもってそれらが構成されていることをも意味している。すなわち，
諸々の政治権力の介在に影響を受けつつも，多種多様な経済・文化主体が入り
交じる今日のグローバリゼーションには，国家やエスニシイシティーの出自に
必ずしもとらわれず，その相違を乗り越えていこうとする市井市民の運動がか
なり重要な機能を担っており，部分的にではあるにせよ，それらが近代国民国
家が強要する束縛から人々を解放し，地球市民社会の創造基盤を徐々に整えつ
つあるという側面も見られる。たとえば，フェアトレード運動やスローフード
運動の展開，あるいはエコツーリズムやソーシャル・ビジネスのような新しい
ビジネスモデルの出現は，国民国家のフレームというよりは，実践現場として
の「地元」から世界と直につながろうとする試みでもあり，地域に根を置いた，
より善きコミュニティーの創生努力をグローバリゼーションとのかかわりの中
に位置づけ，点（地域）から面（国際社会）に至る構造の再構築を目指すという
「新しいグローバリゼーション」（globalization alternatives）を模索する方向性を
示している。そうしたグローバル＋ローカル＝グローカルな感性を共有する市

---

18) Hungtington, S., "The Clash of Civilizations," *Foreign Affairs*, vol.72, 1993
19) テッサモーリス・スズキ，注17掲載書，同頁

民の共生・協働の可能性を捕捉し，運動への寄与を目指す学知，いわば「地球市民内（intra-global citizens[20]）学」とでも命名すべきものこそが，私たちがこれから目指すべき「国際学」のイメージに近い。

　そこで取り上げられるべき主題は政治，経済，法律といったハード（制度的）なフレームに留まらない。たとえば観光業は現在，ローカルなレベルからグローバルなレベルに至るまで，きわめて広範囲に展開されているものだが，人の移動に伴って派生する異文化世界体験や交流文化は，きわめて「国際学的なるもの」だろう。それは観光という行いが世界の交流文化の媒体（メディア）となる積極的な意義を持っているからであり，単なる物見遊山としてではなく，心と体を動かし，他の土地に出向き，人と触れ合う，そのことを通して他の文化や価値観に触れ，多様なものの見方，価値観の共生態度を養う，それが「旅」というものの意味だろう。すなわち，観光とは単に「光」だけではなく「影」をも総括して理解し，世界の中の自分を捉え，世界との関わり，交わりをより善いものとしていくための手段と考えられる。ビジネス活動もまた，営利活動の側面とともに人と人をつなぐ営みと再定義すれば，私たちの「国際学」を構成する主要なイッシューとなる。さらに，多文化理解やコミュニケーションを図っていく手段としての言語（外国語）教育研究といったソフト（機能）・フレームについても，私たちの「国際学」が取り組むべき対象となることは明瞭だ。これらの営みや課題は森羅万象のつながり・交わり・関わりを構成するパーツに他ならず，自身の暮らしのありようと結びつけることで，地球市民社会とでも命名すべき新しい「公共」の中にそれらの課題を位置づけ，考察しようとする学知の姿勢こそが，いま問われている。

　地球市民学としての私たちの「国際学」はまた，既成のグローバリゼーションとは異なった，新たな生活原理と革新への方向性を目指すという意味あいを持っており，「西洋覇権の時代」から「“リ・オリエント”の時代」へという国際秩序の構造変動を背景に，西洋中心史観からの脱却と新自由主義イデオロギーへのアンチ・テーゼとしてのコンテンツを備えようとする。それゆえに，脱国家主義的な市民意識の覚醒と，文化的多元主義に根を置いたトランスナシ

20）　ここで言う地球市民（global citizen）とは，近代的意味での国家体制内で諸権利を有する国民，民衆を意味するのではなく，むしろ国家の「際」を乗り越え，多文化主義的視点と多元的価値観に立脚した，より広域な国際社会での共生・協働を目ざすインターナショナルな公共概念のもとでの市民性を備えた現代的人格の在り方を想定している。

ョナルな市民社会の構築という課題への学術的寄与，あるいはその実現のための諸運動論へのコミットメントは，それ自体が私たちの「国際学」＝地球市民学の豊穣化につながっていく可能性を持っている。先の戸田論文には，既にこうした展望を予感させる次のような言及も見られる。ここには，「くに＝故郷」というローカルな現場を踏まえた，グローバリゼーションの再検討という知的課題が既に想定されていた。

> 「…インターナショナルとはイタリア語で internazionale であるが，そもそも，語源的には，inter＋nation であり，natio は nascere（生まれる）に由来し，『生まれた処／生地』を意味する。従って，『インターナショナル』は，明治時代に『国際関係』と『国』の字を入れて訳されたけれども，この場合の『国』は『国民国家』ではなく，『くに＝出生地＝故郷』というふうに理解する方が，本来の意味に近い。そして，こう考えると，『インターナショナル』は，『グローバル』と違って，一人一人が根を持ちつつ連合するという意味を持つ。」[21]

　今日，私たちがここで論じている「国際学」に近似する学知としての「国際文化学」には，そうした行動原理が幾つかのアプローチを通して示唆されている。同学会活動の発展に伴って，各大学でも関連講座が増加しているが，公刊されている幾つかのテキストの中にも市民生活の場からグローバリゼーションと対峙し，世界の諸事象を「我がこと」として捉え，能動的に関わろうとする筆者たちの共通した「志」がうかがわれる。下記，代表的なテキストを紹介しておこう。

1）山口県立大学国際文化学部：『星座としての国際文化学』（2013）
　「…国際文化学で会得するのは，人類の過去の歴史から未来まで，足元の地から遠く離れた世界の各地まで，多様な立場からモノ，ヒト，情報を吟味する学びのスタイルです。心の目を研ぎ澄まし，見えるものだけでなく，見えない関係性までを読み取ったうえで，文化交流や文化創造，文化発信という具体的な形につなげていく手法は，これからの予測困難な未来を生き抜く力となるでしょう。」[22]

21）注 16 掲載論文，p.101
22）山口県立大学国際文化学部編『星座としての国際文化学』（2013），［はじめに］より

道標 I　私たちの国際学　│　17

> 2）静岡文化芸術大学文化政策学部国際文化学科：『国際文化学への第一歩』（2013）
> 　「…一方で，新しい時代の要請を受けて生まれた学問の実践性も私たちは強く意識
> している。『新しい時代』というのは，国際性がそのまま地域性・日常性を持ち，地
> 域性・日常性がそのまま国際性を帯びる時代である。異文化接触の『現場』で学び，
> その際（きわ）に身を置く教育，研究の実践は，教育プログラムを豊かにするだけ
> ではなく，新しい学問としてのフロンティアを切り拓くことにつながっている。」[23]

　「地球市民への志」は，私たちが目指す国際学の中にも共有されている。こ
れまで私たちが公刊してきたいくつかのテキストもまた，以下のメッセージを
もって，この学知に込めた思いを若い世代に伝えようとしてきた。

> 3）文教大学国際学部：『三訂版・グローバリゼーション・スタディーズ』（2012）
> 　「…グローバリゼーションと呼ばれる現象が進むなか，私たちは地球環境や世界
> の人々とのかかわりを否応なくもたざるをえません。よりよい明日を求め，それを
> 実現していくための智恵と想像力が今ほど大切なときはなく，あらゆる人々の多様
> な経験，価値観，生きざまを交錯させ，1つの『道』を見出すことが今ほど問われ
> ていることもありません。自分がいったいナニモノであるのか，他者とどのような
> かかわりを持っているのか，そして，これからどのような明日を皆で作り上げてい
> くのかといった課題，いうなれば地球市民的な感性に立った自分と世界との関係性
> への想像力，多様で多元的な世界への理解，そして共生への行動指針こそが国際学
> で問われる内容であり，これらの課題を追究してゆけば必ず気付かされてしまうだ
> ろうこの世の不条理や理不尽に憤り，一市民の立場から，世界の人々との協働作業
> を通じてより良い未来を目指す運動として，私たちはこの学を捉え，理解し，発展
> させていきたいのです。」[24]

> 4）同：『私たちの国際学の「学び」』（2015）
> 　「…この『学び』は，他の学問とは少々変わった，参加型あるいは実践型の学問
> であるとも表現できるでしょう。あえて言えば，私たちの国際学の『学び』は，寒

23）静岡文化芸術大学文化政策学部国際文化学科編『国際文化学への第一歩』（2013）
　　p.3
24）奥田他編著『三訂版グローバリゼーション・スタディーズ』（2012）p.303

い時期にテーブルを囲んで作る『鍋もの』のようなものです。『学び』の具材はいろいろで、みんなで持ち寄ります。たとえば、私たちの大学ではキャンパス周辺の森づくり、地域づくりへの協力活動をはじめ、東アジアからの留学生たちを交えた『東アジア共通歴史教科書』作り、外国からやってきた日系の労働者たちの子供たちが通う小学校での『多文化教室』支援、国内外でのボランティアなど、地元（ローカル）から世界（グローバル）へとつながっていこうとする『地球市民』としてのさまざまな活動が行われています。それら一つひとつが国際学の『学び』という『鍋』作りの大切な具材となり、みんなの関わり・つながり・交わりが調味料となって、"いい味"を作り出していくことでしょう。そしてそんな形で生み出される『鍋』をみんなで囲み、つつきあうことで、ここに集う人々の体と心は確実に温かくなっていくことでしょう。」[25]

　権力エリートたちによって形作られ、支えられてきた既存の国際社会とグローバリゼーションのあり方に対して、より積極的に市民の参画を促し、主体的に「新しいグローバリゼーション」を作りあげていくモーメントを発信していく源として、国際学はその知的機能を担う。それはまた、社会変革の諸運動と結びつき、この世の在りようを再構築していくうえで不可欠な、市民のより創造性ある世界認識を作り上げる要の一つの学知となることを強く期待されてもいる。

4. 私たちの国際学：その「立ち位置」と課題

　私たちが志向する 21 世紀の国際学＝地球市民学は、実践志向の学知として諸学の並列、混在、アラカルト的な複数の学術体系（たとえて言えば「回転寿司」のようなもの）としてでは無く、それらの融合、止揚、あるいは総合化された学術体系（たとえて言えば「鍋もの」のようなもの）作りへの試行錯誤を続けてきた。この学知に対する解釈はなお不安定であり、多岐にわたるものであるのかもしれない。しかしながら、その性格上、避けて通ることのできない課題群は確実に存在していると思われる。
　たとえば、その一つに資源、エネルギー制約の顕在化や環境問題の深刻化に

25）奥田・椎野編著『私たちの国際学の「学び」』（2015）pp.14-15

道標 I　私たちの国際学　｜　19

伴って派生するグローバル時代特有の諸問題が挙げられる。ただし，それらへの取り組みには「一般的な」，あるいは「客観的な」時事問題の解説としてではなく，地球市民としての自己認識をふまえた問題意識と想像力，そして知的な謙虚さが要請されるだろう。例えば，CO_2の排出増が異常気象や海水面の上昇をもたらすという地球温暖化の問題を語る時，私たちは自らのエネルギー浪費的なライフスタイルや経済成長至上主義が，CO_2をほとんど排出していないツバルやキリバスなどの南太平洋の島嶼諸国を今まさに海中に沈めようとしており，住民が総移住することさえ覚悟しなければならないまでの危機的状況に追い込んでいる，という理不尽な因果関係に想像力を働かせるべきだろう。また，「3・11」まで多くの日本人が疑うことのなかった原子力に依存する電力の供給システムが，ウラン鉱石採掘に伴ってオーストラリアやカナダの先住民を被曝させているという加害性，減損ウランを原料とした劣化ウラン弾の大量使用によってアフガニスタンやイラクの子供たちに小児がんを多発させているという戦争犯罪への加担，そして浪費的ともいえる首都圏の電力消費を賄うべく建設された原発のメルトダウン事故が電力供給の恩恵を受けない地域の住民を半永久的に故郷から追放しようとしているばかりでなく，さらには十万年以上先の世代にまで超危険な放射性廃棄物を押しつけるという不条理などにも絡んでいることなど，これまでの自分の生活を成り立たせてきた関係，それを支えてきた社会構造，それが生み出した構造的暴力への気付きなくして，本当の意味での「国際問題」を理解することなど困難だろう。

　グローバリゼーションの現実を意識した自分たちの生活圏を，ここでは「現場_{ローカル・ピボット}」という言葉で表現しておこう。ここで言う「現場」とは，つながり，交わり，関わるときの自分の立ち位置，すなわち視点と価値観の基点のことを言う。私たちは「現場」にこだわり，それ自体を，あるいはそこから周囲を作り変える努力を通じて，世界の諸事象と向きあっていきたい。地球市民としての自覚のもとに，人々がそれぞれの「現場」から他者との関係をより善きものへと作り変え，共生と協働を可能とする仕組みを打ち立てていく努力を続けることでしか，私たちは既存の自・他の関係性を止揚した，「私たちの世界」を実現していくことはできない。グローバルな市民意識と「現場」での実践の結合，すなわちグローカリゼーションの志こそが「より善き地球市民社会」を創世していくための基本原理となる。そして「現場」にこだわりつつグローバリゼーションという「外郭」を意識し，自己を客観的に見つめ直す。そうした思

考回路を経て，「ローカル」だけの枠内にあっては見えなかったもの，考えが及ばなかったものへの気付きが生まれ，今度は逆に「グローバル」なレベルでは捉えきれない「ローカル」な部分から革新的思想が生まれる。より高い視点から社会を俯瞰し，自己を相対化し，ローカルな文化を自覚しつつも，さらに意識的に自分がおかれている社会的・文化的環境を相対的・総合的に捉えることのできる資質，言うなれば国際学のセンスとでもいうべき知的感性の重要さについても留意しておきたい。

　一方，政治学者ベネディクト・アンダーソンがその著で述べたように，国民国家とは「イメージとして心に描かれた想像の　政 治 共同体である」[26]（イマジンド・ポリティカル・コミュニティ）とするならば，その逆の捉えなおし，すなわち，「際」を意識しつつ国家が作り上げた諸々の障壁を這い上がり，跨ぎ越え，あるいは浸み出していくこともまた，想像力を駆使すれば可能な作業と言えないだろうか。相互依存が進む東アジアにあって，それと裏腹に諸国民の間には排外ナショナリズムが高まり，小さな島々の領有権をめぐって武力衝突さえ懸念されている昨今の状況は，この世界に織り込まれてきた空間的・時間的コンテクストをいたずらに無視し，他者への理解，想像力を欠いてきた私たちの知的な怠慢が，幼稚な政治感覚しか持ち合わせていない権力者たちの思惑に都合よく振り回されていることの証しなのかもしれない。あざとく覆い隠される社会矛盾，民衆の不満を転嫁するために煽られる「愛国心」の高揚は，現代史の教訓が示すように，やがて巨大な暴力装置を社会のうちに孕ませ，生活を絡め捕り，遂には市民社会を破滅の深淵へと追い込んでいくことだろう。かくして，私たちの国際学が思想課題とする理不尽さへの義憤とより善き社会創造への志向は，この世に存するあらゆる人為的，構造的な暴力との対峙を不可避とする。私たちの国際学とは，広義の平和学とも言えるだろう。

5. 私たちの国際学の展望：「グローバル人材論」を乗り越える

　これまでの考察を踏まえたとき，巷間賑わす「グローバル化」のイメージと，地球市民学あるいは「グローカリゼーション論」とがかなり異なったものであることが分かるのではないだろうか。日本で一般的に理解されているグローバ

26）ベネディクト・アンダーソン『増補・想像の共同体』(1997) p.24

ル化の意味合いには，「国際化」とは銘打ちながらも，その実，国家の責務（あるいは面子？）を背負い，他国との競争に勝ち抜くことで日本人の自尊心や面目を保とうとする偏狭なナショナリズムが底流に潜んでいるように見える。結果，世界の多様な文化や価値観への配慮や敬意は軽んじられ，「共生」や「共存」の掛け声もまた自己本位の発想の制約を免れえず，結局のところ，体裁の好いお題目に終わってしまう。自・他の立ち位置の違いを止揚した「私たち（共同体）の関係」を作り上げようとの指向が，ここには機能していない。

　そうした「疑似グローバル化論」の一つの典型として，政権党保守派の肝煎りで作られた教育再生実行会議からの一連の提言を紹介しよう。教科「道徳」の復活，「日本史」の必修化，新自由主義史観に基づく国粋主義色の強い歴史教科書の普及圧力などを通じたナショナリズム高揚に傾斜する文教行政，さらに俯瞰すれば，武器輸出三原則のなし崩しや集団的自衛権容認への解釈改憲など，「戦後レジームからの脱却」を志向する一連の政策スキームと連動する形で近年強調されている「グローバル人材論」は，私たちの国際学＝地球市民学の感覚からすれば，違和感を覚えざるを得ないものだ。例えば，以下の文章。

> 　「…世界は，グローバル化が急速に進展し，人や物，情報等が国境を越えて行き交う大競争の中にあります。日本が将来にわたって国際社会で信頼，尊敬され，存在感を発揮しつつ発展していくためには，世界を舞台に挑戦する主体性と創造性，豊かな人間性を持った多様な人材が，社会の様々な分野で活躍することが求められます。また少子・高齢化の進展に伴い，生産年齢人口が大幅に減少していく中で，経済成長を持続していくためには，イノベーションの創出を活性化させるとともに，人材の質を飛躍的に高めていく必要があります。」[27]

　ここにみられるのは，（内実が明確に示されないまま声高に発せられる）「美しい日本を取り戻す」とのノスタルジックな政治スローガンや，「積極的平和主義」という名のショーヴィニズムとシンクロナイズする国家至上主義的な現状認識だろう。残念なことに，そこからは卑小なエリート意識とともに，相互依存を深める世界の現状に対する謙虚さを欠いた自己中心的認識，旧態依然とした経

27）教育再生実行会議「高等学校教育と大学教育との接続・大学入学者選抜の在り方について（第4次提言）・はじめに」より（2013.10.31）

済成長至上主義へのこだわり，そして「国際的大競争に負けかねない」現状への焦り以外の要素を見出すことは難しい。はたして大学の社会的使命とは，大競争時代を勝ち抜く"マッチョな"人材，新自由主義の戦士を育成し，弱肉強食の原理が支配する"戦場"に若者を送り出すことなのだろうか？　あるいは，一見グローバルな仕草を装いながらも，国益に固執する自己中心的なショーヴィニストを育成することなのだろうか？　そうではなく，私たちは「他者」を思いやり，自分たちの価値観や立ち位置を相対化し，より高次な視点から物事を総体的に理解して地球市民的公共性を作り上げることを目指せる人材を，その基礎的資質としての温かい心と冷静な知的批判力を備えた地球市民を育てていくことを目指したい。

　あらためて，想像を逞しくしたい。ヘレニズム時代の哲学者ディオゲネス（BC412？-BC323）は樽を終生の棲家とし，粗末な衣服をまとい，征服者アレクサンドロス大王に対面した時もひるむことなく，「私は世界の民（コスモポリテス）である」と弁じ，遂には大王をして「私はもしアレクサンドロスでなかったら，ディオゲネスになりたい」と言わしめたという逸話が残っている[28]。もう一つのお話も。人気を博したNHK朝の連続ドラマ「あまちゃん」の中で，ある東北地方の地元人気アイドルは「東京にはいかない。ずっとここにいる。私を見たければ，皆がここに来ればいいんだ」と，見事な啖呵を切っている（脚本を書いた宮藤官九郎は東北人だ）。そう，ここにしかないもの，ここでしかできないものを見つけ出し，それを大切にすることから真のグローバル人材は育っていく。各々が「現場」を見出し，そこに踏みとどまりつつ世界と自身の生活を作り替える知的構想力を携えて，既成の社会価値観—教育再生実行会議が提言する「グローバル人材論」はその典型的な例だろう—に果敢に知的批判を挑んでいく。言うなれば，国際学は「世界を征服したアレクサンドロス大王」ではなく「樽から出でて行動するディオゲネス」を，「グローバルな舞台で活躍するトウキョウのアイドル」ではなく，「グローカルな意識を持ち，行動できる現場のアイドル」の育成を目指す，より実践的な学知となっていくべきものなのだ[29]。

---

28)　板倉・三浦・吉村『教養人の世界史（上）』（1964）p.190

道標 I　私たちの国際学　｜　23

6.　私たちが望むものは…

　日本の人口は 2008 年以来減少へと転じている。右肩上がりの成長や，より「大きくなる」ことを自明の目標とするのではなく，ダウンサイズしていく未来社会を前提に物事を考える，という発想の転換が私たちには求められている。そうした視点に立った時，おおよそ持続可能ではない成長神話の上に成り立った既成のライフスタイルにも限界が見えてくる。目の前にある刹那の「豊かさ」を追求するあまり，取り返しのつかない破壊をもたらしたあの「フクシマの悲劇」という事態は，私たちに「核」に依存する社会の危うさを認識させただけでなく，無限の経済成長という幻想の行きつく先を可視化させ，そうした世界観への執着にも決別する覚悟を迫るものではなかったろうか。

　一国主義的な既成の常識や価値観を疑い，地球市民としての自覚と発想と批判精神を携え，オルターナティブを提示するための知的挑戦こそが，私たちが掲げる国際学のエッセンスだ。自己の考え方や目線を絶対視するのではなく，他者視点を踏まえて相対的・総体的に物事を理解しようと努めることができなければ，その人は国際舞台に出ていっても，結局は"ジコチュー"で迷惑な存在にしかなりえない。真の国際人たりえるには，日本だけでなく，世界的でも力を増しつつある排外ナショナリズム的発想に取り込まれる危険性を自覚し，脱国家・脱新自由主義・脱経済動物的な発想から地球市民の共生原理とその仕組みを求めていくことこそが肝要だろう。それはまた，現役世代の公共利益のみならず，未来の世代に対する公共性＝地球市民益を担保していくうえでも必要な姿勢に違いない。

　国際学を既成の体系が備わった静態的な学知としてではなく，より動態的な「知の運動」としてとらえた時，そこからは私たちがつながり，交わり，関わるべき幾多の対象が見えてくる。国際社会では幾重にも折り重なった様々な文

---

29)　本論で述べている「グローカリゼーション」を経済構造改革の側面から見れば，それは脱工業化・高生産性のサービス産業（医療，福祉などのローカル・ベース産業）を基盤とした地域社会作り，といったことにつながるだろう。国際的大競争のもと，低価格商品生産の拠点が海外に移っていく趨勢にあって，日本経済の展望はローカルなエリアで循環する産業へと重点をシフトしていった方がむしろ強靭で，弾力性のある経済構造を作ることができ，グローバル化への対応にも有効であるとの指摘がある。広井良典『人口減少社会という希望』（2013）p.57

化主体が動き，相互につながり，交わり，関わっている。国家を超える文化主体の重層的なダイナミズム，「垂直的な多文化主義」[30]の実態にも目を凝らし，各自が「現場」にしっかり足をつけ，地域から世界全体を貫いている幾多の理不尽な構造と向き合っていくことが重要だ。そして人々が相互のつながりの重要性と多様性を認め合い，諸国民の交わりを促進し，変容する国際社会に関する造詣を深め，さらに地球市民的視点からの発想と「志」の在り方を考え，より善い関わりの方策を求めていく。そうした課題への知的貢献こそが私たちの国際学＝地球市民学の学術的意義となるはずだ。知的実践の運動を基礎として諸学の並列，混在からそれらの"化学反応"を促し，昇華させ，叡智を共有し，それらを地球市民としてのより善きつながり，交わり，関わりを作り上げるために「現場」で役立て，新たなステージへと進んでいく。螺旋的に進むそんな「知の運動」こそが，私たちが作り上げていきたい国際学＝地球市民学の未来イメージなのだ。

　この学知に集う人々が「大地の塩」となって世界の現状を確かめ，より善き明日を作るための叡智を集め，未来への責任を分かち合っていく…大地に立ち，二足歩行を始めた440万年前の祖先がそうであったように，私たちもまた国際学という「知のフリーハンド」を得て，さらに新しい物語を紡いでゆこう。

---

30)　平野健一郎「国際文化学の新展開」（2013.3）p.167

道標 I　私たちの国際学　｜　25

引用文献

アントニオ・ネグリ，マイケル・ハート著／幾島訳，水田・市田監修『マルチチュード』（NHK ブックス，2005）

　　［原典：Hardt M., & Negri A., *MULTITUDE*, 2004］

アンリ・ベルグソン著／松浪・高橋訳『ベルグソン全集 4・創造的進化』（白水社，1966）

　　［原典：Bergson, Henri, *L'èvolutionCreèatrice*, 1907］

板倉・三浦・吉村著『教養人の世界史（上）』（現代教養文庫・社会思想社，1964）

奥田孝晴他編著『三訂版グローバリゼーション・スタディーズ』（創成社，2012）

奥田孝晴・椎野信雄編著『私たちの国際学の「学び」』（新評論，2015）

カール・マルクス著／向坂訳『資本論』第 1 巻（岩波書店，1967）

　　［原典：Marx, Karl, *Das Kapital*, 1867］

静岡文化芸術大学文化政策学部国際文化学科編『国際文化学への第一歩』（すずさわ書店，2013）

ジャン・ジャック・ルソー著／小林訳『人間不平等起源論』（中公文庫，1974）

　　［原典：Rousseau, Jean-Jacques, *Discourssurl'origine et les fondements de l'inègalitè parmi les homes*, 1755］

平野健一郎『国際文化論』（東京大学出版，2000）

広井良典『人口減少社会という希望』（朝日新聞出版，2013）

ベネディクト・アンダーソン著・白石訳『増補・想像の共同体』（NTT 出版，1997）

　　［原典：Anderson, B., *Imagined Communities, Reflections on the Origin and Spread of Nationalism*, 1983］

ヘロドトス著／松平訳『歴史』（岩波文庫，1972）［原典：Ἡρόδοτος, Ἱστορίαι］

ヘンリー・キッシンジャー著／伊藤訳『回復された平和』（原書房，2009）

　　［原典：Kissinger, H., *A World Restored, Metternich, Gastlereagh and the Problems of Peace 1812-1822*, 1957］

同上著／森田訳『核兵器と外交政策』（駿河台出版社，1988）

　　［原典：Kissinger, H., *Nuclear Weapons and Foreign Policy*, 1957］

山口県立大学国際文化学部編『星座としての国際文化学』（青山社，2013）

レオン・トロツキー著／藤井訳『ロシア革命史』（岩波文庫，2000）

テッサモーリス・スズキ「地域外交における市民社会」，『日本の外交』第 6 巻所収（岩波書店，2013）

戸田三三冬，山脇千賀子「グローバリゼーションとディアスポラ―なかま，つながり，＜ホーム＞をめぐる対話」，『文教大学国際学部紀要』第 11 巻第 2 号所収（2001）

平野健一郎「国際文化学の新展開」，国際文化学会誌『インターカルチュラル 11』所収（風行社，2013）

道標 II　回帰の「現場」（ローカル・ピボット）
—ヒロシマ，オキナワの「記憶」から—

1. 国際学の「現場」（ローカル・ピボット）へ

　国際学の視点は他者への配慮の上に成り立っている。「つながり，交わり，関わり」の錯綜の中で，人は否応なく「他者」と相対し，その人の文化的背景，生活，価値観，そして考え方に触れ，自身の持つそれらとの交流を始める。この時，ともすれば私たちは自身が囚われている「常識」から容易に抜け出せず，自分の文化的プリズムを通して実際の姿とは異なる相手を見てしまうことが往々にしてある。カエサルの言葉を借りれば，「人は見たいものしか見ない」という隘路に陥りやすいということだろう。殊に立ち位置の違いから「見たいもの」の姿が異なり，対立を引き起こすような事象に関しては，お互いが感覚を共有することがなかなか難しい。特に，無数の関係性が織り成している現在の国際社会においては，これまでに形作られた権力秩序や加害・被害序列が生み出す非対称的なポジションが，しばしば重要な認識上の位相を生み出すことがある。時として，それは抜き差しならないまでに憎悪を掻き立て，相手を殺戮する狂気に至る場合さえある。その際，相対的に力の強い者，あるいは加害の側に立つ者には，その対極にあるものの味わう辛酸や屈辱や痛みに十分な考慮が払われることは稀である。1970年代後半，カンボジアのポルポト旧政権によるキリング・フィールドとまで呼ばれた大量虐殺はその一つの事例かもしれない。イエン・サリやキュー・サムンファンなど同政権の中枢にあったクメール・ルージュの枢要メンバーはパリ留学経験を持つ知的エリートたちだった。すべては彼らの独善的な「理想」のために，数百万人のカンボジア民衆の命が捧げられたのだった。

　たとえば，東アジア諸国民とのぎくしゃくした関係が現在の日本社会の有りようや日本人の暮らし・思考の欠落部分を映し出す一つの鏡であるように，21世紀初頭から延々と続けられてきたユーラシア大陸各地で続く戦争は大国の暴力性を映し出す鏡となり，また地方の疲弊は富を集中させる中央の横柄を映し

出す鏡となっている。留意すべき事は，関係者間にある社会的・政治的位置の相違，あるいは「力の非対称性」だろう。既成の世界秩序を背景にした構造的暴力に関して，体制側（あるいは力を持つもの）は往々にして自分達が力を自由に行使できるポジションに立っていることに無頓着で，彼らが日々行使する構造的暴力の所在についても鈍感なことが多い。それに対して体制の「外側」（あるいは力に抑圧されるもの）にある人々とっての日常は，それ自体が既に搾取や抑圧の生々しい現実であり押し付けられる構造的暴力に敏感に反応し，これを嫌悪する。侵略の犠牲や差別的支配を体験したり，周辺化を余儀なくされている人々にとって，忘れられない，また忘れ去るべきでない「記憶」こそは，たとえそれらが文字や映像といった記録に残されなかったとしても，彼らにとっては不変の「真実」であり永久の「本質」に他ならない。

　しかも，加害・被害の関係は必ずしも不動のものではなく，時間とともに変化し，したがって「記憶」の回路もまた屈折したものとなってゆくことがある。たとえば，パレスチナのガザ自治区を勝手に壁で囲い込み，多くのパレスチナ民衆を死の瀬戸際にまで追い込むべく封鎖を続けるイスラエルの権力機構は，ホロコーストを体験し，ジェノサイドの危機をかいくぐってきた過去を持つユダヤ人たちの後裔によって支えられている。こうした倒錯ともいえる現在のパレスチナをめぐる状況を，自身がパレスチナ系アメリカ人だったポストコロニアルの思想家 E. サイード（1935-2003）は，自著の中で次のように述べている。

　　「…知識人のなすべきことは，危機を普遍的なものととらえ，特定の人種なり民族がこうむった苦難を，人類全体にかかわるものとみなし，その苦難を，他の苦難と結びつけることである。ある民族が土地を失ったとか，弾圧されたとか，虐殺されたとか，権利や政治的生存を認められなかったと主張しても，同時に，ファノンがアルジェリア戦争でおこなったことをしないかぎり，つまり自分の民族を襲った惨事を，他の民族がこうむった同じような苦難とむすびつけないかぎり不充分である。これは，特定の苦難の歴史的特殊性を捨象することとはちがう。そうではなくて，ある場所で学ばれた抑圧についての教訓が，べつの場所や時代において忘れられたり無視されたりするのを食い止めるということである。そしてまた，自分の民族が舐めた辛酸を，それも自分自身が舐めていたかもしれない辛酸を表象しているからといって，自分の民族が，いま同様の犯罪行為を他の民族に対しておこない犠牲者をだしていることについて，いっさい沈黙してよいということにはならい。…」[1]

人々の立ち位置に対する錯綜する非対称性への自覚とともに，私たちが「記憶」への感性を研ぎ澄ますためには，どのような努力が必要なのだろうか。一つの試みは「現場」へ旅してみることだろう。世界には国際学の課題となるグローバリゼーションの構造と問題点の解析，自分とのかかわりと立ち位置を検証する上で，矛盾が顕著に集約されている場所がいくつかある。「国際学の現場」とも言うべきこれらの土地には「記憶」に関わる惨劇や悲嘆の跡が濃厚に留まっているだけでなく，それを基礎とする市民協働と問題打開への展望に関する知恵が織り込まれている。そこを訪れ，そこから見える世界のありようを再考する。視座の置き換え，あるいは視点の相対化という作業を可能とする「現場」は，国際学が回帰する地点とでも言うことが出来るかもしれない。

2. ヒロシマという「現場」^{ローカル・ピボット}

悠然と目の前を通り過ぎる路面電車，何処からか漂ってくる少しばかり焦げたお好み焼きの匂い（オタフクソース，あるいはカープソースか？），そしていつ行っても人当たり良く，柔和で，心鷹揚げな人々が行き交う街路…紅葉シーズンともなれば修学旅行の学生たちも多く，にぎやかな声がいたるところに響き渡っている。安芸広島にはいつもながら，"悠長な時間"が流れていた。

しかしここにはいま一つの，あの暑い日の記憶が今なお街行く人々の深層を貫いている。ヒロシマは世界初の被爆都市として，人々の心象に深く刻印された地である。1945 年 8 月 6 日午前 8 時 15 分，投下された長さ 3 メートル，総重量 4 トンの「リトルボーイ」は 50 キログラムのウラン 235 を内包していた。600 メートル上空で炸裂し，核分裂を起こしたウラン 235 はうち 1 キロ未満と比較的小さな割合だったが，発せられた光と紅蓮の炎，そして爆風と放射能が当時 35 万人と言われる広島市在住の人々を襲った[2]。

「軍都広島」―あの時，広島は大日本帝国の本土西部における最大の軍事拠点だった。1873 年に鎮台が置かれたのを初めとして 1888 年には陸軍第五師団と改称され，外征軍へと再編成されて以来，同師団は日清戦争（ちなみに，このとき大本営は広島に置かれた），義和団事件，日露戦争，青島出兵，シベリア出

1） E. W. サイード『知識人とは何か』(1998) p.83
2） 広島平和記念（原爆）資料館資料。また原爆投下後に広島市に入り 2 次被爆した十数万人の人々もいる。

兵，そして日中戦争と，近代日本が遂行した対外戦争のことごとくに動員され，帝国の最前線における武力として機能してきた。また近隣の呉，広には海軍工廠が作られ，空母赤城や戦艦大和をはじめとした連合艦隊の主力艦船の建造，航空機の製造が行われていた。要するに，広島は重要施設が集中する一大軍事クラスターだったのであり，アジア太平洋戦争中，いまだ本格的な爆撃が行われていなかったこと（したがって，それはアメリカの軍当局にとっては「効果」測定上好都合な条件だった）を含めて，初めての原爆使用にとってはまさに「格好の標的」だった。

　自らは比較的安全な高々度にあって，攻撃対象を何ら区分することなく，ただ無差別的な殺戮だけを目的とした爆撃，現代の戦争に特徴的な大規模に展開される組織的な「空からのテロ」は，一般に戦略爆撃と呼ばれている[3]。戦略爆撃は近代戦争進化の過程で生まれ，「テロ」の度合いも急激に高まっていった。それは，ナチスドイツのゲルニカ爆撃（1937）を皮切りにして，より大規模な形で日本軍に継承され，日中戦争での南京，杭州，重慶等の諸都市への無差別爆撃として試みられた後，さらにアメリカ軍がこれを応用して東京，大阪，名古屋などに，より大規模な形で展開していった。ヒロシマ—人類史上初の核テロ被害の表象として，またそれ以後続く普遍的な核被害の象徴地として，「広島」ではなく「ヒロシマ」と表記したい—の悲劇は，戦略爆撃というモンスターの，いわば究極の姿とでも言うべきものだった。

　アジア太平洋戦争期間に戦死した日本人は将校，軍属，民間人を含めて約310万人と言われている。ノンフィクション作家保坂正康は，この他にも戦時下での被災や戦場での病傷が原因で戦後に死亡した者を含めると，「500万人を超えるのではないか」と推測している[4]。かくも累々たる命を人身御供として差し出すことによって大日本帝国は崩壊し，「8月15日」が成り立っていることの重さを，私たちはあらためて確認し，その事実を感じ取るべきだろう。かくも膨大な人命をもって，果たして戦争遂行指導者達は何を望み，「一億玉砕」を賭けてまで，何を死守しようとしたのだろうか。その答えは，1945年8月9日深夜に行われたポツダム宣言受諾にかんする御前会議記録中に如実に示されていた。受諾条件を巡って外相（東郷茂徳）は絶対に受諾できないも

3）　戦略爆撃に関する詳細な考証については前田哲男『新訂版・戦略爆撃の思想』（2006）参照。

4）　保坂正康『昭和陸軍の研究（下）』（2006）p.218

のとして，「皇室は絶対なり…（連合国への）要望はこのことに集中するの要あり」との発言を受けて，枢密院議長（平沼騏一郎）は「戦争を止めることよりも，続けることがかえって治安の乱れることも」と，敗戦後の日本における革命を危惧した上で，「ただ，国体の護持は，皇室のご安泰は国民全部戦死しても守らなければならない」（傍点筆者）と述べている[5]。「国体の護持」―要するにそれは，アジアの人々に惨憺たる被害を与え続けてきた侵略装置としての大日本帝国の統治体制，支配秩序維持を最優先としたものであり，太平洋の島々での兵士の玉砕や，愚劣としか言いようが無かったインパール作戦も，沖縄も，広島も，長崎も，そこで失われた命は，この戦争目的の前には第二義的（いや，おそらくもっとそれ以下のものだったのだろう）でしかなかったことを暗示する。

　しかも先に挙げた戦死者の数は，戦争を仕掛け，侵略を行った側のそれであり，その対極には侵略行為の犠牲となった，この数十倍にも達するだろうアジア民衆の命の喪失がある。その多くは非戦闘員で，抵抗の術をほとんど持たない人々だった。彼ら彼女らの生活を破壊し，家族離散を強要し，かけがえの無い命を奪った犯罪行為に目をつむり，アジア太平洋戦争を語ることは全くナンセンスだろう。にもかかわらず，彼らの「記憶」は，多くの日本人の脳裏に焼き付けられることはない。戦争の記憶があの時代の空襲や耐乏生活といった自己体験にのみ基づいて回帰されることの危うさは，それが自らの加害性という問題をともすれば喪失させてしまうことにつながっている。ヒロシマやナガサキへの原爆投下の軍事思想的原点には，日本軍が中国大陸で本格実施した戦略爆撃があった。ヒロシマ，ナガサキは，ナンキン，チョンチン（爆撃）の延長線上に位置付けられるべきものだった。大東亜戦争という用語が指し示す中国大陸，朝鮮半島，アジア太平洋地域の時空間の下には，日本の帝国主義統治により圧迫，差別を受けてきた人々，軍事占領のもとで虐殺された人々，強制労働に駆り出された人々，そして死を強要された人々が確実にいた。その実数を究明し，全てを把握することはおよそ不可能だろう。しかし，それらの事実と彼ら彼女らへの「記憶」を風化させてしまえば，東アジア共同体時代における市民間での「公共性」作りは全く不可能となる。近代日本が犯した国家的犯罪から目を背けることなく，アジア太平洋戦争を改めて総括する作業が今，最も必要とされている。

5）　陸軍軍務局長・保科善四郎手記，外務省編『終戦史録』

3. ヒロシマ, 「いま一つの記憶」から

　原爆投下に関連して, よく言われる「唯一の被爆国」という常套句にも言及しておかねばならない。広島では約35万人が直接被爆し, 1945年末までに14万人が死亡したと言われている。その後の後遺症による死者をも含めれば, 有に20万人以上の被爆による死者が出たことは疑いない。しかしながら, 今となってはその正確な実数の把握さえ困難だが, 原子の火が炸裂した当時の広島には, 多くのアジア諸民族が日々の暮らしを営んでいた。たとえば, 広島県内には6〜8万人の朝鮮人がいたとされる。

　1938年に国家総動員法が朝鮮, 台湾, 樺太等の植民地にも施行されるや, 翌年からは朝鮮人への「募集」による半強制的な戦時動員が本格化していった。当初は募集方式だったが1942年よりは官斡旋方式へ, そして1944年には徴用令に基づく強制的な徴用へと強化されていった。一方で, 1938年からは17歳以上の青年対象に志願兵制度が採用された。日本は抗日運動を意識して朝鮮人に武器を持たせることをためらっていたが, 戦線の拡大や死傷者の増加で多くの補充兵士が必要だったため, 1943年からは本格的に学徒志願兵を強要したのち, 翌年には朝鮮青年全体に徴兵令を施行した。さらに並行して, 朝鮮人を日本, 東南アジア, サハリンなどに動員して危険な労働に従事させた。広島にはこのうちの一部で, 国民動員計画によって募集された朝鮮人労働者, 強制的に連行された徴用工, その他に軍属, 一般市民や学生等が在住していた。このうち, 被爆者は2万〜3.2万人あまり, 死者数は5〜8千人とされる。また, 中国人の労働者, 台湾からの軍属, 南方留学生と呼ばれた東南アジア諸国からの留学生が数百人, さらにはアメリカ人捕虜や移民子孫の日系アメリカ人も被爆した[6]。ヒロシマが提起している"普遍性", すなわち民族や階級を超えた無差別な殺戮は, こうした事実からも伺える。

　さらにヒロシマ以降も, 原水爆実験によるビキニやムルロア環礁等での先住民被爆, 「聖なる山, 母なる大地」を勝手に掘り起され, ウラン鉱石の露天掘り砂塵で被爆するナバホ・「インディアン」居留区の先住民[7], オーストラリ

---

6) 広島平和文化センター『被爆証言集・原爆被爆者は訴える第2版』(1999) 第3章
7) 高木仁三郎『著作集4・プルートンの火』(2001) pp.188-190

アのアボリジニー先住民，スリーマイル島（1979.3）やチェルノブイリ（1986.4）での原発事故による被爆者たち，アフガニスタンやイラクなどでの劣化ウラン弾による被爆被害，そして福島第一原発のメルトダウン事故（2011.3）による被害…ここに列挙した数限りない「核被害者」の存在は，ヒロシマの普遍性，国際性を皮肉にも浮かび上がらせる結果となっている。

　「あの時」以来，ヒロシマが発信し続けてきたメッセージはいったい何だったのだろう。平和記念公園では訪れる者を考えさせ，悩ませるあの碑文が迎えてくれる。その前に立つ者はいつも自問させられるのだ。果たして，この「誓い」を発する主語（主体）とは一体誰なのだろうか，と。

　　　　「安らかに眠ってください。過ちは繰り返しませぬ…」

　それが特定の国家や民族（たとえば原爆を投下したアメリカ合衆国，アメリカ人一般）を指し示すものではないことは明らかだ。それは非核・反核の理念を普遍化するものとしてのメッセージであり，あえて言えばその主語は「人類すべて」なのだろう，と多くの広島市出身者は言う。最初の被爆都市としての歴史性からしても，またヒロシマが唱える平和理念，核廃絶を目指すというメッセージの合目的性の観点からも，多分それは正しいのだろう。

　しかし，ことはそう簡単ではない。「全ての人は」と言った途端に，私たちはそれをまったく裏切る冷酷な現実と向き合っていることを自覚せざるをえない。ヒロシマ・ナガサキの後，核抑止論あるいは「核」による覇権という虚構に囚われた諸大国は，競って軍拡に明け暮れてきた。また，国民の生活が必ずしも豊かとは言えない国々までもが米・ソの核独占に挑戦し，あるいは地域大国を目指して人々の生活を犠牲にして核開発を進めてきた結果，核の恐怖は世界中に拡散され，戦略爆撃が惹起した無差別的な殺戮＝「全人類の平等なる死」の恐怖に世界は脅かされるようになった。核による報復，核による勢力均衡という強者の論理はなお根強く国際政治にはビルトインされている。

　長崎大学核兵器廃絶研究センター（RECNA）によれば，2017年6月末時点での核保有諸国が持っている核弾頭数は英国215，ロシア～7,000，アメリカ：～6,800，フランス300，イスラエル80，北朝鮮20，中国270，インド110-120，パキスタン140発程度だと推定される[8]。ヒロシマ・ナガサキ以来の「核による恐怖の均衡」は，本質的には何ら変わることもなく今日に至って

いる。数字はあくまでも推定の域を出ないし，ハイテク時代の今日にあって
は軍事衛星システム下に統御される誘導技術と命中の精度こそが肝要なこと
で，「核弾頭が多いほど脅威である」とするアナクロニズムに拘泥する必要も
無い。だが，地球上のあらゆる生命が数万発の核兵器に脅かされていることが
持つ意味合いは深刻だ。とりわけ，超大国と呼ばれる国家の権力者たちの責任
は圧倒的に重いのだが，大問題なのはヒロシマを生み出した犯罪行為に痛痒を
感じず，被爆者の「記憶」が到底分りそうにも無い連中が，核保有大国の枢要
ポストを占めているということだろう。たとえば，ドナルド＝トランプに代表
されるアメリカ合衆国の権力中枢を占める者たちは，「過ちは繰り返しませぬ」
などとはさらさら思っていないに相違なく，中距離核戦力の配備を再び強行し
ようとさえしている。もし，これらの人々にヒロシマの「記憶」を理解しても
らおうとするならば，彼ら全てをタイムワープさせ，あの日あの時の広島の地
面に立ってもらい，自身が原子の火を体験してもらう事が最も効果的であろう
し，たとえそれが叶わずとも，アフガニスタンやシリアの戦場に身を置き，彼
らが命令した艦船や航空機から打ち出される巡航ミサイルの業火や劣化ウラン
弾の飛散粉塵のもとで逃げまどってもらう他は無いのかもしれない。

　さらに考えてみたい。全ての人類の一員として，ここに「私」を主語とした
場合にはさらに重い課題が発生する。私たちが地球市民の一員であることを自
覚するならば，そして現実が「過ち」ばかりであるとすれば，それに対して，
主体的・能動的に向き合う責任をシェアする覚悟，真摯な努力が問われること
が不可避となる。日本は被爆国家・非戦国家の原子力行政の基本として原子力
基本法 (1955) を制定し，「民主，公開，自主」の 3 原則を確立するとともに，「持
たず，作らず，持ち込ませず」の非核三原則を掲げて「ヒロシマからの道」を
切り拓こうとした。しかし，後者が日米安保体制の深化の中で完全に形骸化し
ていったのと同様に，原子力三原則もまた済し崩され，市民社会が「核」を掌
中に管理することがますます困難な状況となってしまったことは，あの「フク
シマの悲劇」が物語っているし，国連総会の舞台で核廃絶の願いを込めた核兵
器禁止条約に日本政府が反対票を投じたことなどを含めて，日本人が取り組む
べき「核とのたたかい」は微力だ。「過ちを繰り返さない」ために，報復を乗
り越え，ヒロシマが発信している和解のメッセージに対して私たちはどう臨ん

8）　長崎原爆資料館

でゆくべきなのか，「ヒロシマの記憶」を共有していく努力，その実践こそが今なお問われている。

4. オキナワという「現場」（ローカル・ピボット）

　皮肉な言い方かもしれないが，沖縄が発信し続ける「記憶」は，現在の沖縄が甘受している状況に直に結びついている。より正確に言えば，現地の「記憶」を軽侮し，疎外することによって今の沖縄はその運命を他者に弄ばれている。言うまでも無く，それは日本の国土の僅か0.6％を占めるに過ぎない島々に在日米軍基地の4分の3が集中し，沖縄本島に至っては全島の20％の面積が軍用フェンスに囲まれている事実，そしてここに暮らしを営む人々が否応無く（時には自身の生活を完全に依存するまでに）関わりを持たされ，フェンスの内側にある「力」に日常を脅かされてきた事実を指している。明治国家による「琉球処分」（1879年の沖縄県設置）以来，オキナワはヤマトからの「力」とその国策に翻弄され，過去に生起し，今なお再生産されている幾多の悲劇に付随する民衆の「記憶」が切望してきた理想が実現することを，頑なに拒まれて続けてきた。

　一方，米軍の世界戦略にとって，沖縄はユーラシア大陸とその外洋にわたる「不安定な弧」を睥睨する軍事的要衝という役割以上のものを割り振られていない。アメリカによる占領・施政権時代を通じて，沖縄は「極東のキーストーン」という，住民からすれば自分たちの意志とはまったく関係の無い，このうえもなく迷惑なポジションを強要され，ヴェトナム戦争の時には直接の戦略爆撃基地として，民族の解放・独立を願うかの地の人々に敵対し，抑圧する最前線の機能を担わされてきた。そして日本政府の合意と支援の下，ここに拠点を構える海兵隊はイラクやアフガニスタンに派遣され，ヴェトナムで行ったことを繰り返した。ヤマトに再度組み込まれてなお，オキナワは古の守礼と平和のアイデンティティーを回復できないままに軍事拠点として張り付けられている。

　拭い難い「記憶」の原点の一つには，1945年3月から9月までの地上戦があった[9]。住民の犠牲は米軍との戦闘によるものばかりではなく，味方である

9）　いわゆる「沖縄戦」は米軍が慶良間列島に侵攻した1945年3月26日から始まり，組織的戦闘終了した6月23日（現在は「慰霊の日」となっている）を経てもなお残存兵や住民らによって実際の戦闘は続けられ，敗戦後の9月7日に日本軍と連合軍が嘉手納で降伏状文書を調印した日に至ってようやく終了した。

はずの日本軍によるものも多発した。日本軍の住民殺害では，一般住民が先に入っていた壕から日本軍が「作戦上必要」として追い出したために砲弾の犠牲となったり，食料の強奪による餓死，米軍への投降を拒否しなかったことで「非国民・スパイ」として殺害された事例，西表島などの悪性マラリヤ地帯への強制疎開，乳幼児が泣くと米軍に見つかるとして殺害された例などが挙げられる。こうした事件の原因は，軍が「民度の低い」ととらえた沖縄県民への差別意識，不信感に基づくものだった [10]。それは，アッツ島（1943年5月）以降，マキン・タワラ島（43年11月），クェゼリン・ルオット島（44年2月），サイパン島（44年7月），グアム・テニアン島（44年8月），硫黄島（45年3月）と続く太平洋の島々での「玉砕」の際にも見られた現地住民への死の強要にも連なる，「土人差別」意識がもたらした戦争犯罪と相似形を成していた。

　沖縄が地上戦の舞台として選ばれたのには相応の理由があった。1944年11月，在沖縄日本軍は「軍民共生共死の一体化」を旨とする動員体制を沖縄住民に課し，折からの大本営からの増派中止によって生じた戦力不足を補填するため，17歳から45歳の男子2万数千人を徴用して防衛隊，義勇隊を組織したが，それだけでなく，実態としては15歳以下の少年，60歳以上の老人，女子師範学校・高等女学校生徒などをも含んだ総動員体制による戦力をにわかに作り上げた。既にその2ヶ月前にサイパン島守備隊が玉砕し，大日本帝国の敗色ますます濃くなった中での民間人の総動員には，沖縄を本土防衛の「盾」とする意図が明確に見て取れた。

　1945年2月，元老の近衛文麿は昭和天皇に上奏文をしたため，「敗戦は遺憾ながら最早必須なりと存候。国体護持の立場より最も憂ふべきは，敗戦よりも敗戦に伴ふて起ることあるべき共産革命の御座候」として連合諸国との講和の受け入れを進言した [11]。しかし天皇は，「もう一度戦果をあげてからでないとなかなか話は難しいと思う」としてこれを拒否し，戦争の継続を望んだ。その第一義的目的が国体護持というただ一点にかかっていたことは明らかだった。

10）たとえば，1945年3月に駐屯日本軍によって作成された「国頭支隊作戦大綱」には，「防諜は本来敵の宣伝謀略の防止破壊にあるも本島の如く民度低く且つ島嶼なるにおいては寧ろ消極的即ち軍事初め国内諸策の漏洩防止に重点を指向し…」（傍点執筆者）として，沖縄の人々を一段劣ったもの，信用できない者たち，との認識を示していた。歴史教科書教材研究会編『歴史史料体系第11巻』（2001）p.402

11）この，いわゆる近衛上奏文は沖縄県平和祈念資料館の入り口近くの展示パネルに説明文抜きで掲げられている。

沖縄戦では住民殺害とは別に集団自決が多数発生した。いわゆる「集団死」は日本軍が駐屯していた島だけで起こっており，軍の関与・強制がなければありえなかった。住民は米軍上陸時には自決せよとあらかじめ訓示・命令を受け，手榴弾を配布されていた。「集団死」事件は慶良間列島の渡嘉敷島・座間味島，読谷村，伊江島，沖縄南部などでも確認されている[12]。「集団死」の原因の一つには，軍の住民支配はもちろんのこと，中国戦線などでの米軍との戦闘体験者の話や，それまでの皇民化教育で「鬼畜米英」と米軍を異常に憎悪していたことなどが住民の恐怖感を高めたことなどがあげられる。また，生きて虜囚の辱めを受けるなという戦陣訓・皇民化教育の薫陶や，恐怖や絶望感が人々を支配していた。いわば天皇制の狂信的イデオロギーと虐殺の恐怖と絶望の中で「集団死」は起こったのであり，本来は集団強制死とでも言うべきものだった。

　沖縄県援護課によれば，2006 年時点で判明している沖縄戦での日本側の死者・行方不明者は 188,136 人にのぼる。このうち沖縄出身者は 122,228 人だが，その中の大部分を占める 94,000 人は一般民間人（非戦闘員）である。ただし死者数は戸籍が焼失したり，一家全滅も少なくないなどの事情により，全面的な解明には至っていないため，実際の数はこれを大きく上回ると思われる。当時，沖縄県人口は約 45 万人と推計されており，県民の 3 〜 4 人に 1 人が死亡したのではないか，言われている。また，当時の沖縄には強制的に動員されてきた朝鮮人も数多くおり，主に軍夫として陣地作りなどに従事していたが，地上戦で 1 万人余が犠牲となった。オキナワが流した血涙と多大な人名の喪失，それらの「記憶」をふまえない限り，今日の沖縄が抱える苦痛と悲しみの本質は到底捉えきれるものではない。

5. オキナワ，「今」へと連なる道

　ヤマト国家による琉球処分から沖縄戦へと続いたオキナワの「周辺化」を強

12）沖縄戦における主な「集団死」の事例は以下のとおり。美里（沖縄市：33 人，4 月上旬），具志川グスク（うるま市：14 人，4 月上旬），渡嘉敷島（座間味村：329 人，3 月下旬），慶良間島（座間味村：53 人，3 月下旬），座間味島（座間味村：234 人，3 月下旬），チビリガマ（読谷村：83 人，4 月上旬），アハシャガマ（伊江村：100 人以上，4 月下旬），カミントウ壕（糸満市：58 人，6 月中旬）など。琉球新報社『沖縄のうねり』（2007）p.8

要する仕組みは解かれることなく，今日に至っている。戦後間もなく東アジアに強固に形作られた冷戦構造の下にあって，沖縄は施政権を分離され，アメリカ（軍）の直接統治の下に置かれ，「基地の島」となることを運命付けられた。本来，沖縄戦を含むアジア太平洋戦争の責任を負うべき昭和天皇は，ここでも沖縄の犠牲を是認していた。そのことは，アメリカの対日政治代表部顧問だったW. J. シーボルトが残した1947年9月20日付『GHQ外交部作成のマッカーサー元帥のための覚書』から透けて見える[13]。ここに表明された天皇の意向と，その後のサンフランシスコ講和条約，日米安保条約の調印への流れはシンクロナイズしていた。ヤマト独立の見返りとして沖縄を切捨て，平和の島を願う沖縄民衆を犠牲として差し出すことは，戦争責任を曖昧化したうえで対米従属路線へと舵を切った戦後日本の保守政権の意向とも一致していた。

　さらに，1972年5月の「返還」から今日に至るまで，オキナワが発信する「記憶」は，ヤマト国家と多くのヤマトンチューによって黙殺されている。2004年8月に沖縄国際大学に普天間基地所属の軍用ヘリコプターが墜落した際には，米軍によってキャンパス周辺に非常線が張られ，一般民衆はおろか，警察を含む日本の公権力全ての立ち入りが排除された。「沖縄の中に基地があるのではない，基地の中に沖縄がある」との現実を改めて見せ付けたこの事件はまた，沖縄の真の「主権」が一体どこにあるかを如実に示していた。また，集団自決を「日本軍が強制した」との教科書記述が教科書検定で削除されたこと

13）「…（当時の昭和天皇の顧問だった）寺崎（英成）氏は，米国が沖縄その他の琉球諸島の軍事占領を継続するよう天皇が希望していると，言明した。天皇の見解では，そのような占領は，ロシアの脅威ばかりでなく，占領終了後に，右翼および左翼が増大して，ロシアが日本の内政干渉する根拠に利用できるような"事件"をひきおこすことをもおそれている日本国民のあいだで広く賛同を得るだろうと思っている。さらに，天皇は，沖縄（および必要とされる他の島々）にたいする米国の軍事占領は，日本に主権を残したままでの長期租借 -25年ないし50年あるいはそれ以上 - の擬制にもとづくべきであると考えている。天皇によると，このような占領方法は，米国が琉球諸島にたいして永続的野心をもたないことを日本国民に納得させ，また，これにより他の諸国，とくにソ連と中国が同様の権利を要求するのを阻止するだろう。手続きについては，寺崎氏は，（沖縄および他の琉球諸島の）『軍事基地権』の取得は，連合国の対日平和条約の一部をなすよりも，むしろ，米国と日本の二国間条約によるべきだと，考えていた。寺崎氏によれば，前者の方法は，押し付けられた講和という感じがあまり強すぎて，将来，日本国民の同情的な理解をあやうくする可能性がある。」沖縄県平和祈念資料館「沖縄県平和祈念資料館総合案内／資料編」，『沖縄と天皇』（2001）所収 p.10

が2007年3月に判明，歴史教科書からの「集団死」記述が抹殺（まさに「抹殺」という言葉が相応しい）されようとした際，沖縄では同年6月に県議会が検定意見撤回を求める意見書を全会一致で可決したほか，全県的な抗議運動が起こり9月29日の県民大会には11万人の人々が抗議集会に参加した。

　27年間，沖縄は北緯27度線によって日本本土と分け隔てられていた。この「日本分断」の状況，あるいはヤマトとウチナーの権力の非対称性はそれ自体が東アジアの冷戦構造の産物だった。それゆえに，いっそうオキナワは基地の無い平和な島への回復のメッセージを訴え，非戦の憲法を持つ「本土並み待遇」を求め，本土復帰運動を進めたのだったのだが，実際に実現した本土への復帰は，必ずしも沖縄の人々が願ったような脱米軍基地，非戦の島への回帰をもたらすものではなかった。日米安保体制は沖縄返還を梃子にしてさらに再編強化され，沖縄は「極東のキーストーン」から，さらには「ユーラシア大陸の不安定な弧」に対抗する扇の要の位置をますます強く付加されようとしている。ヴェトナム戦争時，嘉手納基地からは連日戦略爆撃機が発進，普天間基地から海兵隊が派兵された。沖縄は戦争に強くインテグレートされ，米軍によるヴェトナム民衆殺戮のための直接の支援拠点の役を割り振られた（それによって日本政府は安保体制の「義務」を忠実に履行することが出来，またヤマトは「ヴェトナム特需」を含む経済的果実を手に入れることも出来たのだ）。そして，日米安保体制が沖縄に課した抑圧の構造は，本土復帰以降もほとんど変化することはなく，イラク戦争，アフガニスタン戦争を経験し，今日にまで至っている。

　沖縄本島最北端の辺戸岬には沖縄県祖国復帰協議会によって建てられた「祖国復帰闘争碑」がある。その碑文は，1952年4月28日のサンフランシスコ「平和」条約第3条によって沖縄が「屈辱的な米国支配の鉄鎖に繋がれた」ことを契機として本土復帰運動が始まったことを示すとともに，その運動自体が単に国家帰属の変更を目的としたものではなく，「独立と平和を闘う世界の人々との連帯にあること」との普遍性の自覚に根ざしていたことを紹介している。しかし，1972年5月15日の“祖国”復帰は，「県民の平和への願いは叶えられず，日米国家権力の恣意のままに軍事強化に逆用された」ものとして，なおこの運動が未完であることが刻まれている。オキナワの悲鳴にも似たこのメッセージに対して，私たちの感性は果たしてどれほどの鋭敏さを備えてきただろうか。

　その鈍感をあざ笑うように，「日米同盟の更なる発展」の名のもとに，オキナワは相変わらずの疎外下に置かれる。イラク陸上作戦の中核となった米陸軍

第1軍団司令部の座間基地への移転，第13空軍司令部（グアム）の横田基地への統合移転，ジョージ・ワシントンからロナルド・レーガンへと交代した第7艦隊原子力空母の横須賀母港化…2015年の安保法制の制定と集団的自衛権の強行採決以降進んでいることは，世界に展開するアメリカ軍の戦略的再配置を補完する軍事貢献への傾斜であり，「他国防衛」を目的とした自衛隊の海外展開を促す「日米同盟」強化ムーブメントに他ならない。その中でオキナワはなお戦略的キーストーンとしての地位以外の価値を認められず，沖縄戦以降の「記憶」と市民の「公共性」はないがしろにされている。

　抑圧の振幅は21世紀に入ってますます声高に叫ばれるようになった「テロとの戦い」という名の報復の理論にも反射され，増幅し，オキナワの「今」を飲み込んでいる。2010年3月，いわゆる日米核密約に関わる有識者会議（北岡伸一座長）において，沖縄返還にかかわる1969年11月の佐藤ニクソン共同声明とそれを補足する形で行われた合意議事録に関する調査が報告されたことがあった[14]。そこには米大統領（ニクソン）が「米国政府の意図は…重大な緊急時が起きた際，日本政府との事前協議を経て核兵器の沖縄への再持込みと沖縄を通過させる権利を必要とするであろう」としたのに対して，日本国首相（佐藤）は「そのような事前協議が行われた場合には，これらの要件を遅滞なく満たすであろう」と応えたとの記録が見られる。これは，日本への核兵器搭載艦の寄港黙認の事実とともに，沖縄が今後の情勢次第でいつでも再び「核の島」となりえることを意味する発言とも解釈できるし，そうしたコンテクスト自体が今なお「有効」であることを物語る。

　そして今，「世界で最も危険な基地」と言われるアメリカ海兵隊普天間基地の移転を巡る問題が，私たちの立ち位置を改めて問うている。北部の名護市辺野古にあるキャンプシュワブ沖の珊瑚礁を埋め立て，移転させるという計画の始まりは1995年2月，当時のクリントン政権のジョゼフ・ナイ国防次官補がまとめた「東アジア戦略報告（EASR）」（ナイ・イニシアティブとも呼ばれている）だった。この報告書では沖縄の米軍基地の重要性が強調されており，その固定

14）　同声明第8項「大統領は核兵器に対する日本国民の特殊な感情とこれを背景とする日本政府の政策に深い理解を示し，日米安保条約の事前協議制度に関する米国政府の立場を害することなく，沖縄の返還を，右の日本政府の政策に背馳しないよう実施する旨を総理大臣に確約した」とする内容に関連して，佐藤首相の密使とされる若林敬一氏とキッシンジャー大統領補佐官との交渉メモ中の，「核持込みに関する秘密合意」があったとされる事項。

化・恒久化が危惧された。同年には米兵による少女拉致・暴行事件が起きた。しかし日米地位協定に守られて加害米兵たちの身柄が引き渡されず，犯罪行為への追及がなおざりとなったこともあって，沖縄県では10月21日に開かれた抗議のための県民集会には大田昌秀県知事（当時）を含む85,000人が集まるなど，米軍への反発が高まった。日本政府（当時は橋本龍太郎内閣）は1996年2月の日米首脳会談目前に普天間基地の返還を最優先事項としてアメリカ政府と交渉し，「代替基地を建設すること」を条件に返還に合意したが，その代替地はあくまでも沖縄県内で，沖縄住民の負担が軽減されることはなかった。2004年の沖縄国際大学へのヘリコプター墜落事件以降，普天間基地移設の県内世論は大いに高まったが2006年には代替基地建設の候補地として，名護市辺野古沖の浅瀬を埋め立て，2014年までにはV字型の2本の滑走路を持つ航空基地の建設を図るロードマップが日米両政府間で合意された。両国政府はこの合意で問題の決着を図ろうとしたのだが，大浦湾沿いのこの地は沖縄本島でも有数の透明度の高い美しい海で，天然記念物ジュゴンの棲息地でもあったこと，また何より，沖縄民衆にとって辺野古移転案を受け入れることはこれまでの軍事基地建設への抵抗の歴史を否定し，自らが基地建設を初めて容認してしまうことにつながりかねないこともあって，広範な反対運動を呼び起こした。民主党政権[15]の崩壊後，安倍政権は再び辺野古移転案を復活させ，仲井真弘多知事（当時）に対して沖縄振興資金を餌にして協力を取り付け，埋め立ての推進を画策した。また2014年に地元の名護市で移転反対派の稲嶺進市長が再選を果たすと，キャンプシュワブ周辺の各部落に振興資金を直接支払うことができるような制度改定を行うなど，露骨な利益誘導を行ったが，それはかえって県民の反ヤマト政府感情を刺激するだけだった。同年行われた県知事選挙では，辺野古移転容認派で沖縄振興予算と引き換えに日本政府に比較的従順だった当時の現職知事だった仲井真弘多氏に対して辺野古の代替基地建設反対を掲げる翁長雄志氏が激突し，激しい選挙戦の結果，翁長氏が当選した。翁長知事は前知事時代の辺野古崎沖の埋め立て承認手続きに瑕疵があるとしてその差し止めを提訴，それに対して政府は県の執行手続き自体が無効として両者の対立が続い

---

15) 2009年に成立した民主党鳩山政権は普天間基地の代替建設地を「最低でも県外」として沖縄県民の期待感を高めたが，アメリカ政府や対米従属を"大原則"とする日米合同委員会に統轄される官僚機構からの反対，サボタージュに直面して実現を阻まれ，退陣を余儀なくされた。

ていたが，2016年末には保守的な最高裁は県の主張を却下した。2014年の衆議院議員選挙では本土では自公与党が圧勝したのに対して，沖縄県では自民党候補が4つの県内小選挙区ですべて敗退した。また自民党が大勝した2017年衆議院選挙でも沖縄では同党候補が3選挙区で敗北，さらには翁長知事死去に伴って2018年9月に行われた県知事選挙でも「辺野古移転反対」を掲げた玉城デニー氏が当選するなど，これまでの民意は明らかに「辺野古移設反対」を訴えていた。

　こうした情勢に対してヤマト政府は「アメとムチ」を動員して，沖縄民衆の分断に必死となって取り組んできた。「沖縄振興」を名目とした予算による利益誘導で基地反対運動の気勢を削ぎ，また，ウチナーンチュを力によって封じ込めるその手法は，かつての薩摩藩，明治政府，軍部のそれと本質的な差異は無い。2012年のオスプレイの普天間基地配備をめぐって沖縄全県市町村議会で反対決議がなされ，また安倍首相へ直訴がなされたにもかかわらず，翌年にかけて配備が強行された。また2016年には北部演習場のある東村高江地区のヘリパット（発着訓練施設）建設に抗議していた住民に対して，「うせろ，土人が」との差別発言がヤマトから派遣された若い機動隊員から浴びせられ，問題となった。沖縄の人々はヤマトの政府とアメリカの圧倒的な「力」の前に蔑まれ，さらに未来を奪われようとする崖っぷちに立たされている。

6. オキナワが切り拓く「これから」

　沖縄にはもう一つの深層風景がある。それは首里の「守礼の門」が象徴する，オープンマインドと陽気さに溢れる海洋文化のアイデンティティーだ。作家司馬遼太郎は古代の沖縄について触れ，「沖縄の神々は，砂漠の民の神が天から来るのとはちがい，海から来る。古い日本語でも，宗教的な空のことをアマ（アメ）と言い，同時に海をもアマというように，海というのは神聖者が渡来してくる道なのである」として，その海洋文化的性格に触れている[16]。かつて琉球王国は東シナ海の交易ハブとして繁栄し，その交流領域は朝鮮半島，中国大陸沿岸からアンナン，ルソン，ジャワにまで及んでいた。そうした交易活動の基礎には経済合理性と共に「開放性」と「平和」・「親睦」がすわっていた。こ

---

16) 司馬遼太郎『街道を行く／沖縄・先島への道』（1978）p.11

の地はインドネシア，フィリピン，ミクロネシアに連なる島嶼部アジアの一角を成しており，太平洋という豊饒の海を通じた生活ネットワークの一翼を占めるリュウキュウネシアとでも呼ぶべきアイデンティティーを持っている。この海が文字通り「平和の海」であったとき，沖縄に繁栄は担保され，逆に「戦いの海」となったとき，沖縄はヤマトやアメリカへの従属を強いられてきた。沖縄の蘇生を考えるとき，この因果律は大変重要なことだろう。東シナ海もまたその一部を占める環太平洋地域の平和と安定無くして，この地の基地経済からの脱却と発展は有り得ず，ウチナーンチュの自立や周辺諸国家・諸民族との共生もまた有り得ない。そして，ここを基点として見通すことのできる21世紀の東アジア世界もまた，かつて排他的な自給圏作りに邁進して植民地再分割戦争を導くに至った大日本帝国時代の「大陸国家主義」の呪縛から脱却し，「海洋文明的多元主義」に立った開放性と相互依存を求めていくべきことを，この地から見はるかす心象風景は示してくれているようにも思われる。

　沖縄県平和祈念資料館の展示は，こんな言葉によって締められている。

　　沖縄戦の実相にふれるたび　　戦争というものの
　　これほど残忍で　これほど汚辱にまみれたものはないと思うのです。
　　この　なまなましい体験の前では　いかなる人でも
　　戦争を肯定し美化することは　できないはずです
　　戦争を起こすのは　たしかに　人間です
　　しかし　それ以上に　戦争を許さない努力のできるのも　私たち人間ではないでしょうか
　　戦争このかた　私たちは　あらゆる戦争を憎み　平和な島を建設せねばと思いつづけてきました
　　これが　あまりに大きすぎた代償を払って得た　ゆずることのできない
　　私たちの信条なのです

　飛躍と笑われるかもしれないが，この言葉が掲げられているオキナワの地に日本の首都機能を遷し，例えば米軍嘉手納空軍基地の隣に首相官邸を置いてみてはどうだろう。もし，そこで政務を真面目に執る首相であるならば，それが誰であろうが「日米同盟」の有り様は（例えば米軍基地の整理縮小といった問題は），

ずいぶん異なったものとなるに違いない。そしてそれはまた，辺野古への普天間基地移設，在沖縄海兵隊の移転問題の前提となる「抑止力」，「日米同盟」のあり方の抜本的な見直しにもつながる。そもそも，在日米軍基地の7割強を沖縄に押し付けてしか成り立たない「日本の安全保障」とはいったい何なのか。「他人の犠牲の上に身の保全を図るのは当然」，「自分の利益のためには他者を犠牲にしても構わない」というのは，世間の常識ではおおよそ道理には合わない理屈だろう。ヤマトを相対化し，今ある日本という国の姿を正しく捉えるうえでも，「オキナワを見る」ことと「オキナワから見る」ことは，本質的にはまったく同じことなのだ

7. 回帰すべき視座

　国際学が歩む道は，森羅万象の関係性と向き合い，「望ましいありよう」を想定して進む道のりでもある。不条理に満ちた世界の「現場」に足を運べば，当然の帰結として，人はそれに関わるすべての人々が置かれている状況に無関心ではいられず，また，自身の「立ち位置」への問いかけを喚起させられる。すなわち，「あなたはどちらの側に立とうとしているのですか？」が問われるのだ。

　そうした「知の回路」において，ヒロシマあるいはオキナワは，銘ずべき重要な回帰点であり続ける。核の恐怖や強大な軍事力からの圧迫を跳ね除け，「望ましい未来」をもたらすのは市民的「公共性」が持つ復元力だろう。ヒロシマやオキナワはまた，そうした負のベクトルを押し返す未来―潜在力をも提示する。広島の被爆者は「過ちを繰り返さない」の決意のもとに，「報復より和解」の道を選択した。そのことによって，ヒロシマは絶対的な平和の実現という人類共通の理念，いうなれば"普遍性"を獲得した。そしてオキナワは沖縄戦の記憶への危機と日米同盟の矛盾に抗しながら，なおウミンチュー（海洋文化の民衆）としてのアイデンティティーを失わず，対立よりは協調，排他よりは受容を専らとする精神的思考を醸成し続ける。

　普遍的絶対的な非戦精神とオープンマインドの精神はまた，本来はヤポネシアとでも呼ぶべき海洋文化共同体としてのアイデンティティーを見失い，大陸国家への道を歩み，またアジアを侵略・搾取の対象地としてしか見なかった結果，遂には自らも崩壊に立ち至った近代日本（大日本帝国）のあり方を厳しく映

し出す「鏡」であり，「記憶」への無思慮を戒める批判力の源泉でもある。既述したように，広島で被爆した人々のうちには2万人を超える朝鮮人をはじめとするアジア民衆の存在があった。彼らの多くは近年まで原爆手帳を交付されず，したがって日本国による保障を受け取ることが出来なかった（そして，現在国交の開かれていない北緯38度線の向こうには，果たしてどれほどのヒバクシャが生存しているのだろうか…）。また，日本人旧軍人・軍属に従軍補償の一環として支払われている軍人恩給は，戦争中に軍人・軍属として徴用された朝鮮人，台湾人，東南アジアの人々などに対しては支払われていない。これは，台湾人はサンフランシスコ講和条約（1951年）によって，韓国人は日韓基本条約（1965年）で，他の東南アジアも戦後の諸条約によって軍人恩給の対象外となっているというのが建前だが，果たしてそれは健全な市民感覚と調和する理屈なのだろうか。

　「国際化は双方の歴史を正しくとらえることではじめて成り立ちます。お互いの痛みを未来へどう生かすかが大切です」（広島原爆資料館展示資料）との行動提起は，「記憶」への配慮とそれを尊重することこそが，健全な市民的「公共性」を獲得する道であることを示している。ヒロシマやオキナワへの回帰は，その「記憶」によって自らが地球市民意識を確認し，市民が共同して相互の関係性を作り変えてゆくことの意義を批判的に捉えなおす機会となるだろう。

[引用文献]

　沖縄県平和祈念資料館「沖縄県平和祈念資料館総合案内／資料編」，『沖縄と天皇』（あけぼの出版，2001）

　サイード E. W.『知識人とは何か』（平凡社，1998）

　司馬遼太郎『街道を行く／沖縄・先島への道』（朝日文庫，1978）

　高木仁三郎『著作集4・プルートンの火』（七つ森書館，2001）

　前田哲男『新訂版・戦略爆撃の思想』（凱風社，2006）

　広島平和文化センター『被爆証言集・原爆被爆者は訴える第2版』（1999）

　保坂正康『昭和陸軍の研究（下）』（朝日文庫，2006）

　琉球新報社『沖縄のうねり』（2007）

　歴史教科書教材研究会編『歴史史料体系第11巻』（学校図書出版，2001）

道標 III　グローバリゼーションと「豊かさ」について
―「本当の豊かさとは何か」という課題に問われて―

「みんなで少しだけやさしくなろうよ。みんなで少しだけビンボーになろうよ。そうすると世界は少し善く変わるよ。」(松下竜一)[1]

1.「1776 年ロンドン＆フィラデルフィア」から「2011 年フクシマ」へ

　アダム・スミスの大著『国富論』【*An Inquiry into the Nature and Causes of the Wealth of Nations*】がロンドンで公刊されたのは 1776 年 3 月のことだった。近代社会の本格的幕開けを告げた産業革命という大変動期にあって，彼は国富の源泉が社会的分業，労働の選択と集中による組織的な生産活動にあることを示し，それを大規模な形で主導しつつあった都市工業の担い手たち，産業資本家と組織化される労働者たちこそが次代の担い手となるだろうことを予見していた。『国富論』が刊行された 1776 年という年は，近代市民社会の到来という観点から見て，或る意味象徴的な年でもあった。スミスはこの時，大西洋を隔てた地で進行していたもう 1 つの事態―アメリカ合衆国の独立―にも強い関心を示していた。彼によれば，イギリスが遠隔地の北米に植民地を維持することによって得られる利益はその防衛負担コストからみてまったく採算の合わないものであって，支配に拘泥するよりは，むしろ同地との通商を活発にしてイギリスからの工業製品輸出を増加させることこそが得策であるとして，早期の植民地放棄論を唱えていた[2]。自由貿易論者としての彼の主張は，当時の主流派

---

1)　下鴨哲朗『いま，松下竜一を読む』(2015) p.213
2)　アダム・スミス『国富論（四）第 5 編第 3 章』(2001) pp.358-359

的経済思想だった重商主義への批判でもあった。

その北米大陸では，13州植民地による反本国闘争がし烈に展開されていた。代表者たちがフィラデルフィアで「州連合」＝ The United States の独立を宣言したのはこの年の7月4日，宣言文の初稿を書き上げたのはヴァージニアの代表，トマス・ジェファーソンという当時33歳の若者で，その草稿は2週間で仕上げられたものだった。やがて，当時にあっては最も急進的な政治哲学だった社会契約論に基づき，1つの共和国が産声を上げた。以後，アメリカ合衆国は議会制民主政体のモデルを世界に提供する「自由と民主主義」揺籃の地となると共に，産業資本主義の一大実験場ともなっていった。2人の歴史上の人物を通して，やがて可視化された政治と経済のシステムは，近代市民社会を支える基本的枠組みとなって今日に至っている。

しかし，現代世界は近代市民社会が産声を上げた当時の，ある意味で牧歌的な「理想像」とは大きくかけ離れてしまった。帝国主義時代を経てグローバル化した経済活動，不均等な発展に伴って垂直分業的に再編され，重層的に構造化された世界システム，そしてそこから生み出される数々の社会矛盾の蓄積…それらが絡みあい，不安定な「未知数」となることで，21世紀初頭期の地球市民社会にとって，より善き明日の世界という「解」を求める連立方程式はますます複雑なものとなっている。また，新自由主義に従属した今日のグローバル経済特有の「社会的ダーヴィン主義」が深海や宇宙空間までをも覆い尽くそうとする中にあって，ローカルレベルの共同体の紐は弱められ，大衆のアパシーが拡大する。一方で，底辺に追いやられ，疎外される人々からは怨嗟の声が上がり，対抗的暴力のテロリズムが再生産される。それは，グローバル資本主義が市民社会を侵食し，疎外してきたことの帰結であり，両者の調和的関係は崩れ，対立的なものへと変容してしまったかのようだ。

いや，その表現は必ずしも正しいものではないのかもしれない。18世紀末に誕生した近代市民社会とはつまるところ，西洋中心，白人中心，男性中心の「市民」による歴史的産物だった。市民社会の前提として，他者の思いへの想像力や社会的弱者が味わう苦痛への理解力の重要さを唱えた『道徳感情論』【*The Theory of Moral Sentiments*】をアダム・スミスが著したのは『国富論』に先立つ17年も前のことだった。しかし，彼は分業化された労働が生産の効率化，生産力の増大を促す一方で，工業労働者たちが単純化された工程に特化させられることによって，多方面にわたる理解力を失って思考を単純化させてし

道標III　グローバリゼーションと「豊かさ」について　|　47

まい，「およそ人間としてなりうるかぎり愚かで無知になる」[3]として，市民社会が「欲望の体系」（ヘーゲル）へと変容していく危険性に気づいていた。「われわれが呼びかけるのは彼らの人類愛に対してではなく，自愛心に対してであり，われわれが彼らに語るのは，われわれ自身の必要についてではなく，彼らの利益についてである」[4]と語らざるをえなかったとき，彼は既に自己中心的な欲望に従属する「経済的合理人」が大宗を占め，次代の担い手となったときに出現するだろう市民社会の変容危機を想定していたのかもしれない。したがって，自由貿易の要求が非ヨーロッパ世界，とりわけ当時の世界の富の過半を集積していたアジア地域において，頑なに受容を拒絶されたとき，「経済的合理人」の権力たる時のイギリス政府は容赦なくインドの手工業を押しつぶし，中国に開港を強要して植民地化への歩を進めることを躊躇わなかった。一方，「すべての人間は生まれながらにして平等であり，その創造主によって，生命，自由，および幸福の追求を含む不可侵の権利を与えられている」との文言を独立宣言に記したジェファーソン自身はプランター階級出身であり，多いときで270人近い黒人奴隷を所有していたこと，後に大統領となってからは西部「開拓」の下でアメリカ原住民絶滅への方向性を踏み出すことに躊躇しなかったこともよく知られた事実だ。想定された「民主社会」とは，G.オーウェルの社会風刺小説『動物農場』【*Animal Farm*】中に登場する有名なあのスローガン，「すべての動物は平等であるが，一部の動物は他の動物よりもっと平等である」[5]が掲げられた動物農場の姿と本質的に変わることはなかった。

　こうした欺瞞を内に含みつつ「発展」を遂げてきた近代が，「進歩」のために多くの人々に犠牲を強いてきたことは，ある意味当然のことだったのかもしれない。ことは近代欧米世界に留まらない。たとえば，彼らを模範として19世紀末に東アジアの一角に興った或る国家は，急速な近代化＝西洋化を通してやがて帝国主義列強の一角を占めるに至ったのだが，周辺地域への支配や侵略を進める際に利用された大義名分は「王道楽土」あるいは「大東亜の共栄」というものだった。さらに，帝国が瓦解した後，今度は「国土の発展と所得倍増のためには産業公害や狂乱物価などの多少の『歪み』は我慢してもらう他はな

3）　前注掲載書（四）第5編第1章 p.50
4）　〃（一）第1編第2章 p.39
5）　"All animals are equal but some animals are more equal than others," cit., Orwell G., *Animal Farm*, 1951, p.51

い」といった経済成長至上主義がまかり通り，結果として，市民の声に耳を貸さず，地域住民の生活を犠牲にしても構わないとの「公共論」がまかり通ることとなった（ここではそうした考え方を，「負の公共論」と命名しておく）。そして，その方便としてしばしば使われたのは，「国民（臣民）全体の生活が豊かになるため」との大義名分だった。傍若無人な力をふるってきたこの「負の公共論」とは，実際のところは中央の権力者の傲岸な思いと周辺地域他者への横暴を覆い隠すための方便以外の何ものでもなかったのだが，戦前はおろか，それに続く「戦後民主主義社会」のもとにあってさえ，この国ではそれは「豊かさを実現しようと努力するお上の公共政策」として正当化され，これに異を唱えた者には「非国民」，あるいは「住民エゴ」とのレッテルが貼られ，切り捨てられてゆくのが常だった。

　近代社会は，それまでの封建的な共同体の紐帯を部分的にこそ解体しながらも，一方でその再編を促し，中央集権的な政府と資本主義経済のもとに取り込み，自身の一部として構造化していった。そして，既得権益者が作り上げた民衆疎外の仕組みこそが，一部の特権的な地位にある人々に「豊かさ」を保障する社会を作り上げてきた。白人の植民帝国による有色人種諸民族への搾取も，2度にわたる世界大戦も，核兵器による恐怖の均衡も，すべては「豊かさの追求」の名のもとにもたらされた結果だったし，今日世界を覆う新自由主義もまた，その延長線上に周辺部民衆への人権抑圧と資本主義的差別の体系を作り上げ，これを強化してきた。

　2011年に生起した「3・11」とそれに続く「フクシマの悲劇」は，そうした理不尽な構造の上に成り立つ「豊かさ」のおかしな有り様を可視化させた事件とも言えた。首都圏に電力を独占的に供給する巨大電力会社の，遠隔地で操業する原子力発電所が重大事故を起こし，かの地で大量の放射性物質を放出拡散し，多くの住民を半永久的に離散させるまでに追い込んでしまった。長年にわたって安全神話や補助金を“アメ”として住民を欺き続け，大小さまざまな利権の網で民衆を絡め取って推進されてきた「負の公共政策」，そしてその裏に隠れた巨利に群がった政・官・産・学から成る「原子力ムラ」の既得権益者たち…周辺他者の犠牲の上に中央の「豊かさ」が成り立っているというこの醜悪な構図がいかに深く埋め込まれていたかを，私たちはあの大惨事を通してあらためて確認したのではなかったか。

　今，私たちが向き合わなければならないのは，「豊かな暮らしの実現」を言

い訳にしながらも，実際には世界中に放射性物質を拡散し，未来の世代にさえ迷惑をかけても刹那的な「豊かさ」にしがみつこうとする者たちの醜悪さ，そして傲岸で自己中心的な「豊かさ」の質に関する考え方である。際限もなくエネルギーを浪費し，無限に経済成長を続けようとする営み自体が，地球という惑星の「有限性」を前にしていかに合理性を欠いていることは，誰の目にも明らかなことではないだろうか。そうした神話の上に成り立つ「豊かさ願望」のあざとさを，「フクシマの悲劇」は鋭く問う。はたして，本当の意味での「豊かさ」とは何なのだろうか，そして，それは非対称な権力関係の下におかれ，不均等な発展を遂げる今日の世界にあってどのように再定義され，いかなる原則の下で実現していくべきものなのだろうか。

2. 世界の「周辺部」から「豊かさ」について考える

　1990年代の初頭，バングラデシュ東部の或る村を初めて訪問した時のことだった。首都ダッカから四輪駆動車で悪路を4-5時間，細い田圃道を分け入っていった。土地無し農民が多くを占めるこの地方では公的制度上の正規学校に通うことが出来ず，識字能力を持たない貧しい子供たちが少なくなかった。ベンガル農村では一般的なコメの三期作のため，補助労働力として駆り出される子供たちにとって，毎日決まった時間に通学を続けることは至難の業だ。ただ，訪問した或る藁葺の掘立小屋の土間に張られた莚の上には，粗末な服をまとった裸足の何人かの子供たちが座り込み，傷だらけの黒板と向きあっていた。まるで「明治の時代」に遡ったのかのように，子供たちの手には石板と石が握られており，必死になって先生（とはいうものの，その先生方は短期の教授訓練しか受けていない，風貌からして日本では高校〜大学生ぐらいの年齢の女性がほとんどだった）の教えに従ってベンガル語を覚え，四則計算を続ける。やがて石板が真っ白になると，おもむろに雑巾で水拭きして"リセット"をすることを繰り返す。
　そこは現地のNGOが運営する，いわゆる非公式教育（non-formal education）学校の実践現場だった。ベンガル農村部の貧しい家庭の子供たちにとって，識字や計算能力を獲得できる機会は必ずしも多くはない。「この時」を逃せば次の学習機会が訪れるかどうかは定かではない。農作業に駆り出されるだけならまだしも，たとえば，もし借金に悩む親たちが高利貸しに無体な利払いを要求されれば村を逃げ出す他はなく，「学びの機会」はまさに一瞬である。それ

でも学ぶことを止めないのは，文字を覚え，計算能力を身に付けることができれば，地主や高利貸したちに騙されず，横暴な搾取から自分の生活を守ることができることを知っているからだ。「開校時間」はその日の陽の長さに規定されている。慢性的な電力不足のために灯火はほとんど無く，日没後の上空には無数の星がさんざめく。ごく当たり前のことながら，世界最貧国（Least Developed Countries）の一つとの形容詞が常套句として使われるこの国にあっても，人々は逞しく暮らしを営み，明日に向かってしたたかに生きる術を身に付けていた。希望はけっして失われているわけではない。バングラデシュの田舎は，貧しさを共有しつつも，明日への希望と楽観性を宿した子供たち，敢えて言えば心に「豊かさ」を温める人々が溢れる社会でもあった。

　あれから，かなりの年月を経た。粗い舗装道路の上で小さなジャンプを繰り返す車と，定刻など無かったかのように遅れて離陸した航空便を乗り継ぎ，田舎から戻ってきた首都ダッカは，凄まじい喧騒に溢れ，「沸騰都市」の名に相応しい活況を呈していた。一人当たりの年間所得約 1,600 ドル（2017 年名目値）の低水準にあるとはいえ，今日のバングラデシュは某外資系投資銀行から「NEXT11」と命名される，潜在力を抱えた「未来の国」として注目される程に様変わりを見せつつある。GDP はこの数年，6 〜 7％台で推移しており，10 年で倍増する気配を見せる。その原動力は衣料・縫製産業を中心とした労働集約軽工業で，今では同国の全輸出額のほぼ 5 分の 4 を占める外貨の稼ぎ頭となっている[6]。アジア経済成長の典型的パターンとなった輸出指向工業化の波はこの国にも及んでおり，それが凄まじい勢いで社会の変容をもたらす動力源となっている。同国の工業化と輸出指向経済への転換は，グローバリゼーション下での外部（中心部）経済とのリンケージ，とりわけ先進諸国企業の直接投資と欧米諸国市場へアクセスに拠るもので，東隣の ASEAN 諸国が 1980-90 年代に成し遂げた外資主導型の輸出産業の形成プロセス，いわゆる「雁行形態的発展」波及の結果とも言える。その受容中心としてのダッカは経済ダイナミズムのグローバル化がもたらす国際資本と現地労働力の坩堝となっており，そこは国家の統制さえ及ばない資本蓄積の場へと再構成され，一部には富裕な中間層さえ生み出している。

　しかしその一方で，この都市にはグローバル経済の"恩恵"から取り残され

6）　Asia Development Bank, *Development Outlook* 各年版

た多くの最底辺層（いわゆるインフォーマル・セクター）の労働者が存在する。農村から押し出され，都市へと押し寄せる彼ら彼女らの技能水準は低く，したがって，勃興する製造業部門へ吸収はなお限定的で，参入退出障壁が低い周辺部の労働市場，たとえば日雇いの荷物運び，土方仕事，煉瓦割り，リキシャ引きなどの低賃金の肉体労働へと集中せざるをえない。近年のインフレーション（5％台後半〜7％台）もあって，生活環境は厳しさを増している。教育や職業訓練の機会も乏しい中，賃金の上昇も期待できず，「貧困のサイクル」から脱け出すことはけっして容易ではない。かつて筆者が関わったある調査研究（2011-12年）によれば，対象としたサンプル（320人）のインフォーマルセクター労働者の月当たり平均収入は，リキシャ引き4,060Tk（1Tk ≒ 1.0-1.5円），路上散髪業6,150Tk，米炊き業2,582Tk，荷役4,833Tk，建設業6,354Tk，仕立て業3,738Tk，小売業9,000Tk，家内労働者1,590Tkと総じて低かった。それに対して一日当たりの労働時間はリキシャ引き10.0時間，路上散髪業13.0時間，米炊き業10.7時間，荷役12.1時間，建設業8.9時間，仕立て業9.0時間，小売業13.3時間，家内労働者が9.4時間で，厳しい労働環境が推察された[7]。

　今日のバングラデシュもまたその隊列に加わりつつある構造転換連鎖，工業化能力の移転と受容を通じた新興諸国経済の台頭，一部の「中進諸国」化は21世紀初頭の世界経済における新しい傾向だが，進行する事態の背後にある構造は，それほど単純なものではない。今日の国際社会は政治権力や経済力の大小，さらには情報発信能力や文化規範といったソフトパワーの多寡・強弱を含めて織り成され，重層的に形作られている。国際的な「権力の非対称関係」がもたらす民衆疎外のモーメントは，世界の周辺部たる第三世界においてはなお強力に働いており，グローバルなレベルでの変容圧力のもとで生み出される関係性はローカルなレベルをも包含して再構成され，複雑に入り組んでいる。グローバリゼーションとナショナルなフレームはけっして二項対立的なものではなく，前者の圧力によって後者は組み替えられ，階層的な秩序のもとに再編成される。国民国家の機能は衰退するのではなく，一部はグローバルな政治・経済に収斂，統合され，強化される。それはローカルな現場が持っている基層コミュニティーとの乖離をきわ立たせ，民衆を疎外する「力」として，また強

7）　以下の文献参照。Takaharu Okuda, "A Study Report on the Labors of Informal Sectors in Bangladesh: Through analysis of the SAGA Research Project," *Shonan, Journal*, Vol.4, 2013, pp.31-38

者が指し示す「グローバル・スタンダード」に基づいて序列化を強制する。

　世界に働くこうした変容圧力は他者との共生，協働の精神を排した市場競争至上主義，優勝劣敗の原則に基づく新自由主義という名の「グローバル・イデオロギー」へと収斂されていく。政治学者マイケル・ハートとアントニオ・ネグリが言うところの「帝国の原理」[8]が拡がっていく中での一部第三世界途上諸国の経済的キャッチアップは，一握りの"成功者"を生み出すものの，それを支える人的資源要素の欠落ゆえに，かつて東アジアの新興工業経済群が体験してきたようなトリクル・ダウン効果を十分にもたらすものではない。多くの民衆は彼らの"受容技能"の欠落ゆえに周辺部に留め置かれ，拡大するパイの分け前にも授かる機会が無い。「周辺」に取り残された人々には，生活するに十分な諸資料へアクセスできる能力，経済学者アマルティア・センが言及した，基本的人権としての「権原（entitlement）」[9]を獲得することは至難の業となる。結果，募る民衆の社会的不満をエネルギー源として，新自由主義イデオロギーから敵視され，排除された体制への挑戦者の一部からは対抗的暴力としてのテロリズムが萌胚し，社会を不安定化させていく。かくして，かつてバングラデシュの農村部で目撃した「明日への希望」の実現は必ずしも楽観を許さず，都市部スラムに住居するインフォーマルセクターの労働者のように，明日が見通せない社会の底辺に沈殿する人々の前途は極めて多難となる。

　グローバリゼーションの進展に伴って，すべてのものはローカル（あるいはナショナル）なものであると同時に，グローバルなものとなっていく。両者は別個には存在せず，相互に規定しあい，また人間疎外を再生産される。「豊かさ」を巡る概念もまた，そこには本来多様な意味合いが含まれるにもかかわらず，一つの物差しに過ぎない物的拡大，たとえばGDPの増大を至上とした計量式に収斂させられる。結果，カネ儲け自体が自己目的化し，恩恵を受ける者と排除される者を生み出し，世界は不安定の度を増している。皮肉な言い方だが，「豊かさ」を求める行為が逆に「豊かさ」から疎外される多くの人々を生み出し，「豊かさ」の追求という行為の代償として，自身の日常さえ脅かされるというパラドックスに，今日の国際社会は喘いでいる。

8）　以下の文献参照。アントニオ・ネグリ，マイケル・ハート『帝国』（以文社，2003）
9）　以下の文献参照。アマルティア・セン『貧困と飢饉』（岩波書店，2000）

3. グローバリゼーション下の「豊かさ」と格差の因果律

　改めて，今日のグローバル経済を生み出した18世紀末のヨーロッパにおける産業革命期を始点として，それ以降のグローバリゼーションの本質について考えてみよう。西洋の資本家たちは製品販路と原料供給地を求めて，それまで世界経済の枢要を占めていたアジア地域との関係を再編成しようと試みた。当時のイギリスの木綿産業にあっては，インドから輸入される手工業綿布の需要を国内生産で満たすことを目的に技術革新が促されたのであり，その意味で，産業革命という歴史イベントはアジア経済に周縁的だったヨーロッパ世界での「周辺革命」の性格を強く帯びたものだった。それゆえにまた，ヨーロッパのアジア進出には新興の経済力が既存の経済大国市場に参入する際にいつも見られた困難，まさに市場競合上での劣勢と海外需要の喚起の難しさを伴っていた[10]。このハンディを打開したのは，スミスやリカードが言う「自由貿易」などではなく，かの地を軍事力によって制圧し，植民地化することで現地商工業を圧殺し，モノカルチャー生産のもとに従属させてしまうこと，つまりは剥き出しの暴力行使に他ならなかった。「自由貿易」は市場原理に基づいて，"自然の流れ"として適用されたのではなく，暴力的に強制され，第三世界の民衆を貧困と飢餓に追いやった。

　それ以降の世界史が，古典派経済学が想定したような労働市場の均質化，賃金水準の収斂をもたらさず，実際には西洋世界による非西洋世界の植民地分割と植民地偏向経済への垂直統合へと進んでいったことが示すように，西洋近代の資本主義は利潤極大化という当座の「豊かさ」を追い求め，他世界を犠牲にして富強の達成を図ることを当然視した。やがて帝国主義諸国による世界政策の衝突は2度の世界大戦を引き起こし，その後は「最終兵器」のもとでの恐怖の均衡に怯えつつも，アメリカ合衆国政府や巨大多国籍企業を代表格とする新自由主義の担い手たちは，より強欲に資源の収奪とエネルギーの浪費への道を突き進んでいった。このような歴史を踏まえて，異なるイデオロギー対立を止揚して両者の利点を組み合わせた諸政策を実現できる市民社会像，いわゆる

---

10)　この点で，18世紀末までインド産綿布に長い間対抗できなかったイギリスの綿織物業者達の多くが保護主義の立場に固執していたことを想起すべきだろう。吉岡昭彦『イギリスとインド』(1975) 第Ⅲ章

「第三の道」の提唱者として有名な社会学者アンソニー・ギデンズは，今日のグロバリーションの本質を，「ますます正真正銘のグローバル・システムになっていったが，本質的に平和でない秩序」と規定したうえで，「モダニティの出現が引き起こしたこの社会秩序は，それまでの発達動向のたんなる高まりではない。この秩序は，数多くの明示できる，また極めて根本的な点で，まさしく新たな社会秩序である」としている[11]。彼によれば，今日のグローバリゼーションは単なる現象ではなく，それ自体が危機を内包し，矛盾を拡大させている原因あるいは構造（秩序）そのものであり，この章が課題とする「豊かさ」と民衆疎外の因果関係の根源なのだ。

　新自由主義的なグローバリゼーション構造が生み出す最大の矛盾，あるいは「負の影響」が，社会的・経済的格差の拡大にあることについて異論をはさむ余地は無いように思われる。2014 年 5 月に経済協力開発機構（OECD）が発表した調査報告[12]では，先進諸国の大半で富裕層と貧困層との格差およびジェンダー間格差が過去最大レベルに達していることが判明している。すなわち，加盟 34 か国の大半では過去 30 年間（1981 年-2012 年）で所得格差が最大となっており，1980 年代には約 7 倍だった最富裕層 10%の平均所得と最貧層 10%の平均所得差は 2010 年代には約 9.6 倍に跳ね上がった。また，世界人口の 1%にあたる富裕層が持つ富は，2016 年には残りの 99%が持つ富の合計を上回り，世界全体の富の半分を上回るであろうとする報告を 2015 年 1 月に国際 NGO オクスファム（OXFAM）が発表した[13]。

　さらに，世界で広がる所得格差について，より説得力ある論を展開したのが経済学者トマ・ピケティだった。彼は 19 世紀後半期から 21 世紀初頭期における世界各国の膨大な所得税・相続税に関するデータをもとに，経済発展と所得格差の関係について，それまでの経済発展論の"定説"とされていた「クズネッツの逆 U 字説」，すなわち，労働市場の可動性の拡大と所得再分配機能の充実を前提とした先進諸国経済への移行に伴って，経済発展初期に拡大する格差は次第に縮小していくとの学説を，「1914 年から 1945 年にかけてほとんどの富裕国で急激な所得格差の低下は，何よりも 2 度の世界大戦と，それに伴う激し

---

11)　アンソニー・ギデンズ『国民国家と暴力』(1999) pp.46-47

12)　OECD, *Focus on Top Incomes and Taxation in OECD Countries, Was for the crisis a game changer?*, May, 2014

13)　2015 年 1 月 19 日付 AFP ＝時事

道標III　グローバリゼーションと「豊かさ」について　｜　55

い経済政治的なショックのおかげだった。クズネッツが描いたようなセクター間のモビリティといった，穏やかなプロセスとはほとんど関係なかった」[14] としてこれを退け，年間の資本の平均収益率が経済成長率を上回る構造が維持されることを通して，むしろ経済的格差が増大していることを説明した[15]。

　こうした傾向は新自由主義的グローバル経済とともに，文化帝国主義的には「文明の衝突」史観に基づいてますます普遍化されている。後者は国際政治学者サミュエル・ハンチントンによって提唱されたポスト冷戦期の文明対立軸の設定であり，世界に優越する西洋文明（そしてその盟主たるアメリカ合衆国）への最大の「チャレンジャー」としてイスラーム世界を挙げ，その台頭への警戒を声高に叫ぶヒステリックな論調に彩られていた[16]。そこには文明が必然的に経験する接触，変容，混在そして融合といった関係性のダイナミズムは捨象され，世界の諸文明はただ対立し，衝突するクラスターへと還元されていた。ポスト冷戦期にあって，この2つの時代思潮はコインの裏表のごとき関係を保ちつつアメリカ一極主義を支え，西洋世界がその骨格を整え，普遍化を促してきた国際秩序単位としての国民国家原理とは別の基層に機能するイスラーム共同体（ウンマ）を異端視し，疎外と圧迫を強めてきた。それはこの地域での天然資源権益を握る多国籍企業群の利害とも一致しており，先進諸国での「豊かな」大量消費社会を支える「帝国の原理」へと昇華していった。こうした世界の構造のもとで，イスラーム原理運動は疎外された民衆の不満を，ある意味で「無限のエネルギー源」として日々再生産されていった。対抗的暴力としてのテロリズムの横行は西洋世界の為政者ばかりでなく，一般の民衆にも反イスラーム感情を浸透させ，反知性主義的な排外運動が多様性ある市民社会の亀裂をますます深めていく。そして，そのことがまた反西洋文明の原理運動を増幅させるという負の連鎖を惹起させる。かくして，現在のグローバリゼーションは当座の，そしておそらく持続不可能な「経済発展」を追い求めた結果，「豊かさ」の奪い合いゲームに世界の人々を駆り立てる。

　こうした負の連鎖を断ち切る道はないのだろうか。先のバングラデシュの例に見るように，一部周辺部諸国の経済離陸はいずれも外発的発展，すなわち国

---

14)　トマ・ピケティ『21世紀の資本』（2014）p.17
15)　同上，p.18&p.29
16)　Hungtington S., "The Clash of Civilization," *Foreign Affairs*, Vol.72, 1993　なお，同論文の問題点については改めて「道標XII」の章にて言及している。

際資本主義中枢としての先進諸国経済に従属し，そこからの経営資源移転に依存する形で進められてきた。確かに，それは国内投資と商品輸出に刺激を与え，短期的にこそ経済成長を可能にはするものの，活況の成果はともすれば一時的となり，所得格差の拡大，地域共同体の紐帯の解体，不均等発展から派生する宗教的対立や民族間紛争という負の連鎖を生み出す危険性を内包している。それは，過疎や高齢化に悩む自治体が原子力発電所を誘致して「地域振興」を図り，国からの補助金や固定資産税で潤い，雇用を増やそうとする日本のどこかの地方市町村の姿にも酷似している。そこでは立派なハコモノが続々と作られていくのとは裏腹に，やがて行政は肥大化し，施設を維持管理するための支出は否応なく増えていく。このやり方で「地域振興」を更に続けようとすれば，地域経済はますます原発への依存を深める他はなく，減価償却によって目減りしていく固定資産税収入をカバーするために，自治体は逆に国や電力会社に陳情し，さらに新しい原発の誘致を渇望せざるを得なくなるだろう。当座の「豊かさ」を求めるために選んだ国や大企業への依存＝外発的発展が，地域を「原発植民地」に変え，次世代はおろか数百年先の子孫にまで「メルトダウンの恐怖」を与え続ける。国際的なパースペクティヴから見ても，現代のグローバリゼーションが一部強者の「豊かさ」の実現を目指しながらも多くの周辺部民衆に犠牲を強い，格差を拡大させて彼ら彼女らの「豊かさ」の実現を疎外しているとするならば，今こそ，そうした矛盾を内包する「豊かさの質と構造」そのものへのラジカルな批判と，より分権的・自立的な地域共同体を単位とする内発的発展への志向が必要なのではないだろうか。

4.「有限性」への気付き，オルターナティブな技術体系と　　社会への志向

　これまでの考察で明らかになるのは，大量生産・大量消費とエネルギーの浪費に支えられた「無限大の成長」という神話に基づく「豊かさ」追求という営みが，一部の人々への富の偏在と不平等という社会空間（地域）的な問題と同時に，時間軸から見ても，目前の「繁栄」を確保するために未来の地球環境を犠牲にしかねないという，おおよそ持続不可能な仕組みを作り上げている，ということではないだろうか。賦存する天然資源の有限性が経済成長を律束し，人類社会はやがてデッドロックに直面する，との悲観的シナリオは1972年，

ローマ＝クラブからの委託を受けたマサチューセッツ工科大学（MIT）の生物物理学者ドネラ・メドウズ博士らの研究チームによる報告書『成長の限界』【*The Limits to growth*】以来，多くの識者から示唆されているものだが，おそらく物理的な要因以上に大きな問題は，際限の無い商品生産の拡大と社会の不均等発展がやがて市民社会の公共性を抑圧し，遂には崩壊に追い込むとともに，代わってより抑圧的・強権的な社会を出現させ，民衆疎外の情況をますます深刻化させるのではないか，との社会的危険性だろう。

　たとえば，増大するエネルギー需要に対応することを名目に，戦後の日本では「原子力の平和利用」を大義名分として，軽水炉原発，高速増殖炉，核燃料再処理工場といった巨大施設建設に巨費が投入されてきた。それらは重大な事故を引き起こしたり，ただ冷却材を循環させる為だけにお金が使用されるという「無駄使いの危険施設」であったり，あるいはこれまで数兆円が投入されながらも「核のゴミ」を貯め込んでいるだけの代物なのだが，「資源の無い日本ではエネルギーの安定的確保のために不可欠」との常套句のもとに日本政府は一向に「核」への執着を捨てようとはせず[17]，政府は原発の再稼働を進めてきた。「核」の開発原点となったマンハッタン計画が象徴的に示すように，「無限の経済成長神話」を支える現代の巨大技術体系は徹底した集権的管理と秘匿性の上に成り立っている。すなわち，同計画の中核を成したウラン濃縮，原子炉運転によるプルトニウムの生成および再処理による抽出は現在の原発推進政策にもそっくりと引き継がれているものだ。それらはいずれも巨額の資金を要し，中央権力による管理統制の他，細分化した専門性，複雑に絡み合う技術体系，そして強い秘匿性を伴うものだが，高度に細分化された複雑系システムゆえに，全体的な統括能力を欠き，管理責任の所在が不明確となることが避けられない。さらに，そうした技術体系は「安全管理」・「危機対策」を絶対的なエクスキューズとしてそれに反対・抵抗する者を排除し，抑圧する政治的要請を不可避的なものとする。やがて，それは，社会そのものの管理統制，民主主義の抑圧と全体主義化を推し進める圧力へと転化していくだろう。

17）福井県敦賀市にある高速増殖炉原型炉「もんじゅ」は 1995 年に大火災を引き起こして以来，開発・メインテナンス費用として 1 兆円以上の資金が費やされたが，結局，以後は 1kw も発電をしなかった。結局，政府は「もんじゅ」の廃炉を 2016 年末に決定した。また青森県六ケ所村には東京ディズニーランド 7 個分の広大な敷地に核燃料再処理工場，ウラン濃縮工場，核燃料廃棄物貯蔵保管施設などが立地しているが，そこにも 3 兆円を超える資金が投入されてきた。詳しくは「道標Ⅴ」，「道標Ⅶ」の章参照。

公共経済の立場から地球温暖化対策で環境税などの必要性を説いた経済学者
宇沢弘文（1928-2014）は，「社会的共通資本（social common capital）」という概
念を用いて，水や大気など生命の生存に不可欠で，特定の国家や個人に帰属し
ない自然環境を全社会共通の財産とし，その保全を力説していた。彼によれば，
そうした社会共通資本が人間の生産，消費活動によって減耗，破壊されていく
ものとするならば，それは市場機構によってではなく「別の調整力」，すなわ
ち政府が介入することが絶対に必要で，受益者は「享受する利益に相応してコ
ストを負い，社会に還元する必要がある」とし，たとえば公害防止のためには
直接規制とともに公害税などの課税の必要性を説いた[18]。ただし，受益者と
負担者は必ずしも一致しないどころか，多くの場合，その差異は権力の中枢—
周辺関係に依存している。また政府自体が前者の既得権益を保護する組織と化
しているかのような今日の状況下では，宇沢の言う「別の調整力」の役割を果
たすことも難しい。たとえば，原子力発電所の場合，発電に伴う受益者は首都
圏などの大都市住民である一方，リスクは遠隔地の地方住民に一方的に押し付
けられており，「受益者負担」の原則はスポイルされてしまう。自然環境など
社会共通資本の重大な毀損に対しても，加害者の負担の「軽さ」と被害者のそ
れの「重さ」との差異は理不尽なほどに際立っている。宇沢の主張とは真逆に，
新自由主義は社会共通資本の存在意義そのものを否定し，あまつさえ，それさ
えもが商品化されてしまっているかのようだ。社会思想家イワン・イリイチ
（1926-2002）は，「大規模生産の理論に適合した工学的に体系化された社会的習
慣の型に当てはまるもののみを頭に思い浮かべるように」なってしまっている
中央権力に依存的な現代のエネルギー体系の在り方を批判し，それを社会構成
員のコンヴィヴィアリティ（conviviality），すなわち自立的共存に基づいた，「エ
ネルギーを完全に自分自身の統制のもとにおくこと」の意義を語っている[19]
が，分権的な自然エネルギーに基づいた新しい社会を構築する可能性が，宇沢
の言う「社会的公共資本」を市民の下に統御する道筋，言い換えれば，市民的
公共性が資本に従属する経済成長至上主義と決別するための一つの方法となり
える。隘路を乗り越えるために必要な知的想像力は，「有限性」への気付きだ。
　より持続的，循環的，分権的な社会システムへと転換していくために，一つ

18）　宇沢弘文『経済と人間の旅』（2014）pp.140-142
19）　イワン・イリイチ『コンヴィヴィアリティのための道具』（2015）pp.46-47

の「対案」がある。第一次石油危機の最中，経済学者エルンスト・シューマッハー（1911-1977）はその著『スモール・イズ・ビューティフル』(1973)【*Small Is Beautiful: A Study of Economics As If People Mattered*】の中で，「中間技術」という概念を提示し，地域住民が身近に活用でき，直接的に市民生活の改善に役立つとともに生態系の尊重，省資源に立脚した技術が一般的となる分権的社会の在り方への期待を表明していた。その主張の根底には西洋的な物的拡大，経済成長至上主義がもたらす「豊かさ」の在り方に対する批判があった。

　翻って，日本では人口減少傾向が明らかとなり，人的資源の制約からも「無限の経済成長神話」がいずれデッドロックに陥ることが多くの人々にも知覚できるようになってきた。モノが溢れかえる社会で消費需要は飽和しており，日本経済の拡大路線にも早晩限界が訪れることも明らかだ。利益争奪的な弱肉強食原理に見切りをつけ，また，構造的暴力と対抗的暴力の負の連鎖を断ち切って，自立し共同した自助努力（イワン・イリイチが語るコンヴィヴィアルな関係性の構築）を通じた内発的発展が主流となるよう，シューマッハー的な中間技術体系に基づいた自然循環的な均衡型経済，自立的で分権的な社会システム，そして共生と協働原則のもとに維持される「ほどほどの豊かさ」というオルターナティブ価値観を社会の中核に据えるべき時が来ている[20]。

5. 新しい世界認識と人間観の可能性

　「無限の経済成長神話」の行き詰まりと破たんの兆候は，グローバリゼーションの現状とも密接に関わっている。20世紀初頭以来，その政治経済哲学を主導してきたアメリカの覇権は「終わりのはじまり」を迎えつつあり，メガトレンドとしてのアジア，イスラーム圏の勃興＝リ・オリエントの趨勢が，産業革命と市民革命を経て形作られた，西洋世界が他世界を睥睨するという18世紀末以来の世界構図に大きな変容圧力をもたらしている。

　西洋覇権の揺らぎは「過渡期」特有の混沌とした状況を国際社会に生み出し

---

20)　公共政策学者広井良典は今日の資本主義が従来型の市場経済が飽和し，根本的な臨界点に至っているとして，互酬性や相互扶助の要素を回復し，コミュニティーや自然とつないでいく経済システムの在り方を「コミュニティー経済」と名付け，人口減少社会の日本では今後，基本的な潮流となっていくだろうことを予見している。広井『人口減少社会という希望』(2013) pp.35-36

ている。悪化する地球環境に対する危機意識の拡大とも相まって，グローバリ
ゼーションへの虚飾が剥がれ落ち，既得権益者が拘泥する「豊かさ」への幻滅
あるいは反発が世界をますます不安定なものとしている。こうした「負の連
鎖」を断ち切り，公正性を担保し，地球市民の共生と協働原理に基づいて追及
される，本当の意味での「豊かさ」を求める方策を私たちはさらに模索してい
きたい。たとえば今，世界の各地ではフェアトレード運動やエコロジー運動な
ど，国家の枠を超えて世界のありようを変えていこうとする運動を担い，自分
と他者との関係性を再検討し，相互協力と共生・協働の精神を基礎として新し
い社会の在り方を模索する動きが着実に台頭している。それは国民国家が要請
するナショナリティーへの同化ではなく，相互に連携する地球市民としての自
覚と，連帯への志向が育くむ新しい市民意識，言うなればグローバルなレベル
での「公共性」を獲得しようとの試みでもある。進むモノ，カネ，ヒト，ブン
カの移動，相互依存の深化によって森羅万象の関わり・つながり・交わりはク
モの巣のように複雑に絡み合っている。知的想像力を働かせ，より主体的・能
動的な「関わり・つながり・交わり」による共生と協働努力を通じて生まれる
自・他の区別を超克した「われわれ」という意識，言い換えればネットワーク
としての新しい「主体」形成こそが，本当の「豊かさ」の拠って立つ基盤とな
らねばなるまい。それはアダム・スミスやトマス・ジェファーソンが想定する
近代社会的「市民像」ではなく，ポストモダンの「地球市民像」であるとも言
えるかもしれない（「主体性」を巡るこの議論については，別章「道標XII」で改めて
考えてみよう）。

6. 「本当の豊かさ」への行動指針

　21世紀に入って，「いったい本当の豊かさって何なのか」との問いかけに対
して，その「質」を巡っての議論が活発に繰り広げられるようになってきた。
これまでのように，一国の付加価値の合計や一人当たりの所得の増大に絶対の
価値を置き，大量生産・大量消費という「量的拡大」を優先させる成長路線を
追求した結果，あまりに失うものが大きかったことを自覚する人々の間から
は，GDP至上主義に対してオルターナティブな指標を求めようとする試みが
たびたび提起されてきた。たとえば，アマルティア・セン，マブーブ・ハッ
クらが提案し，1990年以降は国連開発計画（UNDP）によって報告書も刊行さ

れるまでに至った人間開発指数（Human Development Index = HDI）は，平均余命，教育水準，成人識字率，就学状況などを GDP 指標に加味し，総合化して策定されたもので，2010 年以降はさらに社会的平等性の水準を加味して求められる代表的なオルターナティブ的「豊かさ」指標となっている。また，ヒマラヤ山麓の国ブータンにあっては富の増大＝幸福との拝金主義を排して，地域の共同的自助努力に涵養される「心の豊かさ」こそが幸せの拠り所であるとの考えから，国民総幸福量（Gross National Happiness = GNH）の概念が提起されてきたことも，よく知られている[21]。これらは西洋近代が生み出した市民社会がこれまでに追求してきた「量的拡大」路線の負の側面，すなわち近代自然科学観に基づいた自然の収奪とエネルギーの浪費を基礎とする富の拡大，そして一部の強者によるその占有と「周辺者」への疎外といった「必要悪」への懐疑を表わすと同時に，現代グローバリゼーションが属性として持っている「強者による強者のための公共性」へのラジカルな批判ともなっている。いまだそれらは十分な認知を受けているとは必ずしも言えないものの，「豊かさ」を量的に把握するのではなく，その内実を質的に問いただし，人間存在の「あるべき関係性」を模索する試みは，市民社会の公正性と社会的紐帯という基本原則に重きを置いて「本当の豊かさ」を測定し，表現しようとの意思に基づくものであり，21 世紀の地球市民社会に生きる私たちの暮らしの「質」を問うための，一つの指針を提供する。

　同時に，「本当の豊かさ」をめぐる知的探求は，近代市民社会原理を改めて疑ってみることを，私たちに求めている。敗戦後 70 余年の日本は「文化と暴力のアメリカ」（白井聡）[22] に従属し，かの国の覇権主義の懐に取り込まれることで物的な「繁栄」を享受してきたのだが，その本質的な構造とは，アメリカが引き起こしたアジアの諸戦争に関わり，利益をあげるという「脱亜入欧」路線の延長線上に「他者を犠牲にして豊かさを得る」というものだった。そうした非人道的な「豊かさ」追求路線に，もうそろそろ見切りをつけるときに来ているのではないか。冒頭に掲げたのは，日本が高度経済成長路線をひた走っていた時代，大分県中津市で豊前火力建設反対運動に関わった地元作家，松下竜

21）　例えば，以下の文献参照。椎野信雄「市民社会とグローカリゼーション」，奥田編著『グローバリゼーション・スタディーズ三訂版』（2012）第 15 章，pp.247-269
22）　白井聡他「記念トークセッション：『永続敗戦論』を沖縄から見つめなおす」，『ワセダ・レビュー』2015 年 No.17, p.53

一（1937-2004）の言葉だ。彼は外からの「地域エゴ」との非難を甘受しつつも，当時の政府や九州電力が絶対的な大義名分としていた経済成長至上主義に対して，地域住民の生活を犠牲にしてまで得ようとする「豊かさ」など本来あってはならないものだとの主張を曲げず，行政や大企業が住民に強いる欺瞞と強欲を鋭く批判した。また，地域社会にとっての「本当の豊かさ」を実現するためには，拝金主義的な「豊かさ」を排した，共同体の自助と互恵こそがより重要であるとして様々な恫喝（その最たるものが「電気が無くなってもいいのか」との非科学的な極論だった）にも屈することなく，「他者を犠牲にして達成されるような豊かさなど不要である，必要ならば『停電の日』を設けてもよい」との「暗闇の思想」を提唱したのだった[23]。この崇高な哲学には，暮らしの現場としての地域共同体の紐帯の大切さとともに，それを基礎として作り上げられる地球市民的公共性の担保，そして「豊かさ」の実現と公正な配分のために必要な共生と協働の原則—「少しのやさしさと少しのビンボー」が作りだす「本当の豊かさ」の原則—が集約されている。

　そう，「本当の豊かさ」の実現に必要な行動指針とは，以下のような，至極まっとうな原理原則のもとに生まれるものなのだろう。

1. 「本当の豊かさ」とは，特定の国家，民族，階級の自己中心的な営みによってではなく，すべての民衆のより広域・広範な枠組みと運動による「地球市民益」の追求に基づいて実現されるべきものである。
2. 「本当の豊かさ」とは，これまで犠牲となり，踏みつけられてきた「他者の感情の記憶」への敬意とその意思を尊重することを通して実現されるべきものである。
3. 「本当の豊かさ」とは，周辺部の人々を犠牲にして自分たちだけの「豊かさ」を求めることへの反省と拒絶から実現されるべきものである。
4. 「本当の豊かさ」とは，持続可能性のない，目先の「豊かさ」への執着を捨てることから実現されるべきものである。
5. 「本当の豊かさ」とは，今の享楽のために未来世代の意思と権利を踏みにじらないという決意から実現されるべきものである。
6. 「本当の豊かさ」とは，「われわれの共同体」・「われわれの世界」を作り上

23）　松下竜一の「暗闇の思想」については道標V の章を参照。

げるための関わり，交わり，つながりを通じた知的運動を通して実現され
るべきものである。

引用文献

アンソニー・ギデンズ著／松尾・小幡訳『国民国家と暴力』（而立書房，1999）
　　【原典：Anthony Giddens, *The Nation-State and Violence*, 1985】
アダム・スミス著／水田・杉山訳『国富論』（岩波文庫，2001）
　　【原典：Smith A., *An Inquiry into the Nature and Causes of the Wealth of Nations,
　　1776*】
イワン・イリイチ著／渡辺他訳『コンヴィヴィアリティのための道具』（ちくま学芸
　　文庫，2015）【原典：Illich I., *Tools for Conviviality*, 1973】
宇沢弘文『経済と人間の旅』（日本経済新聞出版社，2014）
下鴨哲朗『いま，松下竜一を読む』（岩波書店，2015）
トマ・ピケティ著／山形，守岡，森本訳『21 世紀の資本』（みすず書房，2014）
　　【原典：Piketty T., *Le Capital Au XXI*ᵉ *Siecle*】
広井良典『人口減少社会という希望』（朝日新聞出版社，2013）
吉岡昭彦『イギリスとインド』（岩波新書，1975）
白井聡他，「記念トークセッション：『永続敗戦論』を沖縄から見つめなおす」，早稲
　　田大学アジア研究機構『ワセダ・レビュー』No.17，2015 年，pp.46-74
椎野信雄「市民社会とグローカリゼーション」，奥田編著『グローバリゼーション・
　　スタディーズ三訂版』（創成社，2012）第 15 章，pp.247-269
Orwell G., *Animal Farm*, Penguin Modern Classics, 1951
Okuda T., "A Study Report on the Labors of Informal Sectors in Bangladesh:
　　Through analysis of the SAGA Research Project," *Shonan, Journal*, The Shonan
　　Research Institute of Bunkyo University, Vol.4, 2013

道標Ⅳ 「連帯の経済学」への視座
―フェアトレード運動と「市民力」成長会計について―

1. フェアトレード（FT）運動の背景

　近年，日本では今後の世界の食糧需給のひっ迫や食糧価格の高騰に関する不安，あるいは TPP（環太平洋パートナーシップ）への参加の是非に絡んで遺伝子組み換え種子の浸透や食糧自給率の低下への懸念など，「食の安全保障」について様々な議論が交わされようになっている。その中でも特に関心を惹いているのが「食の安全」を巡っての問題ではないだろうか。2007 年にはアメリカで中国産のペットフードを食べた飼猫が相次いで死亡する事件が世情を賑わし，また 2008 年には日本でもいわゆる「中国産毒餃子事件」が起こるなど，この問題への関心は途切れることはない。また，近年ではフランスのジャーナリスト，ジャン・バティスト・マレがその著『トマト缶の黒い真実』の中で，多くの現地生産者を低賃金で搾取して形作られた中国新疆―イタリア―西アフリカを跨ぐ添加物まみれの濃縮トマトピューレの生産流通の実態を暴き，「イタリア産」と表示されながらも実際には中国で加工処理された原料をさらに希釈するのみで再輸出されている歪んだ流通構造，さらにはその最終消費地としての西アフリカ諸国での「腐ったトマト缶市場」の存在など，衝撃的な事実に言及している[1]。

　だが，私たちがいま口に入れているこの食べ物は，果たしていったい誰が，どこで，どのようにして作っているのか，食材が加工されている工場の衛生管理はどうなっているのか，原料にはどれだけの農薬や抗生剤が使用されているのだろうか…心配は尽きないものの，それらをすべて特定し，理解することは，ごく普通の生活を営んでいる消費者にとっては，ほとんど不可能だ。好むと好

---

1) ジャン・バティスト・マレ『トマト缶の黒い真実』（2018）

まざるとに関わらず，グローバル化した現代資本主義経済にあっては，カネやヒトやモノの国境を越えた移動はごく日常の風景となっている。巨大企業が作り上げた経済ネットワークのもとで形作られる社会的な関係は，利潤の極大化という単純な経済原理とは裏腹にその複雑さを増し，直接的には「見えない部分」がますます大きくなってしまった。現時の「食の安全」に関する諸事件は，なによりも「顔が見えない」消費者と生産者の関係性が生み出す危うさを浮き彫りにすると共に，そうした危うさに私たちの暮らしの基礎とも言うべき「食」のあり方自体が従属してしまっているという現状をあらためて確認させる。

　一方，私の手元には形が不ぞろいな乾燥マンゴーの袋（定価400円也）が幾つか散らばっている。このドライフルーツは，或る学生ボランティア・サークルが仲立ちをしてフィリピンの小農園耕作者たちから仕入れてきたもので，低農薬・低化学肥料が売り物のフェアトレード（以下，「FT」と表記）商品だとのこと。FT運動の趣旨に賛同して始めたこの仕入れ作業に関わった彼ら彼女らは，「先進国と呼ばれている私たち日本の消費者と，第三世界と呼ばれるフィリピンの生産者が対等に向きあい，『顔の見える関係』を作るもの」と解説してくれた。少なくとも「食」の関係性をめぐる議論に関して，この会話と先の話とは鮮やかな対照を成している。国際学が探究する不可欠な課題の中には，「富める北（先進諸国）」と「貧しき南（第三世界）」との間の社会経済的格差・不平等の問題がある。それらをどう克服し，今の不公正や差別といった「北の私たち」と「南の彼ら」との不条理な関係をいかにして止揚できるのかという地球市民的立場からの関わり方を考えていくことを，私たちは避けて通るわけにはいかない。その議論は直接的には「開発援助」とか「国際協力」といったキーワードが飛び交う話題となるには違いないのだが，問題の本質は，複雑かつ錯綜した国際的な政治経済の構造に密接に絡んでいる。

　また，「北の私たち」と「南の彼ら」両者の交わり方は一方通行的なものでなく，あくまでも双方向的なあり方として議論されるべきものだ。たとえば，既存の開発援助は「与える―与えられる」という非対称の関係性の存在を前提に考えられている。たとえそれがいかなる意味での善意によるものであるにせよ，少なくとも何かをしてあげたいと思う「私たち」が一定の"高み"から，困っている「彼ら」を見下ろす形で「助けてやろう」と思っている限りにおいて，真の意味での平等互恵の関係は成り立たないし，「助ける―助けられる」の関係が固定してしまえば，真の意味での共生や対等な立場での相互協力の関

係はいつまでたっても築くことができないだろう。現在，国際社会には援助や支援を必要とする人々が非常に多くいるという事情を差し引いても，そうした行為が限りなく続けられるとすれば，「与え続けられる彼ら」はいつまでもお恵みを受ける客体であることから免れず，本来の目的であるところの「自分たちの力による暮らしの営み作り」という目標から永遠に疎外されてしまうのではないかという，いわば「援助」と「自立」をめぐる矛盾の構図がある。

　一口に「第三世界」と言っても，その実態は多様だ。ただ，そこに共通して見られた風景は農村の広がりであり，人口の多くが農業生産に従事している姿だ。植民地化という「負の近代体験」を経て，農業生産の基礎となる土地所有形態には一般的に著しい不均等が見受けられる。或る地域（たとえばラテンアメリカなど）には先進国アグリビジネスによるプランテーション経営耕作が，また或る地域（たとえば南アジアなど）には大土地所有制度の下での土地無し農民による労働が，さらに別の地域（たとえば東南アジアなど）では地主—小作制度での小作農生産が優勢であるなど，農業生産の形態はいろいろだが，第三世界農業の現状は，補助労働力や老後保障の確保手段として多産を強いられる社会経済構造と強い収穫逓減則制約のもと，生存賃金水準の貧しい生活から容易に抜け出せない農民が数多く存在し，また小生産自作農が小作農民や土地なし農民への零落の危機に絶えずさいなまれるという"下方分解"の圧力下に置かれ，苦しい生活を余儀なくされている情況は似たり寄ったりということだろう。

　そして，こうした困難にさらに追い討ちをかけるのが既存の国際貿易環境だ。一般に一次産品と呼ばれる奢侈的農産品・換金作物に特化された第三世界の輸出農産物は付加価値が小さいのに加えて，産地もまた広くまたがっているために豊凶作の具合によって国際価格の変動幅が大きく，価格の長期低落が避けがたい（蛇足ながら，最近の一部農産物や一次産品市場への投機マネーの流入は逆にそうした商品の国際価格を著しく引き上げているが，その投機利益の大部分は国際的投資ファンドや関連多国籍企業のもとに還流してしまい，第三世界の小生産農民の懐をほとんど潤しはしない）。これに対して，先進諸国から輸入される工業製品は一次産品に比して付加価値が大きく，また国際価格の相対的安定性にも支えられている。植民地支配が残したこのような垂直的な分業体制は，一産品輸出に依存する多くの第三世界諸国に国際貿易上のハンディを負わせ，彼らは慢性的な赤字と外貨の流出に苦しみ，負債を膨らませることとなる。さらに，彼らが蒙るハンディは，農業保護・農民支援を名目とした先進諸国での輸入農産物への

道標IV 「連帯の経済学」への視座 ｜ 67

関税や課徴金，そして国内生産者向けの所得保障や価格支持政策に基づく補助
金支出など，「北」が自国向けに施している様々な保護措置によっていっそう
大きなものとなってしまう。

FT 運動はこうした不均等な経済発展状況と国際経済に付随する格差や差別
的なシステムの存在に注意を喚起する運動として生起し，次第に大きなうねり
となっている。たとえば，次のような問題提起は第三世界が抱える現在の諸困
難への義憤を感じる多くの人々の共感を生み，自分達の立ち位置への再検討を
迫っている。

> 「…しかし何故，とりわけ第三世界との貿易について考えなければならないのだ
> ろう？ もちろん，私たちが毎日買うものを生産している人々の考えることは出来
> る。そして，困難におちいっている国々やもっとも過酷な条件の下で暮らしを立て
> ようとしている人々について考え，その人たちと連帯するメッセージのついた商品
> を選んで買うことも出来る。しかし，私たちの買っているこんなにもたくさんの商
> 品が，それを生産するために苦しんでいる人々からもたらされているのに，私たち
> に出来ることはもう他にはないのだろうか？」[2]

FT が提起する様々なメッセージは，現在のグローバル資本主義の「影の部
分」をえぐり，「より望ましい関係性」の再構築の必要性に衆目を引き付けて
いる。FT に係る幾つかの問題点を検証する作業は，単にアカデミックなレベ
ルでの問題に留まらず，社会的な影響力を増しつつあるこの運動の意義と同時
に，そこに備わる脆弱性もしくは限界を射程に捉えることにもつながり，より
強力な「連帯の経済学」を構築するうえで無駄なものではないだろう。

2．FT 運動のアジェンダ（行動指針）

まずは FT 運動がどのような問題を提起し，何を目指す社会運動であるかを
改めて確認しておこう。一般に FT は貿易や投資のあり方を含む既存の国際経
済体制が第三世界にとって不公正で不利益なものであり，国際的社会正義から
は程遠いところにある，との批判的認識に立っている。そして，この不公正・

---

2) マイケル・バラット・ブラウン『フェア・トレード』（1998）p.10

不利益の構造を打開・是正しない限り，真の意味での途上国の社会経済開発は前進しないという認識を共有しようとする。「FT を保証することの何よりの目的は，社会正義と長い目で見た開発とにある。この大筋の目的に沿って，ATO（Alternative Trade Organizations：FT 運動の推進組織）は買い付けと交易の条件の基準について段階を踏んで話し合う」とは，或る FT 運動推進者の言だ[3]。ここに言う「社会正義と開発」のリンケージとは，先に触れた先進諸国と第三世界の間の横たわる諸矛盾，たとえば富の偏在，飢餓や貧困，再生産される搾取・差別などに対する批判を含むと共に，そうした「負の連鎖構造」を克服するためのアジェンダ（行動指針）を集約した理念でもある。

　今日世界各地の NGO・NPO や企業が展開している FT の形態は多様で，取り扱われる第三世界発の商品もまた多岐にわたるが，それらに共通する行動指針とはおおよそ以下のようなものだろう。

1. 環境破壊や児童労働を非難し，それと異なる生産様式を推奨すべく，生産者とより直接的に結びつくこと。具体的な方策として，大量の化学肥料や農薬使用をやめ，生産者・消費者と自然に対して「優しい商品」を作ることを奨励し，生態系の破壊を防止する。また，児童労働に象徴される奴隷的状態での生産の在り方を忌避し，搾取を止めさせるような価格帯を設定し，販売，購入する。
2. 途上国への支援を日々の消費活動とリンクさせること。つまり，「商品を買う」という日常行為の中に「FT ブランド」を導入し，それらを意図的に購入するという積極的な消費行動を通じて，より大きな経済果実を第三世界の小生産者にもたらそうと試みる。
3. 「安さ，便利さ」だけを優先する現代の消費生活への反省を促すこと。そのために，一方の犠牲の上に片方が恩恵を受けるという非対称的な関係を変える行動計画を実践する。すなわち，第三世界の小生産者が作った商品を先進諸国の消費者達が購入することを通じて，前者の社会・経済的自立を促すばかりでなく，後者の生活のあり方を問い，それを変えていく。そして，援助—被援助という一方的な関係を乗り越えて前者に対する抑圧・搾取によって後者の「繁栄」が成り立つような既存の国際経済社会の在り方

3）　前注掲載書，p.333

道標IV 「連帯の経済学」への視座 | 69

を変え，より共生・協業的な関係を築き上げる。

　一見して分るのは，FT 運動とは日常の消費行動から第三世界の小生産者たちに近づき，彼らの利益（収入）を高めることで生産者の生活向上を実現しようとする経済行為である，ということだ。その前提として，FT を支持する消費者たちには「生産者に対してコストを賄う安定した公正な価格を支払うという基本的な原則」[4]（傍点筆者）の承認が要請される。すなわち，第三世界農民の基本的ニーズを満たすだけの価格帯で彼らの生産品を販売できるようにし，生活の安定に寄与できるとする考え方に立っている。FT が扱う生産品はこうした趣旨に合致できるもので，当初は生産者との直結が比較的簡単で，かつ非代替的で消費者の嗜好が一定見込まれるエスニック手工芸品（織物，パッチワーク，木製小物など）が主流を占めていた。その品目は次第に拡大し，蜂蜜，コーヒー，バナナなどの広範囲で生産される一次産品，さらに最近ではオーガニック・コットンを原材料とするジーンズなど繊維製品や皮革製品などへと拡がっている[5]。またその手法も，小さな NPO 団体が行う小規模な産直方式によるものから，オランダに本拠を置くマックス・ハヴェラー基金などのような多国間にまたがる市民団体，そしてスター・バックス社などの一部多国籍企業までもが参入して，先にあげた項目に合致する一定の基準を満たしたものを「FT 商品」として認証し，FT 品質保証マークをつけ運動促進を図るなど，多様な形態が見られるようになっている。

　FT 運動の本格的な動きは冷戦構造が崩壊し，東西対立のプレッシャーから解き放たれた 1980 年代末から 1990 年代初頭のヨーロッパで見られた。世界的な不況と先進諸国でのマネタリズムの隆盛に伴う「小さな政府」指向の高まりが生み出した対第三世界援助の先細り（いわゆる「失われた 10 年」と呼ばれる）によって，第三世界諸国が苦境に陥っていく中で，期待されていた GATT（関税と貿易に関する一般協定）ウルグアイ＝ラウンドは農産物市場の開放に消極的だった先進諸国の主導の下でこの課題をほとんど解決することなく妥結し，農産物輸出に依存する第三世界小生産者たちの利益保護という問題は，続くドーハ・ラウンドに持ち越される形となった。「自由貿易の推進といっそうの発展」

---

4 ）　オックスファム・インターナショナル『コーヒー危機』（2003）p.59
5 ）　ニコ・ローツエン，フランツ・ヴァン・デル・ホフ『フェアトレードの冒険』
　　（2007）第 6，7 章参照。

というラウンド（多角間交渉）の掛け声とは裏腹に，先進諸国政府の怠慢は第三世界の農業問題や開発支援に関心を抱く多くの人々に失望感を与えたのだが，そのことがFT運動に与えた影響はけっして小さなものではなかった。たとえば，今日ではFT運動の主要対象商品の一つとなったコーヒー豆は小農生産に依存しており[6]，生産に従事する人々は不安的な国際価格変動圧力のもと，総じて低収入に甘んじている。一方で豆の集約，輸送，流通を担う集荷焙煎業者は名だたる多国籍企業群で，クラフト・フーズ（Kraft Foods），ネスレ（Nestle），P&G（Procter & Gamble），サラ・リー（Sara Lee），チボー（Tchibo）の5大企業を筆頭とする多国籍企業群がその大宗を占めている。またコーヒー生産国は典型的なモノカルチャー国[7]で，近年ではベトナムなど新規参入国もあって，価格は時に訪れる高騰情況のレアケースを除いては，これまでは低落傾向が続いてきた。供給過剰に起因する価格暴落リスクと投機マネーによる価格高騰リスクによる国際市場での乱高下情況が生産者達の家計を困窮化させている。そのために，例えば医療費の負担に耐え切れなくなったアフリカ諸国でのコーヒー生産者達はHIVウイルスに感染しても充分な治療機会を得られず，免疫力の低下が他の感染症を引き起こして就業を困難にさせ，したがってますます収入を得ることが出来ないという悪循環に陥る（ジェンダー上の差別も手伝って，こうした構造的暴力の最大の犠牲者が婦人達であることにも注意を喚起しておくべきだろう）。

　FT運動はこうした事態への市民社会からのアンチテーゼとして登場したとも言える。それは脆弱な生産者の経済基盤を保護するための措置として最低価格制度による買取り，品質保証ノウハウの供与，有機農業など健康的で自然調和的な生産方式を奨励し，先進諸国消費者へのアクセス便宜を取り計らおうとする。第三世界における農業生産の方式や階級的な生産関係構造には違いがあるものの，多国籍企業の強い市場支配力や，農民たちに働く強い下方分解圧力

6）　世界のコーヒー豆の70%は10ha未満の（国際的基準からすれば）比較的小規模な農園で生産されており，その大半は1〜5haの家族経営は中心だ。また残りの30%のプランテーションで働く農業労働者たちは他に職場が無いことから生存賃金水準での労働に従事せざるを得ない。特に社会的弱者である女性や児童が頻繁に使役されており，コーヒー豆収穫労働に携わる労働者の3割は15歳未満という現状がある。オックスファム，注4掲載書 pp.8-9

7）　たとえば，2000年の全輸出額に占めるコーヒー輸出の割合はブルンジ79%，エチオピア54%，ウガンダ43%，ルワンダ31%と，高い水準にあった。同上 p.11

と零落への危機は，バナナやカカオ豆などの一次産品生産の現場でも共通している。こうした状況を改革していくために，第三世界現地の小生産者が安全・安心で良質な商品生産を送り出そうとする欲求に応え，先進諸国の"意識高い系"消費者が協力し，そうした商品の購入を意図的に進めるというのが，FTが唱える具体的なアジェンダということになる。

　また，こうした文脈からは既存の貿易システムに対する異議申し立ても浮かび上がる。現在のグローバル資本主義が不特定多数の人々に負荷を押し付けることで一部への富の集中を生み出しているという構造にプロテストし，これを作り変えようとする意思を表象するものとして，FT運動は「第三世界の小規模生産者が構造的暴力へ抵抗する意思をもつ消費者と手をむすぶことができるような仕組みを作ること」[8] を基本的なアジェンダとする。そこには，既成の国際秩序への不信のみならず，今まで受動的な消費者（伝統的経済学理論において，消費者は「家計」というバラバラに分断された経済主体として扱われてきた）として扱われてきた立場から脱却し，能動的に国際経済の仕組みを革新していこうとする主体的・連帯的な市民意識変革の志向もうかがわれる。

　さらに一部の運動推進者からは既存の貿易の実態だけでなく，その基礎理論とも言うべき伝統的自由貿易理論への批判さえもが唱えられる。いわく，「(自由貿易の) 勝者はまたしても投機家であり，銀行であり，企業である。…敗者は世界の環境であり，貧しい人々の倍増した貧困である。だから，自由貿易の帳じりは，南から見た場合には著しく不利なものとなろう」[9] として，彼らは，自由貿易体制こそが弱肉強食の経済システムであり，本質的に不公正なものであると批判する。既存の貿易のあり方，現状だけでなく自由貿易理論そのものにも"暴力性"がつきまとっているがゆえに，そのルーツに遡って批判され，「市場の暴力」こそが否定されてしかるべきである，というわけだ。ここには，市場での自由な財交換こそが社会全体の経済厚生（社会的余剰）の増大と経済資源の合理的分配を実現するという伝統的な経済学説，とりわけアダム・スミスを源とする古典派経済学全般への嫌悪感さえもが見られる。かくして，少なくとも純経済理論的な観点に立ったとき，FT運動が惹起するアジェンダの中にはかなり厄介な学問的課題が含まれることになるのだ。

---

8) 山脇千賀子「『食』とグローバリゼーション」，奥田・藤巻・山脇『新編グローバリゼーション・スタディーズ』(2008) 第10章所収 p.155
9) デイヴィット・ランサム『フェア・トレードとは何か』(2004) p.25

3. 一次産品商品の特性とその問題点：第三世界はなぜ「貧しい」のか？

　経済学的な課題として FT 運動を考察する際に，この運動の主たる対象となっている一次産品農産物の商品特性について留意しておくことが必要と思われる。一般に，消費者にとってコーヒーのような代替財がある商品（コーヒーが高くなったら代わりに紅茶やコーラを飲めばよい）の対需要弾力性（価格変動の幅に対する需要量変化の割合）は大きいとされている。したがって一次産品は総じて価格変動に敏感であり，需要の増減に関して大きな"揺れ"を示すこととなる。しかし生産者，特にその多くの部分を占める小生産者は経営規模の零細さと資金力の不足ゆえに，いったん生産のスタイルを定めるや，そこからの転換は容易ではない。先進諸国市場における需要弾力性の大きさと固定的な第三世界農民の生産様式の間には矛盾が生じ，後者は絶えず前者の振幅に打撃を受けることとなる。さらに流通，販売プロセスを支配する多国籍企業間での競争激化に伴って生産コスト削減への圧力は強まり，また，近年の生産性の上昇，新興生産国の参入などとも相まって一次産品生産は生産過剰傾向が常態化することとなり，商品価格も低落を免れ難い。この傾向は先進諸国消費者にとっては価格面での恩恵となるものの，第三世界の小生産者にはますます所得減少効果をもたらすこととなる。また，価格の暴落リスクに対して，多国籍企業サイドは拡大する先物市場を介したリスクヘッジによって自らが被るだろうリスクを分散し，最小化できるのに対して，小生産者はそうした金融工学上の恩恵からは疎外されている。結果として，「幅広く交易されている商品作物の世界市場が供給過剰となっている一方で，地元に必要なより多様な地産品の供給は過少状態にある。この市場のだぶつきは価格の下落と南の生産者の収入の低下を招くこととなる」[10] という状態が一般的なものとなっていく。

　第三世界の小生産者たちの困窮に追い討ちをかけているのが一次産品の価格形成メカニズムだ。イギリスの NGO オックスファム・インターナショナルが 2001 年に行ったイギリスでのインスタントコーヒーの価格形成過程にかんする調査によれば，豆の原産地であるウガンダでの平均的ロブスタ種の輸出価格

---

10)　前注掲載書 p.23。

道標Ⅳ　「連帯の経済学」への視座 ｜ 73

（FOB 価格）はキロ 0.45 ドルに過ぎないのだが，それがイギリスでの小売価格
はキロ 26.4 ドルとべらぼうに跳ね上がってしまう。それは輸送コスト，信用
保険，卸売商などの中間マージンを考慮しても，焙煎加工処理を行う多国籍企
業の利潤がきわめて大きなものであることを示唆しており，先にあげた有力 5
社で世界の生豆市場の半分のシェアを占めていると見られている[11]。

　また，一次産品輸出に依存するモノカルチャー国現地での生態系破壊も深刻
だ。過剰人口圧力を背景として持ち込まれた土地節約的な栽培技術の普及は大
量の化学肥料投入・農薬の散布を不可避なものとし，それが品質と地力の低下
を引き起こす。加えてモノカルチャー生産の拡大は生態系を病害虫の蔓延危機
に対して脆弱な単調化されたものに変えてしまっており，1970 年代から第三
世界に拡散した米や小麦の「緑の革命」のとき以上に，第三世界農業の持続可
能性に疑問を投げかけることとなる。

　さらに一次産品の過剰問題の背景には，転作に必要なコスト負担もさること
ながら，先進諸国の「保護主義の壁」の存在が指摘できる。先進諸国でばら撒
かれる農業補助金は経済的要請というより，時の政権が選挙の際に国内農業従
事者とアグリビジネスから支持を得るための集票マシーンへの対価となってお
り，それが第三世界の農産品を排除するばかりでなく，価格支持・所得保障政
策によって相対的に安価となった先進国からの輸出農産品によって，途上国農
業の発展が阻害される事態さえ生みだしている[12]。こうした事情から，彼ら
には魅力的な代替作物が無いこととなり，一次産品生産の固定化が長期に続く
傾向が生まれる。競争の激化に拍車が懸かり，過剰供給が生まれ，価格低落圧
力が持続されるという負の連鎖が容易に断ち切れなくなる。

　植民地支配の遺制とも言うべき国際的垂直分業体制が充分に解体されない中
にあっては，付加価値が乏しく，生産・流通プロセスが支配的な巨大企業の垂

---

11) オックスファム・インターナショナル『コーヒー危機』(2003) p.31 & p.34
12) 先進諸国の保護主義的農業保護政策の代表例である EU の CAP（共通農業政策）は，
　　見積コストと変動する国際価格の差額を生める補助金を域内生産者に拠出している
　　が，それは輸出補助金としての役割も果たしている。またアメリカ合衆国での農業所
　　得保障政策は，補助金によって食糧の価格コストを生産コスト以下に抑えている。国
　　際価格は事実上，補助金修正価格として低位化傾向を免れない。それに対して，第三
　　世界農業は日本を含む先進諸国市場から輸入制限と関税割当制度によっても締め出さ
　　れる形となっている。さらにアグリビジネスは第三世界の農民達により低い価格での
　　生産圧力を強めている。

直的統合システムに組み込まれている一産品輸出と，逆に付加価値も価格推移も安定的な工業品の輸入に国民経済を依存する多くの第三世界諸国は交易条件の悪化[13]を免れえない。そして一次産品価格の長期低落傾向下での短期的な乱高下現象は外貨危機を容易に生み出し，債務問題を深刻化させる。特に農村家計への打撃は大きく，輸出収入の減少は往々にして一家離散の悲劇を生み出す。したがって，多く第三世界諸国は自前の開発原資を蓄積できる経済機会を決定的に失ってしまうこととなる。

　20世紀後半に東アジア・東南アジア地域の発展途上諸国で生起した連続的な経済離陸の経験が示唆することは，第三世界諸国が経済的停滞を脱却するためには，農村部における相対的過剰人口を吸引し，これを近代的労働者に転化する"装置"としての都市工業セクターの創出と，農村部における過剰人口状態の解消に伴う農業セクター内部での近代化との連動プロセスを生み出すこと，いわゆる「インダストリアリズム（industrialism）」の創生・普及の重要性だった[14]。しかし，一次産品への特化を余儀なくされる多くの第三世界諸国にあっては，上に見た国際経済環境の下ではそうしたプロセスの創造がなかなか困難な課題であることが分かる。

　さらに「経済危機を打開するため」と称して先進諸国やIMF（国際通貨基金），世界銀行などの国際機関から注ぎ込まれる「援助」は，往々にして先進国での経験則と正統派（古典派・新古典派）的経済学テキストに依拠したエコノミストからのアドバイス・パッケージ（それらは融資と引き換えに飲まされる実質的な指令なのだが）の履行義務とセットとなっており，多様な現地のミクロ経済環境や諸階級間の社会経済的関係への配慮を欠く方針が実情とはおおよそ不似合いな政策を強要することで，さらに混乱に拍車をかける。たとえば，1980～90年代にIMFや世界銀行が主導した「構造調整プログラム」（いわゆるワシント

---

13)　交易条件（Terms of Trade ＝ TOT）と第三世界の経済状況とのリンケージについては，以下の文献を参照されたい。奥田『国際学と現代世界』（2006）第7章「第三世界論」
14)　ここで言及されている労働力の無限弾力性を前提とした農村（農業セクター）―都市（工業セクター）との連動的経済発展のプロセスは1950年代半ばにA.W.ルイスが提唱した，いわゆる「二重経済発展モデル」が描いているアプローチとして有名である。詳細については以下論文参照。Lewis, W. A., "Economic Development with Unlimited Supplies of Labour," *Manchester School of Economic and Social Studies*, Vol.22 No.2, pp.139-191, 1954

道標Ⅳ　「連帯の経済学」への視座　｜　75

ン・コンセンサス）は，一部の国々での不均等な土地所有構造を顧みず，またインフォーマル・セクターへの過小評価や多様な商習慣実態などを無視して，ただインフレの圧縮と財政収支改善を最優先としたために，かえって下層民の生活困窮の度合いを深め，経済活動を収縮させ，債務の更なる増加を招くケースもあった[15]。結果，「第三世界，とくに最後発発展途上国が根本的に必要としている，富める国から貧しい国へ資源を移転する長期的対策や，構造調整以外の何かが必要だということはけっして認識されてこなかった。…支払われた犠牲は無駄だった。40年間の援助と様々な形のローンは，富める者と貧しい者の間の距離を拡げただけではなく，第三世界の大部分は債務の重荷で実際に発展するどころか後退している」[16]（傍点筆者）という現実に，少なくない国々が直面することとなってしまった。

4. 「公正な貿易」をめぐる理論レビュー

　FT運動はそうした第三世界の経済実態と諸困難をふまえたうえで，既成の貿易体制に対する批判として生まれ，別の貿易手法，オルターナティブ（新しい選択肢）を提起しているように見える。FTの主張を「貿易理論」として捉えた場合，それはどのような経済理論的概念として位置づけ，評価することができるだろうか。

　FTが喚起するテーゼが現状の貿易体制（時には自由貿易理論そのものまでも）が「不公正である」との認識に基づいていることは，運動を担う多くの人々にとって暗黙の合意として存在していることは疑い得ない。それでは，そもそも貿易における「不公正」性とは，経済学的にどのように理解されるべきものなのだろうか。ここで想起すべきは，自由貿易理論の創始者とも言うべきイギリス古典派経済学，とりわけアダム・スミス（1723-1790）の主張だろう。西欧世

15）　1990年代末に経済危機に陥ったアジア諸国のうち，ワシントン・コンセンサスを受容して緊縮財政に舵を切ったインドネシアでは通貨暴落に始まる社会混乱を収拾できずに当時のスハルト大統領が辞任に追い込まれたのに対して，これに批判的だったマレーシアは通貨の固定相場制移行，公共投資の拡大，ASEAN産業協力協定（AICO）の推進などの積極策を打ち出して混乱を乗り切った。また構造調整プログラムには直接のかかわりを持たなかったものの，中国は同プログラムとは方向性を違え，積極財政と対外開放をポリシーミックスさせて高い経済成長率を維持してきた。

16）　マイケル・バラット・ブラウン『フェア・トレード』（1998）pp.210-211

界における産業資本主義の本格的な勃興を背景にして，スミスは社会的分業生産の利を説き，「神に見えざる手」が働く自由な経済活動，すなわち政府がそこに一切の干渉を差控えることこそが，資源を最適に分配することを可能とし，貿易面での保護関税政策が国民経済にとっていかにマイナスであるかを，主著『国富論』(1776) の中で次のように説いていた。

　　「…もしある国がある商品を，われわれが自分で作りうるよりも安くわれわれに供給できるならば，われわれのほうがいくらかまさっているしかたで使用されたわれわれの勤労の生産物の一部で，その外国からそれを買うほうがいい。国の勤労全体は，その勤労を使用する資本につねに比例するのだから，上述の工匠たちの勤労と同様，それによって減少することはないだろうし，もっとも有利に使用されうる方法を見だすのにゆだねられるだけのことだろう。自国で作るよりも他国から買うほうが安くつくような対象にそれが向けられるばあいには，たしかに，最も有利に使用されるのではない。それがふりむけられている商品の生産よりも，明らかに価値が大きい商品の生産が，こうしてそらされている場合には，勤労の年々の生産物の価値が多かれ少なかれ減少することは確実である。この想定によればその商品は，自国で作りうるよりも安く諸外国から買えるのである。したがってこの商品は，その自然のなりゆきにまかされた場合には，等額の資本で使用された勤労が国内で生産しただろう商品の価格の一部だけで，あるいはこれと同一のことだがその商品の価格の一部だけで，購入されえたはずである。したがってその国の勤労は，こうして，より有利な用途からそらされて，より不利な用途に振り向けられ，その年々の生産物の交換価値は，立法者の意図どおりに増加するどころか，そうした規制を受けるごとに必然的に減少するにちがいないのである。」[17]（傍点筆者）

　スミスはここで，商品の（交換）価値が投入労働量に比例して決定されるという労働価値説にたって，諸外国との比較において労働資源のより最適な分配状況が「自然のなりゆきにまかされた場合には」自ずと実現され，「国内で生産しただろう商品の価格の一部だけで，あるいはこれと同一のことだがその商品の価格の一部だけで，購入されえたはず」だからとして，国際分業のメリットとそれに伴う商品交換（貿易）の利を説いている。さらに D. リカー

17）　アダム・スミス『国富論』(2000) 文庫版 [二] pp.305-306

道標IV 「連帯の経済学」への視座 ｜ 77

ド（1772-1823）は，労働価値説から導かれる比較生産費説に基づいて，生産コストの低い商品へ生産特化することこそが比較優位を生み，それら比較優位製品を交換することこそが貿易当事国相互に取って経済厚生の増大に寄与するとした[18]。この理論はさらに20世紀前半ヘクシャー（1879-1952），オリーン（1899-1979）らによって，一国内の賦存資源の多寡に規定される生産投入要素コストの差異が比較優位の源泉にあるべきことが明示されるに及んで「ヘクシャー＝オリーン理論」として確立し，自由貿易理論の基礎理論なっている。リカード・ヘクシャー＝オリーン理論では労働価値説を自明として，国際的な商品交換＝貿易は等価交換としての「公正な営み」である事を前提としている（逆に言えば，もし等価交換性が無ければ貿易という行為そのものが発生しないという事だ）。無論，今日の貿易実態はスミスやリカードがかつて想定したような，労働や資本の移動が無い，単純な静態的比較優位論ですべてをカバーすることは出来ないし，また近年では経済学者P.クルーグマンらによって，先進諸国間の産業内貿易には企業間での規模の経済性が比較優位以上に重要なファクターとなっていることが示されるなどの研究成果（いわゆる「独占的競走モデル」）があるにせよ，貿易行為の前提としての等価交換性，すなわち，その意味における貿易の「公正性」について，近代経済学はその無謬を疑っていない。

　もっとも歴史的に見たとき，ここで言う「自由貿易」の実態はその理論とは裏腹に，非ヨーロッパ世界に対しては強制力を伴って押し付けられ，けっして自由な経済活動を促したわけではなかった。それどころか，かえってそれを抹殺する「暴力」として機能したことは，たとえば19世紀の欧・亜関係をみれば一目瞭然だ。そしてそれに続いた植民地支配，そして富の移転，一方（欧米世界）の経済発展ともう一方（非ヨーロッパ世界）の衰退情況を概観したとき，おそらく，ここから派生する理論的な批判は2つの方向性だろう。一つは等価交換という前提そのものが"神話"に他ならず，自由貿易は実際には富の移転をもたらす不等価交換のシステムのもとに構成されているという議論，いま一つは，今ではすっかり固定化されたかに見える経済力の非対称ゆえに，後発諸国は自分たちの経済発展を促すためには先発国からの経済的攻勢から身を守らざるを得ず，「保護の鎧」を身にまとわなければならないとする，いわゆる幼稚産業保護論的とそれに基づく保護主義の議論である。

---

18)　Ricardo, D., *On the Principles of Political Economy and Taxation*, 1817

本書「道標Ⅰ」でも若干触れたが，前者は主としてマルクス経済学の立場から提起された。S.アミン，A.エマヌエルらに代表される 20 世紀後期の新マルクス経済学派は，国際的労働移動が資本に比べて相対的に困難であることと，資本の可動性の大きさとの乖離によって，先進諸国と第三世界における労働市場の硬直化と賃金水準の高・低が固定化され，剰余価値搾取（剰余価値率）の不均等を温存したまま商品交換が行われる，すなわち不等価交換が維持継続されるとの学説を展開し，世界システムの周辺（第三世界）から中枢（先進諸国）への価値移転が永続するとの，いわゆる「従属理論」を唱導した[19]。この数十年の間に東アジア・東南アジア世界を中心に生起した新しい国際経済上の構造変動を経て，今日では世界経済の二極化を前提とした従属理論の有効性は乏しくなったとされているのだが，FT 運動の提唱者たちにはなお，この考えに立つ傾向も見られる。たとえば，以下のような論調は伝統的な自由貿易理論への「伝統的な批判」として，きわめて従属理論的なものだ。

> 「…いずれにせよ，少しでも差額を残そうとすれば，商品は今よりも非常に高いものとならなければならない。現在罷り通っている価格水準に現われているような，貧しい者から富める者への富の移転，すなわち南から北への富の移転は，債務スキャンダルに匹敵する規模のスキャンダルである。…（北の）消費者が実際の生産コストより少なくしか支払っていないとしたらいったい誰がその穴埋めをしているのか…」[20]（傍点筆者）

一方，保護貿易主義者からの自由貿易理論批判は，しばしば善悪二元論にも似た 2 項対立的な議論として提起される。自由貿易は「市場の暴力」を世界各地に押し広げるものに他ならず，極端な主張としては貿易行為そのものを諸悪の根源として非難し，WTO（世界貿易機関）の会議場にデモをかけ，遂には自給自足こそがベストと説く人もいる。自由貿易そのものがナンセンスだと言うのだ。経済後発側の幼稚産業保護論に立ったとき，保護主義の主張は時と場合によっては「正当化」されるものかもしれない。近代西洋世界はその産業勃興期にあっては自由貿易を一方で強制しながらも，その実は保護主義と

---

19) 代表的なものとして以下の文献参照。サミール・アミン『不等価交換と価値法則』
　　(1979)

20) デイヴィット・ランサム『フェア・トレードとは何か』(2004) p.193 & p.203

手を携えて経済発展を進めてきた（18世紀のイギリス，19世紀全般に見るアメリカ合衆国の貿易政策，ドイツ関税同盟—北ドイツ連邦—ドイツ帝国のケース等を想起されたい。それらは基本的に今日の幼稚産業保護論に基づく保護主義的政策と大差は無かった）。また，20世紀後半の東アジアの新興諸国も，当時の国際的自由貿易環境による先進諸国マーケットへのアクセスを背景に輸出指向工業化へと舵を切りつつも，その展開にあたって政府は「市場に友好的な介入（market-friendly approach）政策」〔世界銀行〕[21]に基づく金融，財政，産業分野でのポリシーミックスを活用し，官主導によって民間産業を育成支援し，経済発展を成功裡に進めてきた。

　その一方で，国際的な保護主義の台頭は国際経済を分裂させ，有機的な経済活動を解体し，壊滅的な打撃を及ぼすこととなる。1930年代の近隣窮乏化政策のもとで行われた排他的ブロック経済がファシズムの台頭と第2次世界大戦の原因となったという苦い経験や，既に見た今日の第三世界一次産品に対する関税障壁が彼らの経済離陸を阻む一要因となっていること，また最近ではトランプ米政権の「アメリカ第一主義」への傾斜が示すように，保護主義—特に先進諸国が自己の利益だけを追求する立場から行使するそれ—は，しばしば世界経済に致命的なダメージを及ぼす。

　自由貿易論への批判は，しばしばこういう論法をとって行われる。

> 「…自由貿易には価格がある。そしてその価格は貧しいものによって支払われている。自由貿易は何百万という人々を貧困と破産に追いやってきた。貿易の自由化が進められてきた結果，特に1980年代以降，あまりに安価でしばしば補助金の助成を受けた商品が途上国へ押し寄せ，何百万人もの農民や工業労働者の生計に打撃を与えた。」[22]

　貧しい国々の人々を破綻の瀬戸際に追い込んでいるのは自由貿易体制であり，まるでこの世の不条理・諸矛盾の根底には自由貿易主義がある，と言うのだが，しかしこれは本当に自由貿易のことを指しているのだろうか。ここに言

21）東アジア諸国が採った経済発展に関する諸政策の分析に関する詳細については以下の文献参照。世界銀行『東アジアの奇跡—経済成長と政府の役割』（1994）

22）マイルズ・リトヴィーノフ，ジョン・メイドリー『フェア・トレードで買う50の理由』（2002）p.241

う「貧しいものによって支払われる価格」や「補助金助成を受けた商品の押し寄せ」現象とは，理論的意味での自由貿易に付随するものではなく，実はスミスやリカードが当時直面し，批判していた国家による経済活動への介入，すなわち保護主義のことを指している。今日，グローバリゼーションを主導する新自由主義もまた，（決して皮肉ではなく）超大国が背後に控える新保護主義の変形と言えるのかもしれない。上の主張からは第二次世界大戦の教訓―世界的保護主義の高潮が「持たざる国々」の植民地再分割要求を高め，かの国々でのファシズム・軍国主義的膨張を促し，遂には大戦に至ったという苦い教訓―が捨象されてしまうことにならないか，と懸念される。

　一方で，FT運動の提唱者たちがしばしば口にする，国際的な生産―流通ルートを支配する多国籍企業が働いている暴利活動に対しての批判は極めて正当だ。多国籍企業は消費国でのロビー活動や生産国で献金工作など様々な影響力を駆使して，既存の貿易秩序から権益を貪り取ってきた。補助金農産物，非関税障壁，その一方での輸入規制措置など，新自由主義が支配する既存の貿易システムは，実は自由貿易の理想とは程遠い状態にあり，それらの多くが理不尽にも彼らの既得権を保障するスキームとして機能している。まさに，「彼らは国際貿易体制を自分達のイメージどおりの鋳型にはめてきた。多国籍企業は『自由』貿易が自分達の都合に合う時には『自由』貿易を主張し，保護貿易が好都合であるときには保護貿易を主張する。…強大国と弱小国のあいだの不公正な取引を保持する『自由』貿易は自由でなどまったくない」[23]のが実情だ。

　問題の本質とは，自由貿易か保護貿易かにではなく，既存の貿易体制に加わっている歪んだ権力の介入と，うわべだけの「自由貿易」を口実とする多国籍企業による民衆搾取という，構造的暴力が横行する国際社会のあり方そのものに内在している。現実には，理論が想定する完全な自由貿易がないのと同様に，完全な保護貿易も存在しない。もし世界がこぞって保護主義への道を歩む事にでもなれば，自給自足の閉鎖経済を求めることにつながり，それはあまりに非現実的でかつ破滅的でさえある（蛇足ながら，トランプ政権が強行する対中「貿易戦争」はその危惧をますます高めている）。それゆえ，自由貿易に関する理論的フレームと現実を峻別し，むしろ想定されている経済環境が完全にその実現条件を満たしていないという乖離状況をこそ問題とすべきだろう。

---

23)　前注掲載書 pp.242-243

5. FT 運動へのミクロ経済学的アプローチ

　ここでは FT 商品の特性をふまえて，簡単なミクロ経済学的なアプローチからこの運動の問題点を考えてみたい。図Ⅳ－1は FT 商品と非 FT 商品を比較して，それぞれの需要供給曲線を示してある。FT 商品の特性としてまず挙げられるのは，需要・供給ともに対価格弾力性が非 FT 商品に比して小さいことだ。FT 商品の需要はこの運動趣旨に共鳴し，意図的に同商品の購入しようとする意思が堅固な消費者が大部分を占めている。その「こだわり」ゆえに，非 FT 商品が代替財となることは難しく，したがって，図Ⅳ－1中の FT 商品需要曲線（D）は非 FT 商品需要曲線（D'）に比べて傾き（限界効用逓減の大きさ）が急だ。一方，FT 商品生産者にとっては最低価格保障に伴う品種指定や有機栽培方式など，FT 機関との連携の度合いが強いため，いったん生産様式が決まれば，それが固定的・長期的となる傾向がある。ましてや資金力に乏しい小生産者にとっては，そこからの転換は容易ではないだろう。代替財の生産が困難であることで供給サイドの弾力性の硬直化を招くことから，FT 商品供給曲線（S）もまた，非 FT 商品供給曲線（S'）に比較してその傾き（限界費用増の大

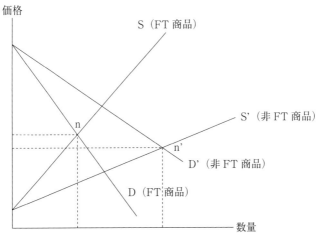

（価格弾力性の大小によって，市場における FT 商品の需給均衡点 n は非 FT 商品のそれ n' に比して均衡価格が高く，均衡数量が小さい。）

図Ⅳ－1

きさ）が急だ．したがって図の均衡点の比較からも分かるように，FT商品の需給均衡は非FT商品に対して均衡価格が高く，均衡需給量が小さくなるのが一般的で，経済理論的にはFT運動の普及拡大が簡単には進まないことが推測できる．

次に図Ⅳ-2では，図Ⅳ-1のうちFT商品に対する需要シフトの影響を考えている．弾力性の小ささがもたらす傾向ゆえに，何らかの要因で需要が喚起され，D1が右上方にシフトしD2となったとしても，得られる生産者余剰の増加分（図中アミカケ部）は非FT商品の場合に比べて限定的だ．FT対象品の多くが含まれる嗜好品の需要は先進諸国の好不況に大きな影響を受けるのが通例で，需要が伸びない場合には生産者余剰の増大が阻まれる危険性を孕んでいる．FT運動推進機関はその対策として最低買入価格を定めるなどの価格維持方針を打ち出してはいるが，逆にそれは生産者の市場退出を押し留める効果をもたらし，工業化の初期段階にあるような国では，工業セクターへの労働移動をかえって困難なものとする結果を生み出す．すなわち，FT運動が小生産者をその位置に留め置く「重石」となり，それゆえに，第三世界農業セクターの

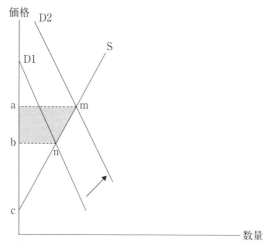

（FT商品の需要が増大し，需要曲線がD1からD2へシフトした場合。均衡点がnからmへシフトすることから，生産者余剰の増加分はアミカケ部amnbで示される．需要の対価格弾力性の小ささゆえに，その増加分は限定的である．）

図Ⅳ-2

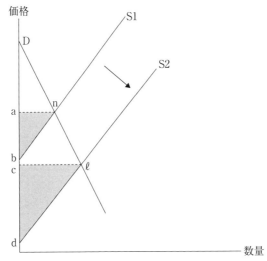

（FT商品の供給が増大し，供給曲線がS1からS2へシフトした場合。均衡点がnからℓへシフトすることから，生産者余剰の増加分はアミカケ部分の差（△cℓd − △anb）で示される。）

図Ⅳ−3

労働過剰状況の解消をかえって困難なものとする危険性を払拭できない。

　図Ⅳ−3ではFT運動の普及にともなって供給量が増大した場合（S1 → S2へのシフト）を想定した。このケースではFT商品供給量の増大は価格の低落を促し，結果，消費者余剰の増大は明らかとなるが，均衡需給量の増加にもかかわらず均衡価格の低落ゆえに，生産者余剰の増大（図中アミカケ部分の差[△cℓd − △anb]で示される）はさほど大きくはならず，仮に需要の増大が図られたとしても，その生産者余剰への効果は限定的だろう。すなわち，図Ⅳ−4に示すように，需要曲線のシフト（D1 → D2）と供給曲線のシフト（S1 → S2）に伴う生産者余剰の増大分（図中のアミカケ部[△akd − △bnc]）は，弾力性の大きな非FT商品の場合に比べてけっして大きなものとはならないだろうことが推測できる。

　こうした考察からは，少なくとも経済的視点から見たFT運動の問題点が見えてくる。FT商品はブランド商品（希少財）と極めて類似性が高く，特定の消費者に認定された商品として非FT商品に比較して高価格で売られる。すなわち，「FTの認証を受けると，生産者組織に対して最低価格が保証される。

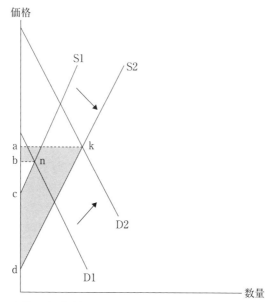

(FT商品の需要供給がそれぞれ増大した場合。均衡点はnからkにシフトし，生産者余剰の増加分はアミカケ部（△akd-△bnc）となる。それぞれの対価格弾力性の小ささを反映して，その増加分は非FT商品に比して小さい。）

図Ⅳ－4

最低価格は経済状況を考慮し生産コストをカバーするものとなっている」[24]とは言うものの，単にコストを上乗せしただけのやり方では供給曲線を上方にシフトさせるだけで，弾力性の小さな商品では生産者余剰に劇的な増加効果をもたらさず，「農民に対してまともな価格を払い，市場から得られる利益をもっと手に入れ，保証する為の供給チェーンの運営」[25]は需要が相当程度に増えない限りは叶うことが難しい（実際，オックスファムなどは「価格が上がったとしても，農民は価格変動の危機にさらされ続けるだろう」と，このやり方の限界を認めている[26]）。最も問題となるのは不況時よりもむしろ好況（もしくは価格の急激な上昇

---

[24] マイルズ・リトヴィーノフ，ジョン・メイドリー『フェア・トレードで買う50の理由』(2002) p.25
[25] オックスファム『コーヒー危機』(2003) p.70
[26] 前注掲載書, p.71

期）のときで，市場価格が上がった場合には FT 生産者にはこの「上乗せ」は適応されず，価格保証スキーム自体が揺らぐこととなる。この時，中間業者が入り込み生産者に短期の契約を持ちかけて運動から彼等を脱落させようと働きかけることを危惧する意見もあり[27]，当該商品の価格高騰時が長期化すればするほど，FT という運動が消滅の危機に瀕するという皮肉な情況がもたらされる可能性がある。さらに，「市場価格以上での買い入れ」というスキーム導入がもたらす所得上昇の効果は限定的である一方で，過剰生産リスクは大きなものとなるだろう。

　これらの懸念を回避するために，FT 運動組織は対象品目の多様化や，より大きな市場開拓努力を図っており，市場メカニズムを基礎とした需給関係の調整に経営力点を置いてはいる。だがそれにもかかわらず，FT 運動の支持者の中には「自由市場との対決を目指す」[28]，あるいは「関係者の合意を実現するためには国際的なリーダーシップが求められる。その結果として得られる合意には，供給管理のための市場介入も含まれなければならない」[29] といった "反市場主義的" な介入論調が根強く残っており，この運動に理論的な混乱が見られる。

　確かに，貧困下にある第三世界の農民達の窮状を改善するために一定の保護措置が取られるべき事は理解できるにせよ，前節でも述べたように，保護主義は市場機能を規制することで，かえって経済資源の合理的分配を歪める危険性と絶えず隣り合わせだ。市場への介入が長期間にわたって続けば，本来それが持つ調整力は損なわれてしまう。FT 運動に関していえば，運動に携わる諸機関の影響力が増して「介入力」が大きくなり，第三世界小生産者をサポートするために行う価格維持・所得保障が長期化すればするほど，生産者への保護が転じて FT 組織による生産統制へとつながりかねない，という危惧がある（「FTへの協賛・協力」を唱える巨大企業がさらにそれに乗っかれば，まさに FT を名目とした業界カルテルとなってしまう！）。少なくとも純経済行為として捉えたとき，第三世界小生産者たちの経済自立とその福利厚生の増大という目的に対して，FT 運動にはかなり多くの問題点が含まれる，ということだろう。

27）　デイヴィット・ランサム『フェア・トレードとは何か』（2004）p.193
28）　前注掲載書，p.187
29）　オックスファム『コーヒー危機』（2003）p.68

6. 市民社会の「力」と成長会計（生産関数）への適用

　これまで述べてきた議論は，あくまでも商品情報がすべての市場参入者の間に開かれ，情報の対称性が確保されており，また一定の経済資源の活用能力を備えた需要者・供給者の入退出の自由が担保されているという完全市場競争の条件を前提としたものだった。しかし実際のところは，第三世界の多くの国々にあってはそもそも「完全な自由市場」などはありえず，経済資源を適切に分配するという市場本来の機能も十全には働いていない。巨大多国籍企業と，その経済支配下にある第三世界小生産者や貧困な民衆との間に横たわる商品情報に関する圧倒的な格差が，社会的弱者である後者の経済厚生に常に不利に働くという情報の非対称性ゆえに，経済資源の合理的な分配機能が妨げられているというジョゼフ・スティングリッツの指摘[30]や，第三世界の多くの民衆に購買力を欠けているだけでなく，生活諸資料へのアクセス能力自体が決定的に欠落しているために，そもそも市場に参加する権利さえ剥奪されているというアマルティア・センの「権原（entitlement）」に関する理論[31]など，第三世界市場の特殊性と疎外状況に注目した先行研究はそのことを明らかにしている。

　こうした現状を打破するためには，何らかの市場外からの「修正力」が必要となることは疑いえない。そして多分，そこに決定的な役割を果たすものは第三世界民衆自体の共同的自助努力に加えて，それを後押しする国際的支援努力及び両者の相互作用だろう。国際経済の地平に立ったとき，国民経済を単位とした旧来の経済分析パラダイムはもはや今日の経済実態に必ずしも適合しなくなっている。たとえば，近代ミクロ経済学における経済主体として政府，家計，企業の相互関係と経済ダイナミズムを解析するアプローチが，各々が他の経済主体の経済行動に一定の影響を与え得る関係のうちにあることを所与として成り立っている。それはあたかも，近代民主主義的国民国家の政治システムが立法，行政，司法という3つの主権代行機関の分立とそれらの相互牽制によって運用されているという原理の経済学的適用とでも言うべきもので，経済主体3者の間での均衡を前提とした議論と言えよう。しかし，グローバル資本主義が

---

30)　この指摘については以下の文献参照。ジョゼフ・スティングリッツ『世界に格差をバラ撒いたグローバリズムを正す』(2006)

31)　この指摘については以下の文献参照。アマルティア・セン『貧困と飢饉』(2000)

道標Ⅳ 「連帯の経済学」への視座 | 87

　進展する今の経済環境の下では，国境を越えて肥大化・強大化する多国籍企業の影響力に比べて，一部の大国を除けば，多くの主権国家政府が果たしえる役割はごく限られており，ましてやその前に第三世界民衆の家計「力」は全く微弱で，相互牽制の機能などほとんど働く余地はない。この非対称の関係こそが，巨大多国籍企業の横暴と民衆への搾取を跋扈させる温床となっていることは疑いえない事実だ。

　FT 運動が提起する経済学的課題の一つは，そうした「非対称性」をふまえたうえで，市場外からもたらされるべき家計「力」への支援とグローバルなレベルでの市民連帯の要請だろう。そうしたグローバルな市民的連帯の力とその総体を，ここでは経済学概念としての家計ではなく，社会改革運動的な意味を付加させて「市民力」と命名することとしよう。「市民力」は地域や国家領域を超えてグローバルにつながった人々の社会運動のエネルギーと，その連帯の「磁力」の大きさを指している。グローバル規模での相互関係性を認識し，一方（先進諸国の生活者）のくらしが他方（第三世界の民衆）の犠牲の上に成り立っているという現状の不条理に思いをはせ，その「痛み」を理解しようと努め，そこから今のグローバリゼーションに代わりうる互恵，共生と協働の原則に基づく別の選択肢＝オルターナティブを求めようとする「力」の所在こそが「市民力」に他ならない。

　ここで言う「市民力」の概念には，若干の留保が必要かもしれない。第三世界の新興諸国が主権国家として歴史に登場するのは 20 世紀中期〜後半のことで，彼らは政治的な独立こそ達成したものの，それはあくまでも，民衆の民主的諸権利の獲得と経済厚生の増大という目的の実現にとっては「始まり」でしかなかった。しかし国家が独立を見るや，多くの政治指導者たちは既得権益を保持する事に拘泥してたちまち腐敗にまみれ，また部族紛争やクーデターに明け暮れ，民主的諸権利の確立は一向に実現せず，民衆の経済的自立は長期にわたって阻まれることとなってしまった。要するに，国家は生まれたが民衆はその主人公の座を占めることを許されず，公共圏を作りえる主体としての「市民」はここに登場することはなかった。独立によって得られた国家は，結局のところ「与えられた器」でしかなく，その内実としてあるべき民主的諸権利を備えた「市民」の登場と市民社会作りは達成されざる課題として残された。

　その一方，なお一部に限定されているとはいえ，“越境”が比較的容易となってきた世界のもとで，国民国家フレームを超えて社会改革運動を担い，相互

協力と共生と協働の精神を基礎として新しい主体性の在り方を模索する市民意識が台頭している。それは今，国家の枠を超えて新たな「公共性」を獲得しつつあり，グローバルなレベルでの市民社会としての在りようを可視化させつつある。それはまた，国民国家が要請するナショナリズムへの同化ではなく，それを超えて相互に連携しつつある地球市民としての主体意識と人々の連帯への志向が育んだ，新しい市民意識でもある。「市民力」とはそうした意識が育み，奏でる人々の主体的行動の総和と，相互間の連帯へのモーメントと定義したい。ただ，ここに言う「主体」とは，西洋近代知が想定した個別に独立し，孤立した「点」としての存在を必ずしも指してはいない。詳しくは「道標Ⅻ」の章で論考したいのだが，今日の「主体（性）」とは自・他相互につながりの中に形成され，相互依存的に発展するネットワーク自体である。この意味からすれば，「市民力」とは自・他の区別さえ超越した相互の関係性，あるいは「交わり」が生み出す社会改革へのエネルギーと言い直すことも可能だろう。

　経済行動に外部から働きかけ，経済発展に寄与する要素として，ここに言及してきた「市民力」を考慮することは出来ないだろうか。経済学で言及される成長会計とは経済の実質成長に果たす労働と資本の役割を集計的に生産関数として想定し，それぞれの要素投入の貢献度を計量的に示す手法だ[32]。その代表的なコブ＝ダグラス型生産関数は以下のようなモデルとして示される。

$$Y = A \cdot K^{\alpha} \cdot L^{1-\alpha} \qquad \cdots (1)$$

［ただし Y：総生産，A：総要素生産性（Total Factor Productivity ＝ TFP），K：資本ストック，L：労働力，α：資本分配率（$0 < \alpha < 1$）。また，同モデルでは資本・労働という要素使用につき中立的な技術的進歩（ヒックス的意味における技術中立性）を仮定している。］

　（1）式における A（総要素生産性）は，もともとは資本・労働投入が経済成長に果たす貢献度以外の外部的に与えられる成長因子，例えば一国の総合的な技術力や教育水準などの要素と規定されていたものだが，その概念は今日では経済活動における代替投入要素として内生的にも与えられるものとして考えら

---

32)　「成長会計は，そのもっとも単純な形において，一つの経済の実質所得（＝生産物）が資本と労働から作られるという集計的生産関数を計測し，残差として生産要素の総合的な生産性の増加を求める。」速水佑次郎『開発経済学』（1995）p.127

れており，イノベーションが顕著な現代世界においては，この部分の大小が一国の経済成長に果たすウエイトが大きなものとなっている。さらに，この総要素生産性に加えて，内（国内，各地域で自生する市民社会創造のエネルギー）と外（国際的連帯のエネルギー）が相乗して付加される「市民力」要素の重要さを考慮してみたい。すなわち，新しい要素投入として，「市場から疎外されていた権原無き人々の参入をエンパワーメントし，市場での合理的調整を支え，補完すると同時に，市場の失敗を外部経済に転嫁しない抑止力」とでも経済学的には定義されるべき「市民力」概念を導入し，たとえば商品情報の対称性の確保，民衆の市場参入の自由を支える権原能力への支援，多国籍企業の暴利へ監視といった市民社会の経済システムに対する修正モーメントなどをそれに含める。総要素生産性とは異なる次元に属する市民社会が喚起する政治社会的なパワー，いわば「市民社会の地力」とでも呼ぶべきこの要素を考慮して，修正されるべき成長会計式は以下のように示される。

$$G = \omega^{\pi} \cdot A \cdot K^{\alpha} \cdot L^{1-\alpha} \qquad \cdots (2)$$

[ただし ω：基礎的「市民力」の大きさ，π：グローバルな市民相互連帯の強さ $(0 < \pi)$]

「市民力」は一種のパラメーターとして，モデルの内部の相互依存関係によってその数値（政治的・社会的影響力）が決定され，また人々の相互依存的な交わりがエンパワーメントを触発させる諸々の行為を通じた人的資源の蓄積が「収穫逓増」をもたらす，と言う意味において基本的には内生変数的なものだ。また π は先進諸国の市民と第三世界市民との連帯が生み出すシナジーの大きさと規定し，企業（多国籍企業）や政府（特に先進諸大国）の横暴さを監視，牽制し，それらと対峙する家計（市民）連帯の「力」の所在およびその効用と仮定する。たとえば，FT運動が提起する第三世界の小生産者保護と経済利益確保のスキームは，一定の範囲内ではその一例たりえるかもしれない。(2) 式においては，ω および π は市民社会が自生的・共同自助的に生み出す内生的変数として規定されているが，実際の社会においては，それは社会的公正と自然との調和をめざした市民社会の成熟度と地球市民の自覚のもとに育っていく連帯の強度に他ならず，それが経済成長と成果としてのパイの拡大とより公正な分配に機能する「力」となる。

7. FT 運動再考—その意義と危うさ

　これまで見てきたように，FT 運動が第三世界の小生産者たちの窮状にスポットを当て既存貿易システム下でのハンディと搾取的状態を批判する一方で，先進諸国市民の消費行動意識改革を通じて実際的な改善便宜を提供し，さらに生態系に配慮した生産スタイルの拡大を支援して市民レベルでの国際連帯を生み出そうとする試みは，「多角的な社会運動」として見た場合にはとても有意義なものだろう。「献身的な FT 商品供給者から買うことで FT 運動を拡充する事が出来，運動がより力強いものとなれば，市場が貧困に苦しむ人々に真の便益をもたらすことを確かなものとするべく，いっそうの貢献が出来る」[33]，あるいは「FT の最大の功績の一つを挙げるとすれば，それは FT が興味深く，時に嘆かわしい毎日の人間の生活のさまざまな細部をよりきちんと見つめるよう，またより批判的に向き合うよう，私たちに促す点にある」[34] といった，FT 運動に関連する幾つかの文献中に登場するこうした言い回しは，それが一種の啓蒙活動であることを物語っている。

　ただし，FT 運動自体の未来のためにも教育啓蒙的な社会運動と経済理論との峻別の必要性はあるのではないか。一部の FT 運動推進者が言うように，この運動が市場原理を全面的に否定する新しいオルターナティブとしての経済行動と解釈してしまうと，FT は当初の狙いを逸れたものとなってしまいかねない。もともと現代社会にあっては，既成の仕組みに挑戦する社会改革運動そのものが，変革の可能性を持ちつつも，社会の中で機能していかなければならないという矛盾を持っている。たとえば，FT 運動が新しい生産者—消費者間の連帯のスタイルを目指すものとして生み出され，発展しながらも，やがて消費社会の中に取り込まれていくことは避けがたい。すなわち，FT 運動が消費者の間で認知度を高め，その運動の意義とともに対象商品の高い品質が受け入れられるようになるや，当初，FT 商品をライバル製品として敵視し，冷淡な反応を示していた企業が今度はそれを「新しいブランド」として採用し，「生産者や環境に優しい企業」とのイメージを消費者にもたせて売り込む戦略へと転

---

33)　マイルズ・リトヴィーノフ，ジョン・メイドリー『フェアトレードで買う 50 の理由』（2002）p.277
34)　デイヴィット・ランサム『フェア・トレードとは何か』（2004）p.33

道標IV 「連帯の経済学」への視座 | 91

換し，より大きな利潤を獲得するケースも珍しいことではない。すなわち，「も
う勝てないなら，仲間になってしまえ」[35) として，企業が新ブランドとして
FT運動を自己の商品生産・流通システムに取り込み，差別化戦略を採用して
より大きな利潤を獲得していくという「FTの商標化」が進んでいく。ここに
は当初は市民社会の連帯の理論であったFT運動が，「資本の理論」に基づい
て，やがては企業の利潤極大化原理へとすり替えられてしまう危険性が内在す
ることが示されている。

　また既存の経済構造から見たこの運動の最大のリスクは，先進国の消費者が
FT運動を推奨する事によって発展途上国の生産者を一次産品従事に「拘束」
してしまうことだろう。通常の市場価格よりもFT商品の価格を高い水準に導
くための"介入"は，市場の適正な資源分配機能を歪める危険性とも隣り合わ
せとなる。すなわち，この運動がより大規模な形で展開され第三世界の一次
産品生産への影響力を増すにつれ，それは第三世界の農民にたちにFT生産を
奨励させる事で需給関係の均衡を崩し，長期的な価格低落を構造化する原因と
なるかもしれない。また，その深刻な帰結の一つとして，FT産品生産への奨
励行為が他セクターへの労働移動を阻み，たとえば都市部での工業化を阻んで
しまうことへの懸念がある。消費者が様式，仕様を指示し，やがて巨大企業さ
えもがそこに参入しFT商品がニュー・ブランド化することで，生産者を「籠
の鳥」のように囲い込み，生産過剰を解消するどころか，かえってその構造を
固定再生産させてしまえば，それは第三世界諸国が工業化と経済離陸への道を
辿るうえでの桎梏ともなりかねない。FT運動に付随するこの深刻なジレンマ
を考慮せず，これを金科玉条の如くもてはやすことで，地球市民としての相互
関係性への配慮を見失ってしまえば，本来自立を促す仕組として提起された
FT運動そのものが，かえって恵む一恵まれる関係を固定する要因ともなって
しまう。そうなったとき，FTが「21世紀のモノカルチャー体制支持運動」へ
と転落してしまう危うさを，私たちは充分に意識しておくべきだろう。

　一部のFT運動推進者の間に見られる近代経済学の貿易理論に対する根強い
不信感についても，一言述べておきたい。古典派・新古典派経済学理論におい
ては，貿易とはもともと比較優位を持つ商品の国境を越えた交換行為を言い，
それは等価性が無ければ成立しないと解釈されている。この見解に従えば，貿

35）オックスファム『コーヒー危機』（2003）p.62

易とは「等価交換」という意味においてはもともと「フェアー」なものであり，運動にわざわざ「フェアー」という言葉を冠するのは，一つの思想性の表象＝イデオロギーである，ということになるだろう。運動が推奨する第三世界の一次産品を通常の均衡価格よりも「高く買う」という行為は，たとえ意識的には成立しえるとしても，経済行動の長期的・合理的観点（すなわち市場メカニズムの資源分配機能という観点）から見たとき，その永続性は乏しいものと言わざるをえない。すなわち，FT は啓蒙的社会改革運動としては成立するとしても，「高く買い続ける」という運動をグローバル資本主義の諸矛盾を止揚する決定打のようにもてはやす風潮は，純経済理論的には長続きするものとはなりえないという意味において，少し割り引いて考える必要があるだろう[36]。そうした評価を無視して，これこそが第三世界の経済的困難を解消するのに有効な切り札であるあるとの「高み」から，FT があたかも自由貿易理論に対置され，それに代わりえる別の道であるかのごとき論調に転化してしまうと，それは「21 世紀の保護主義論」へと容易に姿を変えてしまうものとなる危さを秘めていることを，ここに留意しておきたい。

8. 「連帯の経済学」を考える

　FT 運動が提起している重要な思想的課題の一つとして指摘しておきたいのが，市場観の再構築という問題だ。18 世紀末，ヨーロッパでは近代市民社会と世界経済システムの上で彼らが優位性を獲得し始める契機となった産業革命が興り，産業資本主義が本格的な展開期を迎えた。近代西洋とアジアの関係の「逆転のドラマ」は既に「道標Ⅲ」の章で言及した通りだが，それまで富裕だったアジアを世界の生産力中心から引きずり降ろすという「ドラマ」を完結させる手法は極めて暴力的で，声高に唱えられた「自由貿易の恩恵」は，単にそれを糊塗する方便でしかなかった。実際，インドや中国は 19 世紀初頭まではヨーロッパに対する圧倒的な出超，即ち貿易黒字を抱え込みながらも，ヨーロ

---

36) このことは，「現在展開されている市場を通じた解決策，たとえばフェアトレード運動やスペシアリティー・コーヒーは重要である。しかし，それらはあくまでも少数の農民にとってのみ有効である。…そうしたニッチな解決策ではなく，組織的な解決策が求められている」として，FT 運動の有力な推進組織であるオックスファムインターナショナル自身も感じ取っている限界である。オックスファム，前注掲載書 p.83

道標Ⅳ　「連帯の経済学」への視座　｜　93

ッパ世界が行使した暴力に屈するや世界経済の中心的地位から引きずり降ろされることとなってしまった。皮肉な言い回しながら，「自由貿易」は自由にではなく強制された形で押し付けられ，「市場の暴力」によってではなく暴力そのものが，今日に続く第三世界の悲惨な現状を生み出したのだった。

　既にふれたことだが，今日では経済活動を担う３つの主体のうち，家計，政府に比べて企業の肥大化が著しい。前２者が国境の内側からしか経済活動に影響力を行使出来ないのに対して，現代企業は国境を越えて生産拠点とサプライチェーンを確立し，また多民族の雇用者を使った産品を輸出入することで国民経済を内と外から動かす。その強大な「力」は人々の生存のあり様を規定し，さらに所得格差や環境破壊を生み出して市民社会の紐帯をさえ解体する。経済主体としての政府（市民が統制している合議的調整機関としての経済主体）や家計（各市民が暮らしを営む単位としての経済主体）の位置は相当にかすんでしまい，適切な緊張関係を保つ「均衡状況」からは程遠いものとなってしまっている。膨大な資金が広告宣伝に投じられ，日々流されるCM情報によって，消費性向は巨大企業の利益に奉仕すべく誘導され，彼らの意図にしたがって作り出された「幻影」に従属する。民衆の「消費ニーズ」は実際のところ情報操作による刷り込みの産物となり，日々の暮らしはますます歪んだものとなってゆく。さらに環境負荷が大きい遠距離輸送によって集積される商品，横溢する安全性の疑わしい食品，政治家や官僚と癒着したレントシーキング（既得権益獲得活動），発展途上諸国での児童労働や抗エイズ薬の独占等々，今日の巨大化したグローバル企業の活動は市民社会から乖離してしまっただけでなく，本来そこから生成発展を遂げてきた基盤としての市民社会そのものさえ疎外する。そして，巨大化した企業活動は完全自由競争の前提を崩壊させ，圧倒的な情報の非対称性を再生産して市場機能を不全化させるばかりでなく，貧しいがゆえに市場参加アクセスの能力をもち得ない人々をさらにそこから疎外する。ここでもまた「市場の暴力」というよりは，剥き出しの構造的暴力が第三世界の小生産者達を零落の瀬戸際に追い込んでいる。

　FT運動が示唆しているのは，そうした「歪んだ」グローバリゼーションが生み出す構造的暴力と対峙する地球市民としての立ち位置の強化と，ますます肥大化する現代企業の利潤極大化原理への市民的連帯によるコントロール・モーメントを創生する努力の必要性だ。これまでの経済主体としてある「家計」という経済範疇規定を超え，第三世界（小生産者）と先進諸国（消費者）間に構

築される地球市民的な連帯こそが新たなオルターナティブへの道を切り開くものだとの社会的啓蒙は，消費者存在を越えた市民的自覚と主体的活動による共生協働の努力こそが現代世界経済の主体として地球市民意識（グローバル・シチズンシップ）を育み，「市民力」によって既存の国際的社会関係の再構築が可能であることを示唆する。

　また，自・他の交わり，相互の関係性がクモの巣のように絡み合い，ネットワークが生み出す「かかわり」を伴った共生と協働こそが新しい市民としての「主体」形成につながるとの考え方は，従来の市場観にも再検討を迫る。ここでは市場は単なる「売り買いの場」では無く，自・他が関わり相互に関係を結ぶ「交わりの場」と捉えられる。そこに参加するだけの経済資源を持てず，疎外されている多くの人々に「交わりの場」を提供する仕組みを提示し，参画できる術を考え，ビジネスを越える「何物か」をいかに創生できるのかという課題は，市民社会が多国籍企業に従属させられている今日のグローバル市場を自らの手に取り戻すことの重要さをあらためて考えさせる。FT 運動は「顔の見える関係」を加味することで市場概念の再構築を迫ってもいる。

　「連帯の経済」をより確かなものとするために，私たち市民に出来ることは何だろうか。たとえば FT 運動が提起し，実際に展開してきた第三世界の小生産者たちとより直接的なつながりを進めるばかりでなく，グローバルな規模で流通を支配する巨大企業が貪る高価格化システムのあざとさをクリアーにし，適切な商品情報・市場環境情報を発信，共有できるように努める。また，第三世界の小生産者たちとの間に存在する情報の非対称性を克服して市場をより健全化し，小生産者たちの経済活動がより活性化できるように，情報の発信を担うことも重要だろう。そして，これらのことを通じて，それまで市場に参入することさえ出来なかった人々を刺激し，彼らの権原を増大せしめるため，市民の立場からグローバル資本主義のあり方そのものへの再構築を迫り，その“健全化”を促進することだろう。こうした市民社会からの要請の前に，既成の経済発展論もまた再検討を迫られている。FT 運動が提起する生産国・消費国両者が需給のアンバランスを是正し，生産者に「公正な価格」による商品買い上げを実現する仕組みをいかにして作り上げるかという課題設定は，従来の経済学市場論では十分に議論されてこなかったものだ。グローバリゼーション下での経済発展オルターナティブ・モデルを構築する試みは，経済と国際的市民運動の接点，換言すれば地球市民社会の育成と民衆の連帯が生み出す新しい経済

発展論の可能性を秘めているばかりでなく，より実際的な「もう一つのグロー
バリゼーション」の可能性を描き出すものとなるかもしれない。

引用文献

アダム・スミス著／水田・杉山監訳『国富論』（岩波文庫，2000）
　　［原典：Smith A., *Wealth of Nations*, 1776］
アマルティア・セン著／黒崎・山崎訳『貧困と飢饉』（岩波書店，2000）
　　［原典：Sen A, and Dreze J., *The Amartya Sen and Jean Dreze Omnibus*, Oxford
　　UniversityPress, 1999］
奥田孝晴『国際学と現代世界』（創成社，2006）
奥田・藤巻・山脇『新編グローバリゼーション・スタディーズ』（創成社，2008）
オックスファム・インターナショナル著／村田監訳『コーヒー危機』（筑波書房，2003）
サミール・アミン著／花崎訳『不等価交換と価値法則』（亜紀書房，1979）
　　［原典：*L'echange inégal et la loi de la valeur*, 1973］
世界銀行／白鳥監訳『東アジアの奇跡—経済成長と政府の役割』（東洋経済新報社，
　　1994）
　　［原典：World Bank, *The East Asian Miracle: Economic Growth and Public Policy*, 1993］
ジョゼフ・スティングリッツ著／楡井訳『世界に格差をバラ撒いたグローバリズムを
　　正す』（徳間書店，2006）
　　［原典：Stiglitz E. J., *Making Globalization Work*, 2006］
ジャン・バティスト・マレ『トマト缶の黒い真実』（太田出版，2018）
　　【原典：Malet Jean-Baptiste, *L'EMPIRE DE L'OR ROUGE*, LIBRAIRE ARTHEME
　　FARARD, 2017】
デイヴィット・ランサム著／市橋訳『フェア・トレードとは何か』（蒼土社，2004）
ニコ・ローツエン，フランツ・ヴァン・デル・ホフ著／永田訳『フェアトレードの冒
　　険』（日経 BP 社，2007）
速水佑次郎『開発経済学』（創文社現代経済学選書 11，1995）
マイケル・バラット・ブラウン著／青山・市橋訳『フェア・トレード』（新評論，
　　1998）
マイルズ・リトヴィーノフ，ジョン・メイドリー著／市橋訳『フェアトレードで買う
　　50 の理由』（新評論，2002）
リカード著／羽鳥・吉沢訳『経済学及び課税の原理』（岩波文庫，1987 年）
　　［原典：Ricardo D., *On the Principles of Political Economy and Taxation*, 1817］
Emmanuel A., *L'echange inegal*, Francois Maspero, 1970
Lewis W. A., "Economic Development with Unlimited Supplies of Labour," *Manches-
ter School of Economic and Social Studies*, Vol.22 No.2, pp.139-191, 1954

道標 V 「原子力帝国」への気付き
―"プルトニウム・ロード"の彼方，地球市民社会の行方―

1. 「冥王の火」の誕生

　「或る物質」に注目する。それは，これからの世界のあり様を予見するうえで極めて重要な物質であるとともに，その増大が近未来の「質」をも変えしまいかねない，極めて危険なものだ。現代の世界にあって，この物質に絡んだ一つの「神話」が，それも極めて意図的な虚構が依然として強い影響力を持っている。地球温暖化の危機が叫ばれ，CO_2 削減に関する国際的合意が進展するその裏で，今後の経済成長を支え，増大するエネルギー需要と温室効果ガス削減の一石二鳥の切り札としてしばしば原子力発電の推進が持ち出されてきた。「核の平和利用」で社会の進歩を実現するとするロジック，人類の運命を「核」に委託することへの無言のプレッシャーが働いてきた。2011 年 3 月，あの「フクシマの悲劇」が起きるまで，原子力行政の基本指針を提示していた内閣府原子力委員会は，その推進を以下のように公言して憚らなかった。そして今なお，その「神話」はけっして廃れてはいない…。

　　「…我が国における一般電気事業用の発電電力量約 1 兆 kWh の 26％は原子力発電によってまかなわれています（平成 20 年度）。原子力発電は燃料を装荷すると 1 年以上にわたって運転を維持できること，その燃料となるウランは，確認されている可採埋蔵量の大きさや，産出地域が偏在していないことなどから，供給安定性に優れています。そのため，原子力発電の推進は，エネルギー安定供給の確保に重要な意義があります。また，近年では，エネルギー安定供給の観点のみならず，地球温暖化対策の観点からも原子力エネルギーに対する期待が，顕著に高まっています。…温室効果ガス排出量を削減しつつ，持続可能な成長を実現するために，その活用を図ることが不可欠であるということは，国際的にも共通認識となっています。…」[1]

道標V 「原子力帝国」への気付き | 97

「或る物質」とは，核エネルギーの利用のうえで必然的に生じる産物で，もともと自然界に存在せず，ごく微量で驚くほど大量の人間を死に至らしめる。そして何よりこの物質は，原子核分裂によって生じる膨大なエネルギーの放出という特性ゆえに，リスク管理上，必然的に巨額の社会的コストと，集権化された権力による監視システムを社会に埋め込むことを不可避とする。人類は，プルトニウム（Plutonium：Pu）と命名されるこの人工物質がもたらすに違いない社会の変容を甘受し，共存していくことが可能なのだろうか。地球市民社会は，膨大なエネルギーとその"安定供給"？の代償として生まれるリスクや地域住民が味わう痛痒，そして市民社会自体への疎外という事態を，はたして良しとするのだろうか。

1940年暮れ，米国カリフォルニア大学の実験室では，後のアメリカ原子力委員長となった化学者グレン・シーボルグ（1912-1999）を中心とした研究班が，サイクロトロンと呼ばれる粒子加速器でウランに重水素原子核を打ち込む実験を行っていた。そこから生まれた未知の物質はごく微量だったが，翌1941年2月，彼らは「冥界の王」にちなんでプルトニウムと名づけられたこの物質を化学的に分離精製することに成功し，新元素として認定された[2]。1942年7月にその同位元素プルトニウム239の核分裂性が確認されたのに続いて，8月にはシカゴ大学ジョーンズ化学研究所が計量可能量のプルトニウム分離に成功した。抽出された僅か1マイクログラム（100万分の1g）の純粋酸化プルトニウムは，人類が創造した人工元素であり，まさに「現代の錬金術」の成果に他ならなかったが，その存在は1946年まで全くの秘密に包まれていた[3]。

「冥王の火」の誕生が厚い秘密のヴェールに包まれていたのは，核分裂性物質という特性ゆえ，軍事転用できる可能性が高いことが主な理由だった。1942年5月にはプルトニウムを増殖させる技術研究として，シカゴ大学のスカッシュコートに人類最初のウラニウム・グラファイト（黒鉛）型の原子炉シカゴ・パイル1号（CP-1）の運転が始まり，同年12月には臨界実験に成功した。計

1） 原子力委員会編「原子力白書・平成21年版」（2010）pp.16-17
2） 元素の周期律表で94番目にあたるこの元素の命名方法については，当時の天文学での惑星発見にちなんでいたことから，92番目のウラン／ウラヌス（天王星）の外側，93番目ネプチウム／ネプチューン（海王星）の次という意味で，プルトニウム／プルートン（冥王星），すなわち「地獄の王」という皮肉な名称があてられることとなった。
3） 高木仁三郎『著作集4・プルートンの火』（2001）p.9&p.253

画の中心人物は1938年にイタリアから亡命してきたノーベル物理学賞受賞の物理学者エンリコ・フェルミ (1901-1954) で，彼は妻ウララがユダヤ系であったことから，ムッソリーニ政権下のイタリアで反ユダヤ法が制定されたのを機に，折からのストックホルムでの受賞式を利用してアメリカへ亡命していた。しかし，ここから始まったプルトニウム生産は，当時の「時代の要請」に比してスケールが小さ過ぎると判断されたため，直ちに別の管理システムによる実用化に向けた計画が始まった。言うまでも無く，それは原爆製造に必要な量のプルトニウム239を生産するためであり，後に「マンハッタン計画」と称される，国家権力による強い統制管理のもとでの巨大な軍産複合体制が総動員された一大プロジェクトだった。

　プルトニウム239は，天然ウラン鉱石の中に微量（通常でおよそ0.7％程度）含まれる核分裂性物質ウラン（Uranium：U）235を濃縮していく過程で，排出される非核分裂性物質ウラン238に中性子が反応して起きるベータ崩壊を2回繰り返し，出現する。また，プルトニウム239はその半減期，すなわち放射線放出量が当初の半分に減じるまでに約2.4万年という膨大な時間を要するうえ，1グラムで50万人超を死に至らしめるという猛毒の物質で，その摂取限度は1億分の2.8グラムという微量でしかない。さらに，核分裂に至る臨界質量は約5kg，プルトニウム239の"純度"が相対的に低いとされる現在の通常型原子炉（軽水炉）の使用済み燃料棒から再処理，使用した場合でも6.6kg程度あれば分裂連鎖が起きるとされている。高濃縮ウランは天然ウランと混合すれば核兵器への再利用は困難となるのが普通だが，プルトニウムはいかなる組成でも核兵器への転用が可能となるとされる[4]。

　この80年で，自然界に存在しなかった「冥王の火」は世界各地で増殖を遂げ，人類は今では数千トン単位のプルトニウムを保有するまでに至った。それは，軍事用・民生用を問わず，この世で最も危険な物質として，人類のみならず地球上の生命すべての命運さえも左右するまでになっていることを意味する。「核」はヒロシマ，ナガサキのみならず，より広義な批判視点，すなわち，「平和利用」をも含めた被爆の潜在的・顕在的危険や，そこに表象される権力による社会的疎外の潜在的・顕在的危険，さらには中央集権的な原子力管理体

---

[4]　通常の原子炉で1ヶ月もあれば原爆への転用が可能な，相対的に高純度のプルトニウムが得られることは専門家の間では常識に近い。高木『著作集6・核の時代／エネルギー』（2003）p.234

制の下で危機に晒される市民社会の現在と未来の地平からも，批判の俎上に乗せられるべき課題なのだ。

2. トリニティーのキノコ雲

アメリカ陸軍レスリー・グローブス准将がフランクリン・ローズヴェルト大統領の命令で，のちに「マンハッタン計画」と呼ばれる原子爆弾製造計画の総指揮官に就任したのは1941年9月17日のことだった。最終的に，米国国防委員会が原爆の製造に踏み切ることを決定したのは1941年12月6日（日本時間12月7日），奇しくも日米開戦の前日だった[5]。

「原子の火」はただ単に科学者が考案・開発したものというよりは，国家権力が巨額の資金（約20億ドル）を投じて行った総動員体制と，それを可能にした超管理システムとの恐るべき産物だった。マンハッタン計画に動員された人員は延べ60万人（ピーク時の雇用は13万人）で，全米19州とカナダにある延べ37施設のネットワークのもとで進められた。秘密のヴェールに包まれたこの巨大国家プロジェクトの中核は，純粋ウラン235を得るための濃縮，ウラン238からプルトニウム239への変換生成に必要な原子炉の運転，そして「死の灰」を含む核分裂生成物からプルトニウムを分離する再処理技術の3つだった。この点において，マンハッタン計画と現在の原子力の管理利用システム（いわゆる「平和利用」）には，ほとんど差異は認められない[6]。プルトニウムの抽出は，前述のシーボルグなど数百人の化学者の手で行われ，デュポン社がプルトニウム分離工場を建設するなど，工業ベースでの製造が続けられた。1944年3月までには数グラムのプルトニウムが取り出され，やがて原爆転用に必要な量を得るべく，その稼動が本格化した。

3年の歳月の後，原子爆弾製造チームは1945年7月までに3個の原子爆弾を完成させた。1つがガン・バレル（銃砲）式のウラン235爆弾，そして2つ

---

5) 飯島宗一『広島・長崎でなにが起こったのか』(1982) p.6，またグローブスは就任後，カリフォルニア大学のオッペンハイマー教授を原子爆弾設計・製造の総責任者に指名した。

6) 小出裕章「ウラン濃縮，原子炉，再処理は核軍事の中心技術で，日本は原子力の『平和利用』と言いながら，これら3つの核開発中心技術を着々と手に入れてきた。」，小出「再処理は核軍事の中心技術」，全国保険医団体連合会「月刊保団連」No.1007 (2009) 所収，p.4

がインプロージョン（爆縮）式のプルトニウム 239 爆弾だ。特に後者のうちの一つは，起爆の確実性に対する危惧を払拭するために，ニュー・メキシコ州アラモゴードの砂漠で実験使用され，7 月 16 日午前 5 時 29 分，史上初の核爆発に成功した。実験現場のコードネームは「トリニティー」，すなわちイエス・キリストの本質たる神／聖霊／人的属性の三位一体を表す用語として「神の到来」を想起させる場というわけだが，それとは裏腹に，「冥王の火」はアメリカ合衆国が最終兵器という切り札を得て大戦後の世界の覇権を握るという冷厳なパワーポリティックスと膨大な資金，そして巨大科学技術を支えた超管理システムとの三位一体の産物でもあった。実験を主導した物理学者オッペンハイマー（ロスアラモス国立研究所所長，1904-1967）は，トリニティーに湧き起こったキノコ雲を見て，「かくて，我は死神となりたり。この世の諸々のものの破壊者となりたり」という，ヒンドゥー教の叙事詩『バガヴァットギーター』の中で最高神ヴィシュヌが口にしたとされる言葉を連想した，と後に回想している。また総指揮官グローブスは，後の報告書で「爆発は途方も無いほどの爆風を伴った。半径 20 マイル以内においてごく短期間電光が走り，その明るさは真昼の太陽数個分に匹敵した。巨大な火球が形成され，数秒間持続した」と，トリニティーでの実験を回顧している[7]。

　残った 2 つの原爆が，広島に投下されたリトルボーイ（ウラン 235）と，長崎に投下されたファットマン（プルトニウム 239）だったことは言うまでもない。日本本土への原爆投下は，既に 1944 年 9 月 11 日から 16 日にかけてローズヴェルトとチャーチルの第二回ケベック会談，さらにその 2 日後のニューヨーク州ハイドパークでの覚書によって既定の方針とされていた。それらは，「原爆が完成した場合には十分考慮した上で日本人に対して使用するべきで，日本人が降伏するまで何回も原爆投下が繰り返される」という警告の確認だった[8]。ローズヴェルトが死去してトルーマンが大統領になると，彼はこの秘密兵器について初めて知らされた。ドイツ降伏の翌日，原子爆弾の使用に関する委員会では次のような結論が出された。

1. 原爆は，なるべくすみやかに日本に対して使用されるべきである。

7）　アクセル『ウラニウム戦争』（2009）p.244 & p.250
8）　広島平和記念資料館展示資料より。

道標Ⅴ 「原子力帝国」への気付き | 101

2. それは，他の建物に取り巻かれている軍事目標―二重の攻撃目標に対して使用されるべきである。
3. それは，兵器の性質に関する事前通告なしに使用されるべきであるものである。

　このときまで，アメリカ軍は日本本土の主要都市に対して焼夷弾を中心とした大量の爆弾を投下して，各地を焼け野原にしていた。それは，日中戦争当時から日本軍が重慶や南京などの都市の試みていた無差別爆撃―非戦闘員をも巻き込んだ，多くの命の根こそぎ抹殺を目論むこうした殺人行為は，後世「戦略爆撃」と呼ばれた―を倣い，より大規模に展開したものだったが，原爆投下命令は確実に非軍事的対象にも損害を与え，「多くの住民に深い心理的印象を引き起こさせること」（バーンズ暫定員会記録）との，戦略爆撃思想の究極的具体化とも言えた。また投下対象の候補都市に関しては，グローブス自身が1945年春の段階で次のような結論を出していた。

1. 原爆投下によって日本国民の戦意を特に打ち砕けるような場所。
2. 重要な司令部，軍隊の駐屯地，軍需品の生産中心地などの軍事的性格を多分に持っている場所。
3. 原爆の効果をはかるために，空爆をまだ受けておらず，その威力がはっきりとあらわれるような地形を持つ場所[9]。

　やがて第1目標広島，第2目標小倉，第3目標長崎と決定され，最初の投下日は8月6日と決められた。それは日本人だけでなく，朝鮮人（当時は大日本帝国臣民…），東南アジア諸民族，さらにはアメリカ市民さえも含んだ非戦闘員，一般市民に，頭上から均しく死を強要するという，とてつもなく重く，大きな非人道的決定でもあった。

3. アラモゴードとポツダムの間

　スターリングラードの攻防戦（1942-43年）での勝利の後，東方からドイツに

9）伊藤壮『1945年8月6日，ヒロシマは語り続ける』（1982）p.104, p.106, p.110

102 |

　迫るソ連軍に対して，英米側の欧州大陸への上陸反攻準備は 1944 年初頭の段階でも立ち遅れていた。そうした事情を背景にして，戦後の主導権を巡る米英とソ連の角逐が次第に顕在化し，1943-44 年頃からは中東欧・中東地域の勢力圏をめぐっての「静かな対立」も始まっていた。米英側が従来の植民地体制を再編して，国際市場や天然資源支配などの利権温存を図り，第三世界での民族運動に対峙しようと目論んでいたのに対して，ソ連は社会主義の総本山として集権的社会主義体制の拡大を目指していたために，この対立は表面的には資本主義体制対社会主義体制という政治的イデオロギー対立を装って立ち現れることとなった。

　当時のソ連はナチス・ドイツとの戦いでようやく勝利を手にしようとしていたが，日本とは 1941 年 4 月に結ばれた日ソ中立条約によって直接交戦してはいなかった。しかし，ドイツ占領の方針（とりわけベルリンの管理権問題）や東欧諸国の政府樹立，バルカン半島での勢力圏をめぐって米英との角逐を深めていたソ連にしてみれば，北東アジアにおける勢力の拡大を早期に図ることは緊要の課題でもあった [10]。一方，ソ連との亀裂を深めつつも，アメリカはこれから展開されるだろう日本本土上陸作戦に多くの出血を強いられることに逡巡し，また当時満州に布陣する関東軍を叩くという戦術上の要請からも，速やかなソ連軍の参戦を必要としていた。

　1945 年 2 月，米（ローズヴェルト）・英（チャーチル）・ソ連（スターリン）の 3 巨頭会談がクリミア半島の保養地ヤルタで行われた。このヤルタ会談では，アメリカ側がソ連の対日戦を強く要望し，ソ連がそれに応えるという形で秘密協定が作られることになった。協定は満州における権益や南樺太・千島列島とひきかえに，ドイツ降伏後 2-3 ヶ月以内に対日参戦することなど，ソ連側から提起された案を無条件に受け入れる形で成立した。

　しかし，アラモゴードでの原爆実験成功は，それまでの米英とソ連との力関係を一変させることとなった。これによって，米英側は対日戦争勝利への確信を得，戦術的にソ連の参戦を不必要としただけでなく，戦後国際秩序の主導権を握るという戦略的な観点からも，ソ連に圧力をかけ，社会主義ブロックの勢力

---

10)　スターリンは既に 1943 年のテヘラン会談の際に「ドイツ降伏後 6 ヶ月以内には日本に宣戦布告しうるだろう」との見通しを語っていたとされる。グローブス L.『原爆はこうして作られた』（1964），歴史教科書教材研究会編『歴史史料体系第 15 巻』（2001）所収，p.548

道標Ⅴ　「原子力帝国」への気付き　｜　103

伸張を押さえ込むだけの実力と見通しを手に入れることが出来たからだった。当時，米英ソ首脳はベルリン郊外のポツダムで会談中（アメリカはローズヴェルトの急逝を受けてトルーマン大統領が，またイギリスはチャーチルの出席の後，総選挙で勝利した労働党出身出のアトリー首相に交代）で，対日戦争処理としての降伏条件，日本占領管理の方針を協議していたが，米英サイドには「もはや東アジアに関してはソ連の介入は不利益あって一益無し」との認識が生まれつつあった。会談に出席したチャーチルは，後日，このように回顧している。

　　「…その日の午後，スティムソン（米陸軍長官／当時）が私の許に訪れ，1枚の紙を前に置いた。それには『赤ん坊たちは満足に生まれた』（原爆実験の成功のこと：筆者注）と書かれていた。彼の様子で，私は何か異常なことが起こったのだとみた。…われわれはロシア軍を必要とするものではなかった。対日戦争の終幕はもはや，最後のおそらくは長引くであろう殺戮戦のためにロシアの軍隊を投入することにかかるものではなかった。われわれは，彼らの助力を乞う必要は無かった。2,3日後に，私はイーデン（英国外相／当時）氏に次の覚書を送った。『米国が現在，対日戦争にロシアの参加することを欲していないことは明白です』と。」[11]

　ポツダム会談でソ連排除の動きを感じ取ったスターリンは，極東での戦力配備を急ぎ，約3ヶ月後にヤルタ会談での合意を実行に移した。1945年8月8日，ソ連は日ソ中立条約を破棄して日本に宣戦布告し満州，朝鮮，樺太に侵攻，精鋭をうたわれた関東軍は既にその主力が南方戦線に駆り出されていたこともあって，為すすべなく壊滅したばかりか，一部の高級軍人らは民間人を置き去りにして，現地を離脱するありさまだった[12]。残っていた「冥王の火」が登場したのは，こうした状況のときだった。その最終兵器使用にはヒロシマの時とは別の意味合い，すなわち南下するソ連軍にその威力を見せつけ，彼らを牽制する，という戦略目的が加わっていた。

---

11)　チャーチル，『第2次大戦回顧録』（1952）[粋]。前注掲載書所収，p.595
12)　大日本帝国の国策に利用された人々は結局，「国体護持」の名のもとに切り捨てられた。取り残された人々の逃避行進は悲惨を極め，満蒙開拓に携わった10万人以上の民間人が満州の土になり，シベリアなどに約60万人が拘留されたほか，離散した家族の子供たちの一部は現地中国人に引き取られ，いわゆる「中国残留孤児」の運命を強いられることともなった。

4. ボックスカーが飛んだ空―テニアンから長崎へ

　トリニティーでの実験が成功したとき，ロスアラモス研究所の科学者たちの一部は既に北マリアナのテニアン島に赴いていた。日本本土より約2,400キロ南に位置するこの島は，隣のサイパン島とともに太平洋戦争の激戦地の一つであり，アメリカ軍が1944年7月にこれらの島々を陥すことによって，「超空の要　塞」B29による日本本土戦略爆撃が可能となっていた。サイパン島とは異なり，全体に平らなこの島の形状がマンハッタン島に似ていることから，上陸した海兵隊員によって「ブロードウエイ」と皮肉っぽく名付けられた南北一直線に伸びた道を通って，巡洋艦インディアナポリスによって運び込まれ，陸揚げされた2発の原爆のパーツが慎重に運び込まれていた。日本への原爆投下はこの時点で既定方針となっており，遅滞は許されない，ということだった。

　1945年8月当時のテニアン島には，先に日本軍によって多くの朝鮮人労働者を使役して作られた旧飛行場がアメリカ軍の手によって急ピッチで拡張されており，B29が離発着できる4本の滑走路を備えた北飛行場が整備されていた。原爆投下部隊は第509混成軍団で，その形態からファットマンと呼ばれたプルトニウム原爆の搭載機にはC. W. スウィーニー少佐を機長とするボックスカーが選ばれた。そのファットマンには，1942年9月に設立された軍事政策委員会の海軍代表であり，当時テニアン島で指揮を取っていたったW. R. パーネル少将によって，「A second kiss for Hirohito, W. R. Purnell Rear Admiral U. S. Navy（ヒロヒトに贈るセカンドキッス）」との署名がなされていた[13]。ボックスカーは当初の第1投下目標とされていた小倉に向かったが，前日の空襲で生じた余燼のため視界が不良であったために投弾出来ず，第2目標の長崎へ向かった。投下地点は，指定されていた市の中心部賑橋上空から3.4km外れた市北部の松山町171番地（現，松山町5番地）テニスコートの上空。1945年8月9日午前11時2分，当時の長崎市の人口（推定）24万人の頭上で炸裂したファットマンは死者7万3,884人，負傷者7万4,909人，罹災戸数1万8,409戸という惨禍を地上にもたらした[14]。投爆後，燃料の不足が懸念されたボックスカー

---

13) 工藤・奥住『写真が語る原爆投下』(2005) p.176
14) 1945年12月末推定集計，死亡者は後に14余万人とされた。長崎市立長崎原爆資料館展示資料

は当初の帰還計画を変更し，地上戦闘がほぼ終結した占領直後の沖縄へと臨時に着陸した（余談ながら，ボックスカーの飛行経路は，沖縄にとってはアメリカの核戦略体制に組み込まれる戦後の予兆のごときものであったと言えるかもしれない）。

　長崎への原爆投下は，戦後冷戦体制の確立と極めて深いつながりを持つものだった。それは，日本の無条件降伏を早めたというよりはむしろ，対日参戦を急いだソ連への恫喝，「見せしめ」としての機能を付加されていた。被爆し，その後死亡した約14万人の人々は，いわばその人身御供となった冷戦最初の犠牲者とも言えた。「はたしてナガサキは必要だったのだろうか？」—原爆開発に関する著 *Uranium Wars*（2009）の著者アミール・D・アクセルはこう問いかけたうえで，「リトルボーイの広島への投下から長崎上空におけるファットマンの炸裂まで，日本には僅か3日の猶予しか与えられなかったのだ。…日本人は爆弾が広島を焦土と化した事実を理解していたし，その被害の実態の巨大さを完全に把握したことだろう。だが，日本は被害の甚大さを確認する時間的な猶予すら与えられなかった」[15] として，長崎への原爆投下が無条件降伏の受け入れ圧力とは別の戦略目標から実行されたことを示唆している。

　「ナガサキ」は，わずか数年の間に十数キロにまで蓄積されたプルトニウムが確実に核爆発に繋がり，多くの生命を無差別に殺傷する兵器であることを実証した。核爆弾は爆撃機に搭載できるまでに軽量化され，やがてそれはミサイルの弾頭として搭載され，大陸間を飛来できるまでになった。一方で，ナガサキはソ連をしてアメリカに対抗するための核開発に傾斜させるきっかけともなり，第二次大戦後の世界を核兵器開発競争による「恐怖の均衡」のもとに置くこととなった。以後，人類は何時やってくるとも知れない大量殺戮の恐怖に怯え続けなければならない時代に突入した。

　今日，テニアンの旧北飛行場（現アメリカ空軍ハゴイ基地）は年数回の演習用以外には使用されることも無く，生い茂るジャングルの中に静かなたたずまいを見せている。草が蒸しこける旧滑走路の脇にある広場には，強化ガラスに覆われた2つの長方形の「穴」があり，1945年8月当時の原爆積荷場跡（Atomic Bomb Loading Pits）がひっそりとその姿をさらしていた。ボックスカーに積み込まれたプルトニウム爆弾はそのうちの一つのピットで所用を済ませ，6時間の飛行の後に長崎に投弾された。掲げられていたファットマン積荷作業時の説

15）アクセル『ウラニウム戦争』（2009）pp.269-270

明写真の中には，リトルボーイには無かった暗幕でこのプルトニウム爆弾が覆われているものが多い。それは，この爆弾がウラン爆弾に比べても格段に秘匿性が高く，厚い秘密のヴェールに包まれるべきものであったことを象徴していた。テニアン島の閑散としたその風景は，長崎平和公園での祈念時のそれとはかなり異なっているものだが，ボックスカーの飛んだ空の始点と終点の間に見えるものは，プルトニウムの「利用」に関する政治的悪魔性と，その後の人類が享受すべき運命の原風景に他ならなかった。

5.「もんじゅ」：「夢の原子炉」の狂騒劇始末

　立派に舗装されてはいるが，曲がりくねった道が海沿いに続く。「夢の原子炉」と呼ばれた，巨大な施設に陸地伝いで到達するためには1本の専用トンネルを通らなければならず，予想されたことだったが，施設本体の写真撮影も一切許されることはなかった。福井県敦賀市，敦賀半島の北端に立地する原子炉「もんじゅ」は他の商業用通常原発（軽水炉）とは根本的にその開発思想が異なった原子炉だった。炉心内での核分裂反応に対する冷却材として金属ナトリウムが使用され，机上計算では高速でぶち当たる中性子が燃料中の「燃えないウラン（ウラン238)」をより効率的に，多くを「燃えるプルトニウム（プルトニウム239)」へ転換させることが出来る。また，炉内で消費されるプルトニウム燃料よりも多くのプルトニウムを生み出すことが出来るとすれば，「燃えないウラン」がエネルギー資源となり，軽水炉の数十倍の効率でウランやプルトニウムが"平和利用"できることとなる。それが高速増殖炉（Fast Breeder Reactor = FBR)，あるいは世俗的に「夢の原子炉」と呼ばれたゆえんだ。FBRの開発は1967年に動力炉核燃料開発事業団（動燃）が設立され，以来，茨城県大洗に実験炉（研究開発用の小型原子炉）「常陽」が1977年に臨界に達したのに続いて，28万Kw出力能力を備えた原型炉「もんじゅ」(実用性の或る発電サイズの原子炉)が最初の臨界をむかえたのが1994年のことだった。

　原発で使用される燃料棒は，通常の運転をした場合には3〜4年で劣化するとされる。政府や電力会社が唱える「核燃料サイクル」計画によれば，これを取り出し，30〜50年間（！）の冷却期間を経て，海外（イギリス，フランス）のほか，後述する青森県六ケ所村の核燃料再処理工場にまわされるのだが，使用済み燃料棒には運転の過程で必然的に生成したプルトニウム239などの核分

道標V 「原子力帝国」への気付き | 107

裂物質が含まれる。すなわち，マンハッタン計画で見た同様の開発プロセスを経てプルトニウムは国内で大規模に生成されていくわけだが，この活用＝再燃料化こそが核燃料サイクルが描く究極の目標であり，その消費と生産において中核的部分を占めていたのがFBR「もんじゅ」だった。核燃料サイクル推進派学者の一人は，プルトニウムとFBRの関係およびその開発意義について，以下のように語っていた。

> 「…プルトニウムが，国内において生産されていることにも着目すべきです。プルトニウムは，エネルギー資源を持たない我が国にとっての貴重な国内産資源であると言えるからです。…うまく使えば，水力エネルギーに匹敵する自国産資源となることは確かでしょう。また，軽水炉に代えて高速増殖炉という新しい型の炉を用いれば，この自国産資源割合をどんどん高めてゆくことが出来ます。このように，長期にわたる資源確保の観点から，使用済核燃料中の残る資源物質を軽視すべきではないと考えるわけです。」[16]（傍点筆者）

ここでは，エネルギー資源の自給率向上という国益スローガンが声高に唱えられている反面，再処理工程から必然的に発生する放射性物質の飛散や，核廃棄物がどこに捨てられるかという後段階がまったく語られていないなどの問題がある。しかし，この主張での明瞭な点は，プルトニウム生成に対して一番有効な利用の手立てがFBRにあるという点に触れることで，FBRと核燃料サイクルが一体不可分の関係にあることを示していることだろう。すなわち，巨費を投じて建設された核燃料再処理工場は，もともとはFBR運転のための燃料確保のためにこそ必要であったわけで，今，政府や電力会社が声高に唱えている通常炉（軽水炉）でのウラン・プルトニウム混合燃料体（Mox燃料）使用のプルサーマル発電のために出来上がったものではない，ということだ。とすれば，「もんじゅ」が機能せず，FBR計画自体の続行もデッドロックになった今，後述する六ケ所村の核コンプレックスもまた利用価値が疑われ，諸施設を閉鎖しても良いのでは，との疑問が浮かび上がる。しかしそうはならず，FBR開発がなお生き永らえ，また国内原発が続々とプルサーマル発電へと舵を切ろうとしているのは何故だろうか。そこには単なる面子以上のものがあるのだろう。

---

16) 山名元『間違いだらけの原子力・再処理問題』（2008）p.144

FBR に対する最大の危惧は，冷却材として使用される金属ナトリウムが漏れて生じる火災破損によって炉心内で冷却能力が失われたときに起きる事態だ。通常の水（軽水）を使用するのとは異なって，FBR 炉心内に起きる核分裂をコントロールする技術は格段に難しい。また，金属ナトリウム自体が空気と接触すると容易に自然発火する。もしナトリウム漏れの事故が起こり，冷却能力が失われ，緊急停止操作にも失敗したとき，炉心内では統御不能の暴走が始まり，崩壊熱によって炉心そのものの溶融が起こる。最悪のシナリオはチェルノブイリ原発事故（1986 年）や福島第一原発以上の放射能漏れ，放射性物質の拡散という事態だが，皮肉にも「もんじゅ」の場合は，そうした重大事態の発生は極めて単純な事故によって回避されてきた。1995 年 12 月 8 日，使用前検査の際の出力 40％段階で，もんじゅはナトリウム漏れ火災事故に見舞われた。最大運用量 150 トンのうち，漏れ出た金属ナトリムは 700 キロとごく微量だったが，それが大火災に繋がった[17]。この事故は，巨大な技術体系と専門ごとに複雑に細分化された管理システムに依存する「夢の原子炉」がいかに脆弱な安全神話の上にしか成り立っておらず，システム全体の統御がどれほど困難な課題であるかを浮き彫りにするとともに，プルトニウムの飛散という危険性がけっして杞憂ではないことに警鐘を鳴らすものとなった。以来，「夢の原子炉」は一切の発電を止めた。また管理運営組織の日本原子力研究開発機構では度重なる点検漏れや部品の落下事故などが続き，自身の管理運営能力の無さを露呈した。最終的に，政府は 2016 年末に「もんじゅ」廃炉を決定するに至った。

　もともと，1994 年 6 月に発表された政府の原子力長期計画当初案によれば，「もんじゅ」に続く FBR 実証炉[18] 第 1 号の着工は 2000 年代初頭，そして商業炉の実用化は 2030 年頃とされていた。しかし，「もんじゅ」や核燃料再処理工場を含めた各地での原子力関連施設の相次ぐトラブルのために，その後の原子力利用開計画は迷走を続け，2005 年に打ち出された政府「原子力政策大綱」では，FBR 商業炉の稼動は 2050 年代へと繰り延べられた。もともと，1967 年の第 3 回原子力開発長期計画で初めて取り上げられた FBR 実用化計画でその時期が 1980 年代前半と想定されていたことからすれば，当初計画から 70 年も遅延した勘定となるのだが，廃炉決定はそれさえもが無理な計画だったことを

---

17)　高木『著作集 4・プルートンの火』(2001) 所収，吉川路明「解説と解題」pp.696-697
18)　開発後段階での実用性のある大型原子炉，この後段が商業ベースに乗る商業炉となる。

政府自らが認めたことを意味する。

　国際的に見ても，FBR 計画はチェルノブイリの原発事故を経験して国際社会に核の恐怖に対する認識が深まり，危機管理の脆さへの危惧が強まる中で頓挫が相次いだ。アメリカ合衆国では既に 1984 年という早い段階で FBR 計画からの撤退が決まり，1994 年には実験炉を含めての閉鎖が決定された。建設費の高騰と経済的採算が取れないこと，そしてプルトニウムの管理不備からの核拡散が懸念されたのがその主な理由だった。フランスでは原型炉フェニックスが原因不明の出力異常で長期の運転停止に追い込まれ，次段階の実証炉スーパーフェニックスもまた，度重なるナトリウム漏れ事故で計画の実行が紛糾した。8,000 億円の巨費を投じながらも結局，1998 年には閉鎖が決定された。ドイツでも，原型炉が完成直後にナトリウム漏れ事故を起こし，6,400 億円が投じられた末，1991 年には中止とされた。イギリスの原型炉でも 1998 年 2 月に蒸気発生装置からナトトリム漏れ事故が起きた。ナトリウムと水が反応して発熱し，短時間に多数の細管が破壊された結果，1994 年に同炉は閉鎖が決定された [19]。これらの国々と比較して，これまで異常なほどに「もんじゅ」に固執していた日本政府の姿勢は際立っていた [20]。

　FBR 計画が挫折したにもかかわらず，各地の原発から生み出されるプルトニウム量はますます増大してゆく。プルトニウムの蓄積が日本の核武装につながるのではないか，との国際社会からの懸念も高まり，プルトニウム消費圧力が強まる中にあって，政府や電力会社は今，軽水炉での消費を促すべく，ウラン 235 との混合燃料（Mox 燃料）を原子炉で使用するというプルサーマル発電計画へと傾いている。玄海（大分），伊方（愛媛），浜岡（静岡），高浜（福井），島根（島根），女川（宮城），そして世界初のフル Mox 燃料化が想定される大間（青森）…今後，プルサーマル発電へと転換する計画の原発が目白押しの状態だ。Mox 燃料を軽水炉で利用するには統御操作が格段に難しくなり，安全性には疑問符が打たれている。だが，生み出されるプルトニウムの消費を進めるためにプルサーマル発電がいったん始まれば，それらを停止させることは難しくなるだろう。また，後述する核廃棄物の問題は解消されるどころか，ますま

---

19)　注 17 掲載書，吉川路明「解説と解題」pp.695-696
20)　FBR の是非を巡っては核兵器転用の問題からも検討されなければならない。FBR の外周燃料（ブランケット）では 98％以上という高純度のプルトニウム 239 が生まれ，核兵器への転用が極めて容易であることが危惧されている。

す積み重なってゆくこととなる。

　これまでに投ぜられた資金は 1 兆円強。また，廃炉が完了するまでのロードマップとして想定されている今後 40 年間に必要な経費は想像さえつかない。「もんじゅ」から見はるかすプルトニウム・ロードの行方は混迷を極め，錯綜し，深い深い霧に包まれている。

6. 六ケ所村から見る「核」社会の風景

　原子力発電所とは非常に迷惑な施設だ。発電の効率性や安全性の問題をとりあえず脇に置くにしても，一番の難題は，原発のバックエンド工程として必然的に生じる「ゴミ処理」がほとんど不可能という現実がある。運転で劣化した使用済み燃料棒からはウランやプルトニウム以外の核分裂生成物や，その他の放射性同位体が残される。一括して放射性廃棄物と呼ばれるそれら「核のゴミ」は長期にわたって放射線を発し，その根絶がほとんど不可能という厄介な代物で，危険度に応じて，密封されたステンレス・キャスクやドラム缶に詰められた形で敷地内に保管される。しかし，年を追うごとに積み重なるドラム缶に対して敷地は限られており，長期にわたって安定した形で保管することもままならない。それらをどう処理するのか。ロケットで宇宙空間へ飛ばす，深海に投棄する…冗談ではなく，これらは専門家と呼ばれる人々が真剣に検討してきた方法論なのだが，今なお現実的な計画とはなり得てはいない。それらはいったいどこへ行くのだろうか…

　注意の目を本州の北端，下北半島に転じてみよう。日本で稼動する原子力発電所からの使用済み燃料棒と，発電に付随して排出される放射性廃棄物が「エネルギーと環境問題を解決できる核燃料サイクルの確立」の大義のもとに，集められている。国策会社日本原燃による核燃料再処理工場が作られ，本格稼動に備える青森県六ケ所村は，高レベル放射性廃棄物貯蔵管理センター，ウラン濃縮工場，低レベル放射性廃棄物貯蔵センターを伴った核コンプレックスの所在地，というよりは大量の放射性物質の飛散が不可避な核分裂性プルトニウムの抽出と，「核のゴミ置き場」としての役割を強要された日本最大の「核基地」として位置づけられている。再処理工場には 150 メートル超の 3 本の廃棄煙突が備え付けられ，本格的な稼働が始まれば，そこから排出される細かな塵の中にはトリチウムやクリプトンなどの密閉不可能な放射性物質が含まれるだろ

う。その放射能は「やませ」と言われる下北半島特有の強い北東風にのって青森南部，秋田，岩手方面へと飛散していくことになる。また，3キロ沖まで延びた排出口から外洋へと放出される温排水と放射性物質は周辺域から三陸沖の海流に乗って岩手，福島，茨城，千葉方面へと拡散されてゆくだろう。放射能汚染と被爆の危険性は，想像を超えて広範囲に及ぶのだ[21]。

　詳しくは別章に譲るが，近代日本における他の周辺部と同様，この北の地もまたトウキョウ（権力と資本が集積する近代日本国家の中枢部）の意思に翻弄され続けてきた。中央から遠く離れたその地は，かつて戊辰戦争で敗れた「賊軍」会津藩士たちが移住を余儀なくされた旧斗南藩の所在地であり，また，大日本帝国の屯田兵としての役割を背負わされた満蒙開拓団の帰還者たちが住み着いた土地でもあった。この地はまた，1960年代末には新全国総合開発計画（新全総）の目玉である地方巨大開発，「むつ小川原開発」の候補地とされた。鉄鋼や石油化学コンビナート等の公害型産業を集中的に立地させるのに必要な広大な土地を求めて，開発業者たちがこぞって「列島改造ブーム」に煽られるように土地を買い漁った。しかし，1970年代に訪れたオイルショックは，そうした巨大開発計画をまったくの幻想として終わらせ，結果として石油備蓄のタンク群だけが残された。そして次に訪れたのが，六ケ所村を巨大な核基地につくり変えようとする企てだった。1985年には各電力会社共同で設立された電気事業連合会が青森県，六ケ所村当局と基本協定を結び，核関連諸施の建設にゴーサインが出された。

　現在，六ケ所村に姿を見せる巨大な核コンプレックスは，近代日本が辿ったこうした「中枢―周辺関係」の一大モニュメントとも言える（表Ｖ-1参照）。2011年3月11日の東日本大震災以前，日本にあった54基，可能総出力約

---

21)　六ケ所村の核燃料再処理工場の排気煙突や排気口からは大気・海水中にクリプトン，キセノン，トリチウムなどが補足されずに放出される。放出される主な放射性同位体の半減期は以下のとおり。トリチウム12年，クリプトン（85）10.3年，ストロンチウム（90）28年，ヨウ素（131）8．1日，セシウム（137）30年。また，物理学者・環境経済学者である槌田敦の次の言も参照して欲しい。「…大きな問題はトリチウムです。これは向こう（日本原燃）も流さないとは言っていません。あるものはすべて流します。ためておくことは出来ないからです。…トリチウムの被害と言うのは，これはとんでもない被害になります。いろんな害がありますけれども，アメリカの核兵器工場での被爆事件というのはほとんどがトリチウムだと思っていいというくらい，核兵器工場のまわりが被爆者であふれていっぱいです。」広瀬隆「六ヶ所村の再処理工場反対運動の展望」（2008）p.24

表Ⅴ−1　六ケ所村の核関連施設の概要

	再処理工場	高レベル放射性廃棄物管理センター※	ウラン濃縮工場	低レベル放射性廃棄物埋設センター※※	MOX 燃料工場
概要	最大処理能力 800 トン・ウラン／年　使用済み燃料貯蔵容量 3,000 トン・ウラン	返還廃棄物貯蔵容量ガラス固化体 1,440 本（最終的には 2,880 本の貯蔵希望）	150 トン SWU ／年で操業、最終的には 1,500 トン SWU ／年規模	約 20 万立方メートル（200 リットルドラム缶約 100 万本分、最終的には 60 万立方メートル（同約 300 万本分）	最大加工能力 130 トン HM [※4] ／年　軽水炉用 Mox 燃料集合体製造
竣工・操業年（予定含む）	? [※1]	1995 年	1992 年	1992 年	2016 年
建設費	約 2 兆 1,930 億円 [※2]	約 800 億円 [※3]	約 2,500 億円	約 1,600 億円 [※4]	約 1,900 億円

(注)　＊1：ガラス固化試験での相次ぐトラブルや安全対策不備等のため，竣工時期は繰り返し延期されている。
　　　　　それに伴い建設費自体もさらに膨らんでいくことは確実である。
　　　＊2：なお，2017 年 7 月には耐震工事などの必要経費として，再処理工場にはさらに 7,000 億円程度の追加費用が必要となることが日本原燃より発表された。建設費用は当初計画予算に比べて 4 倍にも膨張している。
　　　＊3：ガラス固化体 1440 本分の建設費。
　　　＊3：ドラム缶 100 万本相当分。
　　　＊4：トン HM（トン・ヘビーメタル）MOX 中のプルトニウムとウランの金属成分質量を示す単位。
　　　※　　表中の「高レベル廃棄物管理センター」は 2010 年現在フランス，イギリスの核燃料再処理工場から返還された廃棄物を保管。2010 年 7 月現在 1338 本のキャスクがある。日本原燃の公式説明ではこの施設はあくまでも「一時的保管場所」との建前だが，他地域への「永久処分」の目途がたっていない以上，ここに半永久的に保管される可能性が高い。
　　　※※　低レベル廃棄ドラム缶は 2010 年 7 月現時点 22 万本を埋設。
出所：日本原燃「原子力燃料サイクル施設の概要」等，公開されている 2010 年以降の諸データを元にして筆者作成。

　4,900 万 Kw の国内原発全体[22] が稼働した場合，使用済み核燃料棒は年間で約 900 〜 1,000 トンと計算されていた[23]。六ケ所村の再処理工場では毎年 800 トンの使用済み燃料を今後 40 年間にわたって処理する計画が前提となっているのだが，想定されていた使用済み燃料棒の蓄積速度はこれをはるかに上回るも

――――――――――――
22)　ちなみに，福島第一原発のメルトダウン事故以降，反原発世論の高まりから福島県の全原発は廃炉が決定された他，他県でも，いわゆる「安全審査基準」の強化や経年劣化した原発の廃炉決定もあって，2018 年 5 月時点での国内の原発は 39 基，合計出力は 3,856.6 万 kw まで縮小した（電気事業連合会公表値）。
23)　通常，軽水炉のうち沸騰水型（BWR）出力 100 万 Kw 原発で年間 23 トン，同加圧水型（PWR）で年間 18 トンの使用済み燃料が発生する。うちプルトニウム 239 の生成はそれぞれ約 0.24 トン，約 0.2 トン。日本電気協会新聞「再処理工場のすべて」（2008.3）

道標Ⅴ 「原子力帝国」への気付き ｜ 113

のだった[24]。また，再処理に要する費用は約13兆円とされており，トン当たりに換算して約4億円という「処理コスト」は，再処理工場を運転している英仏のそれの約2倍だ。「もんじゅ」の場合と同様に，既に計画前提となる数字自体が，この施設の経済的非効率性を雄弁に物語っている。

　最大の懸念事項は，再処理工程から発生する核廃棄物の貯蔵と処分に伴う問題だろう。低レベル廃棄物入りのドラム缶は六ケ所村の施設に埋設されることとなるが，その「保管期間」は実に300年に及ぶ。また，高レベル廃棄物の処分はまったく解決の展望が立っていない。この危険極まりない，再利用不能の高レベル廃棄物はガラスと混ぜあわせて固化体とし，キャスクにつめて30～50年間冷却した後，300メートル超の深度地層処分をするというのが現在の主たる構想だ。この計画は2000年に「特定放射性廃棄物の最終処分に関する法律」が制定され，原子力発電環境整備機構（NUMO）が設立されて地層処分候補地調査が始まっている。候補地には，上乗せされる電気料金からの補助金と巨額の地方交付金が調査段階から交付されることとなるのだが，さすがにこの危険極まりない代物を受け入れるべく名乗りを上げる地方自治体は現れなかった[25]。結局のところ，「一時的貯蔵」との建前とはうらはらに，「核のゴミ」は六ケ所村に集中的に押しつけられる可能性は高い（日本人として本当に情けない話もある。2011年5月9日付「毎日」紙は日米が共同でモンゴルに使用済み燃料の貯蔵，高レベル核廃棄物の処分場建設する計画をスクープした。以後，現地からの反対もあり同計画は表向き頓挫しているというのだが，「核のゴミ」を他人に押し付けてなお平然としていられるほど，日本人のモラルは堕ちていないと信じたい）。

　ところで，「3・11」以前の東京都の電気"自給率"は約10％に過ぎず，残りの9割が周辺地域，特に福島（26％），新潟（19％）からの送電に依存しており，そのうち80％以上は原発からの供給に依存していた[26]。六ケ所村は，地方に

24）　2017年3月時点で日本国内にある使用済み核燃料棒は約15,000トン。この「過剰分」をカバーするために，東京電力は青森県むつ市に「リサイクル燃料貯蔵センター」の立地を企画し，2005年に東京電力とJ-Power両社出資（東電80％，J-Power20％）によって設立された。福島第一原発メルトダウン事故による計画の遅れから，第1棟（貯蔵能力3,000t）の完成は2013年8月にずれ込んだ。さらに2,000tの貯蔵能力を備えた第2棟とあわせて最終貯蔵量5,000tの施設建設を目論んでいる。同センターでは最長50年間にわたって保管し，関根浜港から六ケ所再処理工場へと搬出する計画。「リサイクル燃料貯蔵株式会社・会社案内」参照
25）　2007年，高知県東洋町の田嶋裕起町長（当時）が施設建設に向けた調査の受け入れを表明したことがあったが，激しい反対運動がおこり，同町長は失職した。

犠牲の上に中央の「豊かさ」が成り立っている構図を容易に見はるかすことが出来る場所でもあるのだ。地方の人々の生活や心のひだに潜む様々な情念を抑圧して「迷惑施設はカネをばら撒いて押し付け，遠隔地の住民に我慢してもらう」という手法は，権力と巨大企業が使う常套手段だ。

　既に六ヶ所村での被爆事故の危険性は現実のものとなっている。2006 年 3 月より始められた試験運転は，肝心のガラス固化体形成工程での相次ぐトラブルのために中断が連続していたが，2009 年 1 月，本格稼動に向け試験運転中の再処理工場で，配管から高レベル放射性廃液 149 リットルが漏れ，施設内を汚染するという事件が起きた。高レベル廃棄物の一部は不安定な液体状態に留まっており，近年格段に発生確率が高められた千島海溝巨大地震や航空機の墜落事故[27] など，いったん「何事か」が起きた場合への対策は皆目目途が立っていないのが実情だ。また「核テロ」を警戒する立場から，現地での監視体制は厳しく，反対の姿勢を取っている人々には様々な有形無形の圧力が加えられる。さらに，原発立地地域でみられる札束攻勢による懐柔・分断工作によって，地域が許容派と反対派に寸断されて相争い，孤立の悲哀を味わされる人も少なくない。再処理工場やウラン濃縮工場の門近くで車を止めるだけで，多くのガードマンが押し寄せてくる。…既に六ヶ所村は，プルトニウムをエネルギーにして日常生活に依存してしまうプルトニウム社会が行き着く末に見る「ある光景」を可視化できる場所，近未来の市民社会が迎えるかもしれない，或る殺伐とした風景を眺望できる場所となっている。

7. 原発ビジネスとそのグローバル化

　1966 年に東海発電所（茨城県）で初めての運転が開始されて以来 35 年，「3・11」直前の日本社会では総発電量の約 3 分の 1 が原子力によってまかなわれるようになっていた。安全性への疑問，運転の非効率性など，あらゆる疑問を排除してなお，原発建設が強行されてきたのはいったい何故なのだろうか。

---

26) 平成 20 年度実績，首都圏エネルギー懇談会資料より。
27) 2018 年 2 月，三沢基地所属の米空軍 F16 戦闘機が離陸直後にエンジンより出火し，近隣の小川原湖にタンク 2 本を捨てた事故が起こった。また 2019 年 4 月には航空自衛隊の最新鋭機 F35A が下北半島沖で墜落する事故が起きた。六ヶ所村の「核施設」は空からの脅威にも曝されている。

その最大の理由は原発建設自体が巨大なビジネス・チャンスである，という事実に拠っている。出力100万kw，標準的な軽水炉原発1基あたりの建設費用は約4,000−5,000億円と言われる。「3・11」以降は安全対策強化の要請も強まり，建設費用はさらに高騰している（規制圧力もあって，建設コストは1兆円近くに跳ね上がっている）。この「公共事業」に東芝，日立などの原発メーカーを頂点とする大小建設企業が，その利益のお裾分けに預かろうと群がり寄せる。また，政府の原子力関連予算や電力会社が投じる資金も馬鹿にならない。特に原発誘致に走る地方自治体には電源三法[28]に基づいて，電気料金の一部が建設促進資金に転嫁され，補助金へと回る。さらに，原発を誘致した地元には固定資産税や法人住民税などが落ちるのだが，固定資産税は減価償却によって急速に減少するため，原発が立地する地方自治体にあっては，税収を確保するには原発建設を継続していかなければならなくなり，地元はいったん「原発公共事業」に依存する体質になってしまえば，麻薬依存症者のごとく，脱却は容易ではなくなる。かくして，寿命が40年程度（一部の原発は「延命措置」を施され，さらに運転を延長するとの無理を強いられているのだが…）とされる原発の立地する地方では，廃炉以降のシナリオが描けず，「新たな原発建設で地域振興を」との"中毒症状"がエンドレスに繰り返されることとなる。まさに，「原子力植民地」が維持固定されるのだ。

「原子力の平和利用」が進んだ戦後の日本社会では，原発の「メインテナンス費用」としてばら撒かれる財投資金などをも含んだ巨額のカネと，それが生み出すビジネス・チャンスに群がり，利益を貪ろうとする多くの人々が重層的に連なることで，原子力利権の分配構造がビルトインされてしまった。それは，原子力産業自体が巨大な利権の塊であると同時に，そうした巨額の資金注入が無ければシステム自体が維持されないものであるという，とてつもない無駄や非合理を容認する，歪んだ社会のありようを示してもいる。

こうした理不尽な社会構造を生み出す原発ビジネスは日本国内にとどまらず，グローバル化する傾向を顕わにしつつある。とりわけ，原発マーケティングを展開するうえで最も注目されている地域は経済成長が続くアジア地域（表V−2参照）で，既に日・米・韓のビッグビジネスを巻き込んだ受注合戦が，

---

28) 原発の立地促進を目的に1974年制定された電源開発促進税法，電源開発促進対策特別会計法，発電用施設周辺地域整備法を総称する。電源開発促進税収入は2015年度で約3,200億円強。

表Ⅴ－2　アジア諸国の原子力発電の状況（2017.1 現在）

	稼動する原発の基数	発電に占める原子力の割合（％）	現　状
中国	35（浙江，江蘇，広東省など）	3	建設・計画中 47 基
台湾	6	14	建設中 2 基。ただし，2017 年には祭英文民進党政権は既存炉を含め，2025 年までの原発廃止を決定。
韓国	25	30	建設・計画中 9 基
インド	21	3	建設・計画中 12 基

出所：電気事業連合会「原子力コンセンサス」（2018）他より筆者作成。

この地域を舞台に展開されている。

　中国では 2025 年には 189Gw（1Gw ＝ 100 万 kw）へと飛躍的な原発発電需要が見込まれており，湖北，湖南，江西省などでの建設が予定されている。また，現在は原発が無い東南アジア諸国でも 2025 年には 2,200 万 kw，インドでも 4,800 万 kw の原発による電力需要が拡大する見通しだ。特に，インドは現在 20 基以上の原発建設を計画しており，予想される原発ビジネス市場規模は 13.6 兆円にのぼるとさえ言われる。こうした趨勢を背景にして，日本でもインドとの原子力協定の締結を促す声が高まり，2016 年 11 月，安倍政権は原子力技術供与を含む協定の締結署名に踏み切った。それ以前にインドはアメリカ，フランス，ロシア，カナダがインドと原子力協定を結んでおり，これに遅れをとってはならじとする政治的思惑が見え隠れする。改めて言うまでもないことだが，インドは核（兵器）保有国であるにもかかわらず，核拡散防止条約（NPT）に加盟しておらず，同国に原発技術を移転すること自体が核の軍事的転用につながりかねない危険性を伴っている。原発の受注を優先するあまり，核拡散の危険性に頬かむりを決め込むことは，被爆国・非戦国家アイデンティティーの信用を揺るがすばかりでなく，非核世界を目指す外交理想との離齬を拡大させる。またそれは，南アジアにおける核拡散防止の努力に敵対することにさえなりかねないことを危惧せざるをえない。

　日本企業の原発受注体制はアジアのこうした状況を射程にとらえて動き出していた。2006 年にアメリカの加圧水型軽水炉（PWR）の開発企業ウエスチングハウス（WH）社を約 6,000 億円で買収した東芝は，石川島播磨（IHI）と合

弁会社を設立し，2015年までに世界で39基の受注を見込んでいた。また日立製作所は沸騰水型軽水炉開発の先鞭企業ゼネラルエレクトリック（GE）社と合弁会社を設立，さらに三菱重工業はフランスの大手原発メーカー・アレヴァ社[29]に出資し，国際的原発ビジネスに参入を図ってきた。だが，2009年末のアラブ首長国連邦アブダビでの原発入札で日立・東芝を含む日本勢が韓国勢に敗れたのを機にして[30]，あせる業界の圧力もあって民主党政権下では日本企業間の戦略的提携と「官民一体」の名の下で，政府の主導による売りこみが促進強化される傾向が鮮明になってきた。2010年秋には政府の呼びかけのもと東京・中部・関西電力3社と東芝，三菱重工業，日立製作所による国際原子力開発（仮称）の設立が合意され，原発の建設運転技術を世界に売り込む翼賛的体制が急ピッチで作られた。さらにベトナム，タイ，サウジアラビア，南アフリカなどに経済閣僚たちをトップセールスマンとした受注工作も進んでいた。

　しかし，「フクシマの悲劇」はこうした積極策を打ち砕く強烈な鉄槌となった。各国では原発の安全性に対する疑念が高まり，2010年段階で4基を南東部ニントアン省に建設することが計画され，日本のコンソーシアムが受注に成功していたベトナムでは計画自体が白紙に戻された。また東芝は買収以降，WH社に5,500億円余の追加融資をしてきたが，同社の経営リスクにつながるこの「のめり込み」の背景には，インフラ輸出の基幹部分として原子力関連施設を活用したいとの思惑を持つ経産省の官僚たちからの圧力もあった。2016年11月に世耕弘成経産相は「事故経験を活かし，海外に安全な原発を輸出するのがわれわれの方針だ」と豪語したが，実際の国際原発市場は「3・11」以後，その需要が低迷した。WH社は2017年3月に米国連邦破産法11条の適用を申請して事実上破産（負債総額は98億1,100万ドル≒1兆9,800億円）し，親会社である東芝もWH社への債務保証を余儀なくされるとともに，米国での原子力事業から完全撤退することとなった。この処置で生じた損失補償によって，2017年3月期の東芝の赤字は1兆円を超え，国内製造業としては最大の損失

---

29)　フランス原子力産業の象徴でもあった同社は原子炉受注の低迷や原発建設計画の相次ぐ遅延のため経営が低迷し，2017年には傘下の中核だった原子炉メーカー，アレヴァNPがフランス電力に売却され，事実上の「倒産」をした。なお，2018年には残ったアレヴァグループは持ち株会社として「オラノ」へと改称した。

30)　2009年，韓国企業連合は予想を覆してアラブ首長国連邦初の総額400億ドルに及ぶ原発受注に成功した。入札価格は日本より2割も安いうえ，60年間の運転を保証するという破格の条件だった。

を生むこととなった[31]。また，トルコ，英国でも日本の原発ビジネスは破綻，撤退を余儀なくされている。

8. プルトニウム・ロードの彼方

　1940 年代初めには僅か数マイクログラムに過ぎなかった人工物質プルトニウムは，この 80 年足らずに急激な増殖を遂げてきた。20 世紀後半は，人類が文字通り「プルトニウム社会」へと足を踏み入れた時代でもあった。地球上に存在するプルトニウムは数万発の核弾頭の中にあるだけではない。出力 100 万 kw の通常型（軽水炉）原発 1 基からは年間 200 ～ 250kg のプルトニウムが生成すると言われている。このうちの多くを占めるプルトニウム 239 の臨界量が約 5 ～ 10kg となれば，理論上は日本でも毎年数兆人もの人々を死に至らしめる量のプルトニウムが生まれ，年間数千発分のナガサキ型原爆が製造可能となる計算だ。実際，日本原子力委員会によれば，日本が抱える抽出プルトニウムは 2018 年時点で約 47t で，さらに全原発の保管プールに滞留する（未再処理の）使用済み核燃料棒中の量をも合わせれば 130t 超[32] とされる。日本は既に大量の核物質に取り囲まれた「核社会」となっており，安全を維持するために必要な管理システムの維持には巨額の資金と，監視ネットワークを支える強大な「力」を必要とする社会へと変容を遂げつつある。

　「核社会」の安全を確保してゆく上で最大の"障害"となるのは，おそらく人間そのものだろう。原発で働く技術者・労働者たちが予想外の人為的ミスを犯す危険だけを想定して言っているのではない。そこには原発の存在を疑問視し，批判的な言動を繰り返す人々の"敵対的な"行動もまた含まれる。原発を推進する側にしてみれば，巨大技術に支えられた運転を安定して維持するためには，潜在的な危険因子たる彼・彼女らへの監視をより強めることさえもが許される，との社会的合意も生まれ得る。すなわち，日常生活を核エネルギーに委ねる社会にあっては，人間という最も厄介な不安定要因を管理し，想定されるリスクを事前に排除するために，社会自体の変容が不可避とならざるを得ない。そこでは「安全の確保」という至上命題のもとに，市民の日常自体が為政

31）　2017 年 3 月 30 日付「朝日」紙
32）　日本原子力委員会編『原子力白書』他。

者の監視下に置かれ，民主的な諸権利が脅かされるだけでなく，原発に批判的な地域住民への疎外が進み，市民的紐帯が解体される。

　もともと，巨大な工学システムである原子力施設は高度に組織化された技術の集合体，「細分化された知」の一大パッチワークと言える。専門家が受け持つことができる"守備範囲"は極めて限られており，システム全体を統括的に把握し，全体を有効に管理する手段を決定的に欠いている。たとえいかに巨大な資本を投じたとしても，また高度な専門家組織をもってしても，このシステム内外から発せられる想定外の事態に対して，即座に有効な対策を打ち出すことが難しいのは，福島第一原発のメルトダウン事故の際の対応がよく物語っている。取りうるべき「最善の方策」は，リスクを最小限に抑えるべく日々の監視体制を強め，危険な因子—その中には原子力施設内で働く労働者，技術者の日々の行動や反対運動を行っている地域住民の日常生活までもが含まれるのだろう—を何時でも排除できる体制を整備しておくことだろう。かくして，現代科学技術文明が生み出した「知の細分化」を前提としたプルトニウム社会の未来図は，社会全体に絶えず監視の網が張られ，人々の自由な行動が律束される超管理社会，高度な監視体制がもたらす抑圧によって市民の主体性や共同体意識が解体される，恐るべき抑圧社会となる。

　このように市民的「公共性」が失われ，民衆が徹底的に権力の管理下に置かれる社会への変容危機は，地球温暖化対策やエネルギー供給の安定化を大義名分として静かに進行してゆく。人類が原子力に依存してゆく過程で不可避的に現れる社会倫理的な退廃と，市民社会の共同意識の解体，非主体的で無関心な人間が社会の中心を占めるような暗澹たる近未来の姿は，既に40年以上も前にドイツのジャーナリスト，ロベルト・ユンク（1913-1994）の『原子力帝国』（原題：Der Atom-Staat）の中で予告されていた。彼はそうした時代の人間像を「ホモ・アトミクス（原子力人間）」と命名し，権力による全面的な監視下に置かれた人類存在と，その社会のあり方について，次のような批判を展開していた。

　　「…（権力当局は）住民の政治的関心を調査するだけでなく，個人的な傾向や性
　　格についての詳しいデータを得ようとするのである。当局はこうした措置を当然の
　　ことと考えている。なぜなら，こうすれば，なにか『突発事故』が起こったとき，
　　原子力施設や核物質を襲撃するテロリストやストライキ参加者に隠れ家を提供する
　　グループがつきとめられるからである。…人々は『破壊分子』とみなされるのを恐

れて，他人との会話のさいもしだいに用心深くなり，知り合いにもしだいに本心を
打ち明けなくなる。なぜなら批判的な言葉や常識からはずれた振舞いは，監視され
ている人間に対して大きな不利益を招来するかもしれないからである。核の事故が
起これば，一時的な自由剥奪にまでエスカレートしうるのである。核エネルギーを
工業用に使い，核施設を整備している国の政府は，事実，真の意味でのジレンマの
ただ中にいる。保安措置が手ぬるすぎれば，原子力施設でストライキやテロ行為が
あった場合，そのような措置は市民の生命を守るには不十分であると非難されるで
あろう。しかし，核テロリズムの脅威を重大に考えるならば，国家は警察国家に変
貌せざるをえない。市民が原子力をさらに拡大することを許すならば，それは民主
主義的な権利や自由が少しずつ掘り崩されることを認めたことになる。…市民から
原子力施設を防衛することは，少なくとも原子力推進にとっては，原子力施設から
市民を防衛することと同じぐらい重要なことなのである。」[33]

　ここで想起すべきは，史上初の核エネルギー解放をもたらしたマンハッタン
計画における「知の体系」のありようだろう。1942年から始まった同計画では，
ウラン濃縮から起爆装置に至るまでの専門化・細分化された工学システムのも
とで原爆製造が進められた。専門家たちを含む計画従事者は「国家機密」を盾
にして互いのコンタクトを分断され，徹頭徹尾国家による監視のもとに置かれ
た。科学が巨大プロジェクトを実行するために力と金を持つ国家権力に従属し
てしまう結果，市民はその存在を知らされることもなく，たとえ知りえたとし
ても口をはさむことさえ許されず，重要な意思決定から疎外されてしまうとい
う現代社会の恐るべき側面を，「核」はシンボライズする。原爆と原発，戦争
目的と「平和利用」を取り巻く構造は実は同一のものなのだ。ヒロシマ・ナガ
サキの「核」と同様に，原発の「核」もまた市民社会が民主的に統御すること
能わざる，人間疎外の本質を持った極めて集権的なエネルギーの体系であり，
そのリスク管理は恐るべき管理社会の出現の上に，しかも極めて不安定的にし
か保たれない。また，進行するこの市民社会に対する疎外現象は，専門家たち
の市民意識をも摩滅させ，「専門以外のもの」への無関心さをいっそう高めて
ゆくだろう。情報の統制，徹底される秘密主義，そして権力の無言の圧力にさ
らされる人々の無関心の上にアトム化された人間存在，共同体の紐帯を分解さ

33）ユンク『原子力帝国』（1989）pp.115-116

道標V 「原子力帝国」への気付き | 121

せ，「知の公共性」を分散させる傾向は，プルトニウム社会の進展に伴ってますます鮮明なものとなってゆくだろう。

一方，物理的に自明なことながら，長いものではその影響が数十万年以上にも及ぶ危険な核廃棄物の管理責任への担保は，現役世代にとってはほとんど無いも同然だ。ユンクと同時代，アメリカの原子力政策を批判していた核物理学者バリー・コモナー (1917-2012) は，「いったい誰がこの放射能の遺産を管理するのだろうか。またいったいどのような社会制度が，それほど長い間，この遺産を守ると約束できるだろうか」として，未来の世代にまったく無思慮な核物質管理の矛盾を指摘し，それにもかかわらず，"特殊任務"に就く専門家集団が「核」の管理を一元的に担おうとする傾向に強い警告を発するとともに，社会全体の閉鎖性，秘匿性，秘密主義が深まってゆく危険に言及していた[34]。プルトニウム・ロードの彼方には，核エネルギーへの依存によってますます強化される構造的暴力，権力による市民生活の監視と暮らしに関する自己決定権の剥奪，そして核拡散の恐怖に絶えず脅え，地球市民社会の創造努力を無に帰そうとさえしかねない，戦慄すべき未来像が拡がっている。

9. 「暗闇の思想」

海外や地方に「核のゴミ」を押し付け，そこに住む人々を潜在的な被爆の危険にさらしながらも，彼らの犠牲の上に東京など大都市の「豊かさ」が成り立つという関係性，それこそがプルトニウムが拡散する社会が生み出す最大の不条理であることに気付くことはさほど困難ではない。こうした理不尽な関係性が持続可能で，悪しき仕組みが永遠に続くものだとは到底思われない。プルトニウム社会の前提となるエネルギーの際限のない消費と必然的に生まれる集権的な社会システム，そして数十万年にも及ぶ「核のゴミ」の危険性を甘受しなければならないという考え方自体が，おおよそ地球市民の安全保障の理念とは相容れないものだろう。プルトニウム社会にビルトインされた中枢─周辺の関係は，原発ビジネスを推進する側が市民を，大消費都市が原発の立地する地方の安全を犠牲にするという空間的な拡がりに留まらず，現在の世代が目先の「豊かさ」を得るために，長期にわたる放射能汚染の危機を積み残し，未来世

---

34) バリー・コモナー『エネルギー』(1977) p.88

代の「豊かさ」を奪っているという時間的な拡がりをも含んでいる。

　忘れてはいけない事実がある。それは人類が「核」社会を迎えたのと並行して，ヒバクシャもまた確実に増加の一途をたどってきた，という事実だ。ウラン鉱石の採掘に伴って，鉱山が存在する"保護区"に囲い込まれていたアメリカ合衆国やカナダの先住民たち，オーストラリアのアボリジニーらは絶えざる被爆の危機にさらされている。また，戦場で大量の劣化ウラン弾を打ち込まれ，その飛塵に汚染された水や空気を摂取せざるを得ないイラクやアフガニスタンでもまた，多くの子供たちが癌の多発に苦しめられている。そしてチェルノブイリやフクシマで経験した，あの，とてつもない原子力災害の爪痕…ヒロシマ・ナガサキを起点として，「核」の被害はグローバル化し，人類に均しく死を強要しようとする力を蓄えている。

　しかも，各地に建てられてきた原発や再処理工場は「公共の利益のため」との大義のもとに，ほとんどの場合「国策」として推進されてきたものだ。だがおかしなことに，国家権力が掲げる大義としての「公共の利益」自体の具体的な内容や実態に備わるネガティヴな側面については，それら「構造的暴力装置」が建てられる地域の人々に対して明確に説明されることはほとんど無く，「国策」が持つ本質的な意味について吟味されることもない。敢えてその"合法性"の根拠を探し出すとすれば，それは単に「『お上』が推進する事業」という既成事実にのみ拠っている。たとえば，「9・11」に対する報復としてのアフガニスタン侵攻が「テロとの戦いは国民の崇高な責務である」としてアメリカで「公共性」を付与されたのと同様に，資源小国日本の原子力政策は「原子力発電所や再処理施設は国民が豊かな生活を営んでゆくために絶対に必要」との「公共性」を最優先する立場から地方に犠牲を強いている。そこでは社会的に弱い立場にある人々の生活権や，反対を主張する市民としての発言権などほとんど考慮されることもなく，多くの場合，「公共の福祉」に反する「住民エゴ」，「地域エゴ」として切り捨てられていくのが通例だった。

　私たちはこうした理不尽さへの憤りを共有することを通して，「負の公共性」論に対抗する実践知を求めたい。そのあざとさと欺瞞を見破り，限られた強者が利益を得るために多くの弱者の生活を犠牲する理不尽さを批判し，そうした形でしか実現できない「豊かさ」は絶対的に正しいものではない，という原則のうえに作られる市民の協働と共生への努力，「真の公共性」を獲得する運動の必要性を改めて提起したい。日本には1970年代の公害反対市民運動が提起

した豊かな思想土壌がある。「道標Ⅲ」の章において、私はその代表的な事例として大分県中津市で九州電力の豊前火力発電所建設反対運動にかかわっていた作家・松下竜一（1937-2004）について言及した。住民運動に対して、行政や電力会社が「電気の恩恵を受けながら発電所建設に反対するのは地域エゴだ。江戸時代に戻っても良いのか。反対運動する家など電気を止めてしまえ」とすごんで見せたことに対して、松下たちは敢えて自主的に灯火を消す「停電の日」、「暗闇の日」を設けて、夜空に輝く星を見て家族の絆を強めた。松下は「電力会社や良識派と称する人々は、『だが電力は絶対必要なのだから』という大前提で、公害を免罪しようとする。国民すべての文化生活を支える電力需要であるから、一部地域住民の多少の被害は忍んでもらわねばならぬという恐るべき論理が出てくる。本当はこう言わねばならぬのに—誰かの健康を害してしか成り立たぬような文化生活であるならば、その文化生活をこそ問い直さねばならぬ」と「負の公共性」論の強権の本質に切り込んだ上で、「今ある電力で成り立つような文化生活をこそ考えよう。奥底には、『暗闇の思想』があらねばなるまい。まず、電力がとめどなく必要なのだという現代神話から打ち破らねばならぬ。ひとつには経済成長に抑制を課すことで、ひとつは自身の文化生活なるものへの厳しい反省でそれは可能となろう。冗談でなく言いたいのだが、『停電の日』をもうけてもいい」と、「負の公共性」論に対峙する思想の立脚点を説いている[35]。ここに見る共同的自助の精神に基づく「真の公共性」のあり方は、崇高な思想水準にまで達している。「暗闇の思想」のエッセンスとは、「お上」が勝手に作り上げ、押しつけられる「負の公共性」と訣別し、市民が生活決定権を他者に委ねるのではなく、本当に安心できる生活の基盤を自らが作り上げること、いうなれば「市民自身による公共性」の獲得への知的スタンスだった。発信するメッセージは、自らの生活は自らの手でこそ作り出されねばならないという信念、そして人々が協働して自身の暮らしを形作ってゆくための力を生み出す相互関係の尊さだ。

　戦後日本社会が進んできたプルトニウム・ロードは、「核」と市民社会との乖離をますます際立たせることとなるだろう。いわゆる「豊かさ」・「便利さ」を当座の担保にして、今ある生活スタイルやエネルギーの浪費構造に抜本的なメスを入れる努力を怠るならば、地球温暖化問題さえもが原子力発電の推進に

35）　松下竜一『その仕事 12・暗闇の思想』（1999）pp.140-142

利用されるという倒錯した状況がこれからも続くことだろう。勇気と英断を持ってプルトニウム・ロードを立ち止まり，引き返すための知的指針は，地球市民社会における相互の関係性をあらためて捉えなおし，周辺部に置かれ続けてきた人々のくらしへの配慮と尊重に思いをはせ，「真の公共性」を創造していく道筋の中にこそ見出せるのだ。

引用文献

アクセル D. A. 著／久保・宮田訳『ウラニウム戦争』（青土社，2009）
　　【原典：Aczel D., A. *Uranium Wars*, 2009】
飯島宗一『広島・長崎でなにが起こったのか』（岩波書店，1982）
伊藤壮『1945年8月6日，ヒロシマは語り続ける』（岩波ジュニア新書，1982）
コモナー B. 著／松岡訳『エネルギー』（時事通信社，1977）
　　【原典：Commoner B., *The Poverty of Power, Energy and the Economic Crisis*, 1976】
工藤・奥住『写真が語る原爆投下』（東出版，2005）
高木仁三郎『著作集4・プルートンの火』（七つ森書館，2001）
　〃　『著作集6・核の時代／エネルギー』（七つ森書館，2003）
　〃　『著作集10・鳥たちの舞うとき』（七つ森書館，2004）
野添憲治『海を渡った開拓農民』（日本放送協会出版会，1978）
広瀬隆「六ヶ所村の再処理工場反対運動の展望」（たんぽぽ舎，2008）
松下竜一『その仕事12・暗闇の思想』（河出書房新社，1999）
山名元『間違いだらけの原子力・再処理問題』（WAC，2008）
ユンク R. 著／山口訳『原子力帝国』（社会思想社・教養文庫，1989）
　　【原典：Jungk R., *Der Atom-Staat*, 1977】
歴史教科書教材研究会編『歴史史料体系第15巻』（学校図書出版，2001）
グループ現代「六ヶ所村ラプソディー」（2007）
経済産業省「エネルギーの基本計画」（2010）
全国保険医団体連合会「月刊保団連」No.1007（2009）
電気事業連合会「原子力コンセンサス」各年版
日本経済新聞社「日経ヴェリタス」2009/4/12-18号
日本原燃（株）「原子力燃料サイクル施設の概要」（2010.5）
日本電気協会新聞「再処理工場のすべて」（2008.3）
長崎市立長崎原爆資料館展示資料
広島平和記念資料館展示資料

道標 VI 「コメ」とトウホク
―日本社会の中枢－周辺構造について（上）
【古代～昭和農業恐慌期】―

1. 「原風景」としてのトウホク，あるいはトウホク観について

　或る晩秋の日，「下り」の東北新幹線で北へ向かう機会があった。落葉樹林の赤や黄色が次第に深みを増していく車窓を眺めながら，ふと，東北地方の原風景とはこの「色」の濃さにあるのではないか，と思い至ることがあった。ここで言う「色」とは，単色で灰色っぽい東京から早春の鮮やかな新緑や晩秋の深い紅葉の東北地方へ，という多様な色彩変化を伴う「空間的」な意味合いだけではなく，「時間的」な生活文化への遡りという意味合いも濃厚に含んでいる。東北地方の落葉樹林にはオニグルミ，クリ，トチノキなどが多く，今も多くの河川でサケやマスの遡上が見られる。古代日本列島におけるブナ，ナラ林は，そこに生活する人々に豊かな自然の恵みをもたらし，採集・狩猟・漁撈を生業とした「縄文」と呼ばれる文化を生み出した。東北地方―以後この名称を，一つの地名を表わす固有名詞としてではなく，固有の生活文化および生活を営む人々を表象する言葉，さらには畿内や東京の「中央」から周辺化された存在の表象概念として，しばしば「トウホク」と言い表す場合もある―は，多様性を含んだ日本古代文化の，一つの舞台でもあった。青森県三内丸山遺跡に代表される大規模な集落や遠隔地交易の跡が象徴するように，この地の縄文文化は高度な狩猟採集生活の水準を備えており，1万年以上もの長き間，盛栄を誇っていた。しかも，未だ定説とは言えないまでも，この地から武器類が一切出土していないことが示すように，少なくとも東北地方の「縄文」という時代は，絶え間ない略奪や争乱のイメージとはかなり違った比較的平和な暮らしの営みの期間でもあったようだ。
　大きな変化が生じたのは，おおよそ紀元前4-5世紀前後のことだったろうか。大陸からもたらされた水稲栽培技術が日本列島を東漸・北進し，米作の営みの

拡大に対応すべく，村々にはより集権的な組織が生まれていった。そして「余剰」分配の寡多と占有を巡って争いが起き，やがてそれは新たな，より強大な権力を生み出していく傾向に拍車をかけていった。この意味で，「コメ」とは単なる一穀物というよりは，文化的・政治的「力」の象徴に他ならず，やがて大和王権の成立へとつながるモーメントの源泉でもあった。文化人類学者の大貫恵美子は「コメ」に付加される「特異な地位」について，古代にあっては「コメ」自体がそれに象徴される神々と同一視されたことと，古代天皇制と深く関わっていたことを指摘したうえで，天皇をはじめとする有力権力者が執り行う農耕儀礼が宗教的性格だけでなく政治経済的な性格も兼ね備えており，「聖なる税」，「清らかな金としてのコメ」作りが支配の敷衍化に伴って各地に浸透していったことに言及している[1]。そして，大和王権の支配地域が拡大し，周辺へ不均等に浸食していった結果，それまで列島各地に暮らしていた「中央」のライフスタイルとは風俗を異にする狩猟採集生活者たちはいつしか蔑まれ，彼らが生活を営む土地としてのトウホクは，王化に服さない「未開」の蛮族が蟠踞する地，遅れた，最果ての地と見なされていった。米作はやがて武家政権が登場した鎌倉期以降，さらに東北地方全体に普及していったが，米作に適する気候条件を欠いていたかの地域はしばしば飢饉に襲われ，今日にまで残る「トウホク＝貧しく，遅れた，最果ての地」のイメージが一般化する遠因ともなっていった。

　「歴史は勝者によってしか書かれない」というのは，たぶん正しいのだろう。中央から見下ろされる周辺部としてのトウホク観は，「都」からの征服圧力と軌を一にして根を張っていく。桓武天皇時代の「蝦夷の反乱」は王化に抗するというよりは，ごく素朴に自身の生活文化を守ろうとしたトウホク人が示した抵抗だったのだろうが，平安京に遷都した中央政権は彼らに虫偏のついた蔑称を与え，野蛮な「山夷」として討伐の対象とみなした[2]。また，中世にも奥州に武威を誇った安倍氏，清原氏は「俘囚」，すなわち「ヤマトに同化した蝦夷」

1）　大貫恵美子『コメの人類学』（1995）p.82, 85 & pp.128-129 なお，その延長上に近世には石高制が現れ，知行地からの米収量自体が大名の富強を表すバロメーターとなっていった。
2）　「…今日から見れば単に職業の違いに過ぎないものを，この当時の畿内人は夢にも思わず，農業化した者のみを『王民』と言い，そうでない者を凶悪な異民族であるとした。…上代日本社会にあっては奇妙にも農業という生産方式が正義を生む存在なのである。」司馬遼太郎『街道を行く・陸奥のみちほか』（1978）p.16

の長として一段も二段も低く見られ，やがて前九年の役（1051-62）・後三年の役（1083-87）を経て滅亡の悲哀を味わっている。トウホクは近代社会の到来以前にあっても，自然に恵まれ，多様で豊かな文化を賦存させつつも，政治的なコンテクストにおいては「外夷の地」との規定を免れず，そこで生活を営む人々は中央の支配体制から疎外され，「劣等民」としてのレッテルを貼られてきた。岩手県出身者で，地元で文筆活動を営む作家高橋克彦は，東京で学生生活を送った1960年代，自分が「文化が低いと蔑みの目」で見られる東北出身者であることを周囲に悟られないために，街中では訛りがバレないように寡黙な生活を送っていたそうだが，やがて，自分のコンプレックスの元凶がまさに「敗者」＝周辺者として定義されてしまったトウホクの歴史性そのものに因るものであることを自覚するに至り，「中央によって抹殺された側の視点」からトウホク・アイデンティティーの復権を目指して『炎立つ』（1992-1994刊）などの名作を世に残すことになる。その彼は，日本史の中での東北地方に運命づけられた歴史的な特殊性を以下のように記している。

> 「…東北は中央政府に負け続けている。阿弖流為（あてるい）が坂上田村麻呂に，安倍貞任が源頼義に，平泉の藤原泰衡が源頼朝に，九戸正実が豊臣秀吉に，そして奥羽越列藩同盟は明治新政府に賊軍とされた。負けた側の歴史は抹殺される運命にある。五回も負けた東北の歴史はズタズタにされ，残っていない。…（中略）…東北が自ら東北以外の地を攻めたことは一度もない。にもかかわらず，東北は中央政府から何度も侵略され，屈従を強いられてきた。」[3]

　話は少々飛躍するかもしれないが，グローバル化する今日の世界にあって，人々は必ずしもその恩恵に浴しているわけではなく，多くの人々が拡がる経済格差や絶えざる暴力の連鎖に苦しめられ，憎悪と悲嘆に明け暮れている。そうした理不尽な運命が重層的に構成された現在の国際秩序によってもたらされているという意味において，今日進むグローバリゼーションとは単なる「現象」ではなく，国境を越えて貫かれ，普遍化される「構造」そのものと言える。そして，それはまさに非対称な権力関係，すなわち，支配する者とされる者，搾取する者とされる者，疎外する者とされる者との間に存在する幾重にも積み重

3）　高橋克彦『東北・蝦夷の魂』（2013）p.41&p.226

なった，不均等で不平等な社会のありようを表すものでもある。世界は先進諸
国と第三世界諸国，中央と地方，富者と貧者といった文化集団・階級間の権力
関係が様々に「相似形」を成して形作られており，入れ子のように配列されて
いる。それらが織り成す中枢（中央）‐周辺（辺境）の差別的関係が数多くあり，
再生産されているのが今のグローバリゼーションの実像だ。私たちが「トウホ
ク」に敢えてこだわることは，理不尽な世界の構造に迫ることにつながり，中
枢（ここでは敢えて「トウキョウ」という言葉を使ってもよいだろう）の独善や傲岸
さを浮かび上がらせることにもなるのではないだろうか。

　東北地方を主に近現代の日本社会全体の中に位置づけ，その「周辺的性格」
を客観的に把握しようとする研究は，これまで多くの先達によっても試みられ
てきた。河西英通（近代東北史）は風土，文化，政治，経済など多様な視点か
ら東北地方を中央権力との関わりを俯瞰し，この地を「異境」という言葉を用
いて，「多様で豊かでさえあった東北が近代的価値観の下で，いかに後進的・
辺境・未開を連想させる単一的空間として成立させられてきたか」[4]との問題
意識から，戊辰戦争以来，「白河以北一山百文」[5]と蔑まれた「賊軍の地」と
してのこの地方が近代日本国家の中央権力によっていかに差別され，周辺化を
強いられたかを考察している。そして，「産業資本確立・帝国主義転化期の日
本にあって，一方では米を中心とする第一次産品と資本主義的労働市場および
北海道開拓への労働力供給地として，他方では外米や肥料・軽工業品の移入
地として，『国内植民地』的役割を果たし始めた」[6]東北地方の"負の近代性"
から近代日本の影の部分を炙り出そうとした。また，「東北学」の提唱者であ
る赤坂憲雄（民俗学）は小熊英二（社会学）との対談の中で，「3・11」を通して
可視化された巨大エネルギー施設（原子力発電所）に備わる中央集権的な権力
構造と，それらの東北地方への集中的立地を許した歪な社会のありように触れ

4）　河西英通『東北―つくられた異境』（2001）「はじめに」より。
5）　この言は戊辰戦争時に白河口の戦いで勝利した「官軍」＝新政府軍の将校が発した
　　言葉とされているが，必ずしも実証された事実ではない。自由民権研究家の安在邦夫
　　と田崎公司によって書かれた，1878年8月23日付『近事評論』中にある記事タイト
　　ルに由来するとする説が有力であるが，いずれにせよ，敗北した「賊軍」＝奥羽越列
　　藩同盟に加わった東北諸藩への恩讐と蔑視が入り混じった感情が，戊辰戦争期の「官
　　軍」＝西南諸藩の中で共有されていたことは間違いない。河西英通『続・東北―異境
　　と原境のあいだ』（2007），「はじめに」より。
6）　注4掲載書 p.191

ている。そこでは危険施設の東北地方への集中的立地が中央への従属によって
もたらされ、再生産されてきた現状が批判される一方で、再生可能エネルギー
普及が分権的社会への移行にとって重要な転機と成り得ることに触れ、エネル
ギー供給システムに内在する「権力構造」の転換を通した自治と自立の必要性
にも言及している[7]。これらに共通する認識とは、日本の一地方としての東北
地方を「周辺化された特殊な地方」、突き詰めて言えば、国内植民地として捉
える主張だ。トウホクの過去と現状に対して、特に「3・11」を記憶に留める
私たちは、中枢部からの一方的な目線や既成の偏見を打破し、「自立すべき主
体としての東北地方」を捉え直し、その未来を展望していく必要がある。

2. 安藤昌益とトウホク―封建社会批判としての「直耕論」

東北地方での暮らしの経験を持ったことがない多くの日本人にとって、こ
の地域への関心は 2011 年 3 月 11 日に起きた東日本大震災を契機として、一
時、先鋭になった時期があった。「絆」という言葉が喧伝され、試練に耐える
東北人の忍耐強さ、寡黙さ、がもてはやされた。そして、それらを“美徳”と
讃えた周囲からの被災地民衆に対する先入観・固定観念＝「トウホク・オリエ
ンタリズム」に呼応するかのように、多くの東北地方の人々自身もまた、それ
らを“遵守すべき規範”として受け入れ、行政の対策の遅れや官僚的な無責任
姿勢に対しても忍従し続けるという屈折したメンタリティーが再生産されてい
った。それに追い打ちをかけたのが東京電力福島第一原発の炉心溶融事故だっ
た。電力供給地としてのトウホクと消費地としてのトウキョウの「落差」は、
取り返しがつかないほどに放射能に汚染され、故郷の山河が破滅的にまで棄損
されてしまった犠牲者としての前者と、電力の一方的受益者としての後者の間
にある非対称性を際立たせ、近代民主主義の原則ともいうべき「受益者負担の
原則」が適用されない差別構造の存在を可視化させることとなった。

かくも長きに渡って再生産されてきた中枢 ‐ 周辺構造、そして疎外され、差
別されるトウホクの存在に早くから気付き、当時の社会矛盾をラディカルに批
判した一人の東北人がいた。江戸期の思想家、安藤昌益（1703 ［元禄16］ ‐ 1762
［宝暦12］）だ。昌益は秋田に生まれ、京・大阪に遊学後、東北の僻地藩とも言

7） 赤坂憲雄・小熊英二「対談、東京／東北の未来へ」（2012）

うべき八戸・南部藩二万石の町医者として，少なくとも 1744 年から 1758 年までを城下で暮らしたことが確認されている[8]。

　もともと低温な東北地方は米作にとってけっして適地とは言えない。特に太平洋岸は南下する寒流（親潮）の影響と，稲が生育期にあたる 5 ～ 8 月にしばしばオホーツク海より「偏東風」と呼ばれる低温の北東風が吹き，深刻なダメージをもたらす他，日本海沿岸，内陸地でも収穫期の風雪害などによる凶作も度々起こっていた。一般に，江戸期にあっては元禄（17 世紀末），宝暦（18 世紀前），天明（18 世紀末），天保（19 世紀半）年間が深刻な凶作期とされているが，東北地方にあっては凶作の発生頻度は 4 ～ 5 年に 1 回と高く，確認されているだけでも慶長年間（1601 年）以降大正初期（1914 年）までに 229 回の凶作・飢饉が起きたとの記録が残されている[9]。昌益が八戸で生活を営んでいた時代とその前後，享保・宝暦年間から天明年間にかけては，前世紀末の元禄期以降，東北地方にも急速に浸透してきた商品貨幣経済が各地に換金作物生産を促す一方で，全国規模でも大飢饉が発生し，百姓一揆が昂揚した時期にあたっている。特に北東北地方では 1783（天明 3）年が大凶作で，盛岡南部本藩でも人口 30 万人中，約 4 分の 1 が餓死し，また津軽藩でも 87,000 人と，人口の約 3 分の 1 の命が飢饉で失われる惨状だった[10]。八戸南部藩でも 1749（寛延 2）年には「猪飢（イノシシけかじ）」と呼ばれる飢饉が起こり，約 3,000 人が餓死するという悲惨な事件が起きている。その原因は，上方での味噌作り需要に対応して東北一円では商品作物としての大豆生産が刺激され，八戸南部藩政府が領民にいっそうの大豆植えつけを強いたことに因るところが大きかった。大豆の植え付けを拡大するために山間地で焼き畑耕作が拡がった分だけ地力回復のための休閑地も増え，ワラビなどの野草や根菜類が繁茂，結果，イノシシが異常に増え，やがて田畑の作物をも食い荒らすまでになった。当時，厳しい年貢供出に喘いでいた農民たちは粟や稗を主食として米納負担に耐えていたが，それらが食い荒らされ，遂には飢え死にを余儀なくされた，というのがいきさつだった。

　カナダ人外交官で，戦後 GHQ の対日占領政策にも深く関わったハーバード・ノーマン（1909-1957）は中世日本史の研究家でもあり，それまでごく一部

8）　安藤昌益資料館展示資料年譜（青森県八戸市）
9）　山内明美「＜飢餓＞をめぐる東京／東北」，赤坂憲雄・小熊英二『辺境からはじまる・東京／東北論』所収（2012）p.284
10）　鎌田慧『六ヶ所村の記録（上）』（1991）p.231

道標VI　「コメ」とトウホク ｜ 131

の研究者にしか知られていなかった安藤昌益の存在を，その著『忘れられた思
想家』（岩波新書，1950）で広く世に知らしめた人物として知られている。彼の
国際的視野から見ても，昌益の時代の東北地方はまさに「国内植民地」であり，
それゆえにこそ，昌益の思想はラディカルにその根源である幕藩体制と，それ
に寄生し暴利を貪る大商人階級への批判に向かったと，次のように述べてい
る。

　　　「…徳川中期になると秋田には独自の織物業がある程度発達しているが，商業的
　　　に大阪の大金融勢力への依存がいちじるしかったため，京・大阪を本国とすればほ
　　　とんど植民地の関係にあると言ってよかった。もとより米はつねに藩の輸出品の大
　　　宗であり，昌益の時代には当時一般の標準からいっても過酷な六公四民の割合で農
　　　民から年貢として徴集されていた。大阪の大商人に依存することから来る藩経済の
　　　弱体，享保までに顕著となった土地の少数者への集中，農民の苛酷な収奪などがす
　　　べて昌益に深刻な影響を与えたことは，かれが，力を増しつつある町人階級に対し
　　　て，また大阪の豪商や，米穀仲買への負債に沈めば沈むほど無惨に農民から搾りと
　　　る封建支配者の強奪に対して厳しい批判を加えたことからも窺われる。」[11]

　安藤昌益の思想の根幹には「直耕」という理想社会像があった。彼によれば，
森羅万象は相互に依存し，"生態系"を成している。天地の運動は生きており，
万物はそのもとに働く。「直耕」とはその機能全体を言い，人間もまたその中
で額に汗して働くことによってのみ，天地の運動の一部となり得る。この意味
で，世の真の主人公は「農」を営み直接的に生産を担う者である。にもかかわ
らず，封建の世は年貢収奪者である武士階級や米穀や換金作物の流通機構を支
配する商人階級など，他人の労働成果を盗む「不耕貪食の徒」に溢れている。
聖人君子も，武士も商人も，所詮は盗人に他ならない。かくして，彼は封建道
徳がはびこる幕藩体制を「法世」と呼び，不条理な中枢−周辺構造を退け，自
然本来の世＝「自然世」へ回帰すべきことを以下のように呼びかけた。

　　　「…故ニ月日ノ行度ト与ニ，春・生発，夏・盛育，秋・実収，冬・枯蔵ノ耕織ヲ
　　　為ストキハ即チ五行自リ然ル大小・進退ノ妙用ノ常ニシテ人倫世ニ於テ上無ク下無

11）　ハーバート・ノーマン『忘れられた思想家・安藤昌益のこと（上）』（1950）p.22

ク，貴無ク賤無ク，富無ク貧無ク，唯自然・常安ナリ。…是レ直耕ノ自然ナリト経
道ヲ為スベキコトナリ」

（【現代文訳】：つまり，太陽と月の運行とともに春には種をまき，夏には草取り
をし，秋には刈り入れ，冬には貯蔵し，一連の農作業をおこないさえすれば，それ
は自然の存在法則である大小の進退運動・五行の自己運動の統一的営みそのものと
一体となり，この世に支配者も被支配者もありえず，貴人も賤民も，富者も貧者も
なく，ただ自然のままに平穏無事に生活できる。…これが自然の生成作用であり直
耕であるから，人間もまたこれにしたがって直耕すべきであると説き，自分もまた
それを実践すべきである。）[12]

「…然ルニ，日徳ニ反シテ不耕貪食シ，妄リニ上・高貴ノミヲ火ニ似セテ君・相
ヲ立テ，之レニ法リ君相ヲ以テ五倫ノ上ニ立ツ。是ヨリ君火・相火ヲ以テ上ト為シ，
始メテ教門ヲ立テ，是レ自然・転定ト同徳ノ人世ヲ教制ノ世ト為ル，失リノ始メナ
リ。故ニ其ノ下ニ自然ニ之レ無キ乱世始マリ…」

（【現代文訳】：にもかかわらず，自分を太陽に擬しながら太陽のあり方とはまっ
たく正反対に，働きもせず人々の労働の成果を貪り食い，ただ太陽が上にあって高
く貴いということばかりを真似て，君・相の差別を立てこれにのっとると称して五
倫の上に立ち，人々の上に君臨し，それを合理化するための思想をでっちあげた。
これこそ，天地自然のあり方と一体であった人間社会を，でっちあげの思想や制度
の支配する世の中とした始めである。そのため，これ以降，自然にはありえない戦
乱のうち続く世の中となった…）[13]

　安藤昌益の「直耕」思想はルソーの『人間不平等起源論』に先立つこと約
10年前に生まれている。世界の相互依存の在り方と有機的連環，そして人間
社会に不平等をもたらす搾取階級への批判，反封建思想と革命的民主主義，ヒ
ューマニズム，さらには地域循環型社会の理想像など，ルソーに共通する彼の
主張は今日なお新鮮に響く。と同時に，彼は自身が体験した不条理が東北地方
の地政学的劣位に基づいており，経済的惨状が幕藩体制の矛盾から派生した，
まさに中枢−周辺構造の産物であることを鋭く見抜いていた。ただし，徳川幕

---

12)　安藤昌益研究会編集『安藤昌益全集十三，刊本自然真営道巻2』（1986）pp.200-201
　　（原文，現代語訳ともに）
13)　前注掲載書，p.204（原文，現代語訳ともに）

藩体制という時代の制約と八戸南部藩の「辺境性」ゆえに，彼の思想は封建体制を打倒する政治力には直接的には結びつかなかった。「直耕論」はいつしか"埋もれ"，ノーマンの言葉を借りるならば，彼は「忘れられた思想家」となっていくのだが，彼の思想の革新性は現世から隔絶したものでも無ければ，また死滅したわけでもなかった。彼の思想はしたたかに封建道徳に抵抗を続け，その後の日本の土着的民主主義の文化風土を支える一つのルーツともなっていったのだった。

3. 大日本帝国にとってのトウホク─日本資本主義の特殊性から

19世紀後期，「西洋の衝撃」の前に慌ただしく国民国家の体裁を整えた明治政府は，その後の発展に際して大きなハンディを抱えていた。そもそも，西洋列強の圧迫に対すべく，急速な殖産興業政策によって勃興してきた日本の資本主義は，なお強く残る封建的遺制の制約から逃れられず，また，西洋諸国に比べて遅れて産業資本主義化が始まったこともあって，社会経済上の後進性を引きずっていた。農村では江戸期からの封建的身分秩序が払拭されないまま地主─小作制へと移行していったこともあって，封建的な社会経済構造がなお温存されたままだった。結果，希少な土地に束縛され，高い小作料負担に喘ぐ小作人たちは慢性的な貧困状況から抜け出せなかった。一方，国家権力の庇護のもとで都市部に勃興した工業部門では一部の政商資本家への資本集中傾向が強まり，多くの分野で寡占が進行していった。彼等は銀行や持ち株会社を中核として諸産業を支配する財閥となり，政党との結びつきを強めていった。ただ，財閥寡頭支配の工業部門にとって農村部の購買力＝国内市場は極めて狭く，産業資本主義発展を律束する大きなハンディ要因となっていた。また，地主─小作制度下での農村労働力は慢性的に過剰な情況を示しており，相対的余剰人口は絶えずその「はけ口」を必要としていた。それらの結果，人口増加に伴って不足する食料の調達源，余剰人口を押し出すことが出来る土地資源，さらに工業製品市場は，いきおい近隣アジア諸国に求められることとなっていった。日本資本主義に纏わりつく西洋列強に対する後進性は拭い難く，この点にこそ，その劣位を挽回すべく軍部・官僚が主導して大日本帝国が対外膨張運動に邁進しなければならなかった理由があった。また1873年の地租改正による税の金納化や1881年の「松方デフレ」による緊縮財政の結果，土地を担保にして農業

生産を営み，現物納を主としていた東北小農たちの下方分解には一層拍車がかかり，小作農化が進んでいった[14]。

　ところで，1930 年代初頭，明治維新後の日本資本主義発達の歴史とその特殊性をマルクス主義経済学の立場から批判的に論考した一連の著作がある。岩波書店より公刊された野呂栄太郎（1900-1934）らによる『日本資本主義発達史講座』がそれだ。『講座』の編集主幹としての野呂は事前発刊された「内容見本」（1932 年 2 月）の中で，「寄生地主的土地所有制の桎梏の下に残存せる半封建的農業生産関係は日本資本主義の最も基本的な矛盾の一つである」とし，明治維新が封建的要因を温存した「不徹底な革命」であったことを指摘したうえで，さらに「この基本的矛盾は，日本資本主義がかの帝国主義戦争（第一世界大戦：筆者注）の期間中に始まれる資本主義の一般的危機の基礎の上に，異常なる発展を遂げたといふことの為に，却って全く致命的なものとなつて了つた」[15] として，日本資本主義の特殊性が封建的階級構造に律束された停滞的な農業セクターと，寡占化された工業セクター間の不均等発展にあったことを指摘しているが，その矛盾の集中的な表現こそが地主―小作制が強固に賦存した東北地方だった。またここに参画した，いわゆる「講座派」の一人である相川春喜は，東北地方農村に集約的に現れている大日本帝国が抱えた宿痾とも言うべき後進性と，それゆえに克服しなければならなかった構造的課題を以下のように簡潔に括っている。

> 「…日本経済構造の構造的特質は，一方に，巨大なる縦断コンツェンに示された，独占資本主義の軍事的産業機構を聳立せしめ，他方に，寄生地主的土地所有と債務隷農的零細小作制とに示された，農村経済の半封建的構造を存続せしめ，両者が相互規定的に並存する点にある。日本資本主義の特異的発展は，その歴史的基底に於ける，両者の相互関係の明確なる基礎規定によって，把握される。即ち，日本資本主義の特質として，これに半隷農制的軍義的性質の特徴を付与するものは，正に，軍事的産業機構の必至的建設の基礎としての日本農村の広汎な半隷農的零細農耕＝高額物納地代徴収の地盤を全面的に維持，再出し来つた（＊原文ママ），その『植民地近似的』収取の諸形態に，明示されている。」[16]

---

14)　篠田英朗「日本の近代国家建設における『東北』」（2013.9）p.47
15)　野呂栄太郎「日本資本主義の基本的矛盾」（1932）p.15
16)　相川春喜「農村経済と農業恐慌・第一　基礎規定」（1933）p.3

野呂や相川が指摘したような特殊構造性ゆえに，大正期末の関東大震災
(1923) 以来，日本経済は慢性的な不況から抜け出せないでいた。震災恐慌か
ら金融恐慌と続いた景気の低迷，民衆の不満が為政者へ向かうことをそらし，
体制を維持していくための転嫁策として対外侵略に拍車がかかるという傾向は
1920 年代後半に入って更に顕著となり，対外膨張は東北地方の経済振興を置
き去りにする形で進んでいった。それは中国民衆の反日感情をいっそう掻き立
てる結果となり，やがて日本は「最大の侵略勢力」として中国民衆に認識され
ていく。そして，大陸での権益維持のために行使される軍事力を支えた兵士た
ちの主たる供給地もまた，多くの貧農層が生活を営む東北地方だった。

　昭和初期には財閥系金融資本による寡占的体制のもとで，「トウキョウ」に
象徴される都市工業セクターは一定の生産力増加を見せていた。その結果，後
に「金融恐慌」と呼ばれた 1927 年前後の農業産品価格と工業製品価格との差
(いわゆる鋏状格差) 拡大は，結果として金融資本の寡頭支配と農村部での封建
的搾取をいっそう強め，貧困化が加速された。東北地方の農民は小作料や借金
利子に苛まれ，零落の度合いを深めていった[17]。昭和期に入っても資本主義
の発展に不可欠な国内市場の成長は見られず，東北農村部の後進性は近代資本
主義の発展にとってより深刻な桎梏にさえなっていったのだった。

　さらに 1930 年代に入ると，アメリカ発の世界大恐慌が日本経済を直撃した。
折悪しく，当時の大日本帝国は金の輸出禁止措置を解き，金兌換に踏み切った
ばかり[18]だったので金の国外流出に悩まされただけでなく，世界的な保護主
義潮流と国際価格の暴落によって，主要な輸出産業だった綿織物・生糸産業は
大きな打撃を被ることとなった[19]。東北農村経済を支えた副業収入源として

---

17)　やはり講座派論客の一人である井汲卓一は『日本資本主義発達史講座・第三部』(復
　　刻版) における論文の中で，1926-29 年における米価指数が 319 から 246 に，小麦が
　　252 から 219 に低下した一方で，工鉱業セクターの基幹資源である石炭は変化なし，
　　銅は 130 から 154 に飛躍などの事実をふまえ，「かかる鋏差は独占資本の価格政策の
　　結果である」とし，金融恐慌以降，より寡占化された金融資本による農村部における
　　封建地主的，高利貸し的搾取が強まり，1930 年代の昭和農業恐慌の原因となったこ
　　とを指摘している。井汲「最近における経済情勢と経済恐慌（下）」(1932) pp.18-19
18)　浜口雄幸首相・井上準之助蔵相（当時）による，いわゆる「金解禁」は，日本の円
　　価値の実質的切り下げによる貿易赤字の減少とともに，円の国際的な通貨信用力を高
　　める措置として 1930（昭和 5）年に実施されたが，世界大恐慌の直撃による経済混迷
　　と満州事変勃発に伴う社会混乱のため，1931 年末にはその停止を余儀なくされた。
19)　綿糸および生糸関連製品は 1930 年代の対米輸出のおよそ半分を占めていた。Wilkins,
　　M., "Japanese Multinationals in the US: Continuity and Change 1879-1940," 1990

の生糸の価格は 1929 年 4 月から 1 年余りで 35％減価し，養蚕農家の繭は買いたたかれたうえ，1930 年は米の豊作に恵まれたことが逆に災いして，米価の下落に苛まれた。深刻化する農村の惨状と閉塞感が漂う社会情勢のもとで，民衆の不満は次第に高まっていった。政府はその打開策として小作制度の改正や財閥寡占体制への改革を企図することはなく，むしろ海外植民地のより強力な支配と拡大によって社会的不満を転嫁することを画策し，当時高まっていた「満蒙は日本の生命線」との世論に迎合し，それを積極的に利用しようとの姿勢に傾いていった。

4．石原莞爾のトウホクートウキョウ論：「周辺ナショナリズム」とアジア主義について

　東北地方農村の貧困は日本資本主義に後進性を象徴するものであるのと同時に，素朴な土着的ナショナリズムの源となるものでもあった。工業化された都市に象徴される「近代」が農村部の「前近代」を侵食，支配し，「故郷」がますます周辺化されていく近代日本社会にあって，宮沢賢治が綴ったイーハトーブあるいは石川啄木が詠った「ふるさと」の原風景は東北地方の農村だったろうし，それゆえにまた，自然に密着する農業という営みに重きを置き，農村を社会紐帯単位とする国家社会の在り方を理想とする農本主義の思想は，反西洋，反近代，反都市文明，そして反中央支配というテーゼを含んだ情念，対抗性を含んだ一種の「周辺ナショナリズム」の性格を帯びていた。また興味深いことに，近代日本における農本主義思想は対外的にはアジア主義，すなわち，欧米列強からの圧迫あるいは人種主義に対する反発として台頭した被抑圧アジア諸民族の大同団結の主張と表裏一体の関係を成していた。日本におけるアジア主義自体は，やがて日露戦争やその後の韓国併合を経て国益追求の方便と化し，遂には「日本の大国意識が吐露される，手段としての言説に過ぎなくなる」[20]詭弁の類に堕してしまうにせよ，その原初的思想は，より「先進的な文明」である西洋近代からの圧力に対する敵愾心，そして資本主義化・都市文明化の力に侵される農村共同体からの危機意識と，失われていく故郷へのノスタルジーを併せ持った対抗的ナショナリズムとして胞胚し，多くの日本人にとっ

20）　スヴェン・サーラ「アジア認識の形成と『アジア主義』」（2014）p.54

ても一種の「居心地の良さ」を感じさせる，素朴な土着感情に通じていた。それは野呂らマルクス主義者たちが指摘した大日本帝国（主義）が抱えた後進的特殊性の，別の一面でもあったと言えよう。

　ここに，トウホクの「周辺ナショナリズム」とアジア主義の結合を体現し，その後の大日本帝国の膨張運動に大きな影響を及ぼした一人の人物がいる。その人，石原莞爾（1889-1949）は山形県鶴岡市に生まれ，陸軍幼年学校以来の軍歴を仙台，会津など東北の地で重ねた。出身地の旧庄内藩は会津藩と並ぶ佐幕勢力の代表格で，奥羽越列藩同盟の中心だった。「賊軍」から軍人となったことは，ポスト薩長藩閥時代の軍事エリートの中でも特異な姿勢と思考の視点を彼に持たせることになった。石原の生涯を貫いた，奇をてらわない反権威主義や反骨のルーツを東北人ナショナリズムに求めることには無理があるだろうか。傍証は幾つかある。地方警察官であった父親への幼少期からの反発は薩長中心の「官軍」に擦り寄ったかに見える家長への嫌悪と無縁ではなかっただろう。また14歳で陸軍将校エリートコースの第一歩となる仙台陸軍幼年学校に入学した際には「共通語」という授業があった。軍隊組織統帥上のコミュニケーションを確保するために方言・訛りが忌避されたのはもちろんだが，「大隊，中隊，小隊」と言った軍事用語から「自分は〜であります」といった言葉遣いなど，帝国陸軍には長州生まれの言葉が多かった。東北訛りの矯正が必要であるとの要請は軍中枢にとって相応に必要なことではあったのだろうが，それにしても幼年学校の正課授業に「共通語」がカリキュラムに組み込まれていたのは彼にとっても違和感が大きなものだっただろう[21]。また，1918年に陸軍大学校を次席で卒業した時の卒業論文は北越戦争（1868）の「賊軍」長岡藩の河合継之助の戦術に関するものだったこと，さらに言えば，彼を予備役に追いやった東條英機に対して「憲兵あがりには時局収拾は出来ない」として強く首相退陣を迫ったのも，旧南部藩出身でありながら薩長藩閥時代からの官僚的な形式主義や精神主義から一歩も踏み出せず，総力戦体制に対応できない東條の「官軍的」旧守態度への反発[22]，そして，「トウホク人でありながら，なぜ

---

21)　福田和也『地ひらく（上）石原莞爾と昭和の夢』（2004）p.41
22)　小説家半藤一利は次のように言う。「石原という人物の頭の中で，どういう国家を作ろうとしていたのか，具体的には分かりません。でも，長州閥が作った日本では，世界と伍して戦う次の戦争には勝てないと，少なくとも考えていたんじゃないかと思うんです。」半藤一利，保阪正康『賊軍の昭和史』（2015）p.134

薩長藩閥的価値観の下僕と成り下がっているのか」との周辺ナショナリズム的憤懣からではなかったか。

　後に帝国陸軍不世出とまで言われた軍事思想家としての石原に決定的な影響を与えた体験が，陸軍大学校附仰付によって派遣された 1923 年から 1925 年までのドイツ留学であったことは想像に難くない。第一次世界大戦という人類が体験した未曾有の混乱を経た戦後ヨーロッパ，とりわけワイマール共和国ドイツの社会経済的惨状と，新たな覇権国家として登場してきたアメリカ合衆国がこの地域にも影響力を増しつつあるという世界のリアリズムに直接に触れたことを通じて，石原の「周辺ナショナリズム」はやがて壮大な大日本帝国のグランドデザインへと昇華していった。とりわけ彼にとって大きな課題となったのは総力戦として戦われた第一次世界大戦の近代的特徴，すなわち，前線・銃後の区別なく国家が総力を傾けなければ近代戦争は勝ち抜けず，そのために総動員体制を如何に迅速かつ効率的に作り上げるか，という課題だった。同地で七年戦争 (1756-1763) 時のプロイセンのフリードリヒ大王の戦術を研究成果としていた石原は，戦争形態の比較研究から長期の総力戦と比較的短期に勝敗が決する戦争が時代の推移，国家の成熟段階，軍事技術の発達に応じて交互に，あるいは弁証法的に展開されるとし，前者を「持久戦争（消耗戦争）」，後者を「決戦戦争（殲滅戦争）」と名付けて区分するとともに，やがて人類社会は東洋王道のチャンピオンと西洋覇道のチャンピオン間での究極的な最終決戦戦争を迎えるであろうこと，そしてそこに至るまでに，日本は列強諸国間での持久戦争を勝ち抜く体制を整備すべきことを説く。

　そして，いわゆる「世界最終戦争論」として総括される彼の世界認識に影響を与えた，もう一つのファクターが，当時の世界を事実上支配する米英アングロサクソン帝国，とりわけアメリカ合衆国への反発だった。日露戦争後，日本とアメリカの関係は南満州鉄道の経営権や海軍の増強などを巡って次第に緊張の度を増していた。そして，第一世界大戦中の対華二十一ケ条要求を巡る軋轢や戦後の合衆国での排日移民法制定，そしてワシントン海軍軍縮会議など，アメリカ合衆国の対日けん制圧力が強まる中にあって，両国の亀裂はますます露わなものとなっていた。また，そうした実際の諸懸案以上に，強大な武力と経済力を背景に誇示される「文明的優越性」は，石原にあっては唾棄すべき対象だった。ドイツ留学中の彼が和服を着用し続けたこと，あるいは彼の手紙に散見されるアメリカでの排日移民運動への反発[23] などからも伺われるように，

道標Ⅵ　「コメ」とトウホク ｜ 139

　石原が掲げた「最終戦争」思想には，世界のトウキョウ＝「中央としてのアン
グロサクソン両帝国」に対する，劣勢で後発的な世界のトウホク＝「周辺とし
ての大日本帝国」からの視点という思想コンテクストが濃厚に内在していた。
　おそらく，彼が最終戦争論のグランドデザインを明示的に提示したのは満州
情勢が流動化し始めた 1928-1929 年のことと思われる。1929 年 7 月，当時関東
軍作戦参謀（中佐）として北満参謀旅行中，石原は他の参謀たちに長春で持論
である「戦争史大観」の核心的部分を講義した。曰く，「最近ノ欧州戦争ハ欧
州民族最後ノ決勝戦ナリ。『世界大戦』ト称スルニ当ラス。欧州大戦後西洋文
明ノ中心ハ米国ニ移ル。…次ニ来ルヘキ戦争ハ日米ヲ中心ニスルモノニシテ人
類最後ノ大戦争ナリ。」[24] この考えは，1940 年 5 月に公刊された『世界最終戦
争論』に反映されている。彼は大日本帝国が長期にわたる持久戦争に耐え，将
来の殲滅戦争としてのアメリカとの最終決戦 [25] を迎えるためには相応の準備
期間が必要であるとして，以下のように述べている。

　　　「…この持久戦争時代において東亜の大同を完成した時は，おそらく既に最終戦
　　争が眼前に迫っているのである。我々は今日の準決勝戦に引続き，すぐ最後の決勝
　　戦が来ることとはっきり認識して，持久戦争に不敗の位置を確立すると同時に，最
　　終戦争に必勝をかち得るために，卓抜な戦争能力の獲得について，最善の準備を整
　　えねばならぬ。」[26]

　こうした考えに関連して，石原が抱いていたのは将来の最終戦争の前段階
として想定される長期の持久戦争（総力戦）に耐えうる資源の確保や経済力を
保持するために，満蒙の占有が決定的に重要であるとの認識だった。それは日
本内地の経済不況の打開，突き詰めて言えば東北農村を困窮から解放する方策
でもあった。彼が中心になって画策した柳条湖事件が起こる直前（1931 年 5 月），
彼は「満蒙問題への私見」と題したメモランダムの中で，大日本帝国がアメリカ
との最終戦争を戦う東洋王道チャンピオン資格を得るために，満蒙の占有がい

23）　大正 9 年 6 月 28 日付「漢口から妻へ」等。福田『地拓く（上）』p.208
24）　角田順編『明治百年史叢書・石原莞爾資料国防政策』（1967）pp.37-38
25）　1930 年代に急速に進んだ核物理学の理論発展をふまえて，石原は核分裂エネルギー
　　を利用する「最終兵器」登場の可能性にも言及している。彼によれば，その開発普及
　　によって戦争は最終的に止揚されるというのだった。
26）　石原莞爾全集刊行会『石原莞爾全集第 1 巻』（1976）p.94

かに重要な戦略的意義を持つかを，次のように述べている。そこには，かつて
ケープ植民地首相でボーア戦争 (1899-1902) の仕掛人ともいうべきイギリスの
帝国主義者セシル・ローズが述べた，「もし諸君が内乱を欲しなければ，諸君
は帝国主義者とならねばならない」との言葉と相通じるものさえもがあった。

　　「…我國ハ速ニ東洋ノ選手タルヘキ資格ヲ獲得スルヲ以テ国策根本本義トナサル
　　ルヘカラス現下ノ不況ヲ打開シ東洋ノ選手ヲ獲得スル為ニハ速ニ我勢力圏ヲ所要ノ
　　範囲ニ拡張スルヲ要ス。1. 満蒙ノ農産ハ我国民ノ糧食問題ヲ解決スルニ足ル。…
　　（2. 工業資源〔按山の鉄，撫順の石炭〕とともに）…3. 満蒙ニ於ケル各種企業ハ
　　我國現在ノ有残失業者ヲ救ヒ不況ヲ打開スル得ヘシ。要スルニ満蒙ノ資源ハ我ヲシ
　　テ東洋ノ選手タラシムルニ足ラサルモ刻下ノ急ヲ救ヒ大飛躍ノ素地ヲ造ルニ十分ナ
　　リ。」[27]

　ただ，石原の満蒙占有論とセシル・ローズの南アフリカ支配論とは，両者が
占める帝国主義国としてのポジショニングが決定的に異なっていた。ローズが
先発帝国主義国イギリスの3C政策の一翼を担う打算的政治家だったのに対し
て，石原は列強間の帝国主義競争に後段階で参入した後発帝国主義国，世界の
「周辺部」に埋もれかねない大日本帝国を背負う職業軍人だった。したがって，
彼にとっての最終戦争論とは，後発的・周辺的帝国主義国日本を東洋のチャン
ピオンとし，やがて世界の「中枢」へと成り上がらせていくためのグランドデ
ザインとなるべきものでもあった。
　その基礎たるべき帝国富強化への切り札こそが，軍・産・官・学から成る統
制型社会経済体制，後に「1940年体制」[28] と総括される全体主義的体制の構
築だった。二・二六事件の半年前に参謀本部作戦課長に赴任した石原は，「重
要産業五ケ年計画」策定のフィクサーとなった。同計画は石原の政策ブレーン
だった満鉄調査部の宮崎正義が中心となって策定されたもので，1936年に「満
州産業開発5ケ年計画」，1937年には内地用に「重要産業5ケ年計画要綱」が
作られた。後者の計画は軍部内での抵抗により実施留保されたが，満州国では
翌1937年から実施され，宮崎と共に満鉄経済調査会を作った十河信二（後の

---

27)「満蒙問題の私見」(1931.5) 同上所収。pp.76-77
28)　野口悠紀雄『1940年代体制』(1995) 参照

国鉄総裁），岸信介（満州国産業部，総務部次長・当時），椎名悦三郎（同統制科長，産業部鉱工司長・当時），日本産業コンツェルンの鮎川義介らによって実現されていった。同計画はソビエト型計画経済に倣い，金融，貿易，為替，物価対策，産業統制，技術労働社動員，機械工業，交通政策，民生安定，財政，行政など広範な分野に及ぶ改革を志向しており，国家の統制管理によって「日満支『ブロック』ノ結成ト自給経済ノ確立並日満両国国民経済ノ偕調的発展，一般国民生活ノ向上安定ヲ図リ以テ帝国ノ綜合的国防力ノ拡充ニ資スル」[29]ことが目標とされた。官僚的統制とそのガイドラインに基づいた重要資源の管理と集中的配分，基幹産業の傾斜生産方式，政府主導の金融財政支援，労使協調路線，「護送船団方式」による産業保護政策など，そこにみられる骨子は，戦後，実質的な自民党一党体制下での政・官・産・学による一体的な利権分配システムに基づいた諸政策にほぼ継承されたものでもあった。

　こうした統制体制の根底には農業を国家の枢要産業とし，農民を貧困から救い出すとする農本主義的な思想と，「五族協和・王道楽土」を目指すアジア主義との彼なりの「調和」志向が見て取れる。石原は1933年頃から，彼の満州国建国策謀の理念でもあったアジア諸民族の「協和」を実現するとの大義のもとに在野勢力を結集する東亜聯盟の設立運動に傾倒し，日中戦争勃発後は日支間での「国防の共同」，「経済の一体化」などを条件とした戦争停止と対ソ連・対米戦略のための両国連携の必要性を唱えていた。東亜聯盟運動は1939年1月には東亜聯盟協会へと発展し，日本国内だけで会員が1万人を超えるほどの組織となっていった[30]。そして，この運動は満州産業開発五ケ年計画の根底に流れる農本主義的傾向とセットになる。すなわち，同計画には重工業の拡大によって最終戦争に備える目的と同時に，農業共同体を基盤とした天皇制という「国体護持」の性格が枢要な位置を占めており，農業を基礎として工業部門を管理統制するという理念が維持されていた。彼の胸中には，やむを得ず彼が鎮圧を主張した二・二六事件での皇道派青年将校たちが叫んでいた農村救済の主張と相通じるものが宿っていた。彼が仙台第二師団第4連隊長の任にあった期間（1933-1935），配下の兵隊を気遣い，入浴施設や食事の改善などに心を砕いたこと，除隊後の生活を支えるためにウサギの飼育方法を教え，除隊兵士

---

29)　「重要産業五ヶ年計画要綱実施ニ関スル政策大綱（案）」，福田和也（下）p.104 より引用。

30)　松田利彦『東亜聯盟運動と朝鮮，朝鮮人』（2015）p.3

に土産として持たせたこと，実際に兵隊と同じ飯を食べて食事内容の改善を指示したこと，浴場や酒保の改善など，石原が東北農村出身の兵士たちに示した労りを物語る逸話は数多い[31]。

　彼にあっては，農本主義とアジア協和の理念は「トウホク」を介して表裏一体の関係を成していた。有名な話として残る極東国際軍事裁判法廷における出張尋問の際，日露戦争時にまで遡って大陸侵略の罪を非難するアメリカ人検事に対して，「開国を強いて列強の泥棒のやり方を日本に教えたペリーこそが第一の戦犯である」と言い放ったこと，そして最晩年期には故郷庄内に西山農場を拓き，「都市解体，農工一体，簡素生活」を建設三原則として農村経済の重視と農民生活の安定を実践しようとしたことは[32]，彼にとってはけっして「別個の物語」では無く，反西洋・反近代・反中央主義を基礎としたトウホク・ナショナリズムの発露としては「同じ物語」だったのだろう。それはまた，戦後日本が継承した政治体制（ポリティカルレジーム）としての「1940 年代体制」が，皮肉にも忘却しようとした精神でもあった。

　彼に内包されていた日本における「東北地方からの視点」は，世界における「日本からの視点」に通じていた。「…国家主義の時代から国家連合の時代を迎えた今日，民族問題は世界の大問題であり，日本民族も明治以来，朝鮮，台湾，満州国に於いて他民族との共同に於いて殆ど例外なく失敗して来たったことを深く考え皇道に基づき道義観を確立せねばならぬ。満州建国の民族協和はこの問題の解決点を示したのである。」[33]——幾多の利害打算や国益追求のために，遂には欺瞞のレトリックともなってしまったものの，「五族協和・王道楽土」のスローガンへと昇華された石原莞爾の思想には，「トウホク - トウキョウ論」が濃厚に反映されていた。彼にあっては，東北地方と東京の間に横たわる理不尽な非対称関係は，近代日本と欧米列強との間にあるそれと相似形を成しており，それゆえに，大日本帝国は西洋列強に対する後進性，従属性を克服し，世界の「周辺部」的地位からの脱却を目指し，「中央」へ成り上がっていかなければならなかった。満蒙問題の解決＝日本による占有も，アジア諸民族の協和を掲げる東亞聯盟も，すべてはこのコンテクストの延長であり，西洋覇道文明の中心部を占めるに違いないアメリカ合衆国との最終戦争も，仮にそれ自体が

---

31)　渡辺望『石原莞爾』（2015）pp.199-200
32)　福田和也『地ひらく，石原莞爾と昭和の夢（下）』（2004）p.430&p.440
33)　石原莞爾『世界最終戦争論』（1940）【増補版】（2011）p.257

道標VI 「コメ」とトウホク ｜ 143

大それた夢想であろうが，また，いびつな天皇中心の汎アジアナショナリズム
であろうが，それは世界の「周辺部」に置かれた自身の故郷，祖国，そしてア
ジアの反骨精神を示すものに他ならなかったのだ。

5. 植民地産米との競合環境から見る「昭和農業恐慌」と東北地方

　その石原が画策した満州事変の後も，日本の農村部は慢性的な経済低迷状態
を脱け出せないでいた。東北地方では副収入源でもあった1930年の春繭相場
が前年の半額まで激減したのに続いて，同年10月から米価の暴落が始まった。
同年の豊作予想が10月2日に発表されるや，翌日の米価は前々月比で4割近
くも低落し，さらに植民地米との競合（後述）もあって農家収入が減少すると
いう「豊作飢餓」が起こった[34]。そして1931-32年と凶作が続いた後，1933
年には東北太平洋岸は三陸大津波に襲われ，翌1934年には冷害による大凶作
がこの地方を襲った。同年の東北6県の米収穫は過去50年の平均に対して
39％の減収となり，特に地主―小作制が強固なこの地域の貧農の家計は甚大な
被害を被った[35]。小作農民たちはワラビの根を掘り，ジャガイモにクズ米を
混ぜて命を長らえるという有り様となった。「昭和農業恐慌」と呼ばれるこの
時期の状況について，森武麿（歴史学）は「昭和農業恐慌は1932年に47億円，
全国一戸当り846円，1935年にあっても40億円，全国一戸当り736円の農業
負債をもたらした。とくに東北地方は1934年には大凶作が重なり恐慌の克服
はさらに遅れた。負債の累積は東北地方と養蚕地帯に重く，欠食児童，娘の身
売り，教員の給料不払などがジャーナリズムをにぎわしたのもこのころであ
る」との記述を残している[36]。
　全国農家の負債総額は40億円（一人平均700〜800円）を超え，娘の身売り
が相次いだ[37]。この年だけで青森，秋田，岩手，山形，宮城の5県で1万5
千人近い婦女子が身売りされ[38]，また多くの子供が飢えに苦しめられた。同

---

34)　1石あたりの米価が8月には30.5円だったのが，10月には19円へと下落した。
35)　中村政則「大恐慌と農村問題」(1976) pp.138-139
36)　森武麿「農村危機の進行」(1985) p.138
37)　藤井松一『教養人の日本史（5）』(1967) pp.158-159
38)　数値は『東奥年鑑』に拠る。また1934年までの累計では約5万人と言われる。

年の公式発表による欠食児童数は全国で22万8千人，このうち東北地方で34,415人を占めた[39]。1930年代は全国的には小作農家戸数は150万戸前後，全農家戸数の26-27％台で推移していたが，東北地方については面積5反未満の耕作地農民数が1928年の16.3万戸から1935年に17.6万戸に増加するなど，農村部の下方分解は深刻で，昭和農業恐慌が兼業機会を奪うとともに，小作農への零落を促したことが推察できる[40]。農村の疲弊を反映して小作争議も頻発し，1935年には6,824件と戦前で最高の水準にのぼった。このうち，特に東北6県と新潟をあわせた7県の争議件数は1924-1929年総計の1,538件から1930-1935年には6,812件と4倍以上に激増した[41]。

　表Ⅵ−1に見るように，もともと戦前の日本農民は自分の所有農地の他に地主の土地を借りて生計を立てる「自小作農」が半ばを占めており，これは全国的傾向だった。だが，昭和農業恐慌が一段落を迎えた1938年の「近畿型」では小作農割合が23.1％であったのに対して「東北型」では28.9％と小作農比率

表Ⅵ−1「東北型」と「近畿型」の自小作別耕作規模別割合比較（1938年）

(%)

耕作地面積	東北型			近畿型		
	自作農	自小作農	小作農	自作農	自小作農	小作農
5反未満	30.7	21.1	48.2	38.4	21.3	34.3
5〜10反	19.3	46.8	33.9	24.4	55.1	20.5
10〜20反	22.1	58.1	19.8	27.9	61.4	8.7
20〜30反	28.6	60.6	10.8	34.7	58.7	6.6
30〜50反	33.5	61.0	5.5	45.5	47.0	7.5
50反〜	39.7	56.4	3.9	56.2	33.3	10.5
総計	25.1	46.0	28.9	30.9	46.0	23.1

(注)「東北型」とは東北6県及び新潟県，「近畿型」とは近畿5県及び岡山，香川県を含む農林大臣官房統計課『我が国農業の統計的分析―昭和13年9月1日一斉調査報告』(1939)
出所：森武麿「戦時下農村の構造変化」p.326より筆者作成。

39) 欠食児童数は当時の文部省が各県からの報告を査定し，救済出費の都合上，極めて低く見積もった数値であることに留意したい。『教養人の日本史 (5)』(1967) p.192また，1934年に青森，岩手を歩いた社会主義者山川均は，食堂車の窓から投げられたパンを争って貪る子供達を目撃している。鎌田慧『六ヶ所村の記録（上)』(1991) p.214 および p.233
40) 中村政則，前注掲載書 p.145
41) 中村政則，前注掲載書 p.154

道標VI 「コメ」とトウホク | 145

が高く，昭和農業恐慌によるダメージが深刻だったことが推察できる。同地方
を出身とする兵卒や，彼らと日々接する青年将校の間には，政治家たちの腐敗
や財閥中心の社会経済のあり方に対する憤懣がますます高まっていた。1932
年，日蓮宗僧侶井上日召のもとに「一人一殺・一殺多生」を掲げて井上準之助
蔵相や三井合名会社理事長の団琢磨を暗殺したテロ組織血盟団には東北農村の
若者が多く参集していた。また，疲弊甚だしい農村から入隊する兵卒の窮状は，
特に農本主義的思考を色濃く持っていた皇道派と呼ばれた若手将校を突き上げ
た。彼らは天皇親政による「昭和維新」を唱え，五・一五事件 (1931年) や二・
二六事件 (1936年) を断行するに至る。そして，この騒擾を巧みに利用した軍
部が，ファッショ体制を作り上げていったのは周知のとおりだ。

　昭和農業恐慌の背景にあったものは，日本の農村社会にビルトインされてい
た米作と養蚕に依存する生産特化体制＝いわゆる「米と繭の経済構造」(山田
勝次郎[42]) だった。世界大恐慌による海外市場の縮小の結果，主力産業だった
生糸輸出は不振を極め，また人造絹糸の生産拡大や中国製品との競合にもさら
され，国内製糸業が衰退，結果，繭価は大幅に低落した。繭価は1929年に比
して1931年には56％も減価し，農業生産額構成に占める養蚕比率も1929年
に比べて1940年には15％減少していった[43]。

　より決定的だったのは，当時の東北農村の米作が朝鮮，台湾植民地総督府に
よる産米増殖計画に基づいて内地に移入された米との価格競争にさらされ，劣
勢に立たされた東北地方の「周辺化」がより進んだことだった。時代は前後す
るが，第一次世界大戦後，日本では産業資本主義が急速に拡大する一方で，不
景気も重なって，多くの農民が離農し，都市労働者数が急増した。このために，
日本内地では米不足状態が常態化するようになった。特に1918年に起きた米
騒動以降，鬱積する民衆の社会不満が反体制運動に結びつき，天皇制支配体制
を揺るがす事態へと発展していくことを恐れた政府は，1921年に米価安定を
名目として米穀法を施行し，米需給の調整を図ることを名目として米の政府買
い上げを行ない，生産と流通の管理に乗り出していた。

---

42) 柏崎次郎の筆名で知られるマルクス経済学者 (1897-1982)。寄生地主制度下の大
　日本帝国時代の農村構造研究で知られ，1942年に岩波書店より『米と繭の経済構造』
　を著した。
43) 東京大学社会科学研究所『昭和恐慌〔ファシズム期の国家と社会Ｉ〕』より「農村
　の困窮と救済の模索」，歴史図書出版『歴史史料体系第10巻』所収 p.322

その一方で，当面の騒擾を乗り切るために，政府は帝国植民地での米搾取を強化し，内地への移入によって問題を解決しようとした。これが，1920年代に開始された「産米増殖計画」だ。その代表例として，朝鮮半島の場合を見てみよう。朝鮮産米増殖計画では，1910年代に形作られた米作モノカルチャー型の農業生産体制を基盤として，開墾事業と水利施設を拡充させることに重点が置かれた。開墾事業は，主に日本人地主や大農場会社が国有未利用地や干潟を払い受け，朝鮮農民を動員して開発するという方式で進められた。朝鮮農民たちは数年間の小作料免除や，小作権の確保などを条件に開墾に参加したが，開墾事業が終わった後には，何の権利も与えられることはなかった。また，水利施設の拡充事業は各地で組合を設置し，農民たちを加入させ，貯水池などを築造，整備しようとするものだった。しかし，組合費は過重に請求され，多くの朝鮮人自作農が土地を売り，小作農民に転落したばかりでなく，中小地主までが没落することになった。また，産米増殖計画が進行するにつれ，小作農民への搾取も強化されることになった。地主たちは組合費を小作農に転嫁し，また「農業改良」という名目で官肥（国策で割り当てられる統制価格の肥料）の使用を強要した。結局，1920年代に入ると地主はより多くの富を蓄積できた反面，自作農と小作農は没落し，離農して国外へ移住する者が増加した。朝鮮総督府が1933年及び1940年に実施した「農家概況調査」によれば，1930年代における朝鮮人小作農の米穀商品化率，すなわち，米穀の生産量のうち販売量の割合は40.8％（1932年）〜39.7％（1937年）と，大きな変動は見られなかったものの，同年間の一戸当たりの平均販売量が3.28石から5.20石まで増加したのに対して，自給消費量は0.92-1.33石という低い水準に留まっている。収穫量の増大をも考慮すれば，これは生活の困窮から自家消費分を増やす余裕がなく，外部に販売をせざるを得ない，という情況を示しているものと考えられる[44]。

　この背景にあったものが米穀の日本内地への移入だった。表Ⅵ−2は韓国併合後中期（1915-36年）の，また表Ⅵ−3はアジ太平洋戦争末期（1937-1944年）までの朝鮮における米穀生産高と対日本本土輸（移）出量比率を示したものだ。前表においては，1930年代中期までは米の増産ペース以上に日本内地へ

---

44)　松本武祝「1930年代朝鮮の農家経済」（1990）pp.104-105，なお松本によれば，朝鮮総督府の同調査比較対象農家は比較的上層部に偏っており，小作農の実態についても，調査対象サンプルが「なかり優良な経営の農家が選定されているようである」との見方を示している。

道標Ⅵ 「コメ」とトウホク | 147

表Ⅵ－2 朝鮮における米産高と対日輸（移）出高の推移（1915-36年）

年	米産高実数（千石）	対日輸（移）出高実数（千石）	対日輸（移）出高／米産高比率（％）
1915-19年平均	13,978	1,930	13.8
1920-24年平均	14,421	3,299	22.9
1925-29年平均	14,821	5,850	39.5
1930-36年平均	16,842	8,160	48.5

出所：朝鮮史研究会『朝鮮の歴史』（三省堂，1974年）より筆者作成。

表Ⅵ－3 朝鮮における米産高と対日輸（移）出高の推移（1937-44年）

年	米産高実数（千石）	対日輸（移）出実数（千石）	対日輸（移）出高／米産高比率（％）
1937年	26,797	7,162	26.7
1938年	24,139	10,703	44.3
1939年	14,356	6,052	42.1
1940年	21,527	429	2.0
1941年	24,885	3,241	13.0
1942年	15,687	5,204	33.2
1943年	18,719	87[*]	0.5
1944年	16,606	2,737	14.3

＊1943年の対日輸（移）出実数については正確なデータが得られていない。
出所：鈴木隆史「戦時下の植民地」，『岩波講座日本歴史第21巻・近代8』（岩波書店，1977年）より筆者作成。

の搬出増加が進んできたことが分かる。その後，1939-40年の大干ばつ被害を
うけて激減した米生産量を回復させるため，朝鮮総督府は産米増殖計画を再検
討し，翌1940年より新計画を実施した。対日移出米を確保するために米穀生
産の割当制を図り，朝鮮米穀配給調整令によって朝鮮農民には米の強制供出を
課し，1941年にはそれに加えて朝鮮内消費米についても全土に配給割り当て
と供出制を強いた[45]。結果，規制を逃れる闇ルートを通じての米移出も進み，
実際には統計に表れた以上の量が内地へと向かっていったものと推測される。
1930年代後期には朝鮮半島における植民地工業化の結果，化学肥料の普及や
農業技術の改良が進み，朝鮮での米増産が次第に可能となったことや，日本内
地における米価統制との関係で対日移出量が大きく規制されたこと，また大陸

45) 鈴木隆史「戦時下の植民地」（1977）p.228

表Ⅵ－4　朝鮮人のコメ消費量変化（1915-1936年）

年	一人当たりの米消費量	
	石	指数*
1915-19年平均	0.707	100
1920-24年平均	0.638	90
1925-29年平均	0.512	72
1930-36年平均	0.426	60
1937年	0.534	76
1938年	0.640	91
1939年	0.710	100
1940年	0.572	81
1941年	0.674	95
1942年	0.730	103
1943年	0.603	85
1944年	0.571	81

＊1915-1919年平均＝100
出所：表Ⅵ－2に同じ。

侵略の本格化に伴って軍用供出の増加などの要因もあり，後表からは前表ほど明確には読みとれないものの，朝鮮の農民にとって唯一の現金収入手段でもあった米の宗主国移出トレンドは固定されていく。かくして1930年代の日本内地農民は，外地米との厳しい価格競争に晒されていた。

　また，表Ⅵ－4にはこの間の朝鮮人一人当たりの米消費量の推移を示した。「日帝36年」の朝鮮社会では米不足がしばしば起こったが，この際の不足分を補うために，特に1930年代後期からは雑穀の消費量が各年とも米消費量を上回る程度［0.607石（1943年）～0.873石（1938年）］にまで維持されなければならなくなった。そして，対日米移出によって生じる食糧不足を補うため，朝鮮には満州国からの雑穀類の輸入が増えた。その満州国でも日中戦争の勃発に伴う食糧需給の逼迫化に伴って，1938年には米穀の国内自給を支えることを企図して米穀管理法が制定され，米穀の生産流通の国家統制が施行された他，1939年からは大豆，豆粕，豆油などが順次専管制度のもとで強制的に買い上げるシステムに包含されていった。結果，公定価格で安く買いたたかれた農民たちの営農環境は厳しさを増すこととなった[46]。また，満州へは日本内地か

――――――――――

46）　前注掲載書，p.226

らの入植事業が展開されており，昭和農業恐慌期に拍車がかかった下方分解に
よってますます高まる貧農層の不満の転嫁先として，また農村部の「適性人口
規模」を維持するための有効な方策として，大いに喧伝されていた。1945年5
月までに満州に農業開拓移民した日本人は321,873人（うち開拓団員220,359人，
義勇隊員101,514人），このうち東北6県及び新潟県を加えた「東北型諸県」か
らの農業移民者は79,173人（開拓団員61,136人，義勇隊員18,037人）で，その多
くが高額の小作料を忌避し，自身が開拓できる土地を欲する貧農層子弟だっ
た[47]。こうして，満州事変以降には満州国から朝鮮半島への粟や稗などの雑
穀類の供給が間接的に朝鮮半島から日本内地へのコメ移出を補完する構造が確
立していった。皮肉なことに，「王道楽土」を理想とした石原が想定したのと
はまったく異なった形で，帝国主義支配秩序のもとに満州―朝鮮―東北地方の
「周辺ブロック」が東アジア世界には形成されていったのだった。

　情況は台湾でも大きくは変わらなかった。台湾総督府は1939年5月に台湾米
穀移出管理令を制定し，総督府管理下で日本内地への移出米量を割り当て，強
制的な買い上げを施行した。公定買い上げ価格は市場価格よりも低い水準に設
定された。またそれに並行して，総督府主導下で品種改良された蓬莱米（移出用
品種）は在来米よりも相対的に高い価格で買い上げることで，台湾農民を移出米
生産に誘導し，植民地社会で強化されていた米糖モノカルチャー体制を一層進
めていった[48]。このシステムを可能にしたのは，当時の台湾や朝鮮半島に持
ち込まれた内地における稲作技術，改良品種だった。結果，価格競争で劣勢に
立たされた東北地方農民の生活は不安定化していった。

6．米価統制と日本型ファシズムがもたらしたもの

　東北農村が苦境に陥った原因となった植民地産米との価格競争には，大正～
昭和初期以来の米穀の生産管理と価格統制策が背景にあった。米穀市場への政
府介入の始まりとなった米穀法（1921年制定）は，1933年に米穀統制法へと形
を変え，政府による米価基準の設定，植民地米を除いた外米の輸出入制限など
が定められた。ちなみに，同年は東北地方が三陸大津波に襲われたものの，全

47）　森武麿「戦時下農村の諸変化」（1976）pp.339-340
48）　鈴木隆史「戦時下の植民地」（1977）p.228

国的には 708.3 万石という大豊作だった。同法による公定価格設定によって大幅な価格下落こそ避けられたものの，米価の安値傾向は続き，また，台湾，朝鮮米との競合によって過剰米のコントロールが政策課題になるほど 1933 年の米価は下がっていった。東北地方にあっては高い小作料に苦しむ貧農層を中心に自家用の食糧米さえ売り払った農家が多かった。1933 年の豊作に伴う在庫増の影響もあって，1934 年 10 月末時点で翌年度への繰越米，すなわち「供給在庫」は 1,635.9 万石と相対的に豊富な水準にあったものの，米穀統制法に基づく政府買い上げ分（政府所有米）は前年 470％増の 1,367 万石に激増し，市場に回ったのはその差 268.9 万石，前年の僅か 44.2％分に過ぎなかった。しかも市場に回る米の激減や大凶作の到来にもかかわらず公定米価は引き下げられることはなく，今度は一転して買い戻すことが困難となった[49]。ちょうど，英国植民地下のインド亜大陸でしばしば発生した飢餓輸出的情況，すなわち，換金作物への生産特化を強いられた農民たちが食料不足が発生した際に高騰した食料を購入することが出来なくなり，宗主国への一次産品輸出と飢餓が並存するのと似通った社会構造が東北農村と消費地である東京の間にも存在しており，結果的に東北地方の農民は自分が生産した米さえ買い戻せない，というのが 1934 年大凶作の裏事情だった。結局のところ，米穀統制法は米価の維持を目指しながらも，実際には地主の販売する米価を保護しただけで，小作農民の生活防衛にはほとんど寄与しなかった。当時，三井財閥系の商業機関紙で日本経済新聞紙の前身である「中外商業新報」紙は，同法の欠陥が「貧弱な統制力」にあるとして，以下のような批判的論説を掲げている。

　　　　「…斯く見て来ると政府当局が放送するように米穀統制法は我国米穀政策史上画期的な法律だなどとは義理にもいえなくなって来る，米穀法とはっきり異っている重大な点は単に最低，最高価格における買入又は売渡しが一段と法律化したという点だけである，…名は統制法とはいえこの法律には積極的に統制に乗出す力は少しもない，米穀の専売，管理は愚か最低及び最高価格の範囲外における売買すら禁止する事も出来なかった，更に台鮮米については何もしなかったといっても毫も差支えはない，…統制法と称するには余りにも内容貧弱な統制力である」[50]

---

49)　河西英通『続・東北』pp.74-75 & pp.78-79
50)　「米穀界の新指針統制法とは」，「中外商業新報」紙縮刷版（1933.10.25-1933.11.2）神戸大学電子図書館システム

道標VI 「コメ」とトウホク │ 151

　前節で述べたように，この時期から植民地移入米との競合状況は一層激化して
いた。食料供給の確保という観点からだけでなく，地主制度の維持，小作争
議のような階級闘争的騒擾を抑えるためにも，国家による農村への統制強化は
天皇制を維持していくうえでますます重要な政策課題となっていった。小作農
民への懐柔政策の一環として，政府は1939年12月に小作料統制令を制定し，
同年9月以降の小作料引き上げを認めず，地方長官が不当と認めた時は小作料
の額や条件などを減免できることとした（もっとも，小作料の引き下げ割合は地域
差があり，東北地方のそれは他地方に比べて低く，また，実際に適用された小作地面積
も総じて小さかった[51]）。長期化する戦時下の食糧需給の逼迫は，地主制を前提
とした生産性の停滞をもはや許容することができない状況にまで至っていた。
政府は市町村農会を統制機関として生産者及び地主の自家保有米以外をすべて
管理米とし，統制の網をかぶせることで地主―小作関係により直接的な介入を
実施し，1941年産米よりは二重価格米制度を導入した。これによって，直接
の生産者に対しては奨励金が交付され，主な対象となった小作人の販売米価と
地主による販売米価には一石あたり5円の差が生じることとなった。生産意欲
を刺激するための施策とはいえ，地主にとって不利益なこの政策は小作農民の
交渉力強化をもたらし，小作料の低下と相まって，遂には地主制そのものに大
きなダメージを与えることとなった。
　特に，「後進地」としての東北農民の生活支援は階級矛盾の"暴発"を回避
する上でも喫緊の課題となっていた。生産性の向上を主たる目的とした東北振
興策が本格的に打ち出されたのは第2次近衛内閣によって新体制運動が促進さ
れ，大政翼賛会の成立に至る1940年代初頭期のことだった[52]。それは満州国
で試みられた経営管理方式の部分的転用でもあり，東北地方農民をも包含し，
体制への帰順を促すべくファシズムが台頭し，国家総動員体制が仕上がる時
期に対応していた。1942年には東條内閣によって食糧管理法が制定実施され，
食料の需給に対する国家の完全管理体制が実現するが，それはまた，明治国家
成立以来の地主―小作制度が実質的に意味を失う時期にも対応していた。
　アジア太平洋戦争時下で進められた統制型システムは，戦後に行われる全国
総合開発計画などの国策開発の原型ともなるものだった。しかし地域の自立を

---

51)　森武麿「戦時下農村の諸変化」（1976）pp.345-346
52)　篠田英朗「日本の近代国家建設における『東北』」（2013.9）p.53

促す住民主体の内発的発展と隔絶した国家と巨大資本主導の「トウキョウ型開発」は，結局のところ，日本列島の各地にやがて「トウホク的情況」を固定させ，地方の周辺化をより強く促しただけだった。「コメ」とトウホクを巡る物語は敗戦＝大日本帝国の崩壊に至っても終わることはなく，戦後に継承された。やがて「コメ」は「石油」・「核」（エネルギー）へと変容を遂げながらも，それらを権力の非対称性を実質的に担保する支配メディアとして，トウキョウとトウホクの中枢‐周辺構造を維持強化していくのだった（「道標Ⅶ」の章参照）。

7. 「周辺部」としてのトウホク再評価

　敗戦後，海外植民地を失い，多くの帰還兵を迎え入らなければならなかった日本社会が直面した最大の問題が食糧難だった。海外からの食糧供給を絶たれた日本は国内自給の体制を早急に作り上げる他はなく，それゆえに慌ただしく米の増産体制を整えざるを得なかった。その結果，寒冷地の東北地方には耐冷性を備えた改良品種が広範に行き渡ることとなった。かつて東北地方に一般的だった粟や稗の雑穀栽培がほとんど姿を消し，「東北地方＝田んぼが広がる風景」とのイメージが固定した。「東北は米どころの田舎」というスケッチは，実はそれほど古い絵ではないとも言えよう。赤坂憲雄が言うように，戦後の国内分業体制を通じて形作られた「釜石で鉄をつくる，気仙沼で魚をとる，東北はコメを商品作物としてつくる，そして東京が消費する」仕組み[53]はこの地方をいっそう東京に従属する存在とさせたばかりか，やがてこの地から人（労働力）を吸い取り，代わりに公害産業や原発の立地，あるいは「核のゴミ捨て場」としたうえ，コメ余りと人口減少という社会フェイズの変動を通して，ますますこの地方の従属化に拍車をかけているかに見える。

　真冬の或る日，雪が降り積もる東北地方の町から帰途についた。改めて思うのだが，東京行は何時も「上り」と表現される列車だ。「上京」という言葉が疑問をはさむ余地なく世間に受け入れられている事実が示しているように，旅というごくありふれた日常の中にさえ，中枢‐周辺構造は暗黙のうちにこの社会に組み込まれている。周辺部の人々にとって，中央は何時も見上げる存在であり，功成り名を遂げるために向かうべき目標でもあった。その「舞台」と

---

53)　赤坂・小熊『辺境からはじまる・東京／東北論』（2012）p.315

してのトウキョウは，彼らの憧憬心と上昇志向の向くべき所，「上り」の到達点でもあった。そして，それを実現したごく少数の人々が紡ぐ "サクセス・ストーリー" の存在こそが，周辺化されたトウホク人のメンタリティーに中央政府＝「お上」意識を再生産させる触媒となっていったことが悲しい現実でもあった。上野駅構内にある「ふるさとの訛なつかし停車場の人ごみの中にそを聴きに行く」との石川啄木の歌碑は，トウキョウに従属的に直結させられた東北地方の悲哀とともに，トウホクが備える周辺性が今なお克服されざる課題であることを示す警句にも感じられるのだ。

【引用文献】

赤坂憲雄・小熊英二『辺境からはじまる・東京／東北論』（明石書店，2012）

安藤昌益研究会編集『安藤昌益全集十三，刊本自然真営道巻2』（農山漁村文化協会，1986）

石原莞爾『世界最終戦争論』（1940）【増補版】（毎日ワンズ，2011）

石原莞爾全集刊行会『石原莞爾全集第1巻』（1976）

鎌田慧『六ヶ所村の記録（上）』（岩波書店，1991）

大貫恵美子『コメの人類学』（岩波書店，1995）

河西英通『東北―つくられた異境』（中公新書，2001）

　〃　　『続・東北―異境と原境のあいだ』（中公新書，2007）

司馬遼太郎『街道を行く・陸奥のみちほか』（朝日文庫，1978）

高橋克彦『東北・蝦夷の魂』（現代書館，2013）

角田順編『明治百年史叢書・石原莞爾資料国防政策』（原書房，1967）

野口悠紀雄『1940年代体制』（東洋経済新報社，1995）

ハーバート・ノーマン『忘れられた思想家・安藤昌益のこと（上）』（岩波新書，1950）

半藤一利・保坂正康『賊軍の昭和史』（東洋経済新報社，2015）

福田和也『地ひらく，石原莞爾と昭和の夢』（上）（下）（文集文庫，2004）

藤井松一『教養人の日本史（5）』（現代教養文庫，1967）

松田利彦『東亜聯盟運動と朝鮮，朝鮮人』（有志舎，2015）

渡辺望『石原莞爾』（言視舎，2015）

相川春喜「農村経済と農業恐慌・第一　基礎規定」，『日本資本主義発達史講座・第三部』（復刻版）所収（岩波書店，1933）

井汲卓一「最近における経済情勢と経済恐慌（下）」，『日本資本主義発達史講座・第三部』（復刻版）所収（岩波書店，1932）

篠田英朗「日本の近代国家建設における『東北』」，日本平和学会誌第40号『「3・11」後の平和学』所収（2013.9）

スヴェン・サーラ「アジア認識の形成と『アジア主義』」，長谷川雄一編著『アジア主義思想と現代』所収（慶応大学出版会，2014）

鈴木隆史「戦時下の植民地」，『岩波講座日本歴史第21巻・近代8』所収（岩波書店，1977年）

東京大学社会科学研究所『昭和恐慌〔ファシズム期の国家と社会Ⅰ〕』より「農村の困窮と救済の模索」，歴史図書出版『歴史史料体系第10巻』所収

中村政則「大恐慌と農村問題」，『岩波講座日本歴史第19巻・近代6』所収（岩波書店，1976）

野呂栄太郎「日本資本主義の基本的矛盾」，『日本資本主義発達史講座内容見本』（復刻版）所収（岩波書店，1932）

松本武祝「1930年代朝鮮の農家経済」，中村哲他『朝鮮近代の経済構造』所収（日本評論社，1990）

森武麿「戦時下農村の諸変化」，『岩波講座日本史第20巻，近代7』所収（岩波書店，1976）

森武麿「農村危機の進行」，歴史学研究会編『講座日本歴史10／近代4』（東京大学出版会，1985）

安藤昌益資料館（青森県八戸市）展示資料年譜

「中外商業新報」紙縮刷版（1933.10.25-1933.11.2）神戸大学電子図書館システム

Wilkins M., "Japanese Multinationals in the US: Continuity and Change 1879-1940," *Business History Review*, Vol.64, 1990

道標VII 「核」とトウホク
―日本社会の中枢－周辺構造について（下）【高度経済成長期〜】―

1. 田中角栄のトウホク―トウキョウ論

　前章で取り上げた昭和初期の軍事思想家石原莞爾が生まれ育ち，また晩年を過ごした山形県庄内地方を私が在する湘南方面から訪ねるには，上越新幹線を利用して新潟へ，さらにそこから羽越本線の特急「いなほ」に乗り換えて行くのが最短時間で済む。途中，上州・越後の境をなす大清水トンネル以降の鉄路は日本でも有数の豪雪地帯で，冬季には雪のほとんど降らないところからやって来た「よそ者」でさえ，高く降り積もった雪景色には当初こそ軽い感動に誘われるものの，やがてその風景を見慣れるにつれ，厚い灰色の空には少々陰鬱な気分にもさせられてしまう。そうした自然景観，あるいは「裏日本」という言葉で括られる人文的位置，さらには奥羽越列藩同盟＝「賊軍の地」として明治政府に厭われた歴史的背景などを共通項として捉えるならば，越後は中央（トウキョウ）から歴史的・政治経済的に睥睨される土地という意味において，トウホクの一角を占めているのだろう。そして，眼前に広がるこの灰白の世界は，いったいどのような心象をこの地に生活する人々に埋め込んできたのだろうか。

　その「解答」を求めるための一つのヒントを，同県南魚沼市・上越新幹線浦佐駅前に建っている或る人物の銅像に求めてみたい。像には豪雪への配慮からか，ご丁寧にも庇がかけられており，地元支持者たちからの大きな敬意とともに，この地の人々が胸に秘める「東京への道」に対する熱い思いを感じ取ることもできる。片手を高く掲げた独特のポーズは昭和生まれの年配者には見慣れた姿で，1960年代から1970年代初頭期に出現した日本の「奇跡の高度成長期」を象徴する力感と，ある種のノスタルジーを伴った感情さえ想起させる。旧新潟県3区選出の自民党の代議士田中角栄（1918-1993）はこの地の貧しい農家に

生まれ育ち,「高等小学校卒」を自認した人だが,上京後,中央工学校で土木を学び,興した建設会社を起点にして戦後政界に進出,持ち前の才覚と行動力,そして長けた人心掌握能力を発揮して自由民主党の数々の要職,大臣を歴任し,1972年には佐藤栄作長期政権の後を襲うべく自民党総裁選に出馬,「角福戦争」と揶揄される金権選挙を制して総理大臣の座を射止めた。政敵だった福田赳夫(1905-1995)が東京帝大法学部,大蔵省官僚といったエリートキャリアを踏んできたのに対して,その出自やキャリアから「今太閤」ともてはやされた田中だったが,信濃川河川敷土地ころがし問題(田中金脈問題)に端を発する金権体質批判の高まりで総理を辞任(1974),また首相時に行った中国との国交回復や親アラブ政策など,アメリカと一定の距離を置いた独自外交政策が時のアメリカ政府の中枢部を激怒させたこともあって,いわゆる「ロッキード事件」(1976)にまみれていった。

　田中が政権を担っていた時代は日本社会の大きな転換点だった。アジア太平洋戦争期に形作られた国家(官僚)主導の統制型経済体制の骨格は戦後の「GHQ民主化改革」によっても大きくは変わらず,傾斜生産方式による経済資源の集中管理や朝鮮戦争によって生じた戦争特需によって戦後復興が成し遂げられていく中で,戦後日本社会では政・官・産・学の権力コンプレックスがその中枢を占め,官僚主導の経済成長が続いていた。いわゆる「1940年代体制」が強固にビルトインされていく中,1960年の安保闘争後に登場した池田勇人内閣は所得倍増計画を掲げ,経済成長至上主義へと舵を切った。戦後のGATT・IMF体制のもとで形作られたアメリカ主導の自由貿易体制,自国通貨の過少評価為替レート,そして安価に輸入された石油エネルギーなどの国際的経済環境にも支えられ,日本は世界でも特異な高度経済成長を実現したのだった。しかし,1960年代には政府の産業(界)優先・民生軽視政策や資源多消費型の大規模装置工業の集中的な立地によって,東海道ベルト地帯の人口過密や環境汚染問題が深刻となる一方で,都市部で不足する働き手を補うべく「金の卵」ともてはやされた中卒の若者たちが流出した農村部では農業労働者の高齢化と過疎が進み,産業セクター間・地域間での不均等発展が問題となっていた。東北地方は南九州や山陰地方と並ぶ「労働力供給源」となり,1965年時での中卒男子の県外就職率は秋田49.8%,岩手45.5%,福島45.5%,山形41.6%,青森36.7%,宮城36.7%,新潟は37.5%に達していた。結果,1955-65年の10年間で秋田,福島,山形県では男子で50%以上,女子でも40%以上もの若年

道標Ⅶ 「核」とトウホク ｜ 157

人口が減少した[1]。一方，ヴェトナム戦争におけるアメリカの敗退や，天然資源の恒久主権を主張する資源ナショナリズムなどに代表される第三世界＝「世界の周辺部」からの抵抗と"反逆"によって，高度成長を支えてきた国際環境は次第に動揺を見せ始めていた。田中政権はそうした戦後日本に訪れた内外環境の変動予兆を背景に誕生し，第一次石油危機前後の高度成長の終焉局面にあって，矛盾の解消と収拾という課題を担いつつも，結果として狂乱物価と低成長への転落，そして金権体質批判の前に民心を失っていったのだった。

その田中が最も重視していた政治の理念もしくは政策の骨格が，厚い雪の壁に閉じ込められ，周辺部にとどめ置かれてきた故郷の「景色」によって形作られていた。ポスト佐藤を担う自民党総裁候補として彼の名を一躍高めた，あの有名な著書の冒頭部分には自らが生まれ育ち，帰属した「故郷の灰白景色」への強い情念がうかがわれる。

> 「…昭和30年代に始まった日本経済の高度成長によって東京，大阪など太平洋ベルト地帯へ産業，人口が過度集中し，わが国は世界に類例をみない高度産業社会を形成するに至った。巨大都市は過密のルツボで病み，あえぎ，いらだっている半面，農村は若者が減って高齢化し，成長のエネルギーを失おうとしている。…明治百年をひとつのフシ目にして，都市集中のメリットは，いま明らかにディメリットへ変わった。国民はいまなによりも求めているのは，過密と過疎の弊害の同時解消であり，美しく，住みよい国土で将来に不安なく，豊かに暮らしていけることである。そのためには都市集中の奔流を大胆に転換して，民族の活力と日本経済のたくましい余力を日本列島の全域に向けて展開することである。工業の全国的な再配置と知識集約化，全国新幹線と高速自動車道の建設，情報通信網のネットワークの形成などをテコにして都市と農村，表日本と裏日本の格差は必ずなくすことができる。…」[2]

ここでのキーワードは「表日本と裏日本の格差」だろう。田中は「都市と農

1） なお1965年の中卒女子の県外就職率は秋田63.4％，岩手59.9％，福島45.7％，山形51.0％，青森50.4％，宮城55.4％，新潟43.1％。また1955-65年の増減率は1955年の国勢調査における10-14歳人口と1965年の20-24歳人口を都道府県別に比較して算出したものである。片瀬一男「集団就職者の高度経済成長」(2010) p.14
2） 田中角栄『日本列島改造論』(1972)「序にかえて」より。なお，ゴーストライター？は通産次官を務めた小長啓一と言われている。

村，表日本と裏日本の発展のアンバランスは今や頂点に達しつつある」として，これを改めることこそが高度成長で生じた社会矛盾を解消するための最重要課題であり，そのためには「広域ブロック拠点都市の育成，（地方での）大工業基地の建設を中心とした拠点開発方式」を進め，それらを新幹線と高速道路網によってネットワーク化することを提言した[3]。その実現には強い政治力こそが必要で，分厚い雪壁に閉ざされ，高度成長の波から取り残されようとする故郷，中央からは「山の向こう側」と見られた裏日本＝周辺部が中央とより太いパイプで結ばれることこそが「裏」の劣位を克服するための唯一の道である，というのが構想の実現手段だった。彼は首相就任後，官僚機構を動員して「土建屋政権」と非難されるまでに大規模な公共事業を志向したが，いわゆる「列島改造ブーム」は国土全体の地価の急激な高騰を不可避とした。折からの第一次石油危機による資源価格の高騰とも相まって，物価は「狂乱」と形容されるほどに上昇し，一般市民の生活を圧迫した。

　また，その後の原子力発電所建設を促進するために立地予定自治体への交付金付与を定めた電源三法（電源開発促進税法，電源開発促進対策特別会計法［現：特別会計に関する法律］，発電用施設周辺地域整備法）を整備したのも彼の内閣だった。国の予算を梃子とする利益誘導と分配権限の一元的支配，その利権化という戦後の保守政権が作り上げてきたシステムは，政・官・産の相互依存と癒着体質を強め，道路族，建設族，防衛族などの既得権益集団をますます跋扈させる結果となった。ここでは近代以来，日本社会に強く働いてきた中枢・周辺構造への疑問の余地は無く，自らが「中枢」の座を占めて司令する事こそが至上命題とされた。田中の発想にはトウキョウ―トウホク構造を所与としたうえで，「雪の向こう」＝トウキョウへと駆けあがり，自らが「お山の大将」となって居座るという単純な，しかそれゆえに力強くもあった上昇志向が根底にあった。1983 年 11 月，ロッキード事件での第 1 審有罪判決を受けて行われた第 37 回衆議院議員選挙，通称「ロッキード選挙」において，自民党を離党して無所属となった田中は選挙区で 22 万票という圧倒的な支持を得て当選を果たしたが，その際，彼の後援会「越山会」が地元有権者に訴えたのは，彼がこれまで果たしてきた大きな地元振興の成果，言い換えれば利益誘導の功績を讃えることだった。

3）　前注掲載書 p.2&p.4

道標Ⅶ　「核」とトウホク ｜ 159

　だが上述の構造に手を付けることなく，周辺部民衆の内発的な発展を可能と
する自治権拡充への道を自らで遮断したことによって，田中は利益誘導政治の
権化と化し，結果的には金権体質の中で故郷の中央従属をより強めることしか
できなかった。東京がいつまでも権力と上昇志向の舞台としての「上り」であ
り続ける限り，大規模工業誘致や新幹線や高速道路整備が実現したとしても，
「裏日本」の従属的地位は変わらず，トウキョウのご機嫌をうかがわなければ
ならない周辺部としての立ち位置に抜本的な変革は無かった。

2.「総合開発」の時代─或る中央官僚が「トウキョウの向こう」に見た景色

　田中角栄が雪の山河から「向こう」に目を向けていたのとは逆に，同時代の
東京では逆に，スモッグに覆われた空の「向こう」に目を向けていた人物がい
た。下河辺淳（1923-2016）は東京生まれで東大工学部から建設省，経済企画庁
を経て国土事務次官というエリートコースを歩んだ建設官僚だった。経企庁調
査官時代の戦後初の国土再編を目指した「一全総（全国総合開発計画）」（1962）
から国土事務次官退官後に実施された「五全総」（1998）までの実質的な首席
プランナーとして行政手腕を振るい，下河辺は「ミスター全総」と呼ばれた。
　ごく簡単ながら，彼が実質的に取り仕切り，手掛けた戦後1～4期の「国土
総合開発計画」の概容を時系列で眺めてみよう。
　「全国総合開発計画」（一全総）は高度経済成長が本格化する1962年に池田内
閣の下で閣議決定されている。所得倍増計画が本格化する中，産業の不均等発
展が地域間格差を急速に押し広げていた。下河辺は「国土の均衡ある発展」に
は総合的な国土総合開発計画の策定と実施が必要であるとの立場から，市場原
理に任せたままでは地域間格差の拡大は避けられないとの認識のもとに，新産
業都市建設促進法（新産法）の成立を陰で支えた。新産法は目的を達成するた
めには工業セクターの分散立地が必要として，地方に開発拠点を配置する「拠
点開発方式」を採用し，過密地域における工場の新増設を抑制するとともに，
開発拠点となる整備地域に計画的に工場を分散させ，地方都市産業開発を図
るという包括的なプランを提唱した[4]。また，同法はこれまでの国家（建設省）

───────────────
4）　下河辺淳『戦後国土計画への証言』（1994）pp.91-92

主導による直轄型の開発行政から経済企画庁を主とする複数省の連絡調整をもとに「地方からの申請」を重視した開発計画へとシフトすることを主眼としたのだが，それは結局のところ，地方での新産業都市指定争い＝利権獲得を目的とした招致合戦を激化させることになり，自民党の利益誘導政治の争具以上のものとはならなかった。政権与党の代議士や地方政治家たちは「中央とのパイプの太さ」を売りにして選挙を勝ち抜き，当選の後はどれほどの金（国庫からの還流）を地元にもたらしてくれるのかが「おらが村の代議士先生」の力量の評価基準となっていった（田中金権政治はいわばその延長線上にあるものと言えた）。そして，地方中核都市を東京の中枢機能下部として位置づける集権的国土ネットワークの構想は，むしろ中央が及ぼす政治影響力をより強固なものとすることになり，かえって大都市への人口集中や産業公害を深刻化させるなど，社会的負債も残された。地方都市の役割が「東京支店」の如くに位置づけられていたことが象徴するように，下河辺にあっては「トウキョウ支配」構造は国土開発プランニングを進めるうえで揺らぐこと無き公理であり，地方はあくまでもその補完部分としてしか映っていなかった[5]。

　これに続く「新全国総合開発計画」（新全総・二全総）は1967年に田中角栄らによって自民党に都市政策調査会が発足し，「都市政策大綱」の検討が開始されたのと並行して検討が図られる中，1969年に策定された。太平洋ベルト地帯での急速な工業発展の結果，「表日本」都市部では公害問題や地価の高騰等が問題となっていた。新全総計画は20年というロングレンジ展望のもとで全国を7ブロックに分け，地方に大規模工業基地を建設するとともに，交通・通信インフラを整備してブロック間のネットワーク化を確立することを目的とした。新全総では大都市部のスプロール化と公害問題への対処が重視されたことにも関連して，「拠点開発方式」による大規模工業化プロジェクト構想を核に地方への集中的投資で活性化を図る，という開発戦略が採用された。結果，大規模工業基地建設がクローズアップされ，折からの「列島改造ブーム」と狂乱物価とまで呼ばれたインフレ環境のもとで地方の開発拠点候補地域では土地買い占めが大規模に行われ，地価の高騰を招いた。例えば，新全総で北の開発拠点として指定された下北半島には鉄鋼・石油コンビナートを中核とする「むつ小川原開発計画」（後述）が持ち上がり，国，青森県，経団連参加企業を中

5）　前注掲載書 pp.97-98

道標Ⅶ 「核」とトウホク | 161

心とした「むつ小川原開発公社」が立ち上げられ，三井不動産系の内外不動産が土地取得に狂騒した。しかし第一次石油危機が到来すると，コンビナート構想は立ち消え，ただ石油備蓄基地だけが残されるという結果になっている[6]。

第一次石油危機による新全総計画の挫折を受け，「第三次総合開発計画」（三全総）が1977年に策定された。1974年に発足した国土庁を中心とした総点検が行われ，「市民を基本にした住民生活の在り方」をもとに，「日本中が定住性を失っている」条件をいかに作り替えるかがその基本課題となった。三全総にあっては「環境」が大きな課題となっており，東京集中の解消のためにも，地方都市の魅力を上げ，そこでの定住性を引き上げていくこと，すなわち，「地域の特性を重視した人間の生活優先，定住構想」が議論の俎上に乗せられた。自然環境，歴史的環境の保全や教育，文化，医療等の機会の均衡を図ることがそのメインテーマだったが，日本社会は1980年代前半から進んだ貿易の拡大，金融自由化，通信情報技術の革新などから問題の解消には程遠く，東京への一極集中がかえって進むこととなってしまった。

その後，1987年には「第四次総合開発計画」（四全総）が閣議決定された。時の中曽根内閣は「国土政策懇談会」を立ち上げて，いわゆる民活と東京の国際都市化（国際的な金融情報機能中枢都市）を政策の課題としていた。これに対して地方からは東京への一極集中がさらに加速することを恐れ，反発が寄せられた。その結果，首都機能の強化と共に多極分散型国土形成という玉虫色の開発案が唱えられるに至った経緯がある[7]。国際化，情報化，ハイテク化の全国への普及を志向して地域主導による地域づくり，交通・情報・通信体系の整備，交流ネットワークの構想を推進して多極分散型国土の形成を目指すことがお題目として唱えられたものの，プラザ合意（1985）以後の急速な円高に伴って起きた国内製造業の海外移転よる地方経済の低迷と相まって，かえって東京の管理中枢機能集中が強化される結果となっていった。また，中曽根内閣はアメリカのレーガノミックスやイギリスのサッチャー主義の影響を受けた「小さな政府」を掲げ，国鉄の民営化や民活の提起を主要政策とした結果，地方で

---

6) なお，新全総策定の時期は田中角栄の「列島改造論」と時期的に重複するも，「改造論」が自民党総裁選を射程に3ヶ月という短期間でまとめることを優先した政策マニフェストであり，田中ブレーンの通産官僚とジャーナリストが主導したこともあって，経企庁の国土開発プランナー官僚としての下河辺は「列島改造論」に対しては比較的冷淡だったようだ。前注掲載書 p.124

7) 前注掲載書 p.188

は国有地払い下げや規制の緩和が土地の過剰流動性問題を生みだすこととなった。1980年代後半には地価の高騰が進み，日本経済はバブル経済へと向かい，地方ではリゾート開発による土地買い占めが進んで，結果的に東京への従属，依存は深まっていった。

　田中角栄と同じく，開発プランナー官僚としての下河辺淳の原体験としてあったものが敗戦後の国土荒廃への思いであったことは想像に難くない。東大工学部を卒業して建設省に入省するにあたって，彼はその初心を「1945年の終戦の日を迎え，絶望的な現実を目の前にして焼土と化した国土の未来を描くことに若い情熱をぶつけることが私にとっての国土政策の出発点である」と語っている[8]。ただ，田中と下河辺にあっては同じ「復興と開発」を志向しながらも，それぞれの立場から見える「景色」は全く異なるものだったのではないだろうか。戦前から継承されてきた中央―地方の非対称的な権力構造を背景にして，田中は「裏日本」から「雪の向こうの景色」に憧れ，政治力を駆使して「お山の大将」となって「中央を乗っ取る」ことを遮二無二目指したのに対して，下河辺は霞が関であくまでも「東京の負荷軽減」という視点を重視し，トウキョウ中心主義を当然視したうえで国土開発の理想を追求し続けた。田中にあっては，「トウキョウ乗っ取り」に必要な力を身に付けるためには相応の資金力が必要だった。周辺部に位置づけられる「裏日本」の辛さを十分体感していたがゆえに，敢えて金権体質と批判される政治体質を内に取り込まざるを得ず，結局は彼自身が「トウキョウ化」する運命を免れなかった。それに対して，下河辺は東京の汚れた空や地価の高さを嘆き，地方の暮らしに憧れながらも，霞が関から指令を発し続けた。彼が唱導した国土総合開発はあくまでもトウキョウの中枢機能を当然視し，結果として「トウキョウ（権力）一極主義」を何の疑問をさしはさむことなく信奉した。彼が見た「景色」とは，あくまでも中枢部としての霞が関から見えたものに過ぎなかった。

　中央への経済資源の集中の原因は日本社会の形成過程やその歴史とけっして無縁ではなかった。戦後の国土総合開発政策は高邁な大義を掲げながらも，東北地方の地政学的地位を変革するものではなく，むしろその固定化を促したのだった。

　戦前の「コメ」に代わってトウホクを「周辺部」たらしめる戦後の支配媒体

8）　前注掲載書「はしがき」より

となったのは「工業のコメ」，すなわち都市部の消費生活を支えるために供用された石油，そして原子力エネルギーの"総合基地化"だった。「戦後民主主義」の時代にあっても，権力の非対称構造は絶えずトウキョウを最高位として組み立てられ，「国土の均衡ある発展」を名目とした徴税や予算分配上の管制高地を独占する保守政権と中央官僚，それと癒着する財界が作り上げた既得権集団が幅を利かす社会にあって，地方では自主的な政策決定メカニズムや財政的自立のシステムは作られるべくもなかった。結果，地域社会における主体的な市民意識の覚醒は遅々たるペースでしか進まず，本来ならばそれに支えられ，発展すべき「戦後民主主義」は，地域共同体の自主的決定権や内発的成長力を欠いたまま形骸化の道を辿ることを免れなかった。そして高度経済成長時代に進んだ不均等発展の結果，東北地方の農漁村は「遅れた田舎」とされて過疎化が進み，その反作用として大規模開発による工場誘致やエネルギー施設の建設が渇望されるようになった。だが，そのことは結果的に中央への従属をますます促し，不平等な関係を固定化させていくことにつながった。税制上の優遇や交付金割当といった「甘い誘惑」に抗する術，あるいはそうした中央政治のあくどさに対峙できる地域共同体の自主的な「市民力」を十分に涵養できなかった地方では，負担を負わされ，地政学的劣位から抜け出すことも容易でない地域へと追いやられてしまったのだった。

3. 「核半島」の地政学：下北半島国道338号線を行く

　トウキョウの政策に翻弄されたトウホク疎外のありようを象徴するのが「原子力の平和利用」を巡っての物語だったことは，今でははっきりと理解できるだろう。「3・11」が起き，原発のメルトダウン事故と放射能汚染の恐怖が私たちの生活を巻き込んだ時，多くの日本人が首都圏に電力を安定供給することを大義名分とした危険施設が福島や新潟に集中的に立地していたことに気付かされ，深刻な放射能汚染が東北地方の山河に及んだことに戦慄し，さらに，遠隔地から送られてくる電気を消費することを当然視していた私たちの無知と無関心の上に「原子力ムラ」の既得権益者たちがトウホクを犠牲にしてきた差別のシステムの存在を思い知らされた。
　この「悪しき共犯関係」を実感できる場所の一つが青森県下北半島だ。この半島には稼働，立地，計画中を含め数多くの「核エネルギー関連施設」が散在

しているだけではなく，三沢にある米空軍・航空自衛隊共用基地を含めた日本最大の「核基地群」が構成されている。マサカリの形に例えられる半島の外柄部分にあたる太平洋岸を南北に貫いている道路が国道 338 号で，ルポライター鎌田慧が「原子力街道」と呼んだ，この半島の幹線道路だ[9]。この街道を津軽海峡の縁部から南下し（時系列上の錯綜をご容赦の上），北から俯瞰してみる。

　マサカリの突端部，津軽海峡を臨むマグロ漁の町大間には 2018 年現在，日本原子力発電（J-Power）の原子力発電所が建設中だ。J-Power は大手電力会社の出資による原発の建設・運転に特化した「原発尖兵」で，大間原発計画では高速増殖原型炉「もんじゅ」（福井県敦賀市）の廃炉決定（2016 年末）もあって，貯まったプルトニウムを消費するために，これまでの軽水炉では想定されていなかったすべての燃料棒にウラン・プルトニウム混合燃料体（Mox 燃料）を装着し運転することが計画されている。安定的な管理，運転操作が格段に難しくなる世界でも初めてのフル Mox 原発は，未知のリスクとの遭遇を確実に高める。30 キロ圏内には北海道函館市が入っていることもあって同市からの反対の声が強いが，政府や J-Power はこれを一切黙殺している。

　マサカリのくびれ部分にあたる陸奥湾沿いには 1967 年に原子力船「むつ」の母港となったむつ市大湊がある。同船は 1974 年 9 月に試験航海中に放射漏れ事故を起こし，遂には廃船に追い込まれた。現在は 1988 年には新設された同市の津軽海峡側の関根浜港に回航，係留され，原子炉部分は撤去されている。そして，その関根浜港からそう遠く離れていない場所には「リサイクル燃料貯蔵株式会社」が立地する。原子炉の運転によって必然的に生じ，今では 14,870t 超にのぼるとされる使用済み核燃料棒[10]，その中には致死量 0.2 マイクログラムの超危険物質プルトニウム 239 や「核のゴミ」と呼ばれる様々なレベルの放射性廃棄物が含まれる。原発サイト内での保管余力が次第になくなっていく中にあって，20 世紀末時点で政府（特に経産省）内では 2010 年を目途にサイト外に使用済核燃料棒を貯蔵する大規模な中間貯蔵施設の建設が検討されていた。1999 年 6 月には原子炉等規制法が改正され，原発サイト外に貯蔵することが許容されたことを受けて，東京電力は 2000 年 12 月，むつ市において「リサイクル燃料貯蔵センター」の立地に関する技術調査を開始した。2005 年

9）　鎌田慧『下北核半島』（2011）p.2
10）　2017 年 3 月時点。また，使用済み核燃料棒の量は原発サイト内の燃料プールや貯蔵施設容量の 7 割を超えていると言われている。電気事業連合会公表値。

道標Ⅶ　「核」とトウホク ｜ 165

になって青森県とむつ市は建設を了承し，東京電力と J-Power 両社出資（東電80％，J-Power20％）によって同社が設立された。「3.11」による計画の遅れから第1棟（貯蔵能力 3,000t）の完成は 2013 年8月にずれ込んだが，さらに 2,000t の貯蔵能力を備えた第2棟の建設とあわせて最終貯蔵量 5,000t を最長 50 年間にわたって保管し，関根浜港から再処理工場へと搬出する計画だ[11]。

　「核の街道」を南へ向かう。マサカリの柄上部にあたる東通村では東北電力の第1号機原発を見ることができる。ここには東北電力がもう1基を建設計画中の他，さらに東京電力が2基の原発を建設・建設計画中だ。同村にはもともと東京電力が 10 基，東北電力が 10 基，合計出力 2,200 万 kwh の大発電能力を持つ日本最大の原発基地計画があり，そのために既に 800ha を超える用地取得が進んでいる[12]。1971 年4月に竹内俊吉青森県知事（当時）が記者会見で「第2原子力センターの建設地として東通村を内定した」と発表して以来，茨城県東海村の後継地として通産省や原子力委員会，そして大手電力会社が共同で設立した業界圧力団体である電気事業連合会が物色していた土地だ。通産省の外郭団体「日本工業立地センター」が発表した『むつ小川原湖大規模工業開発調査報告書』（1969 年3月）で，六ケ所村の「原子力基地化構想」が発表されていたこととも関連して，鎌田は下北半島への原子力施設の集積化＝「原子力産業のメッカ化」アイデアは 1960 年代後半の新全総の発令当初には既に政府電力会社によって既定方針化されており，さらに東通村のこの広大な土地には高レベル放射性廃棄物の埋設も考えられるのではないか，と推測している[13]。

　そして「核半島」の中心を占めているのがマサカリの持手部分にあたる六ケ所村である。既に「道標Ⅴ」の章で触れたように，人口およそ1万1千人のこ

11）「リサイクル燃料貯蔵株式会社・会社案内」参照。ただし，他の原子力関連施設と同様に「3・11」後の規制強化や反原発世論の高まりもあって，施設の稼働は遅延を重ねている。同社は 2014 年1月に原子力規制委員会に新規制基準への適合確認に係る事業変更許可申請書を提出して，事業開始時期を「2015 年3月」に変更したものの，その後，2015 年1月には原子力規制委員会に事業変更許可申請書の補正書を提出して業務開始時期を「2016 年 10 月」に延期，さらに 2016 年9月には原子力規制委員会に事業変更許可申請書の補正書を提出して 2018 年後半へ，さらにさらにこの計画も再々延期を余儀なくされている（2018 年 11 月時点）。

12）取得内訳は東京電力 450ha，東北電力 358ha。鎌田慧（2011）p.50

13）前注掲載書，p.11，63，65。なお 2018 年現在，三村申吾青森県知事は「青森県は高レベル核廃棄物の最終処分場は県内には受け入れない」として，現存の六ケ所村施設はあくまでも中間貯蔵施設とのスタンスを崩してはいないが，最終処分候補地受け入れ表明している自治体は無く，「核のゴミ」は青森県に留め置かれている。

の村に740haを占める「原子燃料サイクル施設」が集中する。1960年代末には新全総の目玉である地方巨大開発（むつ小川原開発）の候補地とされ，鉄鋼や石油化学コンビナート等の公害型産業を集中的に立地させるのに必要な広大な土地を求めて，1971年に設立されたむつ小川原開発株式会社（青森県も出資の第三セクター）が「列島改造ブーム」に煽られるように土地を買い漁った。しかし，第1次石油ショックは巨大開発計画をまったくの幻想に終わらせ，結果として石油備蓄のタンク群だけが残された。そして次に訪れたのが，六ケ所村を巨大な「核基地」につくり変えようとする企てだった。新全総「むつ小川原開発」がまだ緒についた頃には，地元でも公害産業や原子力施設の誘致に対する村民たちの反対は強かった。当時，宇井純（東大工学部助手・当時，1932-2006）らによる「自主講座・公害原論」の市民運動に参加し，現地を訪れた或る大学院生グループは県知事を筆頭とした誘致攻勢に対する村民の強い抵抗ぶりを以下のように報告している。

> 「…（1971年）3月のアンケートだと7割から8割が開発賛成の意思表示をしているんですが，（第1次案・住民対策大綱が出された）8月14日以後になりますと，これは村のアンケート調査なんですけど，反対に逆転しているんですね。…（10月の住民代表と県知事との対話集会の際には）『帰れ，もうこれじゃだめだ。絶対反対だ。われわれは工場はいらない』と。例の『青空のもとで梅干を』と，村の人たちが言うわけですよ。『自分たちは，米がなければお互いみんなやりくりして暮らしてきた。それから魚が取れればみんなで配った。一種の村落共同体のようなことをやってきたんだ。戦争中のことを思えばわれわれはやっていける。』知事の工業開発に対する対案としまして，われわれはいかに生きるべきかという，生きる道を考える彼ら自身の発想が出てきていること，これをぼくは高く買いたいと思います。」[14]

　しかし，その後の村の運命は他の原発立地自治体と同様の運命を辿ることとなった。すなわち，政府や業界が地元の有力者と共に地権者，自治体行政機関を巻き込み，税制優遇措置や補助金の支給，さらには補償金を名目に行った札

---

14) 工藤雄一（一橋大大学院生（当時），自主講座「公害原論」1971/10/27），宇井純編著『自主講座公害言論の15年』所収（2016）pp.93-94

束攻勢で一部住民を抱き込み，また補償金額に差をつけるなど陰険な分断工作が試みられた。結果，地域住民の結束は弛緩し，住民の間で不信感が煽られる中で反対運動は切り崩され，漁業権放棄書や土地売却契約書に印鑑を押す村民が増え，やがては沈黙させられていく。古代ローマ以来の "Divide and rule." の手法は，かつての西洋列強による植民地支配の常套手段だったし，それはまた，トウキョウによるトウホク支配にも適用されてきたものだった。

　核燃料サイクル関連施設の青森立地構想は1984年4月に正式に表明された。電気事業連合会は青森県に対して核燃料再処理工場，ウラン濃縮工場，低レベル放射性廃棄物貯蔵センターの3施設を下北半島に建てることを要請，立地対象適地は「むつ小川原開発総合開発地域内」（六ケ所村）とされた。六ケ所村に白羽の矢が立ったのは，むつ小川原開発公社がコンビナート誘致に失敗して多額の負債を抱えていたこと，立地予定地での財産権処分問題がすでに終了していたこと，そして青森県自体が既に核関連施設の集積地となりつつあり，地元自治体の協力を取り付けやすかったことなどが挙げられる[15]。1983年12月に中曽根康弘首相（当時）は「下北半島を原子力のメッカとする」と発言しており，1985年には電気事業連合会が青森県，六ケ所村当局と基本協定を結び，核関連諸施の建設にゴーサインが出された。1988年には電力業界他74社の出資によって作られた日本原燃(株)[16] が六ケ所村に原子力燃料サイクル（再処理工場）施設，ウラン濃縮工場，放射性廃棄物埋設施設の建設事業計画に着手し，1999年には再処理事業が稼働予定とされた[17]。2018年現在，六ケ所村には日本原燃管理下で再処理工場，MOX燃料工場，ウラン濃縮工場，低レベル放射性廃棄物埋設センター，高レベル放射性廃棄物貯蔵管理センターがある。施設全体でこれまで3兆円近くが投入されてきた[18]（ちなみに，再処理に要する費用は最終的には電気料金に転嫁されているが，再生エネルギー（太陽光）からの電力買い

---

15)　吉岡斉『新版原子力の社会史』（2011）p.198
16)　現在の日本原燃は日本原燃サービス株式会社（1980年設立）と日本原燃産業株式会社（1985年設立）が1992年に合併して作られている。
17)　もっとも，度重なる試運転トラブル，「核のゴミ」処理技術の未確立，操作ミスそして「3・11」以降の反原発世論の高まりなどで，2019年現在，再処理工場の本格竣工スケジュールはすでに20回以上も順延を繰り返している。
18)　日本原燃「原子力燃料サイクル施設の概容」より。なお，道標Ⅴ−1表注でも触れたが，2017年7月には再処理工場には耐震工事などの必要経費としてさらに7,000億円程度の追加費用が必要となることと日本原燃が発表。

取り制度による追加負担料金は各家庭に届けられる電気料金請求書に記載されているにもかかわらず，こちらの方は意図的にオミットされている[19])。

　再処理＝プルトニウム抽出工程から発生する核物質の拡散危険性と共に，本格的な稼働に際して最も懸念されていることは核廃棄物の貯蔵とその処分に伴う問題だ。低レベル廃棄物入りのドラム缶が300年にも及ぶ「保管」となるうえ，高レベル廃棄物については政府や青森県が言う「一時的貯蔵」との建前とは裏腹に，原子力発電環境整備機構（NUMO）が構想する地層処分候補地の選定はほとんど進んでおらず，「核のゴミ」が六ケ所村に半永久的に留められる可能性が高いことは既に触れた。さらに，トラブル続きで本格操業順延を重ねている日本原燃の劣悪なコーポレート・ガバナンスに業を煮やした国や電力業界は，さらに組織の再編に乗り出した。2016年10月には「使用済燃料再処理機構」（青森市）を発足させ，核燃料サイクル事業の新たな中核組織として原発の停止や電力小売り自由化といった経営環境変化に備え，電力各社が機構に再処理費用を拠出することを義務付けて再処理費用を確保するとともに，日本原燃の上部機関として同社の監督機能をも担う体制を整えた。各電力会社は同機構からの業務委託という形で再処理業務を日本原燃に担わせる一方で，経産省は人事や事業計画に関与して「原子力ムラ」の総力を結集し，福島第一原発のメルトダウン事故と「もんじゅ」の廃炉決定以後の難局を打開すべく，蓄積されるプルトニウムの「再利用」を名目とする核燃サイクル計画を維持するという国策を担う，というわけだ。

　下北「核半島」化に絡んで不気味な話もある。2010年11月，アメリカのある大学教授が北朝鮮寧辺ウラン濃縮工場を訪れ，遠心分離機が改良型（P2型と呼ばれる）に刷新されていることに気付いた。それに関して現場の或る技術者が漏らしたところでは，「オランダのアルメロと六ケ所村の施設をモデルにした」と説明されたという。この分野の専門家である山本武彦によると，米国のシンクタンクが「六ケ所村ウラン濃縮施設の技術が在日朝鮮人団体関係者を通じて北朝鮮に流れた」とする論文を発表しており，国連の北朝鮮制裁委員会が専門家パネルに調査を命じている。当時，同専門家パネルに属していた山本は日本政府に調査を進めるように依頼したが，政府はヒアリングには応じたものの，現地調査には同意せず，結局，技術流出の裏付けも得られなかったとい

---

19)　小森敦司『日本はなぜ脱原発できないのか』（2016）p.15

う[20]。2018 年 7 月に自動延長された日米原子力協定（後述）によってアメリカの「核の傘」＝管理統制下にあるとはいえ，「潜在的核大国」である日本は原発輸出計画を通して国際的な核拡散問題の当事者となるだけでなく，皮肉にも自国への「脅威」自体を再生産していると言えよう。そして，下北半島はその枢要な舞台として，さらに地政学的「周辺」として疎外される立ち位置を固定化されているかにみえる。

4.「新・核街道」のタイムトンネル：
　　福島浜通り国道 6 号線を行く

　2016 年 9 月のこと。相手は明らかに迷惑そうな顔をしていた。「えっ，高速を使われるんじゃないのですか？」―福島県いわき市の或るレンタカー店で車を賃借した際，「国道 6 号を北に向かって行きたいので道路地図が欲しいのだけど…」と言ったときのことだった。「6 号線だと車の洗浄のこともあるし，その料金も…」と言い出したので，私は慌てて前言を（表向きは）翻さなければならなかった。メルトダウン事故から 3 年半後にあたる 2014 年 9 月に一応は全線開通となった福島県浜通り沿いの国道 6 号線だが，そこを自由に通行するのは，5 年半の後も，なお現地ではためらいがあるかのような雰囲気が感じられた。いわき市を出発し，北行した当初の車窓は津波でやられた海岸線の護岸工事が目につく程度だったが，次第に警察車両とダンプカーや除染作業用の機器を搬入する車輌が増え，沿道にはマスクをつけた作業員が目立って増えていった。楢葉町・富岡町にある東京電力福島第二原発を通り過ぎるあたりからは持参した線量計の音が次第に高まり，「帰還困難区域」に指定されている第一原発が立地する（最早，「していた」と言うべきか）大熊町・双葉町を通過する頃には携帯した線量計の数値は 3μSv/h 前後の高い値を示し，警報音が甲高くなり続けた…[21]

　日本の原子力政策の軌跡を追った科学技術史研究者吉岡斉（1953-2018）がそ

20）2016 年 9 月 9 日付「朝日」紙
21）ちなみに，大熊・双葉両町の帰還困難区域を除いた立ち入り制限が解除された2017 年 4 月以降，筆者が国道 6 号線を再走破した際（同年 7 月末）の放射線量は前回と大差はなく，解除地域である富岡町一帯でも 0.5μSv/h 前後の比較的高い値を示していた。なお，大熊町の実態については，本書コラム「国際学の道草⑥」を参照されたい。

の著『原子力の社会史』中で指摘しているように，戦後日本では原子力発電所の立地の是非を判断する際には国民全体あるいは地域共同体構成員全体の了承が必要とされず，ただ地権者・漁業権者の合意さえ得られれば，電力会社の計画を政府が許認可する仕組みが作られている[22]。結果，国民的合意形成のプロセスを欠いたまま，一端開けられた「穴」がまるでブラック・ホールのように周囲を巻き込んで原発建設が促進され，それを遮ることが困難となるというのが原発立地プロセスの特徴となっていた。東京電力福島第一原発に限って言うならば，1960年1月に当時の福島県庁が誘致計画を発表し，県の開発公社が積極的に用地取得と漁業権放棄の交渉を主導した。それに対応する中央政府（田中内閣）は1974年6月に電源三法を制定して電気料金に上乗せする方式（1,000kwh当たり約85円）で資金徴収し，それを原資に発電所立地自治体への交付金を付与する仕組みを整えた。その際，原子力発電所に対しては同規模の火力発電所に比べて3倍超の交付金が与えられる優遇措置が導入されたことからして，それは実質的に「原発立地のための迷惑料」の色彩が濃かった[23]。すなわち，原発を誘致できれば自治体財政は確実に潤うことが保証され，また関連事業の進出・誘致によって（製造業のような大きなスピルオーバー効果は期待できないものの），地元の雇用を増やすことにもつながる。政府や電力会社の謳い文句では「原発は絶対に安全」なので，それを信じさえすれば，首都圏から遠く離れた地方町村の住民たちはエネルギー供給の「大役」を担ってお国のため貢献できる，と少々誇らしい思いも持つことができる…そうした"大義名分"のもとに，周辺地域自治体の原発への依存，中央への従属はますます強まっていった。結果，新潟県および東北3県には多くの原発が立地することとなったのだった（表Ⅶ-1参照）。

　東電福島第一原発の誘致もまた，「立地点周辺は県内で最も後進的でかつ開発の決め手がない地域であったため，特に県，（大熊）町の当事者などの希望が大きかった」[24]という事情があったにせよ，今にしてみればそれは「悪魔との取引」だった。「3・11」の際，福島県浜通り地域にもたらされた破滅的な打撃は人災としか言いようの無いものだった。当事者である東京電力は，事故当

---

22)　吉岡斉『原子力の社会史』（2011）p.149
23)　前注掲載書，p.151
24)　昭和60年発刊『大熊町史』，福島県大熊町『大熊町震災記録誌』（2017）pp.47-48より引用。

道標Ⅶ 「核」とトウホク ｜ 171

表Ⅶ－ 1　新潟・東北地方の稼働，稼働予定の原発立地状況

(2018 年末現在)

県	名称	営業主体	稼働開始年	県	名称	営業主体	稼働開始年
新潟	【柏崎刈羽】	東京電力		福島	【第 1 原発】※	東京電力	
	1 号機		1985		1 号機		1971
	2 号機		1990		2 号機		1974
	3 号機		1993		3 号機		1976
	4 号機		1994		4 号機		1978
	5 号機		1990		5 号機		1978
	6 号機		1996		6 号機		1979
	7 号機		1997		【第 2 原発】※		
					1 号機		1982
青森	【東通】				2 号機		1984
	1 号機	東京電力	建設中		3 号機		1985
	2 号機	〃	建設準備中		4 号機		1987
	1 号機	東北電力	2005	宮城	【女川】	東北電力	
	2 号機	〃	建設準備中		1 号機※※		1984
	【大間】				2 号機		1995
	1 号機	J-Power	建設中		3 号機		2002

※　：福島第 1 原発はメルトダウン事故のため 1-4 機は 2012 年，また 5-6 号機は 2014 年に
　　廃炉が決定。また第 2 原発も 2018 年に廃炉決定。
※※：東北電力は 2018 年 10 月に女川第 1 原発の廃炉を決定。
出所：電気事業連合会『原子力コンセンサス』各年版他より筆者作成。

初は「今回の事態は想像を超える津波によってタービン建屋が破壊され，バッ
クアップ用の全電源が喪失するという，『想定外の出来事』が起こったから」
と説明していたが，東電内部では事故発生の 3 年前には東日本大震災クラスの
津波を想定したシミュレーションを行い，「高さ 15.7m の津波が来る」との試
算結果を既に導き出し「津波対策が不可避」としていたにもかかわらず，有効
な対策を採ることを怠っていた[25]。東電はまた，全電源喪失の直接原因は津
波によるタービン建屋の破壊にあったと主張しているが，津波が押し寄せる前
に既に原子炉周辺配管が破損し，冷却のための注水機能がダメージを受けてい
たとの指摘もあり，メルトダウン事故の正確な原因や詳細な経緯はいまだ十分

25)　2016 年 3 月 10 日 JNN「NEWS23 スペシャル」，福島原発刑事訴訟支援団「9・19
　判決」(2019) 他

に明らかとはなっていない[26]。1986年のチェルノブイリ原発事故にも匹敵する未曽有の重大事故は，これまで国策として推進されてきた原子力発電所がいかに脆い「安全神話」の上に乗っていたものかを示すと同時に，東京首都圏に電力を供給するために過疎地と言われる地方に危険施設を集中立地させ，民主主義社会の鉄則である「受益者負担の原則」さえ公然と破ってきた現代日本社会の中枢‐周辺構造のありようを見せつける結果となった。

　日本における「原子力の平和利用」に端緒を開いたのは1953年のアイゼンハワー米大統領による国連での「平和のための原子力」（Atoms for Peace）演説だった。その趣旨は当時ウラニウムの海外輸出を目論んでいたアメリカ合衆国が自国管理下での核物質移転を認める代わりに商業目的の核エネルギー開発を容認するというもので，これに積極的に対応した日本の保守政党（自由党，改進党，日本自由党）は翌1954年に本予算に約3億円の関連予算を盛り込んだ。特に重要な役割を果たしたのは，当時改進党に所属していた中曽根康弘，そして読売新聞社社主の正力松太郎だった[27]。同年3月にはビキニ環礁で第五福竜丸が水爆実験に巻き込まれ，乗組員が被曝するという事件が起きていた。日本では反核運動が盛り上がりを見せていたが，これに対して正力はアメリカ政府の意向を受け，読売新聞やその系列で日本初の民間放送局である日本テレビを動員して原子力推進の一大キャンペーンを行った。その後，1955年に自由党と日本民主党の保守合同を経て自由民主党が成立[28]，以来，同党の歴代内閣によって原発立地が推進されてきた。同年には日本の原子力政策の基本となる「原子力基本法」が成立し，「民主・公開・自主」の3原則が定められた。しかし，原子力発電推進の根幹部分を成すウラン濃縮，原子炉の運転，使用済

26)　原発における配管破断事故には1991年2月の関西電力美浜原発2号機（PWR：加圧水型軽水炉）での蒸気発生器の事故（この時は日本では初めて緊急炉心冷却装置が作動する事態に至った），2004年8月の同3号機（PWR）二次系配管事故（漏れた蒸気や高温水によって11名の死傷者が出た）などの「先例」がある。また地震を原因とした原発事故としては2007年7月の新潟県中越沖地震の際，柏崎刈羽原発3号機（BWR：沸騰水型軽水炉）の変圧器から絶縁油が漏れて発火し，2時間近くも燃え続けた事例もあり，福島第一原発でのメルトダウン事故はけっして「想定外の事態」では済まされないものだった。常石敬一『クロニクル日本の原子力時代』（2015）より。
27)　この時，彼らが申請した原子炉建造補助費予算額2億3,500万円は「ウラン235」にちなんだ語呂合わせだったと言われている。
28)　この保守合同による自由民主党の成立に際してもアメリカが密接に絡んでおり，岸信介，佐藤栄作らの有力政治家を「代理人」としてアメリカ中央情報局（CIA）から資金援助があったとされている。有馬哲夫『CIAと戦後日本』（2010）参照。

み核燃料棒再処理（プルトニウム抽出）といった技術は，もともとマンハッタン計画での原爆製造技術の並行転用に過ぎず，アメリカ主導下での核物質管理，ウラン供給体制，そして秘密裡の原子炉技術保持や住民への情報隠蔽体質など，原発に伴う社会的・技術的システムの在り方は上記3原則とは全く相容れないもので，いわゆる「核の平和利用」（原発）と「軍事利用」（原爆）の境界は，極めて曖昧なものだった。日本での原発開発は建て前とは裏腹に，その始まりから中央集権的で，強い秘密主義に覆われた，反市民社会的なものだったのだ。

その根本にあったのは，アメリカから日本への濃縮ウラン貸与条件等を定めた日米原子力協定（1955）だ。同協定ではアメリカからのウラン供給に際して日本側に強い規制義務が課され，日本はほとんど自主裁量を持つことが出来なかった。この協定に基づいて日本最初の原子炉として日本原子力研究所に2基の研究炉が導入されることが決まった。1956年には政府に原子力委員会が設置され，初代委員長に就いた正力は読売新聞社や日本テレビを動員して「原子力の平和利用」キャンペーンをいっそう展開した。その一環としてウォルト・ディズニー社が製作した「わが友原子力（Our Friend the Atom）」が1958年に日本テレビで放映されるなど，マスコミを動員しての世論懐柔が行われた。ちなみに，大手10電力会社の広告宣伝費総額は日本企業の中でも最大級のものだ。1970～2011年の間，原発を持たない沖縄電力を除く大手9社の広告費に相当する「普及開発関係費」は約2.4兆円に上っており，特に東京電力のそれは6,445億円と突出して大きなものだった[29]。また電力業界の圧力団体とも言うべき日本電気事業連合会は博報堂や電通など，大手広告代理店へのCM大口契約者となっている。今日に至るまで，電力業界は資金力に物を言わせてマスコミに圧力をかけ，「不都合な真実」を隠して原発推進の世論を意図的に作り出してきたのだった。

歴代自民党政府は半世紀にわたって原発立地を進め，「3・11」までには54基の原発が立地稼働するまでになっていた。政府や電力会社は国民に対して「原子発電所は幾重にも囲まれた防護対策を施しており，放射能漏れなどの重大事故は絶対に起きない」との「安全神話」を吹聴し，補助金で立地地域の住

---

29) また東電の広告費は1979年のスリーマイル島原発事故後の5年で倍増（1979年43.9億円から1984年には93.2億円），1986年のチェルノブイリ原発事故後の5年でさらに倍増（1986年121.2億円から1990年224億年）し，以後「3・11」が起きるまでは200億円台を維持してきた。本間龍『原発プロパガンダ』（2016）p.12&18

民を分断，懐柔する仕組みを整え，原発を建設し続けてきた。しかし，原子力委員会が定めた原子炉立地審査指針によれば，原発の立地に際しては「一定の範囲内で住居が存在しないこと」，「外域は低人口地帯であること」，「人口密集地域から離れていること」が必要条件として挙げられている[30]。この指針と「安全神話」は明らかに矛盾する。にもかかわらず，戦後日本の原発政策は一貫してこの矛盾を覆い隠し，大都市から離れた過疎地の海岸地帯の住民にリスクを負わせてきた。そして，福島浜通りはまさにその典型的破綻と矛盾が集約された土地となったのだった。

　けっして無視できない事実もある。あの原発事故以降，福島県では在住していた当時18歳以下を対象に甲状腺検査が行われてきたが，2015年3月時点で，約30万人の先行検査対象者のうち，「悪性ないしその疑いがある」とされた人は112人に上り，「我が国の地域がん登録で把握されている甲状腺がんの罹患統計などから推定される有病数に比べて数時十倍のオーダーで多い」ことが確認されている。にもかかわらず，この「不都合な真実」は，"専門家"見解をまとめた福島県県民健康調査検討委員会甲状腺検査評価部会「中間とりまとめ」(2015.3)においては「放射線の影響とは考えにくい」として真面目に精査されておらず，事態は曖昧化されたままだ[31]（発生から10年以後にガン患者が急増した）。チェルノブイリ事故の例を取り上げるまでもなく，今後の健康被害の増加が危惧される。

　一方，メルトダウン事故の後処理に要するコストも今や天文学的な金額に膨らみつつある。2015年末までに除染，廃炉，損害賠償に関する国民負担は4兆2,660億円（一人当たり3万3千円余）に達しており，2013年には2兆3,379億円と見積もられていた想定必要経費は2016年には約7兆円と，当初よりも4.5兆円も増加した。汚染土中間貯蔵施設建設費用にはエネルギー特別会計から約1兆1000億円の支出が予定されているが，その大半は電源開発促進税，すなわち電気料金に上乗せ転嫁されるものだ[32]。また，電気事業連合会も賠償費用は5.4兆円から8兆円に膨らむと試算していたが，2016年9月，政府は原発廃炉に必要な資金として，これまで東電が手配してきた2兆円に加えて新たに8.3兆円（うち福島第1原発の廃炉にかかる直接的経費4兆円，賠償に3兆

---

30)　小出裕章『原発のウソ』(2012) p.71
31)　日野行介・尾松亮『フクシマ6年後消されゆく被害』(2017) p.54
32)　2016年10月4日付「毎日」紙

道標Ⅶ 「核」とトウホク | 175

円、廃炉費用予備費に 1.3 兆円）が必要との試算を示し、これを「国民負担」と
して電線の使用料金に加算する（標準家庭で毎月 60 ～ 180 円の値上げ）検討を開
始したと発表[33]、さらにそれから 3 か月後の同年 12 月には廃炉費用が 8 兆円、
除染費用が 4 兆円、賠償資金が 7.9 兆円、汚染土中間貯蔵施設費用が 1.6 兆円
に膨らむとし、廃炉に関連する最終的経費を約 21.5 兆円、従来よりも 2 倍を
超えるとの新たな引き上げ試算を示した[34]。話はこれに留まらない。さらに、
2017 年 3 月に日本経済研究センターが発表した事故処理費用に関する分析レ
ポートは、この政府試算もまた過少評価であると批判し、汚染土の最終処分費
用が 30 兆円、廃炉・汚染水処理費用が 32 兆円、合計で 50 ～ 70 兆円を要する
としている（同時に、分析レポートはこれらの費用や資源価格を考慮した上で電源別
の発電コストを再試算したところ、1kw 当たりの発電単価は、石炭火力 11.9 円、液化天
然ガス 8.4 円に対して原子力 14.7 円との結果を紹介している。「原子力発電のコストは安
い」というフレーズは、もはや完全な虚言と言うべきだろう[35]）。

　また、除染作業で出る 1,600 万 ～ 2,200 万 m³ にも達する汚染土や廃棄物は
これから 30 年間、双葉・大熊両町にまたがる第一原発周辺の 1,600ha（大熊町
1,100ha、双葉町 500ha）に保管される計画[36]だが、用地の取得は 2017 年 2 月時
点で 21％に留まっている。しかも、「除染」とは言いつつも、その実態は汚染
表土をはがして移動するだけで、その対象範囲は住宅や田畑に限定され、放射
能汚染が及んだ範囲の多くを占める山林地域は放置されたままだ。にもかかわ
らず、政府は「フクシマの悲劇」を早急に忘却させ、賠償費用をカットするた
めに、浜通り一帯に布かれていた居住制限区域（230km²、8,060 世帯・21,863 人）
と避難指示解除準備区域（157km²、4,014 世帯・10,929 人）を、2017 年 4 月をも
って終了させ、メルトダウン事故以後 20 倍（年間積算 1 ミリシーベルト → 20 ミ
リシーベルト）に引き上げられた「被曝安全基準」に何ら変更を加えることも
なく、住民の帰還を促してきた。自主避難者への支援を打ち切り、「避難は自
己責任」（今村雅弘前復興相）と開き直る安倍政権の傲岸さは、放射能汚染物質

33）　ANN（2016/9/16）
34）　なお、除染費用には国が保有する東電株の売却益があてられるが、生じる不足は結局
　　のところ、電気料金や税金にしわ寄せされることとなる。2016 年 12 月 9 日付「朝日」紙
35）　2017 年 4 月 9 日付「朝日」紙。なお、日本経済研究センターは 2019 年 3 月に、さ
　　らに東京電力福島第 1 原発事故の対応費用が最大 81 兆円になるとの試算を追加公表
　　している。
36）　福島県大熊町『大熊町震災記録誌』（2017）第 9 章「中間貯蔵施設」

を「無主物」として東京電力の加害責任を曖昧にした司法当局，あるいは福島から避難してきた子供たちをバイ菌扱いして虐める学校現場にまでつながる民衆疎外のありようをまざまざと映し出す。

　厳しい言い方かもしれないが，「フクシマの悲劇」で可視化されたことの一つは，原発を受け入れてきた地域住民は事故の被害者だったことはもちろんだが，同時に「加害責任」をも付加されてきた，ということではないだろうか。原発を受け入れたことで全世界に放射能をまき散らし，地球を汚染した責任（空間軸的責任），また故郷を棄損させ，汚染土を貯めこみ，「核のゴミ」の処理もできないまま子々孫々にまでリスクを及ぼす時間軸的責任を背負わされることで，「原子力ムラとの共犯関係」に陥ってしまったことは否定できないだろう。「豊かな地域社会を目指す」という政策課題は一見，誰にも疑問をはさむことが出来ない，ごく当然の願いのようにみえるが，原発の受け入れははたして看過されて良いことだったのだろうか。

　「新・核街道」国道６号線の北上し行き着いた先は宮城県女川市にある東北電力の原発サイトだった。併設されている PR センターに立ち寄った際に拝受した宣伝用パンフレットには，誰憚ることなく，こう書かれていた。「大切にしようネ，きれいな海と小さな命」—それはまるでタイムトンネルを通って「あの日」以前に戻ったかのようだった。

5.「核」とトウホク—国家体制_{レジーム}と共同体_{コミュニティー}の相克劇

　数次にわたって進められてきた戦後の全国総合開発計画の中で，「トウホクの『核』」の位置付けは「原子力産業のメッカ」との掛け声にもかかわらず，必ずしも明確かつ計画的なものではなく，時々の社会・経済情勢によって揺れ動いていた。だが，1960 年代末から 1990 年代にかけては自民党政府・通産省（経産省）・大手電力会社のトライアングルのもとで原子力発電所の建設がスタートし，「民営化」が急速に進んだ時代でもあったことは疑いえない。通産省は原子力産業を育成するために沸騰水型軽水炉（BWR）と加圧水型軽水炉（PWR）を着実に電力会社に建設するよう要請し，官僚統制とガイドラインに基づいた「護送船団方式」による業界指導を行ってきた。その結果，1980年代には平均して毎年 1.5 基ずつ原発建設が進められた[37]。一方，ウラン濃縮
→ 発電（原子炉運転）→ 使用済み燃料再処理の核燃料サイクル確立のためのフ

ロント工程，バックエンド工程の建設計画が具体化し，それまで科学技術庁が
メインとなって進めてきたウラン濃縮工場，核燃料再処理工場，高レベル放射
性廃棄物処分プロジェクトが 1980 年代の民活と歩調を合わせるべく「民営化」
され，電力業界が主導権を握った。その結果，核燃料再処理，ウラン濃縮につ
いては電気事業連合会と大手電力会社の合同子会社である日本原子力発電と日
本原燃が直接事業主体となり，その費用は電気料金から徴収される資金によっ
て賄われた。こうして，戦後の日本社会には「『核』は青森や福島へ，得られ
る電力は東京へ」の構造が作られた。それは戦前の「コメ」を支配メディアと
したトウキョウ―トウホクの差別関係，疎外構造が基本的に何も変わることな
く，「核」という新たな支配メディアを通して継承されてきたことを意味した。

　原子力発電所のような中央政府と大資本が管理する大電力供給施設，いわゆ
る「集権的エネルギーシステム」に依存してきた弊害は，とりわけ原発立地の
近隣自治体では深刻だ。福島第一原発のメルトダウン事故後，支払われる賠償
金は指定地域区分に応じて減額される仕組みとなっており，地元コミュニティ
ーの中で生じる不満が住民相互の不信を掻き立てた。結果，地域共同体は分
断され，「ふるさと」の紐帯は失われていく。また，メルトダウン事故後早期
に除染作業に乗り出し，「除染先進市」と呼ばれる福島県伊達市でも，除染は
「$50cm^2$ の地表で毎時 3 マイクロシーベルト以上」という局所的な"切り取り
対象"でしかなく，いわゆる「ホットスポット」が屋根や雨樋等に取り残され
ていたとしても，「地表ではない」という理由で放置される。それにもかかわ
らず，同市は 2011 年から翌 12 年にかけて特定避難勧奨避難地点が続々と解除
され，住民の帰還が促された。同市出身のある女性フリーランスの言葉を借り
るならば，「勝手にばらかまかれた放射性物質を，『受忍しろ』と言われる筋合
いは断じてない。皆等しく，原発事故の被災者であり被害者である」[38] にもか
かわらず，原発事故被害地域では自主避難する人，帰還をあきらめた人，追加
的賠償を求めて提訴する人，帰還優先を進める人が対立し，結果として家族・
住民が引き裂かれている。「住民を早く帰還させること」自体が最優先課題と
されたため，結果は修復不可能なほどに人間関係のきずなを割いてしまう。い
ったい何のため，誰のための「復興」なのだろうか。

---

37)　吉岡斉『原子力の社会史』（2011）pp.145-146&p.162
38)　黒川祥子『「心の除染」という虚構』（2017）pp.349-350

一方で，政・官・産・学にまたがる「原子力ムラ」は強大な力を振るって社会に君臨し，既得権をむさぼり続けている。原発推進の司令塔だった経済産業省の資源エネルギー庁長官の石田徹は退官直後の2011年1月，あの事故が起こる直前に東京電力の顧問となり，また同省事務次官望月晴文は日立製作所の社外取締役へ天下った。彼らは今なお原発の海外輸出を熱心に説き，「日本がいま世界で一番安全な原発を作れている」と豪語してはばからない[39]。また，自民党の「電力安定供給議員連盟」（通称「電力議連」）は140名の衆参院議員が名を連ねる「原子力ムラ」の一翼を担う存在だが，その会長である同党最大派閥領袖の細田博之は原発を抱える島根1区選出の代議士だ。野党にも「原子力ムラ」の傘は及んでいる。傘下に電気労連を抱える日本労働組合総連合会（連合）は支持政党だった民主党（当時）が脱原発を掲げることに対して一貫して否定的で，蓮舫代表（当時）は持論だった「2030年への脱原発前倒し」を2017年党大会で提案することさえできなかった。

　彼らの政治的圧力は原発立地地区では特に露骨に働く。原発の稼働に批判的な立地地方自治体の首長に対しては，金銭授受疑惑のスキャンダルや他の問題を口実とした誹謗中傷が巻き起こり，失脚に追い込まれる，あるいは次選挙への立候補取りやめに追い込まれてしまうといった圧力がしばしば働く。国の地方自治体合併政策（いわゆる「平成の大合併」）に抵抗するとともに，原発政策に批判的な言動を取っていた元福島県知事の佐藤栄佐久は，ダム建設に絡んだ談合収賄疑惑で逮捕され，有罪判決を受けた（2006）のはその象徴的事例だ。その背景には，地域格差に悩まされる地元自治体の有力者も経済的恩恵に浴したいがために，中央に対して卑屈なまでに従属する姿勢がある。原発の存続，再稼働要請は中央の意向を忖度して県庁や立地市町村議会から出されることがしばしばだ。原子力施設が"主要産業"化してしまった青森県，福井県などでは，「原子力ムラ」からの圧力が強く働いており，それに批判的な人物が県政や市町村の行政を統べることはまずない。「民意を反映する仕組み」としての民主制度もまた，必ずしも真の意味での当事者「民意」を汲み上げるのに十全な機能を果たせない。それどころか，それは沖縄の米軍基地問題にも共通する「犠牲のシステム」[40]（高橋哲哉・哲学者）を強要する多数の非当該地国民の「民意」

---

39)　小森敦司『日本はなぜ脱原発できないのか』（2016）p.14，p.61，p.136
40)　高橋哲哉『犠牲のシステム沖縄・福島』（2012）タイトルより。

表Ⅶ-2　2010年，2013年（実績）と2030年（経産省見通し）の
　　　　日本の電源構成比較

(%)

年	石炭	石油等	天然ガス	原子力	水力	再生	合計（kwh）
2010	25.0	7.5	29.3	28.6	8.5	1.1	10,064億
2013	30.3	14.9	43.2	1	8.5	2.2	9,397億
2030	26	3	27	20～22	8.8～9.2	13.4～14.4	10,650億

出所：経済産業省長期エネルギー需給見通し小委員会報告（2015）。

によっても押し付けられている。私たちは中枢 - 周辺構造の下で「第三者＝中立的人間」として存在しているのではなく，原発や米軍基地を媒介して都市住民として，あるいはヤマトンチューとして，否応なく共犯的関係に立たされているという不条理な「不都合な真実」に直面しているのだ。

　トウホクの周辺性を固定，強化する手段として機能してきた「核」エネルギーに関連して，改めて根本的な疑問を投げかけたい。それは，果たして政府や電力会社が言うように，既存の原発を再稼働，あるいはさらに作り続けることが本当に必要なことなのだろうか，という疑問だ。2015年4月，経済産業省の長期エネルギー需給見通し小委員会は2030年の電源構成，いわゆる「エネルギーミックス」案を明らかにした。（表Ⅶ-2参照）一方，アメリカの研究機関「エネルギー経済・財務分析研究所」（IEEFA）が2017年3月に公表した報告書によれば，日本のエネルギー需給見通しは人口減少と「3・11」以後進んだ省エネ対策や節電努力によって2010年から2015年までに総発電量が11.5％減少しており，この傾向は2030年ころまで続くという[41]。同年の電力需要予測は8,680億kwhとされており，この予想は経産省が示す同年の見通し10,650億kwhと大きなかい離がある。両者の開きは約20％だが，それは「エネルギーミックス」案にある原子力発電が占める割合とほぼ同値で，これがすっぽり要らない勘定となる。今後，更なる再生エネルギー利用の充実などの方策を考慮すれば，原子力発電を全面的に廃止することには十分合理的な根拠がある。それを回避してあえて各地の原発の再稼働に進もうとするのは，明らかに特定の政治的意図があるからだろう。それは，大手電力会社の収益を増加させ，「原子力ムラ」の既得権を維持するとの意思，そのために原発への依存を

41)　2017年3月21日付「朝日」紙

「フクシマ」以前の状況にまで再び引き戻そうとする意思であり，少なくとも政府・経産省の本音部分においては「脱原発指向」は完全に骨抜き，あるいは反故にされてしまっている。ここからは，「人命の尊重」や「生活の安全保障」といった観点が抜け落ち，ただ経済の効率性，いや電力会社の採算性のみが優先される結果となっていることが読み取れる。それは「原子力ムラ」の既得権益と共に，トウホク（周辺）を相変わらず従属の対象物と捉える発想から抜けだせない中央為政者たちの考え方が「3・11」以降も何も変わっていないことを雄弁に物語るものではないだろうか。

「核（エネルギー）施設」を取り巻く社会環境は，あの日以来大きく様変わりをした。1995 年に高速増殖炉原型炉「もんじゅ」がナトリウム漏れ火災事故を起こして以降，プルトニウムを抽出し再利用する核燃料サイクル計画は事実上破たんしていた。この事実を受け入れざるを得なくなった政府は遂に 2016 年末に「もんじゅ」の廃炉を決定した[42]。結果，国内外にある約 47t（民生用国内保管 10.8t，海外保管 36.3t）のプルトニウムを消化する展望には黄信号が点滅しており，Mox 燃料を使うプルサーマル発電も 2018 年 8 月現在で伊方 3 号機をはじめ 4 基が稼働しているに過ぎない。1988 年に発効した日米原子力協定によれば，日本側にはプルトニウムの抽出（核燃料再処理）が許されているが，それはあくまでもアメリカ政府の同意とコミットメントが前提となる。2012 年，当時の民主党は福島第 1 原発のメルトダウン事故を受けて「原発ゼロ」方針を提言したにもかかわらず，直後に撤回してしまったのは，同協定 14 条にある「いずれか一方の当事国政府の要請に基づき，外交上の経路又は他の協議の場を通じて相互に協議することが出来る」との規定によってアメリカ政府から圧力がかけられたからだとされている[43]。その協定も 2018 年に自動延長が決まり，アメリカの「核の傘」が続くことになったが，日本が保持する余剰プルトニウム利用についての国際的な懸念（核兵器転用の危険）は高まっている。

また先に見たように，「フクシマの悲劇」の最大犠牲者ともいえる福島県浜通りの双葉・大熊両町は 2015 年 1 月に除染土の中間貯蔵施設の受け入れを決定した。「2045 年までの 30 年間の一時的保管」の名目とは裏腹に，汚染土の最終処分場は決まっておらず，ここが最終処分場に固定化される可能性は極め

42）ただし，安倍政権は同時に「高速炉開発会議」を作り，高速増殖炉の実証炉開発計画をなお放棄していない。

43）常石敬一『クロニクル日本の原子力時代』（2015）p.119

て高い。「帰還困難」として故郷を追い出された人々の多くは、この土地に戻ることはないだろう[44]。さらに，原子力発電所はそれを推進してきた企業体自身にも大きな打撃を与えている。加圧水型軽水炉（PWR）のパイオニア，アメリカのウェスチングハウス（WH）社を2006年に6,000億円の巨費を投じて買収し，傘下に収めた東芝が経産省の行政指導に振り回された挙句見捨てられ，WH社の債務負担のあおりを受けて遂には経営破たんの崖っぷちに立たされたことは，既に「道標Ⅴ」の章で触れたとおりだ。

かくして，「核の平和利用」スキームはあらゆる局面で破綻の兆候を示している。それにも関わらず，中央はなお「核ビジネス」への執着を放棄しようとしていない。カネの力と情報操作によって「不都合な真実」が覆い隠され，迷惑な施設は周辺部へと押し付けられる。それによって周辺部に留め置かれた地域の共同体紐帯は分断，解体され，やがていっそう中央への依存と従属のシステムが再生産されているという構図はなお再生産されている。

6. 「大盗のシステム」を断ち切るために

古く稲作技術が浸透していくのと並行して生まれ，近代以降にはより強固に確立してきた日本社会の中枢─周辺構造は，アジア太平洋戦争後もその本質を変えることなく引き継がれてきた。結果，「権力の非対称性」を基礎として屹立する中枢部権力の前に地方は従属の度合いを深め，周辺的地位からの脱却はますます困難なものとなっていった。中枢─周辺構造を支える媒体は戦前期の「コメ」，「生糸」，「兵隊」から戦後期は「金の卵（若年労働力）」そして「核エネルギー」供給へと時代と共に変遷していったが，民衆疎外の構造は維持強化され続け，遂には「フクシマの悲劇」に至ったのだった。

「列島改造」あるいは「総合開発」が掲げた格差是正と地方経済の活性化という課題はなぜ実現しなかったのか，換言すれば，トウキョウ─トウホクの差

---

44) 福島県と政府は第1原発が立地していた大熊・双葉2町に生活再建支援名目に約3,010億円の交付を決めている。内訳は県に新設する基金と両町で分配する交付金1,500億円，原子力災害からの復興を目的とした交付金として県の基金に1,000億円，福島第1原発に係る電源立地地域対策交付金の増額で県に510億円。また大熊町が2015年8月に2,667世帯に対して行った調査によれば，「戻りたいと考えている」との回答は全体の11.4%に過ぎず，「まだ判断がつかない」（17.3%），「戻らないと決めている」（63.5%）が多数を占めている。福島県大熊町『大熊町震災記録誌』（2017）

別構造という矛盾はどうして解消されないのか。戦後の国土総合開発構想には，「あるもの」が決定的に欠けていたのではなかったろうか。それはトウキョウに集中する経済資源の分散配置が困難であったという経済的あるいは技術的な事情ばかりではなく，より本質的には「権力の分散配置」が全く放置されたこと，否，それを手放すことなど想定外とする意思と構造が強く日本社会にビルトインされていたことだろう。政治的・社会的な管制高地は絶えずトウキョウにあり，「原子力ムラ」に代表される強固な既得権益集団の利権が維持される社会システムに抜本的な変革のメスが入れられることはこれまで無かった。結果，資本の分散配置という課題自体もいつしか霧散し，トウキョウ集中の権力構造は時代を経ても変わらないどころか，むしろ「戦後民主主義的合意」のもとで強化さえされてきた。近代この方，トウホク民衆の自治権と自立への意思は顧みられることはなく，抑圧され，内発的な発展の機会も奪われ，トウホクは一貫して周辺地としての役割を担わされ続けた。それはあたかも，かつて植民地支配のもとに隷属し，今なお「大国」の横暴に威嚇にされる多くの第三世界中小国の立場に通じるものがあった。トウホクが国内植民地構造から脱却を遂げるためには，地域共同体市民が地道に自らの独り立ちへの力を養い，足元から自らの「公共性」を作り上げるべく変革のモーメントを発信していく他はない。また，そうした内発的発展の可能性を含む自立への運動に対して，私たちもまた「共犯関係」の隘路に陥らないためにも，けっして同情ではなく，心からの共感をもって真摯に中枢—周辺構造への批判力を育み，変革のために各自の生活現場から行動を起こしていく他はないのだろう。

＊

　岩手県平泉市の中尊寺に立ち寄ってみた。11-12世紀の，いわゆる「藤原3代の栄華」は，奥州の地で育まれた馬（軍事力）と産出する金（経済力），そして北方交易のネットワーク（情報力）によって支えられていた。表向きこそ京都朝廷への従順を装いつつも，平泉は割拠する独立王国，対中央従属的な「トウホク」としてではなく，独立の気風と矜持を備えた「東北王国」の中心だった。この地を訪れた宮沢賢治（1896-1993）は歌を詠み，それが中尊寺金色堂脇の歌碑（建碑1959年）に刻まれている。

　　七重の舎利の小塔に　蓋なすや　緑の燐光
　　大盗が銀のかたびら　おろがむとまづ膝だてば

赭のまなこただつぶらにて　もろ肱映えかがやけり

手触れ得ぬ舎利の寶塔　大盗は禮して没ゆる

「銀のかたびらを纏った大盗」とは平泉を征討した源頼朝であるとの一説もあるそうだが，そうした視点で東北人宮沢賢治の歌を鑑賞すれば，あらたな光景が目に浮かぶ。東北が周辺地＝トウホクとなってしまう歴史，それは東北の人々が自ら意図したものではなかった。征服と隷属の圧力は何時も「中央」からやってきた。東北民衆はそれに抗い，自らの暮らしを守ろうとしてきたのだが，「中央」への従属と共に「敗者」としての悲哀を味わい続けざるをえなかった。そしてトウキョウは彼ら彼女らを睥睨し，自身の利益に奉仕するものとして同化を強要し，差別を続けたのだった。冬季，降り積もる雪は人々に必ずしも「陰鬱さ」だけをもたらすものではなかっただろう。「中央」から離れたその時空間は独自の文化を育み，共同体住民が結びつきを強める舞台でもあった。平泉に象徴されるように，東北地方にはそうした潜在力，可能性が自生する余地が，確かにあったのだ。

明治時代，足尾鉱毒事件に際して時の政府に敢然と立ちあがり，谷中村被害村民の側に立った今一人の田中（正造）は，「真の文明は山を荒らさず，川を荒らさず，人を壊さゞるべし」[45] として，本来あるべき文明国とは豊かな自然と共生し，人民に安定した生活を保障することにあるとして，暴力によって離散を強制する権力に命を賭して闘った。その彼は，こうも言っている。「亡国ニ至ルコト知ラナケレバ，即チ，ソレガ亡国デアル，其ウ云ウノデゴザイマシテ，殆ド政治談ノヤウデゴザイマスルガ，皆此事実ノ半面ハ鉱毒事件デアッテ，事実ノ半面ハ即チ取モ直サズ政治ニアラザルモノハナイノデゴザイマス」[46]―田中正造の「亡国論」は，何も過ぎ去ったあの時代の出来事を言っているだけではない。「震災が起こったのが東北で良かった」とうそぶき，辞任に追い込まれた平成の復興大臣の例を挙げるまでもなく，亡国に至る道は民衆を置き去りにし，自身の利益のみに固執し，周辺部に犠牲を強いることに何の痛痒も感じることのない鈍感な感性と無関心，そして差別を差別と認識できない中央為政者たちの幼児性によって切り開かれる。田中正造が語ったように，問題は「政

45）　明治45年6月17日・日記（抄）田中正造『田中正造撰修（六）』所収（1989）p.226
46）　明治33年2月17付第14会議会「同上質問の理由に関する演説（抄）」同上，『撰修（三）』所収 p.281

治にあらざるものはない」のであり，それはまた，400年前にトウホクの思想家安藤昌益が喝破した「不耕貪食の徒」を一掃するという課題が未だ達成されざるものであることを物語ってもいるのだ。

引用文献

有馬哲夫『CIAと戦後日本』（平凡社新書，2010）

宇井純（編著）『自主講座公害言論の15年』所収（亜紀書房，2016）

鎌田慧『下北核半島』（岩波書店，2011）

黒川祥子『「心の除染」という虚構』（集英社インターナショナル，2017）

小出裕章『原発のウソ』（扶桑社，2012）

小森敦司『日本はなぜ脱原発できないのか』（平凡社，2016）

下河辺淳『戦後国土計画への証言』（日本経済評論社，1994）

高橋哲哉『犠牲のシステム沖縄・福島』（集英社新書，2012）

田中角栄『日本列島改造論』（日刊工業新聞社，1972）

田中正造『田中正造撰修』（岩波書店，1989）

常石敬一『クロニクル日本の原子力時代』（岩波現代全書，2015）

日野行介・尾松亮『フクシマ6年後，消されゆく被害』（人文書院，2017）

本間龍『原発プロパガンダ』（岩波新書，2016）

吉岡斉『新版原子力の社会史』（朝日新聞社，2011）

片瀬一男「集団就職者の高度経済成長」，東北学院大学『人間情報学研究』第15巻（2010）

福島県大熊町『大熊町震災記録誌』（2017）

道標Ⅷ　衰微するアメリカ，「帝国の原理」を俯瞰する

1. リーマン・ショックからトランプ政権の成立へ
　　─その意味するもの

　2008年秋，リーマン・ショックに端を発するアメリカ合衆国での金融危機
と，それに続いた世界各地の株価急落，急激な需要減退は，グローバル経済が
持つ相互依存の度合いがいかに深いものかを実感させる歴史的体験と言えた。
冷戦構造が崩壊した後，国際社会ではいわゆる新興市場経済を包含した市場一
体化の傾向がますます顕著となったが，それと並行して，アメリカが主導して
きた新自由主義経済が世界を覆う中，国際経済は財・サービスの実需取引から
金融商品という，いわば「浮遊する経済取引」にその重心を移してきた。この
トレンドを加速させたのは，主に同国で開発された金融テクノロジーと債権の
証券化手法だった。両者はともに不良債権発生のリスクを世界中に分散するこ
とで最小化し，ITを駆使した金融管理技術をもって克服できるものとの"神
話"の上に成り立っていた。加えて，アメリカが推進してきた金融規制緩和の
事実上のグローバル・スタンダード化は，比較的少額の参入資金で巨額の投機
を可能とするレバレッジ・バイ・アウト（金融的梃子の原理）という手法とも相
まって，実体経済から大きくかけ離れた「カネの経済取引（マネー資本主義）」
を世界中に押し広げ，ますます手に負えないものへと国際経済を変容させてい
った。サブプライムローン焦げ付きがもたらしたアメリカでの信用収縮は瞬く
間にヨーロッパ諸国にも波及し，多額の不良債権を抱える（あるいは抱えている，
と噂されるようになった）金融機関の信用は急激に失墜してしまった。当座の決
済資金確保の必要に迫られた内外の機関投資家たちは先を争うようにして欧州
金融市場から資金を引き揚げ，それまで高い水準にあったユーロ通貨の価値は
急落していった。一方，それまで低金利で調達され資金を世界中に流し続けて
いた日本円キャリートレード（低金利の円を調達し，高金利の外国債券などに投資

する投機手法）の潮目が変わったことで，円の急高化が起り，輸出産業を中心とする日本企業の業績と株価に大きな圧力がかかった。さらに，先進諸国市場への輸出に成長の多くを依存していた新興アジア諸国の経済もまた，内需刺激策によってその成長力を維持しながらも，域外購買力の低下の悪影響から逃れられるものではなかった。各国が争うように金利の引き下げや国内産業保護政策へと舵を切っていく中で，国際社会には次第に先行き不安が高まった。そして，それに呼応するかのように，各地では国益や民族利害が錯綜し，対立が先鋭化している。"調停者"の能力低下とイニシアティヴの不在を背景に，時として「文明の衝突」への衝動は，より大きなものへと駆り立てられていく。中東，コーカサス，中央アジア，南アジアなどユーラシア大陸各地で頻度を増しつつあるテロ，暴動，紛争の勃発はその不吉な兆候だった。

　さて，この間に生起してきた事象は，いま一つの長期的なトレンドを暗示しているように思われる。それは 19 世紀末に最大の工業国家となり，20 世紀初頭から世界に君臨して以来，これまで国際秩序を主導してきた強大な覇権権力—アメリカ合衆国—の凋落，そしてかの国が生み出してきた諸々の価値観，「豊かさ」を追求する貪欲，環境負荷の大きな多資源消費型ライフスタイル，そして大衆消費社会がもたらした諸々の商品，象徴的に言えばコカコーラ，マクドナルドからキャデラックまでの「アメリカ的なるもの」が誇示し続けてきた優越性に対する限界，あるいは「終りのはじまり」への予感だ。

　国際秩序としてのパクス・アメリカーナの凋落の間隙で蠢いているのはイスラーム過激派たちばかりではない。冷戦期の今一つの超大国だった旧ソ連の後継国ロシアは，隣国ウクライナの反露勢力を一掃すべくクリミア半島を制圧し，この地を勢力下に置いて"ロシア化"への既成事実を積み重ねている。クリミア半島は 1954 年以来ウクライナ共和国内の自治共和国だったが，ロシア系住民の多くがこの待遇を不満としてロシアへの編入を望んでいたことから，2014 年 3 月にロシアの武力監視下で住民投票がおこなわれ，結果，この地はロシアが実効支配するに至った。これは冷戦構造崩壊後に欧州で起きた最初の「現状変更」だったが，アメリカはこの事態に対して有効な対抗策を講ずることが出来なかった。また，中国は 2010 年には日本を抜き世界第 2 位の経済大国（GDP 名目値ドルベース）となったが，その経済力に相応しい国際的プレゼンスの拡大を目指し，既存の国際秩序に挑戦を試みるようになってきた。2001年にロシアや旧ソ連を構成するユーラシア内陸諸国と上海協力機構を設立した

のを皮切りに，経済的連携の強化だけでなく軍事協力を進める一方，2015年には欧州諸国をも巻き込む形でアジア向けの国際開発金融機関であるアジアインフラ投資銀行（AIIB）を自らが主導して設立した。これは日米主導による世界銀行，アジア開発銀行への対抗軸として，国際金融や援助分野でのプレゼンスの強化を図ろうとしたものだった。さらに中国は「一帯一路」政策を掲げてユーラシア大陸全体をターゲットとする世界政策を展開するとともに海軍力の拡充を進め，周辺地域諸国が脅威を感じるほどに海上進出に多大な資金と労力をつぎ込んできた。中露両国に代表されるこのような動きは，これまで世界を睥睨してきたアメリカ合衆国の優位性に対する揺さぶり，あるいは挑戦とも言えるものだった。

　こうした国際情勢の変化を受ける形で，2017年にホワイトハウスの主となったのがドナルド・トランプだった。彼は選挙期間中にアメリカ至上主義を唱え，露骨なジェンダー差別，反移民政策，反イスラーム姿勢をアピールした。そして，それに対してけっして少なくないアメリカ市民が共感を示し，遂には2016年秋の大統領選挙で当選を果たしたのだった。その政治手腕は全く未知数だったにもかかわらず，ポピュリスト特有の場当たり的で，一貫性を欠いた選挙公約を乱発しつつも，そのスローガン "Make America Great Again." は多くの社会的不満を抱える保守層，特にミドル・クラスから脱落しかねないと怯える白人たちにアピールし，「閉塞した現状を打開してくれるかもしれない」との何がしかの期待感を抱かせることに成功したのだった。トランプ政権はアメリカ・メキシコ国境の壁の強化改築に代表される反移民政策，イスラーム圏からの入国規制の強化，白人至上主義者の人種差別言動への寛容な態度など，アメリカ社会に根強く残る「悪しき差別体系」と同調的な諸政策を強行する一方，地球温暖化防止のためにオバマ前政権が締結した国際的取り決めであるパリ協定からの離脱，TPP（環太平洋パートナーシップ協定）交渉不参加，NAFTA（北米自由貿易協定）の見直し再交渉，対イラン「核（廃棄）合意」からの離脱及び制裁の再開，ロシアと交わした中距離核ミサイル禁止条約の破棄，中国やEU諸国への高関税政策など，保護主義的で「内向き志向」の姿勢をますます強めていった。また国防費の大幅増を図るとともに，日本，韓国などの「同盟国」の相応の負担増を求めるなどの軍事優先指向も強まっている。それらは他国を顧みず，ただアメリカ合衆国の国益のみを利己的に追及する政策パッケージであるばかりでなく，長期的にはアメリカ自身の国益を奪う自暴

自棄的な政策コンテクストさえ含んでいた。2018 年，トランプ大統領は最大の貿易赤字国である中国からの輸入製品に対して広範かつ高い関税を課すことを表明したが，実際のところ，それは米系多国籍企業の対外投資を律束してしまい，中国からの報復関税と相まってやがては米国経済をデッドロックに追い込んでいくこととなるのが目に見えている政策だ（トランプ政権は敢えて明言していないが，米中両国は経済的には深い相互依存関係にある。米国企業の対中投資額は 2015 年で 25.9 億ドル［第 6 位］の巨額に達している[1]。また，中国の対米輸出の 7 割は米系企業によるものと言われており，対中貿易赤字の大宗は米系企業の黒字によって占められている[2]）。

　同政権の国益優先姿勢への傾斜，一国主義的姿勢には，「自由主義陣営の盟主・世界の警察官」として世界に君臨し，優越的な American Way of Life の普遍化を支えてきた「帝国」の覇権がもはや単独では支えられなくなっている 21 世紀初頭世界の現状に対しての，アメリカ合衆国エスタブリッシュメントの潜在的な危機意識も色濃く反映されている。"Make America Great Again." をことさらに強調する「トランプ現象」自体が，アメリカ帝国の「強さ」を示すものではなく，逆に「弱さ」を示すものと周りには映っている。さらに，大統領選挙中のロシアからの介入，いわゆる「ロシアゲート疑惑」は政権の喉元に刺さったトゲとなっており，トランプ政権は安定性を欠き，それゆえにますますポピュリズム姿勢を強めて場当たり的な政策を乱発している。結果，それらが相まってアメリカ合衆国社会には深刻な亀裂が生じている。最大の悲劇は，近現代史における合衆国の優越性を支えた「多様な民族・多様な価値観の多元的社会」（diverse society）の根幹部分が棄損される危機に立ち至りながらも，当のアメリカ人自身の多くが目先の関心に気を奪われ，それに気付かないという倒錯した事態が立ち現れていることだろう。それはアメリカ合衆国市民にとってだけでなく，世界の人々にとっても，長期的に見れば「トランプ現象」の最も不幸な結末と言える。

　この章では，現代国際社会の中枢部としてのアメリカ合衆国と，かの国に表象されてきた「帝国の原理」を検討の俎上に乗せ，それに従属する形で機能してきた日米関係の現状にも焦点をあて，歴史的な視点に立って，「アメリカ帝

1）　日本貿易振興機構（ジェトロ）「2016 年の対中投資動向」（2017.6）
2）　西川潤『2030 年未来への選択』（2018）p.178

国」のあり様を考えてみよう。

2. 西洋覇権の終焉─世界システム論と「帝国の原理」から

　歴史家ポール・ケネディはその著『大国の興亡』（原題：*The Rise and Fall of The Great Powers*）の中で，過去5世紀にわたる西洋諸国盛衰を概観し，興亡過程における歴史法則性を見つけ出そうと試みている。彼によれば，ある国が海外での富の略奪や国内での技術革新を梃子に経済発展を開始し，やがて経済大国化すると，次段階として軍事大国化を目指すようになる。そしてそれが分相応以上に肥大化していくと，やがて国力を消耗させ，遂には大国の地位から滑り落ちていく，という興亡のサイクルが存在するという[3]。今日，アメリカ合衆国に生起している諸事象にこの“法則”を適用することにはなお慎重を期すべきことかもしれないが，「アメリカの世紀」とも言うべき20世紀を終え，覇権を支えていた諸々のシステムが劣化し，制度疲労をきたしつつあることは誰もが否定できないところだ。

　ある権力システムが本来の主権領域外にある他国に対して優越した力を持ち，自らの意思を他者に阻害されること無く浸透させることができる能力を持つ場合，この権力には「覇権性」が備わっていると言うことができるだろう。彼らは自身の利害や都合に基づいて安定的な支配秩序を打ちたて，周辺に強制的に遵守させることで，不満や抵抗を圧殺するためのコストを最小化できるような国際政治システムを維持しようとする。かくして覇権権力が樹立し，彼らが保障する体制のもとでは，幾多の矛盾や不条理が圧殺されることで表面的には争乱のない状態，その意味での「平和」が出現する。紀元1～2世紀のパクス・ロマーナ，13世紀のパクス・タタリカ（モンゴリカ），19世紀のパクス・ブリタニカ，そして20世紀にはパクス・アメリカーナの国際構図が形作られることになった。

　現代世界において覇権を生み出す「力」の源泉は主に経済力と軍事力の2つに拠っている。アメリカの経済覇権は，19世紀末に最大の工業国家となったのに続いて，第一次世界大戦後に唯一最大の債権国になったことに起源を持っている。そして世界大恐慌期の金・ドルの互換性保障プロセスを経て[4]，1944

3）　ポール・ケネディ『大国の興亡（上），（下）』（1988）

年のブレトン・ウッズ協定によってドルの基軸通貨としての地位は不動のものとなったが，それはまた，ファシズム諸国に対する戦争の勝利と英仏植民地帝国の瓦解と密接な関係を持っていた。一方，軍事的覇権は20世紀初頭期から急速に進められた外洋艦隊の展開，特に航空戦力を攻撃の中核とした空母機動部隊の拡充，そして人類史上初の核兵器保有の上に成立した。アメリカはその強大な力をもって第二次世界大戦時には「民主主義の兵器廠」となり，またその後にはソヴィエト連邦を極とした集権的社会主義の封じ込めと第三世界の民族解放運動との分断，対峙，抑圧をその最大の歴史的使命として世界戦略を構築してきたのだった。

　しかし，その2つの柱がいまや持続可能性を失いつつあることは明らかだ。既に半世紀以上前からヴェトナム戦争を契機とした基軸通貨への信用性の低下，いわゆる「ドル危機」が深まってゆく中，ドルの安定性は1971年のニクソン・ショック（ドル・金の交換停止）と，それに続いた変動相場制への移行によって揺らいでいた。慢性的な貿易赤字は資本輸出の補填余力をアメリカから奪い，ドルの基軸通貨要件である資本輸出国と貿易黒字国との条件の欠損状況がこの数十年続いてきた。とはいえ，その後もドルの他通貨に対する比較優位は保たれ，決済通貨としてのドルの優位性はひとまず温存されてきた。膨大な「双子の赤字」（貿易赤字＋財政赤字）も，海外から流入する資金によってそれを補填する国際的な資金還流メカニズムが作り上げられたことで，国際経済に占めるアメリカの相対的優位は相応に保たれてきた。だが21世紀初頭期になり，こうした構図にも大きな変動が見受けられる。世界の人々はリーマン・ショックやトランプ政権の成立のもとで右往左往しつつも，あらためてアメリカが世界最大の貿易赤字国，債務国であること，海外で膨大な戦費を消耗して財政赤字を膨らまし続けていること，そしてドルへの信頼性が低落していくだろうことを感じ取るようになってきた。またヴェトナム戦争敗退の最大の教訓であったはずの人民戦争に介入することの愚かさと，他国を長期に占領することで生じる膨大なコスト負担への反省はほとんど活かされることはなく，21世紀にもアフガニスタンやイラクなどで悲惨な戦争が繰り返された。結果，アメリカは世界で最も忌み嫌われる国となり，「テロ」という名の対抗的暴力に脅か

4）　1934年の金保有新法（Gold Reserve Act）に基づく。奥田『国際学と現代世界』
　　（2006）第2章。

され続ける最も“脆弱な”国となってしまった。

　アメリカの覇権が終幕を迎えつつあること，それはより長い歴史的視野に立てば，15-16世紀に始まり，18-19世紀に決定的となった西洋世界による他世界圧迫劇の最終的局面でもあるのかもしれない。19世紀に東アジアが「西洋の衝撃」に直面して以来，東洋と西洋は錯綜した，不幸な歴史を刻んできた。絹，香辛料，陶磁器，茶 etc.…珍品・貴重品をもたらす「憧憬の地」であったアジアは，いつしかヨーロッパ人にとっては卑下すべき対象，砲艦外交の前に卑屈にひざまずくばかりの劣等民族の住む地，自らの商品の販売地，鉱山やプランテーション経営で荒稼ぎできる縄張り，そして植民者・支配者として自らの文明上の優越を誇示する舞台となっていった。侵略や搾取を働く上での大義名分は，時代とともに変わっていった。19世紀前半のそれは「自由貿易の恩恵」であり，19世紀末には「文明の感化による人類の進歩」であり，そして今日では「不朽の自由と民主主義の流布」へと変化していった。しかし西洋列強がもたらしたものは，それとはまったく別のもの，剥き出しの暴力による自立した経済の壊滅，文化と生活の破壊，零落と差別，強権と紛争，そして無差別大量殺戮のつめ跡だったし，それは今なお完全に終焉しているわけではない。

　西洋世界の外延的拡大が世界を包含し，やがて一つの構造性・相互依存性を備えた一体化された世界となったこと，すなわち「世界システム」がかなり以前から生まれていたとの認識を示した著名な歴史家にイマニュエル・ウォーラーステインがいる。彼は，上記のような意味における歴史システムとしての資本主義世界経済が16世紀以来存在し，それが持つ構造と運動法則の中で，特に20世紀のアメリカに付与されてきた“役割”を，次のように描写している。

　　「…16世紀に始まる一つの史的社会システムとしての近代世界システムの長い歴史の中では，この時代は単に最新の一時期でしかないことを承知しておかなければ，1945〜90年という時代に妥当な評価を下すことはできない。16世紀以来，制度の全領域で絶えず構築と再構築が繰り返されてきたからである。それら諸制度は，第2次世界大戦が終了しての50年間，民衆の活動を組織し続けてきたのであり，今後25〜50年間も，おそらくは困難を増しながらも組織し続けるはずである。…（略）…アメリカに自動的に与えられた主導権と国際関係で独断的に決定を下す権限が当然視される中で，文化にも同様の状況が見られるようになった。知のあらゆる分野でアメリカが中心的な地位を占めるようになり，ニューヨークは世界の芸

術の都になり，世界の（ことに工業化された中核同盟諸国の）大衆文化のいわゆる
『コカコーラ化』が進んだのである。」[5]

　歴史的に見て，もともとアメリカ（大陸）はヨーロッパ世界にとっては金銀
の略奪地，搾取の対象地以外の何ものでもなかった。ウォーラーステインが世
界システムの生成期を15-16世紀に置くのに対して，新マルクス主義的従属理
論の立場から第三世界の歴史的発展を「低開発の発展（開発）」として見たチ
リの経済学者アンドレ・フランクは，世界システム論の骨子を継承しつつも，
「一体化された世界」はさらに古く中世以前から形作られていたとして，当時
の世界の富の過半を生み出していた中国やインドなどの「中枢部」に対して，
ヨーロッパはあくまでも「周辺部」に過ぎず，世界システムがヨーロッパを基
点として生成発展したという説を批判している。フランクによれば，ヨーロッ
パがアジアの富にアクセスすることができたのは，ひとえに彼らが征服と侵略
によって支配したアメリカ大陸における金銀搾取とその利益との交換によるも
ので，そうした形で得られたアメリカ産貨幣の独占によってのみ，ヨーロッパ
はアジアが有力な中心地であった世界市場に食いこみ，自らのシェアを拡大で
きた。征服によって略奪された金銀と実体的なモノとの交換が，ヨーロッパの
その後の覇権―「中枢－周辺関係」の逆転―の原点だったとして，彼は次のよ
うに世界システムの変容を結論付ける。

　　「…では，西洋はいかにして勃興したのか。文字通り一言で答えれば，ヨーロッ
　　パ人は，それを買ったのである。ヨーロッパは，まずアジアという列車の席をひと
　　つ買い，後には，列車全体を買い占めた。では，どのようにして，貧しいヨーロッ
　　パ人は，そのアジア経済という列車の三等席の価格でさえ，それを買うことができ
　　たのだろうか。ヨーロッパ人は何らかの方法で，そうするだけのお金を見つけ，そ
　　して／あるいは盗み出し，強奪し，あるいは稼ぎとったのである。では，それはど
　　のようにしてであったのか。基本的な答えは二重ないし三重になっている。最も重
　　要な答えは，ヨーロッパは，アメリカ大陸で彼らが見つけた金山・銀山から，その
　　貨幣を得たということである。…」[6]

5）　ウォーラーステイン『移転する時代―世界システムの軌跡 1945－2025』（1999）
　　 p.17 および p.279
6）　フランク『リオリエント』（2000）p.465

道標Ⅷ　衰微するアメリカ，「帝国の原理」を俯瞰する　｜　193

　ヨーロッパ人の征服によって世界システムに組み込まれた「新大陸」の一部
に誕生した国家が，20世紀に至って世界の覇権的地位を占めるに至るいきさ
つを細述するだけの紙面余裕はない。ただ，アメリカ合衆国が国際資本主義の
中枢としてこれを統轄する立場を占有して以降，その軍事的・経済的優越とも
相まって，アメリカ社会が生み出した大量消費・多資源投入・環境負荷型のラ
イフスタイルや大衆文化のあり方—ウォーラーステインが言うところの「コカ
コーラ化」—は世界に流布され，その「豊かさ」が他世界の多くの人々にとっ
ては憧れの対象ともなっていった。アメリカないしアメリカ的なるものは，20
世紀全般を通じて一国家の権力フレームや文化を超え，その「力」にしたがっ
てグローバルに構成される「帝国」としての普遍性を備えてもいた。そうした
あり方すべてを含んで，ここでは現代社会に貫かれ，人々の暮らしを捕え，大
なる力を振るってきたこの圧力を，「帝国の原理」と命名することとしよう。

　グローバル化した現代の世界秩序の中に存在する優越的・普遍的「力」を見
出し，そのあり方に「帝国」の名を冠して批判の俎上に乗せた先行研究のうち，
著名なものにイタリアの哲学者アントニオ・ネグリと合衆国の哲学者マイケ
ル・ハートの研究成果がある。著書『帝国』（原題：Empire）の序において，ネ
グリらは冷戦構造の崩壊後に加速した経済的・文化的な交換がグローバリゼー
ションの動きを更に流動化させ，秩序・支配の新たな構造，新たな主権形態を
生み出しているとした上で，「＜帝国＞とは，これらグローバルな交換を有効
に調整する政治的主体のことであり，この世界を統治している主権的権力のこ
とである」と説明する[7]。言うまでも無く，現代国際社会において，この定義
に当てはまるものはアメリカ合衆国を中心とする権力システム以外には見当た
らない。しかし，「力」の相対的な低下だけでなく，地球環境・資源制約も加
わって，限りない大量の資源消費を前提としたライフスタイルが行き詰まりを
見せる中で，その「帝国の原理」が今，明らかに動揺をきたしており，アメリ
カが具現してきた西洋的価値観，その優越の時代が過ぎ去ろうとしている。「ト
ランプ現象」に象徴される今般のアメリカ合衆国が直面している社会経済的な
揺らぎは，世界史の長期的パースペクティブから見る中枢−周辺関係の再編成
と，「帝国の凋落」の時代が訪れていることを予感させる。

7）　アントニオ・ネグリ，マイケル・ハート『帝国』（2003）p.3

3. 「帝国の原理」の原風景

　アメリカ合衆国がかつて具現してきた，あるいは今なお具現しているとされる"普遍性"の本質とは，いったい何なのだろう。それを理解するうえで，この国の建国時点へと時空を遡ってみることは無意味ではないだろう。

　西洋世界が工場制機械工業の生産システムを編み出しつつあった 18 世紀末，合衆国（the United States）の独立は，世界史上特筆すべき出来事だった。というのも，その国はヨーロッパ国民諸国家と異なり，特定の民族的アイデンティティーにも，文化伝統にも立脚せず，ただ「植民地圧政からの解放」を社会契約の目的として生まれでた人工国家だったからだ。国民国家概念は，現実には不平等や搾取の存在にもかかわらず，均質な同志愛的集団のイメージを前提として作られている。西洋近代が生み出したナショナリズムあるいは国家帰属の意識は心の中に刷り込まれた「イメージ」の所産でしかないのだが，ヨーロッパではそれが固有の生活文化や共同の歴史的体験に基づいて構成された「想像の共同体」だったのに対して，アメリカ合衆国の場合は当時流布された啓蒙主義イデオロギーに準拠し，圧政からの解放と同時に，市民的自由の実現を国家創造の理念としているという意味で，より抽象性の高い創造物であると言えた。もっとも，1776 年の独立宣言で高らかに唱えられたのは，直接的には 13 州商工業者の利潤追求活動と奴隷を所有する大農園主たちの権益保障という観点からの「自由」であり，人種的・民族的差別の上に構成される「民主主義」以上のものではなかった。そして合衆国の国家アイデンティティーは，その後続く移民の受け入れと奴隷貿易，そして「開拓」という名の西方への膨張と，それに伴って進んだ先住民への圧迫，追放，土地収奪の中から形作られていった。

　土着の固有な風俗や文化を周縁化し，同族的集団に主たる立脚点を置かず，近代西洋の啓蒙主義を旋回軸として形作られてきたこの国家は，また，産業資本主義の本格的な勃興期に至って国家の諸制度を整えたという意味において，マルクス主義者たちが想定したような歴史的発展段階を経ることなく，建国当初から資本主義に付随する固有の経済社会様式を抱いた人工国家でもあった。その意味では，この国の歴史自体が壮大な「資本主義的発展の実験場」としての記録でもあった。アメリカ史研究家清水知久は，このような合衆国特有の国家アイデンティティーを，「資本主義的な支配・抑圧の体系」と描写し，特定

のナショナリティーの磁力から解放された合衆国が，先に述べた「帝国の原理」を内部に具現していた例として，ワシントンやフランクリンといった建国の指導者たちが，既に「帝国（Empire）」の用語を使用していた（ワシントンに至っては「興起しつつある帝国（Rising Empire）」との用語を使っていた）という，興味深い事実を指摘している[8]。

　帝国の勃興と拡大を神から与えられた使命とみなす考えは，建国当初から芽生えていたものだが，それをより具体性あるものとしたのは19世紀初頭期からの領土拡張，すなわちフロンティアの西漸運動だった。1820～30年代のジャクソン大統領時代は西部「開拓」の一大飛躍時期として知られているが，それを支えた至高の大義は西への膨張こそが「明白なる運命（manifest destiny）」，すなわち神によって選び出された新しい帝国に付与された崇高なる使命である，との認識だった。フロンティアは単なる辺境地ロマンの舞台ではなく，帝国テリトリーの最外郭部であり，資本主義市場の境界であり，資本主義制度が生み出す社会的諸矛盾を東部社会から転嫁し，ロマンに満ちた「冒険」へと誘い出すことができる社会的安全弁でもあった。清水は次のように，アメリカの国家アイデンティティーを生み出した膨張＝運命の政治経済的意味合いを総括する。

> 　「…膨張がすでに19世紀前半において，領土的膨張を内容とする大陸的膨張のみでなく，商業的膨張を内容とするいわゆる海外膨張をも含んでいたことを忘れてはならない。そしてこの両者を含んだ膨張こそ，アメリカ外交における国家的利益の実体であり，その核心であった。さらに言うならば，いわゆるアメリカ的民主主義も，膨張が国家構造内に制度化され，機能を発揮することによって，はじめてその存在と機能を保障されてきたのである」[9]

　したがって，この機能が十全な役割を果たせなくなるとき，すなわちフロンティアの"消滅"が現実の問題となったとき，合衆国はある意味，南北戦争以上の体制的危機を迎えることになった。アメリカの産業資本が急速に成長し，新たに登場してきた独占資本のもとで，工業生産力は19世紀末には世界トップとなるのだが，まさにそれと同時期に"消滅"は現実のものとなった。1890

8）　清水知久『アメリカ帝国』（1968）p.5 および p.7
9）　前注掲載書 p.8

年の国勢調査で「国土を貫く一本のフロンティアラインというものは消滅してしまった」との公式見解を受けて，当時の著名な歴史家フレデリック・ターナー（1861-1932）は 1893 年 7 月，アメリカ歴史協会での講演において，後に大きな反響を呼び起こした「アメリカ合衆国におけるフロンティアの意義」（フロンティア学説）を展開するに至った。

> 「…今日に至るまで，アメリカ合衆国の歴史は，そのほとんどが大西部への植民の歴史だった。自由な土地が存在し，それがアメリカ人の西部への定住が進むことによって絶え間なく後退してゆく，これがアメリカの発展を説明する図式である。…このような意味で，フロンティアは波の先端だと言えよう。そこは，野蛮と文明が出会う場所なのだ。…ギリシア人にとって地中海は，慣習の鎖を断ち切り，新たな体験を提供し，新しい制度と活動を生み出しただけでなく，それ以上の意味をもっていたが，アメリカ合衆国にとっては，この後退し続けているフロンティアが，まさに同じ意味を有してきた。…そしてアメリカ大陸の発見から四世紀，憲法の施政下で一世紀が経った現在，フロンティアは消滅してしまい，その消滅とともにアメリカ合衆国の第一期が終わりを遂げたのである。」（傍点筆者）[10]

　ここに見る強者からの視点，たとえば，「自由な土地」，「文明と野蛮」，「大陸の発見」といった傍点部を繋ぎ合わせてゆけば見えてくる征服者，侵略者からの視点はその後のアメリカ帝国にも体質的に備わっていくものだが，それにしても，ターナーが言う「第一期の終わり」は資本主義的膨張を帝国の稼動軸としたアメリカ合衆国にとって，製品市場の飽和や社会的安全弁の機能劣化とともに，「力」の源泉の枯渇を意味するものでもあった。したがって，時の為政者たちが取りえた選択はフロンティアをさらにその外郭へ延ばし，帝国により大きな「容量」を付加させることしかなかった。それが帝国主義政策への転換，海外領土の侵食と「明白なる運命」に付与された自己の精神的・物質的優越性の流布だ。マッキンレーからセオドア・ローズヴェルト大統領期に展開された太平洋カリブ海政策は，そうしたコンテクストに則った帝国膨張運動の延長線上にあるものだった。パナマの分離独立策動などに見られる中南米への武

---

10)　歴史学研究会編著『世界史史料 7・南北アメリカ先住民の世界から 19 世紀まで』（2008）pp.390-391

道標Ⅷ　衰微するアメリカ，「帝国の原理」を俯瞰する ｜ 197

力介入（棍棒外交）や，ハワイ併合，フィリピンの領有，さらには「門戸開放」
を掲げての中国分割へのコミットメント，日露戦争の調停斡旋など，20紀初
頭のアメリカの国策は，海洋国家への転換とともに，ネグリらが言うところの
「この世界を統治する主権的権力」としての帝国の原理を国際社会に認知させ
ることを目的とするものに他ならなかった。

　この中でも特に重要だったのが，巨大な富と市場規模を持つアジア，とりわ
け中国市場への参入戦略だった。アメリカにとってのアジア太平洋戦争は，中
国市場をめぐる日本帝国主義との争覇戦としての性格を強く持っていた。した
がって，第二次世界大戦後に中国が共産党政権のもとに統治され，自身の影響
力が中国大陸から排除されるに及んで，アメリカは冷戦の一極として社会主義
勢力を封じこめようと躍起となっていった。

　「封じ込め」へのエネルギーは，ソ連・中国など東側諸国に振り向けられた
ものばかりではなかった。アジア太平洋戦争期に既に色濃く反映されていた国
際社会の変動には，植民地における反帝国主義・反植民地主義の解放闘争が
重要な位置を占めていた。アジア各地での民衆のたたかいは既に19世紀以来
根強く続いていたが，植民地支配が資源の略奪，強制労働，そして民族的アイ
デンティティーの抹殺政策といった圧政をエスカレートさせてゆくのに比例し
て，より広範に展開されるようになっていた。アジア太平洋戦争の一時期，日
本による軍事占領が各地での植民地支配秩序を一時的に弛緩させたものの，さ
らにその上にいっそう過酷な形で日本の占領政策がのしかかったことで，アジ
ア植民地民衆のたたかいはいっそう苛烈に，そしていっそう力強く，帝国主義
支配秩序を揺るがしていた。戦後の国際秩序が米ソ二極の対立構造のもとに再
編されていく過程で，第三世界の運動は旧宗主国の新植民地主義を次第に圧倒
していくのだが，毛沢東やホーチミンなど民族解放運動の一部の指導者は社会
主義者であり，また，多くの新興独立諸国がソ連からの援助を仰ぐ姿勢を示す
中で，アメリカが担った新しい使命とは，第三世界における自国系多国籍企業
の権益を維持するとともに，かの地での人民闘争が社会主義革命にリンケージ
していくことを防止すること，いうなれば「東」と「南」の分断という大仕事
だった。そしてその際に，アメリカは例によって「明白なる運命」を掲げて莫
大な軍事力と経済援助を注ぎ込んで民族解放運動に介入し，それらを抑圧しよ
うとしたのだが，そのときアジア民衆の独立と自由の達成という素朴な願い
は，ちょうど西部「開拓」期の先住民の意思がまったく問題視されなかったの

と同様に，ほとんど無視されていた。

4．ソフトパワー：マック，ディズニー，「商品」としての英語…

　ハリウッド映画，メジャーリーグ，ショッピング・モール，暖炉のある広い家，多種多様な家電製品，そして大型車などの耐久消費財…ちょうど100年前にアメリカ合衆国において初めて実現され，他世界を席巻した大衆消費社会は，身分・出自の如何を問わず自身の能力と機会さえあればいかようにも立身出世ができるという"夢"，そして「自由と民主主義」の理念とともに，世界の人々が憧れ，理想とすべきライフスタイルとしてアピールされ，アメリカの優越性を誇示する典型的なシンボルとなってきた。それは20世紀全般を通じて絶えず再生産，更新され，世界各地からやってきたインテリゲンチャ，ビジネスマン，そしてマスコミを媒体として喧伝流布されることによって，アメリカ的価値観およびその表象としてのアメリカ的生活（American Way of Life）は世界の憧憬，到達すべき「豊かさ」の理想郷としての文化覇権的なステイタスをも獲得していった。社会主義陣営に対する優越を示す必要性もあったことから，第二次世界大戦後のアメリカ的価値観のトランスナショナルな膨張は，アメリカ政府自身がそれを後押しする形で強力に展開されていった。戦後日本の食生活が急速にアメリカ化され，多資源消費を前提とした大量生産大量消費の「使い捨て型ライフスタイル」がもてはやされるようになったのは，アメリカ産余剰農産物の販路拡大戦略や石油メジャーズによるエネルギー転換促進の経営戦略との密接なつながりを抜きにしては語れない。この「政治，経済，文化，社会の全般にわたって，アメリカの国内社会を国際的に膨張させ，世界をアメリカに似せて『相似な』ものに見作り変えようとする強い傾向」[11] こそが，しばしば私たちにアメリカ的なるものイコール国際的でグローバルなものとの幻想を抱かせ，それがまるで「豊かさ」＝「発展・進歩」＝「幸福」であると錯覚させる「力」となっていることは疑い得ない（余談ながら，2018年のヒット曲 DA PAMP の「U.S.A.」歌詞の中に「ドリームの見方を inspired」という言葉が見られるように，戦後日本人もまたアメリカ的価値観を inspired ＝刷り込まれてきたのだった）。

　こうした視点を政権内部から理論化し，その「力」を外交手段としてより積

11）　アメリカ学会『唯一の超大国・原典アメリカ史9』（2006）p.10

極的に活用すべきだと主張した一人に，クリントン政権時代の国防次官補ジョセフ・ナイがいた。彼はハーバード大学教授時代にこの政策理論を提起し，21世紀型国家の理想として，軍事力や経済力といった顕示的な力とは別次元で，それらを補完する「見えない力」としてファッションモード，食文化，ライフスタイル等の広汎な社会生活上の価値観の魅力を取り挙げた。そして，それこそが他国民の関心を引き付け，自然とアメリカの味方につける磁力となり，「自国が望む結果を他国も望むようになる」として，そうした「見えない力」をソフトパワーという概念で括っている[12]。事実，マクドナルド・ハンバーガーやコカコーラからキャデラックやディズニーランドに至るまで（或いはその逆か？），私たちが慣れ親しみ，一種のトレンディーさ，カッコよさをもって手にするそれらの商品は，すべからくアメリカ・オリジンのものであり，ソフトパワーを世界に貫徹させる上での強力な「文化戦略兵器」となってきた。

「戦略兵器」の中には既に綻びが生じているものが無いわけではない。ジャンク・フードが心身の健康（特に子供たちの）に与える重大な弊害は，かなり以前から栄養学者や教育関係者から提起されてきた。それに侵され続けたアメリカ本国では肥満人口が全人口の34％にも達しており，医療コストの増大など深刻な社会問題を生んでいる[13]。また，マック・ハンバーガー用牛肉の飼料大豆生産のためにアマゾンの自然林が急激に消滅していることが問題視されるなど，環境破壊への世界的批判も高まってきた。ファーストフード型生産・消費システムへの批判から，地産地消に立つスローフード運動や，多国籍企業の不当搾取を批判するフェアトレード運動などが台頭してきたことは，このようなビジネスモデルへの懐疑が高まっていることの証左と言えよう。

しかし，ソフトパワーを貫徹する手段の中には，なお強力な存在感を示すものが少なくない。たとえば，ディズニーリゾートに代表される，「夢」という名の幻想を売るエンターテイメントビジネス・モデルがある。そこでは，営利行為の付加価値源泉となる「hospitality mind（おもてなしの心？）」自体が商品化され，特有のディズニー用語で表象された顧客（「用語」では「ゲスト」となる）マニュアルに従った徹底した運営管理のもとで，従業員（同「キャスト」）たちにはゲストたちを「夢の世界」に耽溺させることこそが至上のサービスであ

12）　ジョセフ・ナイ『ソフトパワー』（2004）pp.26-27
13）　アメリカ疾病対策センター（CDC），2018年4月発表値。なおここで言う「肥満者」とはBMI係数（体重［kg］÷身長［m］÷身長［m］）＞25に該当する対象者。

ることを繰り返し叩き込まれる。そして、「ディズニーランドにあるもの、そ
れは過去と未来の世界です。『今』を忘れて思う存分遊べるよう、あらゆる仕
掛け仕組みを用意して、『夢と魔法の王国』への扉を開いている」[14]という幻
想世界に消費願望を刺激された人々は、ゲストとしての"ハレ着"をまとうべ
く変身し、その中へと吸い込まれてゆく。ただし、彼ら彼女らはディズニーリ
ゾートの内側では「夢の旅人」ではあっても、一歩外に出た瞬間に否応なく
夢を醒まされ、「普通の人」へと戻っていかざるをえない。その姿は、ディズ
ニー・ビジネスの一商品と化した観さえあるシンデレラ姫のようでもある。華
やかな衣装や白馬や豪奢な馬車が深夜12時を過ぎた途端、粗末な服とネズミ
とカボチャに戻るように、「夢の世界」から放り出された人々は再び日常へと
埋没していく（王子様に見そめられたシンデレラはその後に再び見いだされメデタシ
メデタシとなるのだが、残念なことに、一般の人々にそうした運命はまず訪れない。彼
ら彼女らが再びシンデレラ姫となるには、お金を払ってまた園内に足を運ぶ他は無いの
だ）。「私たちの日常はともすれば退屈で、胸がときめくような体験をすること
はまれである。そんな中で、ディズニーランドという非日常的な祭りの空間で
体験される冒険は、心臓が縮み上がりそうなスリリングなものなのだ」[15]から、
それがエンドレスで繰り返されるうちに、人々は高額のお金をむしりとられて
いることにも痛痒を感じず、現実から逃避する行為に磨耗する自己存在にさえ
も気付くことはなくなってゆく。

　確かに、マクドナルド的なるものとディズニー的なるものには表面的には幾
つかの相違が見られる。前者が大衆化・均質化した食文化を提供するのに対し
て、後者では日常との差別化、「ドラマチックな異空間」が提供される。しか
しながら、両者は根本原理の部分で共通項を持っている。それは、両者がとも
に世界の多様なライフスタイルに浸透していく中で、人々を大量消費行動につ
なぎとめておくために必要な消費意欲を収れんさせる「目的地」として機能し
ている点だ。マックがその利便性と低価格戦略で消費意欲を刺激し、より多
くを食べさせようとするのに対して、ディズニーランドは絶えず変化するア
トラクション、ショッピング、食事、ホテル宿泊などの複合体として消費ハ
イブリッド化を進め、より多くの「夢」消費を図ろうとする（したがって、「ラ

---

14)　生井俊『ディズニーランド、また行きたくなる7つの秘密』（2008）p.183
15)　富田隆『ディズニーランド深層心理研究』（2004）pp.183-184

ンド」は単なる遊園地ではなく，まさに「（ディズニー企業体にとっての）消費リゾート」となる）。また，両者は管理された顧客マニュアルにしたがって，従業員にアイコンタクトとスマイルを忘れずに顧客とコミュニケーションすることを求めるのだが，その従業員たちはマック，ディズニーという企業体の擬似代表として「統一されたアイコンタクトとスマイル」をいつも振りまかなければならない[16]。ここでは，「感情」までもが労働力に帰属するものとして商品化されるばかりか，そうした接客サービス態度こそが標準化の基準＝ホスピタリティーの実質的グローバル・スタンダードであることが暗黙のうちにビルトインされる。それはマック・モデル，ディズニー・モデルとして，やがて世界中で規範化された「力」へと転化し，遂には人々を従属させてしまうという傾向を不可避とする。社会組織学者アラン・ブライアンが批判する「ディズニー化（Disneyzation）」と呼ばれる現象が進行するわけだ[17]。

　シニカルな言い方かもしれないが，ソフトパワーが発散する幻想の浸透力が「アメリカ的なるもの」への抵抗感を薄めさせ，あたかも至高の価値を持つかのような錯覚を喚起し，アメリカ的価値観の優越性とそれを肯定的に受容する「帝国の原理」を下支えする。そうした「帝国の原理」の浸透ぶりは，現代国際社会における言語権力の非対称構造を背景として，我が国の英語教育のあり方にも露見しているように思われる。今日，英語話者は多く見積もっても世界人口の3分の1程度だと言われる。しかし，「英語は国際共通語だ」と皆が唱え，非英語圏で「英語が話せないと損をする」として英語学習熱が高まれば高まるほど，世界の3分の2が英語を話さないという実態との乖離はますます深まり，真実はいつしか捨象されていく。代わって英語＝国際共通語のストーリーが今度は「事実」（de fact）として仕立てられてゆけば，マックやディズニーと同じレベルで遂にはそれ自体が商品化され，一つのソフトパワーに進化を遂げて

---

16)　アラン・ブライアン『ディズニー化する社会』(2008) 第1，第3，第5章参照。

17)　実際，ディズニーランドに「夢」を買いに行くゲストたちは，キャスト側にとっては「神様」というよりは，むしろ「家畜の群れ」のイメージに近い。「アトラクション内で訪問客を迅速に処理できるのは，訪問客がディズニー内の規則を遵守することに慣れているからである。ディズニー・キャストの言葉を借りると，『ライドに数回乗ると，ゲストは駆り集められた牛みたいになっているんです。』つまり，訪問客が入場した瞬間からディズニーが発揮するハイレベルの管理は，客を管理しやすくし，パークの日常業務を妨げることがないような，一種の受動性または従順さを生み出す。」前注掲載書 p.240

ゆく。「英語が世界に広がっていることは英語によって世界が一つにつながることではない。正確には，英語は世界人口の3分の1をつなぎ，残り3分の2を隔てているのである」とのある識者は指摘している[18]が，それはまさに正鵠を得ている。

　コミュニケーションの道具，あるいは所属する共同体をまとめる機能を伴う固有の言語は，そこに暮らしを営む人々のアイデンティティーの一部を成すものだが，外部からの「力」によって強制される覇権的な言語は，逆にそれを抑圧する手段となりえる。20世紀初頭期のフィリピンにおける英語教育や，「日帝36年」時代の朝鮮半島で進んだ朝鮮語の剥奪は，植民地統治を貫徹させるうえでの物理的手段だった。歴史的に見ても，言語（政策）は一種の暴力性を帯びたものだったのだ。

　ソシュール（1857-1913）ら近代言語学の巨人たちが指摘したように，もともと言語は実態（実質）を指して後付で生まれるものではなく，むしろその逆なのだ。すなわち，記号論的には実態（実質）が先にあり名称が後にくるのではなく，他の事物との区別をするためにまず名称が必要とされ，そこに実態（実質）の意味合いが付与される。「言語は差異の有り様を示す記号であり，名称が実態（実質）を作り上げる」というのがソシュール言語学の一つの到達点だった[19]。より正確に言えば，土地に固有な，土着のコミュニケーション関係から作り出される共同体の認識の有り様が対象を“探し出し”，既成の社会的関係性に基づいた形相の差異関係を支えとしてこれを物質（認識対象としての認知）化し，それに名称が与えられる。そして名称を付与されて，はじめてその対象は認識の網に引っかかる。また，個別の言語は，それを話す人々が属する共同体の関係性，社会性に規定された表象であり，その意味において人々のアイデンティティーを構成する要素である。すなわち，言語はすべからく固有土着の認識体系の記号表象であって，固有の（ローカルな）表象は固有の文化体系に立脚してはじめて可能となる。ソシュールがラング（言語）に見られる固有の決まりはそれを使っている人々の共同体が設定したもの，すなわちラング（言語）には社会性が有るというとき，それは法律や政治制度，統治組織と同列に言語が固有のシステムを持ち，「力」を持っていることが暗黙裡に示され

18）　吉武正樹「言語選択と英語」（2006）p.60
19）　丸山圭三郎『ソシュールを読む』（1983）第6講

ているということだろう[20]。

　この意味で意図するか否かを問わず，今日の「英語＝国際共通語」論と商品化された英語教育は，「アメリカ的なるもの」が表象する固有の社会性を普遍化しようとするソフトパワーの一端を担わされることとなる。「国際共通言語」化圧力は，ローカルな言語が持っている差異の記号という本質を奪い，その場その地に固有に存在する差異・認識の区分を消滅させ，「英語的なるもの」の基準において再編・画一化する。たとえば，山梨のほうとうや名古屋のきしめんは，それぞれ Hoto Noodle, Kishimen Noodle としか表現されず，両者の実態（歴史的・文化風土的に形成されてきた，異なった実質）は"奪われて"しまう。また，「英語＝国際共通語」論は世界の人々を特定の価値体系に従属させる道具としても結果的に機能する。日本人が英語を学ぶというとき，学習者は言葉自体を学ぶと同時に，そこに現れる特有のコミュニケーション・スタイルやそれを成り立たせる関係性にもインテグレートされる。たとえば，英会話授業につきものの「Ha〜n」「You know」といった対応口調は，日本語会話の場合にはまずありえないものだろう。かくして，「英語＝国際共通語」論は他の諸々のグローバル・スタンダード（本質的にはアメリカン・スタンダード）と同様に，その土地固有な社会性を剥奪し，多様性を侵食し，遂には実態の消滅をすすめる「暴力性」を伴うこととなる。

　歴史的に見れば，いわゆる「国際語」は時々の覇権を握る権力に属する言葉，あるいはそのもとで帝国の秩序を成り立たしめた言語だ。14 世紀，モロッコのタンジールに生まれたイブン・バットゥータ（1304-1377）は 22 歳のときメッカ巡礼に旅立った後，北・東アフリカ，西アジア，南ロシア，バルカン，中央アジア，インドそして中国の大都（北京）を訪れ，また故郷に帰ってからはイベリア半島や中央アフリカへ旅した大旅行家だが，それを可能としたのは，彼のイスラーム法学者（ファキーフ）としてのウンマ（共同体）からの敬意と，パクス・モンゴリカ時代の商業語としてのアラビア語の存在だった。アラビア語＝国際共通語の地位に相対的な劣位が生じたのはそれ以降，すなわち 16 世紀以降の「西洋の衝撃」によるものであり，それはまた，国際経済の重心と覇権の推移と軌道を一にするものだった。「英語＝国際共通語」論もまた，そうした歴史的パースペクティブからすれば，必ずしも永続的なものではないのだろう。

---

20)　町田健『ソシュール入門』（2003）pp.81-86

現在多くの非英語圏諸国，たとえば日本において，英語はマックやコカコーラと同じように付加価値を組み込んで売買される商品となっている。英会話スクールや英語教材，あるいは「英語圏留学」が扱う英語リテラシーそのものが商品として売買されるのは，そこにマーケティング素材となる言語経済の非対称性，すなわち「英語を話せるほうが得で，そうでないのは損である」との認識の存在と，それを再生産している国際的な構造が存在しているからだ。言語学者ノーム・チョムスキーが「企業は１年に何千ドルも費やして消費者を惑わすイメージを発信している。それが広告の目的だ。企業のプロパガンダの主要な役割は消費者を作り出すことだ」[21] と批判するように，英語を商品化するビジネスは「英語＝国際共通語」論を利用して巨額を投じて広告を繰り広げる。日本における英語マーケッティングの最大の犠牲者は，無意識的に English Divide への恐怖心を刷り込まれ，受験教育の中で残酷な選別ツールとして使われたことで，劣等感を再生産されてきた若い世代なのかもしれない（世間に「英語嫌い」を自称する若者は数多くいる）。昨今の英会話熱や，スキル向上にのみ重点を置く英語教育，あるいは英語至上主義は，本来，言語に表象されている社会的関係性，言語のコンテンツに無思慮で，繊細さを欠いている。言語が人々の主体性と身体の一部を成すということへの考慮を欠いた教育は，自己認識の深化に大きな桎梏となる危険性を持っている。それはまた，English Divide への恐怖をフィードバックさせ，「英語が出来る」ことが優越感の根拠となり，「英語が出来ない」人々を「二級市民」と見做す意識さえ一般化させる。アメリカが保持するハードパワーの衰微が顕著となっても，この分野でのソフトパワーはなお威力を保っている。

5. 「安保法制」と「マクロ経済均衡式」から見る日米同盟の本質

一方で，帝国のハードパワー構造は，時とともにそのあり方をも変容させてゆく。衰微によって生じる「空白」は他の何者か，それも自分に従属する忠実なパートナーの手によって埋め合わせることこそがもっとも賢明な選択だろう。この片務的・従属的なパワー・シェアのありようが最も顕著に表れているのが，他ならぬ私たちの国とアメリカ合衆国との関係だ。

---

21) ノーム・チョムスキー『破綻するアメリカ，壊れゆく世界』(2008) p.283

その傾向は 2001 年の「9・11」以降，確実に進行してきた。ブッシュ政権（当時）から日本政府（小泉政権・当時）に対する自衛隊の海外派遣への要請圧力は強まり，それに応じる形で米軍との共同行動の度合いが飛躍的に増していった。日本政府は「テロ対策特別措置法」を時限立法（2 年間）で成立させ，海上自衛隊の部隊をインド洋に派遣し，米海軍艦船などへの給油を行った。また 2003 年のイラク戦争勃発の際にも「イラク特措法」が制定され，航空自衛隊，陸上自衛隊のイラク派遣を可能とした[22]。自衛隊は米軍への直接的・間接的支援の領域を大幅に拡大してきた。イラク戦争勃発の際，横須賀から出港する米空母キティホークを海上自衛隊のイージス艦が嚮導したシーンに象徴されるように，日米両軍の戦略的統合も急速に進展した。イラク侵攻の主力軍となった在ワシントン州の米陸軍第 1 軍団司令部が改編され，キャンプ座間に在日米陸軍司令部として前方展開したのにあわせて，陸自は座間に中央即応集団司令部を設立して指揮系統を統合，また米第 5 空軍司令部がある横田基地には空自の航空総隊司令部が移転し，航空管制の一元化など，在日米軍と自衛隊の司令部機能の一体化が進行した。とはいうものの，その「一体化」の内実は，軍事衛星やサイバー空間における早期警戒網や戦略兵器などの戦力の圧倒的な非対称関係を前提とすれば，むしろ従属化と言ったほうが適切だろう。だが，これらのアクションは戦後長く日本が国是としていた「専守防衛」，すなわち，日本が侵略を受けた際の自衛権の発動としての軍事行動のみが可能であるとの立場とは大きく乖離しており，現行憲法（特に前文及び第 9 条との関連で）に抵触するのではないかとの世論が高まっていったのは当然だった。特に自衛隊がアメリカ軍と共同行動を行うために海外に展開することは，従来の憲法解釈では認められていない「集団的自衛権」の行使にあたる恐れがあるとして，内閣法制局などでも問題となっていた。

　一方で「双子の赤字」に悩むアメリカは軍事負担を"応分に"同盟諸国にもシェアすることを望んでおり，ブッシュ政権はアジア地域での軍事的影響力を維持するための方策として，日本により積極的な軍事貢献を期待していた。そして，その突破口となったのが「集団的自衛権」の容認とその行使に踏み込むことだった。アメリカ政府の対日戦略の中心となった人物は，前節で言及した

22）　同法は 4 年の時限立法で，2007 年にさらに 2 年間の延長が図られた後，2009 年 7 月に失効した。

ジョセフ・ナイ，ブッシュ政権下での国務副長官だったリチャード・アーミ
テージなどの「知日派」タカ派たちで，両氏は 2000 年にアメリカの対日外交
指針として「第一次アーミテージ・レポート」(INSS Special Report, *The United
States and Japan: Advancing Toward a Mature Partnership*) を，また 2007 年にはシン
クタンクの戦略国際問題研究所 (CSIS) から「第二次アーミテージ・レポート」
(*The US-Japan Alliance: Getting Asia Right through 2020*) を発表し，日本のより積極
的な軍事貢献を求めていた。さらに，2012 年には「第三次アーミテージ・レ
ポート」(*The US-Japan Alliance: Anchoring Stability in Asia*) を発表し，現行憲法の
「より柔軟な解釈」＝集団的自衛権の制約解除を迫った。その目的は「(日米韓)
同盟の潜在力を最大限に実質化するため」に，3 国間の軍事的連携の維持と共
に，連携対象をインド，オーストラリア，フィリピン，台湾にも拡大すること
を求めた。祖父岸信介の"悲願"とも言える現行憲法改正を最大の政治目標と
する安倍晋三が明文改憲にこだわらず，当面のニーズに応えるべく解釈改憲路
線へと舵を切ったのは，このレポートの影響が大きいと言われている[23]。そ
して「戦後レジームからの脱却」，「日本を取り戻す」という復古的・国権的な
主張を掲げる安倍内閣は「積極的平和主義」を唱え，自衛隊の海外展開への道
を切り開こうとしていた。すでに自民党政府は自身が描く理想の「美しい国」
を作り上げるために，早くから布石を打っていた。「武力攻撃事態法」(2003)
や「武力攻撃事態等における国民の保護のための措置に関する法律」(2004)
などの有事法制整備はかなり以前から進められており，この動きは第 2 次安倍
政権によってさらに本格的に進められたのだった (表Ⅷ-1 参照)。

特に，数次にわたる外交・国防担当相による日米安保協議委員会 (いわゆる
「2 + 2」) を経て，2015 年 4 月に最終合意を見た日米軍事協力の「新ガイドラ
イン」は，集団的自衛権を確認し，恒久的に自衛隊の海外展開を可能とする政
策転換を決定的なもととした。同ガイドラインは安保法制の内容を先取りした
形で，以下の日米軍事協力アジェンダを含んでいた[24]。

1) グローバルな規模での軍事協力
2) 集団的自衛権に関する協力

---

23) 前田哲男「東アジア共同体への展望・序説」(2016) pp.11-12
24) 梅林宏道『在日米軍』(2017) pp.67-69

道標Ⅷ　衰微するアメリカ，「帝国の原理」を俯瞰する　｜　207

表Ⅷ－1　「安保法制」をめぐる主な動き

	主　な　事　項
2012 年 12 月	第 2 次安倍内閣発足
2013 年 2 月	「安全保障の法的基盤の再構築に関する懇談会（集団的自衛権と日本国憲法の関係整理のための首相の私的諮問機関）」設置
2013 年 8 月	集団的自衛権に積極的な小松一郎氏を内閣法制局長官に任命
2013 年 10 月	特定秘密保護法を閣議決定（12 月成立）
2013 年 12 月	安全保障会議法改正，国家安全保障会議に再編
2013 年 12 月	特定秘密保護法を施行
2014 年 4 月	武器輸出三原則緩和措置
2015 年 4 月	安倍首相訪米，米議会で演説，「2 + 2」での「日米新ガイドライン」最終合意
2015 年 5 月	ODA 大綱改定
	平和安全法制関連法案を閣議決定。衆議院・参議院に提出。特別委員会設置
2015 年 9 月	安全保障関連法（集団的自衛権の行使容認を含む）成立
2016 年 3 月	安全保障法制（平和安全法制）施行
2017 年 6 月	組織的犯罪処罰法改正案（「テロ等準備罪」・「共謀罪」法案）強行採決

　3）島嶼防衛や奪回を明記した協力
　4）三カ国あるいは多国間協力
　5）宇宙・サイバー空間での軍事協力
　6）武器開発における協力

　上記1）では軍事協力の地理的範囲は事実上無制限となったうえ，2）においては日本が直接武力攻撃を受けない場合でも共同軍事高度が可能なことが明記された。また，6）については武器の共同開発が確認され，武器三原則のなし崩しとも言える防衛装備移転への原則変更（2014），さらには「軍事機密保護」を名目とする特定秘密保護法の制定（2013）とのセット化が目論まれることとなった。
　いわゆる「安保法制」[25]は 2015 年夏に衆参両院において強行的に可決されたが，そのプロセスは無理に無理を重ねたものと言えた。国民の過半数が望んでおらず，また 8 割以上の憲法学者が「違憲の疑いが濃い」とその内容を批判していたにもかかわらず，単なる一内閣による解釈変更によって日本国憲法が掲げる非戦精神はなし崩され，日本は戦後の「殺さない国家」としての矜持を

捨て去った。しかも，「事実上の改憲」とも言うべき「安保法制」の成立を安倍首相が最初に公言したのは 2015 年 4 月末の訪米時，ワシントンでの米会議上下両院合同会議の場だった。まだ閣議決定もされておらず，国会に提出されてもいなかったにも関わらず，このタイミングで「安保法制」がいわば"国際公約"として提起されたことが示しているように，この法案はアメリカからの圧力によって作られ，日本の防衛というよりはむしろ，世界中の紛争地帯に日本の軍事プレゼンスを拡大してアメリカと一緒に戦争できる体制を作ることを主たる目的とするものだった。

　2016 年 11 月，自衛隊海外派兵の「実績」を積み重ねていくための第一歩として，安倍内閣は「もはや内戦状態」と言われる南スーダンでの国連 PKO 活動に対する自衛隊の「駆けつけ警護」と外国軍との「共同防護」任務の付与を閣議決定した。これによって，「安保法制」による自衛隊の海外活動に際しての「反撃と支援のための武器使用」が認められることとなったのだが，同地では政府軍と反政府軍が相争っており，自衛隊の介入に際しては現地政府軍（あるいは反政府軍）との交戦さえもが想定される事態となり，「交戦権を認めない」とする現行憲法第 9 条と根本的な矛盾が生じることになった。「安保法制」は自衛隊の全世界への展開を事実上認めており，今後の国際情勢いかんではアメリカが主導する「多国籍軍」に自衛隊が加わり，たとえば「テロとの戦い」に本格的に参加することにもなりかねない。それは日本自体が本格的な無差別テロの標的になることをも意味しており，日本のあらゆる地域がもはや「安全地帯」ではないこととなる。さらに言えば，「特定機密保護法」，「テロ等準備罪」・「共謀罪」法が機能すれば，政府に不都合な現地情報をメディアが報じれば「機密漏洩」の名の下に官憲の圧力が及ぶこととなり，「テロ等の準備」の取り締まりを名目として反戦世論が封殺されていくことにもなりかねない。歴史が物

25）「安保法制」（正式には「平和安保法制」）は，自衛隊法，国際平和協力法を含む 10 法案を束ねた「平和安全法制整備法」と新規法案「国際平和支援法」の 11 法案から成り，主要事項として「在外邦人等輸送」，「自衛隊の武器等防護」，「平時における米軍に対する物品役務の提供」，「国際的な平和協力活動」，「重要影響事態における後方支援活動等の実施」，「船舶検査活動」，「国際平和共同対処事態における協力支援活動等の実施」，「武力攻撃事態等への対処」など，自国領土外での広範な軍事活動を想定している。その要は「他国防衛」，すなわち海外で紛争が発生した際に同盟諸国軍，特にアメリカ軍との共同戦を行うことを可能にする政治的・軍事的なスキームを整えることにあった。

道標Ⅷ　衰微するアメリカ，「帝国の原理」を俯瞰する ｜ 209

語るように，戦時体制への移行は国内での自由と民主主義抑圧と共に進んでいくのだ。

　在日米軍が日本を守るために存在している，というのは巧妙に仕組まれた幻想だろう。1950 年代の朝鮮戦争，1960-70 年代のヴェトナム戦争，21 世紀の対アフガニスタン侵攻，イラク戦争など，第 2 次世界大戦後のアメリカが行ってきた戦争のすべてにおいて，在日米軍基地はその最前線基地としての機能を担ってきた。そして，そうしたアメリカの侵略行動を一貫して支持してきたのは，安保条約と地位協定に基づき多くの“軍事経済サービス”を提供してきた日本政府だった。アメリカはアジアにおける自らの軍事的プレゼンスの維持とそれを前方展開させるうえで在日米軍基地の利用価値が大きなものであることを認識しているだけでなく，自分の思惑を超える形で日本が行動し，「帝国の原理」構造と齟齬をきたすような動きに出ることを何よりも危惧している。たとえば，朝鮮半島情勢がエスカレートし，日本が核武装に踏み切るような事態がそれだ。在日米軍は日本がアメリカの「核の傘」から離脱するなどの冒険主義的行動をとることが無いように「重し」の役割を果たし，またそれゆえにこそ，近年では日米安保体制下での戦略的統合を急務の課題としてきた。

　このことに，多くに日本人はなお鈍感だ。「在日米軍は日本人の生命財産を守ってくれる」とする虚構がなお罷り通り，それゆえに，例えば海兵隊普天間基地の代替施設建設のために同県名護市辺野古のサンゴ礁破壊が強行されるように，在沖縄の米軍基地問題の負担を一方的にウチナーンチュに押し付ける構造的暴力が堂々と行われていても，ヤマトンチューの多くがなお無関心であるという現実は，そうした虚構の上に成り立っているものだ。そもそも，果たして軍隊は民衆の生命財産を守るために存在する組織なのだろうか。「軍隊はそれ自体を守る」とは，自身が旧陸軍兵卒経験を持っていた作家司馬遼太郎の言葉だ[26]。軍隊にとって理論的に想定されている国家とか国体といった“防衛対象”はあくまでも抽象的な存在で，生身の人間を想定しているわけではない。具体的な存在としての「生身の民衆（国民）」は，そうした抽象的な国体理念

---

26)「…軍隊は住民を守るためにあるのではないか。しかし，その後，自分の考えが誤りであることに気づいた。軍隊というものは本来，つまり本質としても機能としても，自国の住民を守るものではない，ということである。軍隊は軍隊そのものを守る。この軍隊の本質と摂理というものは，古今東西の軍隊を通じ，ほとんど稀有の例外をのぞいてはすべての軍隊に通じるように思える。…」司馬遼太郎『街道をゆく 6／沖縄・先島への道』（1978）pp.36-37

から見れば下位概念でしかない。"防衛対象"は一般民衆などではなく，自らが付属する体制をこそ想定される「脅威」から守らなければならない，ということになる。歴史は雄弁だ。アジア太平洋戦争末期の沖縄戦にあたって，日本軍は何をしてきただろう。そこでは軍組織そのものの維持が最優先され，結果として多数の住民が避難した塹壕や洞穴から追い立てられて「鉄の暴風」に晒され，また軍によって婦女子が殺害され，集団死に追い込まれるなどの惨劇が相次ぎ，10万人を超える非戦闘員が犠牲となった。沖縄守備隊の牛島司令官はけっして冷酷であったわけでも，無慈悲であったわけでもないだろう。ただ沖縄の日本軍は国体護持という至高の目的のために，大本営からの命令を遵守し，たとえ現地民衆の血肉が吹っ飛ばされることを看過しても，沖縄を本土決戦のための「捨て駒」とするという戦略的に「当然の措置」を取ったに過ぎなかった。あるいは，30万人の開拓移住民を置き去りにして旧満州の地から退却した関東軍の行動は，軍隊組織の行動原理として非難されるべきものだったのだろうか。彼らもまた，国体を護持するために，襲来するソ連軍に対応すべく戦線を縮小したに過ぎなかった。軍隊が持つそのような本質的習性をふまえるならば，首都周辺に強大な外国軍を駐留させ，それに自衛隊の指揮権さえ事実上委ねてしまっていることがいかに危ういことかを，私たちはもう少し深刻に受け止めるべきではないだろうか。横田，座間，相模原，厚木，そして横須賀へと連なる「横浜線周辺基地群」の存在は，アジア地域の反米勢力にとって最大級の攻撃対象であるばかりではなく，日本国憲法に規定された統治機構を超えたところに超然として存在する最大の暴力装置として，この国のありようを監視し，民衆の生活を睥睨している。この構図のもとでは，あらゆる反米的行為，もしくは在日米軍の存在を否定する行動は事実上，封じられてしまっている。日本の政治はたとえどの政党が政権を執るにせよ，首都を取り囲む在日米軍の意向を無視しては存続しえないという冷厳なパワー・ポリティックスのもとに置かれているのだ。

　頻発する反米テロや核兵器保有の拡散，経済パフォーマンス不安とドル不信，そして多資源消費型のライフスタイルへの疑問などが相まって，20世紀の「帝国の原理」を支えてきた核（軍事力），ドル（経済力），石油（ライフスタイル）によるアメリカ覇権の凋落ぶりは，近年ますます露わとなってきた。塗り替えられ始めた新たな世界地図の上，とりわけアメリカ合衆国の上には，2005年以来の再検討会議の中で何らの合意文書も採択されずに崩壊の瀬戸際にまで

道標Ⅷ　衰微するアメリカ，「帝国の原理」を俯瞰する ｜ 211

追い込んだ核拡散防止体制，温室効果ガス削減への新国際スキーム（パリ協定）
からの一方的離脱，敵意に満ちた反イスラーム感情，レイシズム，関税障壁を
張り巡らし他者を排除しようとする「内向き帝国」の様相が点描されている。

　オーソドックスな近代経済学のテキストには必ず書かれていることだが，一
国の経常収支は貯蓄・投資ギャップ（リソースバランス）と財政収支の和に等し
いとされる。

　　Ex － Im ＝ (S － I) ＋ (T － G)　　　… (1)

　　［ただし，Ex：輸出，Im：輸入，S：国内貯蓄，I：国内投資，T：税収，G：政府支出］

　上記のマクロ経済均衡式から見たとき，アメリカ合衆国の現状はシンプルに
総括できるだろう。経常収支 (Ex － Im) と財政収支 (T － G) の「双子の赤字」
に苦しむアメリカ帝国をかろうじて支えてきたのは，諸外国，とりわけアジア
地域からの資金還流だった。しかし，経済成長を遂げる東アジア地域への依存
が増していく反面，とりわけ対中関係の将来に不透明感が増し，膨んだ対外債
務を相殺できる資金還流の長期的見通もまた曖昧になっていくなかにあって，
アメリカは所得以上の借金によって消費を賄うという消費過多体質を是正し，
税収を安定させ，拡大した戦線を縮小して政府支出を抑え，エネルギー多消費
型の産業構造を変革し，身の丈に合った国民経済規模に縮小していかない限り
は転落を避けられないことを自覚せざるをえない。ガソリンを大量に消費する
ゴージャスな大型車を生産してきたクライスラーや GM の破綻が象徴するよ
うに，「大きく，強く，贅沢に」は，もはや憧れでも美徳でもなくなった。生
起しつつあるドラスチックな変動は，アフガニスタン，イラク，シリアでの戦
争に可視化される軍事的覇権の行き詰まりとともに，新自由主義というアメリ
カンイデオロギーの表象としての経済モデルの終焉，「自らが稼ぎ出すのでは
なく，専ら世界の周辺部からの富の還流によって自分たちの消費を謳歌すると
いう持続不可能な帝国中枢部での生活スタイル」[27] の限界をやがて露呈するも
のとなるだろう。

---

27) Roche D., "Another Empire Bites the Dust," *Far Eastern Economic Review*, October
　2008, p.11

軍事面での場合と同様に，日米同盟による「補填の構造」がここでも垣間見える。増発される米国債は，輸出市場としてのアメリカに依存するアジア経済にとってのアキレス腱でもある。「情報」をめぐる覇権争いを繰り広げながらも輸出主導型の経済から容易に脱却できない中国は，アメリカの経済的凋落を看過できない。それは，かの国のためというよりはむしろ，自国の経済成長を維持する上で米国市場のアブソーバー能力の急減を座視できないからだ。両国間に高まっている貿易摩擦や派手な報復関税合戦とは裏腹に，米系企業の直接投資や技術移転を通して，米中間では経済的な相互依存関係が深まってきた。また，日米同盟の維持という政治課題を最優先する日本政府もまた，価値の長期的低落を懸念しつつも「連れ合い心中」を決意するかのように，米国債の購入に突き進まざるを得ない。かくして，両国が保有する米国債は2018年末時点でそれぞれ1兆1,849億ドル（第1位），1兆615億ドル（第2位）と，米国政府発行残高（14兆4,700億ドル）のほぼ15％を占める巨額に達しており，こうした資金循環の上に，アメリカ経済はなお命脈を保つことが可能な構図が国際秩序にビルトインされる[28]。中国にとって保有する米国債はアメリカに対する「無言の圧力」となり，両国の全面対決を最終的に回避するための保証手段となりえるだろうが，日米同盟の名の下にアメリカに従属する日本の場合には，それは有効な政治的対抗手段とはなりえないだろう。むしろ皮肉なことに，日本人が働き，稼ぎ出される貿易黒字がアメリカ人の浪費的で持続性無き「豊かさ」を維持するために消耗されている。これもまた，現代日本の対米従属の様を物語る一つの側面と言えるのではないだろうか。

6. テロの時代・民営化される戦争

他世界の収奪の上に君臨してきた「帝国」はまた，自らが振るう暴力によって国際的なテロリズムを再生産し，報復の対象となっている。圧倒的な力の非対称性を背景として，アメリカとその同盟諸国がしばしば国連をはじめとする国際機関の権威を利用して，あるいは「国際法」に基づいた形で軍事力を行使するのに対して，その暴力を振り下ろされた側は自らの肉体を犠牲としてこれに対抗する以外の術を持っていない。前者が振り下ろす強大な暴力が黙示的

---

28) URL：jp.reuters.com/article/cross-market-idJPKBN1H20ZV

道標Ⅷ　衰微するアメリカ，「帝国の原理」を俯瞰する ｜ 213

（たとえば，有力な国際ネットワークを持つマスメディアがアメリカ軍の殺戮行為をナマの映像として報じることは希である）で，しかも "合法性" の衣装をまとっているがゆえに「正義の制裁」と印象付けられるのに対して，肉体を犠牲とした後者の「弱々しい暴力」は明示的で（いわゆるテロリストが実行した，死体が散乱する自爆テロの現場はマスコミを通じて世界中に流される），しかもその形態が "非合法" であるがゆえに「邪悪な暴力」と認識されてしまう。また，近代国家の暴力は体制の合法的手続きに組み込まれ，国家が行う戦争行為に伴って必然的に発生した民間人殺戮が「やむを得ない犠牲」と不問にされるのに対して，テロリストによる自爆行為は「非人道的な無差別殺人」と非難される。しかし，国家による暴力とテロリストたちのそれを峻別する明確な基準は，果たして何なのだろう。それは，単に暴力を行使する主体の，世界における立ち位置の違いに基づくだけのものではないのか。ここで強調したいのは，核兵器に象徴される国家の暴力と自爆テロに象徴される対抗的暴力の圧倒的な量的差，すなわち力の非対称が，まさに暴力の質的差をも規定し，今日の「テロの時代」を生み出している元凶であるという点だ。ノーム・チョムスキーが 1990 年代末からウサマ・ビンラディン追跡の責任者だった CIA 上級アナリストや，イギリスのジャーナリストの言を引用して，「アルカイダとアメリカは事実上の同盟関係にある」と指摘したことは，この脈絡からは極めて正しいことだと言わざるを得ない[29]。

　アルカイダという非国家組織が「9・11」を実行して以来，「戦争が民営化された」と言われる。だが，実は既にそれ以前からアメリカ合衆国では「軍隊の民営化」は進んでいた。戦争サービス業と呼ばれる軍事警察関連企業の隆盛がそれで，その最大手ハリバートン社はブッシュ政権時代の副大統領ディック・チェイニーがかつて社長を務めていた。同社は兵站，占領地の管理，軍への衣

29）「ショワーによると，『アメリカ軍の存在とその政策はイスラーム世界を急進化させつつある。ウサマ・ビンラディンは，1990 年代初め以来イスラーム世界の急進化を目指し，かなり成功したが完成はしていない。したがって，アメリカ合衆国はビンラディンにとって唯一不可欠な盟友であるとするのが妥当である』。イギリスのジャーナリスト，ジェイソン・パークも，アルカイダに関する詳細な分析から同様の結論に達し，『軍事力を使えば使うほど，ビンラディンを利する』と書いている。『まったく新しいテロリスト集団』を生み出して，『善と悪との壮大な戦い』─ビンラディンとブッシュに共通する考え方─を繰り広げることになるというのだ。」ノーム・チョムスキー（2008）p.36

服調達，食事提供，物資補給，さらには直接的な警備行動や戦闘行為に至るまで，おおよそ作戦指揮以外の戦闘行動のすべてを担っている。「テロとの戦い」のもとで，今日の戦争形態は変容し，ハリバートンと同様の会社が雨後の竹の子の如く生まれ出ている[30]。「9.11」以降，アメリカは38カ国に新たに軍事基地を設け，130以上の外国に約50万人の兵力を展開した。1990年代から10年余で正規軍は60万人以上の兵力が削減されてきたが，それは100万人以上の雇用増をもたらした民間軍事会社への業務委託によって達成された削減数だった[31]。これまで国家主権の占有領域とされてきた軍事部門でさえ市場原理に託されるこの軍事委託民間会社の出現は，まさに「すべてを市場に委ねる」新自由主義の究極の帰結と言える。彼らは国家と違って，あるいはテロ組織と同様に，国際法にも定義されず，いわば法規の埒外にある存在だが，ますます現代の「帝国」の枢要部に組み込まれ頼るべき力として正規軍を代替する機能を持ち始めつつある。それは，あたかも衰退期のギリシア世界やローマ帝国がその軍事力を傭兵に依存するようになったのにも類似している。

「帝国」の衰微と，これまで優位を誇ってきた価値観の揺らぎが明らかにしたことがもう一つある。それは，「世界は一つ」ではないし，そうではあるべきではない，世界の中心はどこにも存在せず，あるいは至る所に中心は存在する，という単純な原則だ。西洋世界が作り上げ，アメリカ合衆国が継承し，その維持に懸命となってきた「一つのグローバリゼーション」は幸福な結果をもたらさなかった。むしろ，その「力」の存在ゆえに，世界の多くの人々は飢えや貧困に苛まれ，また紛争と離散に悲嘆し，土地を奪われ，身内が死地に追いやられる運命に甘んじざるを得なかった。国家や民族を刻印された人々が寸土を巡って殺し合い，憎しみを募らせる様はグローバリゼーションとの矛盾や時代錯誤などでは無く，むしろその帰結だろう。私たちは，かくも多大な不条理と理不尽の上に現代国際世界が成り立っていることを，あらためて確認すべきだろう。

---

30) 2004年3月，イラクのファルージャでアメリカ人4人が殺害され死体が見せしめに橋にぶら下げられるという事件が発生したが，彼らは民間軍事会社ブラックウォーター社の「職員」（傭兵）だった。この「民間人」殺害の報復として，数万人のイラク民衆の流血を強いた同年11月の「ファルージャの虐殺」事件が米軍によって引き起こされた。

31) ロルフ・ユッセラー『戦争サービス業』（2008）p.52&p.167

7. 新しい世界地図を描く

　アメリカ合衆国が作り上げてきた20世紀の世界秩序やライフスタイルは，力の圧倒的な優越を所与として，自身が周囲から屹立し，その中枢部を占めることによって成り立っていた。アメリカは周辺化した他世界からの資金還流と経済諸資源を収奪することによって「豊かさ」を享受し，ソ連崩壊後は「唯一の超大国」として自己優越的な世界秩序を維持しようとしてきた。それは19世紀のフロンティア西漸時代から続けられた，資本主義的差別の体系としての「帝国の原理」の延伸に他ならず，その外延運動には「文明化への崇高なる使命を帯びた明白なる運命」のもとに先住民への迫害を続けてきたフロンティア時代と同様の，拭い難い独善と驕慢が内包されていた。第二次世界大戦後の各地域で続いた紛争，内乱に対しての直接・間接的な軍事介入や，現地での振る舞いは，しばしばアメリカ政府に対してだけでなく，「アメリカ的なるもの」，アメリカ的価値観への嫌悪や反発を招き，身内の死傷や家族離散の運命を体験した多くの現地民衆を反米・嫌米の側に追いやった。そのマイナスイメージを挽回すべきソフトパワーは，なお部分的には有効性を保っているとはいえ，アメリカ的ライフスタイルへの批判，疑念は次第に国際社会に浸透し，「自由と民主主義」理念の剝げ落ちとともに，国際秩序の有りようにもラジカルな見直しを迫るようになってきた。冒頭に述べたリーマン・ショックや「トランプ現象」は帝国凋落の原因というよりは，むしろその帰結と言えるものだった。アメリカ帝国は自らが作り出した新自由主義グローバリズムに疲れ，その負担に耐え切れず，自国第1（ナショナル・ファースト）へと引き籠もりつつある。独善的な価値観への疑念，持続不可能なライフスタイルの限界がいよいよ認識され，その存在こそが世界に不安定をもたらし，人類の生存にとっての脅威とさえなりかねないという意識があまねく共有されてきたことこそが，"ショック"の基層にあった根本的なパラダイムの変化だった。

　そうした中にあって，私たちもまた，この厄介な国とのスタンスを抜本的に考え直していかなければならない。たぶん「終わりの始まり」は長期に続く歴史的なトレンドだろう。しかし，そうした趨勢をふまえるならば，私たち東アジアの市民は非常に重要なところに差しかかっていることをあらためて確認すべきだろう。パラダイム・シフトの兆候は，単に日本を含む東アジア地域諸国

が経済的に台頭し，濃密な物流と投資のネットワークを作り上げ，北米大陸の経済力を凌駕していくという見通しに留まらない。地球環境問題や資源制約など，私たちの目の前にある諸々の困難は，アメリカ的ライフスタイルを前提にしている限り，ほとんど解決不可能なものだ。それに代わる選択肢を私たちは提起していけるだろうか。単にアメリカ市場にモノを売って儲けるとか，「核の傘」に依存してやみくもに凋落する大国に従属しているだけでは，けっして明るい将来は見出せない。たとえば外交のあり方一つにしても，徒にアメリカに追従しているだけではそれは「政策」と呼べるものでさえない。日本には多様化する世界での複雑な連立方程式を解けるだけの，時代の趨勢に対応した多元的でダイナミックな戦略を描き上げる新思考，そして自己の生存空間を周辺諸国，とりわけアジア諸国との共生と協働によって実現していくためのグランドデザインに基づいた，したたかな戦略が要請されている。

　「アメリカ的なるもの」を乗り超えてゆくうえで参考となる教訓が，第三世界民衆が展開してきた新たな歴史創造の諸運動の中に見出せる。植民地支配からの抑圧を撥ね返すべく闘争を続け，独立を達成し，国民国家作りを急いだ多くの第三世界諸国は，グローバリゼーションの桎梏からなお容易に脱却することが出来ないでいる。そもそも，独立と解放の真の目的とは，国家（統治体制）の建設にあるのではなく，そこに包含される人々（国民）が構造的暴力から解放され，いかにして自主的決定権を持ち，市民的諸権利を享受できるかにあるのであって，国家は本来，そうした目的を達成するための「容器」であるべきはずのものだった（少なくとも，植民地からの解放，民族独立運動にあっては当面の国家樹立の意味は，レーニンが語ったような階級的暴力装置としての国家とは一線を画すもので，その「死滅」＝国家の止揚はさらに遠方にあるものだった）。関連して議論されるべきは「帝国の原理」がなお強固に世界に浸透し，その構造を維持しようとしてきたモーメントの中に第二次世界大戦後の多くの新興独立諸国が組み込まれ，結果として国家権力に対する市民社会の未成熟，あるいは未確立という問題がなお解決されないままになっているということだろう。民衆が望んできた独立と解放のための運動は，それ自体が市民社会を形成する上で不可欠な主体的市民意識の覚醒を伴うべきものだった。しかし，第三世界の民族運動が共通して持つ問題点とは，そうした作業が一体どれほど徹底されてきたのか，どれほどプライオリティーがそこに置かれていたのか，という疑問だ。そこには，本来第一義的に優先されるべき圧政や欠乏からの解放，共同的自助を達成

する存在としての「市民」の育成と市民社会の創造という課題への視点が、実は完全に欠落していたことがうかがわれる。

　同時に、この欠落は戦後日本社会にも共通していることでもあった。占領統治下での様々な"民主改革"や市民的諸権利を明記した憲法の制定といった大きな社会変革にもかかわらず、多くの日本人はこれらを受動的に受けとめ、「占領軍に押し付けられたもの」と認知した。そして、眼前の変化に順応する術を模索することに終始し、国家社会の真の主人公としての市民意識の所在や、相互の連帯・協力に基づく権利の発信主体・行動主体としての「市民社会」の在り方を真摯に考えようとはしてこなかったのではなかったろうか。そして本来「市民の暮らしの原理」として機能すべき日本国憲法の諸原則は、それとまったく矛盾した日米安保体制の網に絡め取られ、日本は構造的暴力の撤廃をアピールし、実践する非戦国家であるという新たなアイデンティティーの意義をいつしか忘れ、「帝国の原理」に従属し、遂にはそれに奉仕するという隘路に陥ってしまった。地球市民のグローバルガバナンスの実現はなお遠き地点に聳える未完の課題であり、新しい世界地図を描きあげるのは一人一人の共生への模索努力、いうなれば「もう一つのグローバリゼーション」を目指す市民の力なのだ。

[引用文献]

　アメリカ学会『唯一の超大国・原典アメリカ史 9』（岩波書店、2006）
　アメリカ商務省センサス局編『現代アメリカデータ総覧』（柊風舎、各年版）
　アラン・ブライアン／能登・森岡訳『ディズニー化する社会』（明石書店、2008）
　アントニオ・ネグリ、マイケル・ハート／水嶋他訳『帝国』（以文社、2003）
　　　【原典：Hardt M., & Negri A., *Empire*, 2000】
　生井俊『ディズニーランド、また行きたくなる 7 つの秘密』（こう書房、2008）
　池田理知子編『現代コミュニケーション学』（有斐閣コンパクト、2006）
　ウォーラーステイン I. 編著／丸山訳『移転する時代―世界システムの軌跡 1945 - 2025』（藤原書店、1999）
　　　【原典：Hopkins K. T., Wallerstein I. et al., *The Age of Transition*, 1996】
　梅林宏道『在日米軍』（岩波新書、2017）
　奥田孝晴『国際学と現代世界』（創成社、2006）
　司馬遼太郎『街道をゆく 6 ／沖縄・先島への道』（朝日文庫、1978）
　清水知久『アメリカ帝国』亜紀書房、1968

ジョゼフ・ナイ／山岡訳『ソフトパワー』（日本経済新聞社，2004）

【原典：Nye Jr., S. J., *Soft Power*, 2004】

富田隆『ディズニーランド深層心理研究』（こう書房，2004）

西川潤『2030年未来への選択』（日経プレミアシリーズ，2018）

ノーム・チョムスキー／鈴木・浅岡訳『破綻するアメリカ，壊れゆく世界』（集英社，2008）

【原典：.Chomsky N., *Failed States*, 2006】

フランク A.G. ／山下訳『リオリエント』（藤原書店，2000）

【原典：Frank G. A., *ReORIENT*, 1998】

ポール・ケネディ／鈴木訳『大国の興亡（上），（下）』（草思社，1988）

【原典：Kennedy, P. M., *The Rise and Fall of The Great Powers*, 1987】

町田健『ソシュール入門』（光文社新書，2003）

丸山圭三郎『ソシュールを読む』（岩波セミナーブックス，1983）

歴史学研究会編著『世界史史料 7・南北アメリカ先住民の世界から 19 世紀まで』（岩波書店，2008）

ロルフ・ユッセラー／下村訳『戦争サービス業』（日本経済評論社，2008）

前田哲男「東アジア共同体への展望・序説」，日本平和学会編『平和研究／東アジアの平和の再創造』第 46 号所収（早稲田大学出版部，2016）

Roche D., "Another Empire Bites the Dust," *Far Eastern Economic Review*, October 2008

道標 IX 「われわれの歴史」の紡ぎ方
―学生・市民による『東アジア共同体への道』編纂記―

1. 軋む東アジア世界にあって―「感情の記憶」と歴史の紡ぎ方

　アジア太平洋戦争が終わってから早や３四半世紀の時を経た。だが，現在の東アジア世界の関係がなお軋んでいる。21世紀に入って地域内貿易や投資が大きく拡大し，また観光，芸能文化の交流などを通じて人の行き来が進み，経済的・文化的な相互依存がますます濃密なものとなっているのとは裏腹に，近年の東アジア社会では領土問題や歴史認識をめぐっての対立が強調される中で，偏狭なショーヴィニズム意識や事大主義的な排外ナショナリズムが頭をもたげており，それに煽られるように諸国民の間には敵愾心が醸成され，市民間の交流や協力を深めていくうえでの大きな足かせとなっている。

　このような事態を招いた大きな原因の一つとして，自らの失政を覆い隠すために鬱積する社会不満を外部に転嫁したいとする為政者たちの思惑，そして，過去にも多くみられたように，「愛国ナショナリズム」を利用した世論誘導があることは，多少の冷静さを持って世の中を見ている人であれば理解できないことではないだろう。失政がもたらす体制の矛盾の蓄積は，個人崇拝と強権政治がまかり通る朝鮮民主主義人民共和国のケースに限られることではない。中国ではひたすら「パイの大きさ」を追求してきた一党体制の指導者たちが，自身の政策がもたらした社会の多元化，階級・民族的な格差の拡大という矛盾を統御することがますます難しくなっており，声高に「中華民族の栄光」を叫んで愛国ナショナリズムを鼓舞することに熱中している。既存の体制が隘路に陥っている様は，韓国でも似たり寄ったりではないだろうか。為政者たちが一部財閥に集中する富の再分配努力を怠ってきただけでなく，いたずらに既得権の維持と抗争に明け暮れた結果，官僚的無責任が露わなものとなってきた。いわゆる「反日ナショナリズム」の本質は，そうした政治的・社会的コンテクスト

を考慮し，より精緻に分析されるべきものだろうが，台頭する東アジアの2国には鬱積する社会矛盾から目を逸らせようとする為政者たちの思惑と劣等感が複雑に混在し，それが日本への対抗ナショナリズムを掻き立てているコンテクストが存在していることは確かだ。

　そして日本でも，卑屈と言えるほどに対米従属姿勢を取り続けながらも，その一方で「戦後レジームからの脱却」などという奇妙な主張を掲げる政権が生まれ，束の間の「景気回復」を実現したとの自負に支えられて国権主義的な姿勢を強めている。その煽りもあってか，国民の間にも「日本（人）はすごい」との根拠の乏しい自国優越感が高まり，その反動として周辺アジア諸民族への排外気運が強まっている。国民国家の為政者たちが国民を統合していくための求心力を高める手段として「敵」を創造するのは古今東西の歴史経験が示すところだが，困ったことに，近隣アジア諸国との相互依存がいっそう強まるトレンドに逆行するかに見える日本社会のアナクロニズム的傾向は，けっして一部為政者たちに特有の政治姿勢ではない。予算と人事で絡め捕られた公共放送局を含め，多くのマス・メディアはまるで政権の意を忖度するかのように自己（自国）中心的な報道に傾倒しており，それに踊らされ，知的冷静さを欠いた排外的主張を繰り返す「戦争（犯罪の自覚および責任の所在）を知らない」中高年世代たちが，あるいは「戦争（の事実と記憶）さえ知らない」一部の若者たちが嫌韓・嫌中の声を荒げている。この理不尽さは，急速に進む社会的・経済的な相互依存と為政者たちの政治的拙劣・不誠実がアンビバレントに並存しているという矛盾を表わしているだけでなく，そのような相克を打破し，困難を乗り越えていくだけの市民間の知的努力と協働へのモーメントが未だ十分なものとなり得ていない，ということを示すものでもあるのだろう。

　ごく当たり前のことだが，私たちが暮らしを営むこの世界の「今」は過去から続いてきた様々な事象の上に成り立っている。「今」は歴史の産物であり，私たちはこの時間軸の制約から完全に自由にはなりえない。現代社会が直面している諸々の矛盾や不条理な現実は，過去のしがらみから派生し，今なお強力に私たちを束縛していると言ったほうが，むしろ正確なのかもしれない。この意味で，歴史を遡って現状を再検討し，そこに潜んでいる問題を本源から捉えなおすという行いは，国際社会の現状を考えるうえで重要な知的営みに他ならず，ひいてはそれが「今」の困難を打開し，未来を展望することにもつながる道筋となっていくだろう。歴史家 E. H. カー（1892-1982）が言うように，歴史

とは「過去との対話」(an unending dialogue between the present and the past) なのだろうが、それは同時に、過去への知的遡及が何らかの因果関係や状況に応じた一種の「法則性」に辿りつける可能性を歴史研究が持っていることを示唆するものであり、それゆえに、過去から目をそらす者は「今」を理解できず、ついには未来を失うこととなるのであろう。

しかしながら、このロジックには一つの「見落とし」の危険性がつきまとっている。それは、私たちが或る事象あるいは歴史的事実を「真実だ」と認識するとき、その多くは文字によって書かれた記録や映像として残された記録、いわゆる文書・映像史料に拠っており、それ以外のメディア、たとえば瞬間の肉声やナマの姿、抑圧され、死滅させられた言語記憶などはほとんど「科学的考察」の埒外に置かれてしまう、という事実だ。L. ランケ (1795-1886) 以来の近代西洋歴史学が実証主義に基づく発掘や文献考証を絶対視し、その「科学性」を純化させてゆくのに比例して、歴史学 (historiography) ではその学術フレームでは捉えきれない他要素、たとえば過去に生きた人々の情念や悲哀といった記録メディアに包含できない史料は「非科学的」として軽視され、やがて排除されていくこととなっていった。

しかも、実際の歴史からみて、近代西洋知が意図的に排除しようとしたそれらの要素は、強者の側＝抑圧する側、支配する側、自己の価値観や言語、文化を強制する側にではなく、その逆の側、すなわち暴力に抑圧され、支配され、言語文化を奪われ、価値観を強制される側にこそ、その多くが宿っていたものだ。「歴史は勝利者によって書かれ、敗者の歴史は無である」という格言は多分正しいのだろう。近代西洋に対する「暗黒大陸」アフリカの先住民たち、征服、プランテーション、棍棒外交に振り回されてきた「新大陸」の民衆、あるいは「日帝 36 年」時代の朝鮮半島の人々…そうした人々の屈辱や苦難の情念の多くは「科学的」な記録としては残されず、体験された「痛み」もまた客観性が無いものとして考察から排除され、特にその「痛み」を自覚的あるいは無自覚的に与えてきた側の認識地平に立ち現れることは稀なものとなっていく。ここから生じる「過去」への認識の相違、落差はしばしば重大な行き違いをもたらし、「現在」の国際紛争の原因ともなってゆく。足を踏まれたものが感じる痛痒は、踏んだ側にはなかなか認知できない。その痛みがどの程度のものなのか、ダメージがもたらす心理的圧迫の強さはどのようなものかを「科学的」に計測することはよほど困難なことだ。よしんばそれが出来たにせよ、痛みに伴う全

ての感覚を相手が実感できることは稀有だろう[1]。

　近代西洋知が「科学的客観性」の名のもとにネグレクトしてきた歴史的な体験感情を，ここでは「感情の記憶」という言葉で表そう。日中の比較政治文学研究家の孫歌は，自著の中でこの言葉を用いて，「客観的事実」の究明に力点が置かれるあまりに「真実」が逆に軽視されてしまうというパラドックスの危うさについて，以下のように述べている。

　　　「…文献資料の考証に満足して，人間の感情記憶を完全に無視したり，果てには敵視したりする（一部の歴史専門家）…このような歴史学の絶対的な合法性はどこから来るのだろうか？…この姿勢を支える基本的な学問原理は，歴史の『客観真実性』であろう。それが対立面に置くのは，生きた人間の感情である。このような歴史観が導き出す深刻な結果とは，第一に感情の記憶の喪失である。感情の記憶の喪失は，歴史から緊張感と複雑性を奪い，これを統計学で代替できるような死んだ知識に変えてしまう。そして，正にこのような死んだ知識こそ，現時の政治やイデオロギーにたやすく利用されてしまう…」[2]

　特に植民地を支配した側―支配された側，侵略した側―侵略された側という中枢―周辺構造が鮮やかに刻されている近代東アジア世界の歴史を振り返るとき，そこに埋め込まれてきた人々の「感情の記憶」への配慮は，極めて重要な留意要因となるに違いない。「より善き地球市民社会」を実現するための時間軸としての歴史問題に取り組むのは，現代世界の諸矛盾と向き合い，それを乗り越えていくことを志向するからに他ならず，その意味で「感情の記憶」を基点として，従来の国家史中心的記述を再構築する知的作業の必要性が強調される所以だ。

　この章では，「感情の記憶」への尊重をキーワードとして，私たちが実際に

1）　日本が高度経済成長を迎えた 1960 年代末に，その負の側面としての産業公害が問題となった。その代表的な事例である水俣病の被害が顕在化したとき，それまでに行政や企業の圧力で闇に葬られようとしてきた患者さんたちが加害企業のチッソ本社に詰めかけ，時の社長と直談判した際，ある患者さんが「補償金はいらん，その代りに（有機水銀が流されている）工場排水を飲め」と迫ったことがあった。それは，実際には非現実的な主張なのかもしれないが，少なくとも純理論的には十分な説得性を持ちえるものだと言えないだろうか。石牟礼道子『苦海浄土』（1972）参照。

2）　孫歌『アジアを語ることのジレンマ』（2002）p.53

試みてきた「歴史（history）というお話（story）」を紡ぎ出す東アジア市民の協働作業としての学術的実践，具体的には，現代東アジア世界が抱える最もセンシティブな問題である近現代史総括上の位相＝いわゆる「歴史認識の相違問題」に対して取り組んできた小研究会の活動を振り返り，それを通じて見えてくる「東アジア共同体への道」作りの展望について述べてみたい。

2.「知の公共空間」の創造まで

　2005年4月に小泉首相（当時）の靖国神社参拝を機に中国，韓国の各都市で起きた，いわゆる「反日運動」の高揚はけっして小さくない衝撃を東アジア社会にもたらした。騒擾の原因となった幾つかの懸案の中でも，とりわけ「歴史記述の違い」，「歴史認識の相違」という問題は，近代日本国家の対アジア観や「過去の清算のあり方」といった次元に留まらず，それを放置してきた暮らしの質や生活感覚さえもが批判の俎上に載せられているようにも感じられ，日本人としての自分の立ち位置，存在のあり方を問われているような性格のものだった。

　しかし，考えてみれば，当時のマスコミであれほど騒がれていたわりに，ごく少数の専門家を除いては，ほとんどの日本人は「反日的」とされる中国や韓国の歴史教科書を実際に手にすることなどは無く，ただただ「反日的である」との先入観だけで，実際にそこに何が書かれているかということさえ，実は知っていなかったのではないだろうか。もともと，検定制度や国定制度が一般的な東アジア各国の歴史教科書は，国民を国家へ統合していくための求心力を高め国民意識を形成していくための重要な教育ツールであり，その意味において「自国（中心）史観」の記述産物に他ならない。だが，それにしても現物を読んだ経験を持たずに判断を下すのは，おおよそ知的態度とは言えまい（少なくとも，私はこの問題に対する認識の浅さ，もっと言えば無知と知的怠慢を反省させられた一人だったことを率直に認めなければならない）。急速に相互依存が強まっている今日の東アジア，その未来のための望ましい在り方，関係性を考えていくという課題の前提として，まずはそれらのテキストを読み比べてみよう，歴史教科書の比較研究という作業は何も「専門家」にだけ任せなくてもよいことなのではないだろうか，というのが素朴な思いだった。

　幸いなことに，勤務していた大学キャンパスは当時100名を越えるアジア人留学生（その多くは中国，韓国からの留学生）という豊富な「知的資源」に満たさ

れてもいた。多少なりとも彼ら彼女らの力を借りることができるならば，歴史教科書の比較研究という多面的視点からの学術的な共同作業が可能かもしれない。参加を求めた。「国家や民族のしがらみを乗り越えて，東アジア市民の共通的認識をふまえた，（絶対に検定不合格になるに違いない）歴史教科書を編んでみませんか…」──かくして，「語り場」としての研究会とその後の通史編纂作業を目指した 5 年以上にわたる「アジア共通現代史教科書編纂研究会」（以下，「研究会」と表記）が産声を上げたのだった。

　私たちがその中で日々の暮らしを営んでいる国民国家（nation state）とは，ある意味，大変に厄介な代物だ。西洋近代が生み出した特殊歴史的なこの結社体（association）は，一定の生活空間の下にいる文化均質性を備えた（あるいは，そう思い込まされるに至った）人間集団が自立的な固有の権力機構を打ち建てることによって，初めて成立したものだ。その生成過程にはバリエーションがあるものの，共通しているのは国民国家概念が成立するためには統合への「同化力」が強く要請されるなかで，その反作用として，自身が属する結社体から排除されるべき異質の対象，すなわち「敵」の存在が不可欠であったことだ。たとえば，比較的早い時期における国民国家創成の舞台の一つとなったのは 15 世紀末のイベリア半島におけるキリスト教国の対イスラーム勢力との戦い，「国土回復戦争（レコンキスタ）」と呼ばれた南進運動だった。それまで封建的割拠の状態にあったキリスト教徒諸勢力にとって，半島南部のイスラーム勢力と対峙し，彼らを圧倒していくためには紐帯を強めざるを得ず，また火砲を集中的に使用するという戦術的要請からもより組織的な運動が必要とされたため，彼らは王権を中心としてまとまっていくこととなった。その過程で，レコンキスタに従った人々の間には「われわれはヒスパニアの民」あるいは「ポルトガルの住人」といった意識が生まれてきた。政治学者カール・シュミット（1888-1985）が言うように，「友・敵という特殊な対立構図」こそが，国民国家成立の動力となったことは疑うべくもない[3]。

　一方で，国民国家形成に必要な「同化力」は，逆に体内に抱える「異なる文化集団」や，同化に屈しないマイノリティーをより積極的に排除しようとする「異化力」へと容易に転化していった。ポルトガル王国やスペイン王国の諸都市では，それまで長きにわたって暮らしていたユダヤ人が迫害され，財産を没

---

3) カール・シュミット『政治的なものの概念』(1970) p.17

収され，追放されていった。それは彼らが「統合体への帰属」になじまない社会文化集団，しかも相応の富を貯えた集団であるとの，ただそれだけの理由によるものだった。国民国家の輪郭は，やがて18世紀のアメリカ独立革命，フランス革命などの市民革命を経て次第に整っていった。特に徴兵制度を採用し，「国民軍」が組織されたフランス革命は，「国家の主体的参画者」としての国民意識の確立と，その上に成り立つ国家主権の不可侵性・至上性を決定的なものとした。また，その頃から始まった産業革命が拡大し，ヨーロッパ世界が商品輸出を非西欧世界に向け展開していく過程で，「国民国家」の概念もまた世界中へと拡がっていくこととなった。もっともそれは植民地化という友・敵区分の「特殊な対立構図」をより暴力的に強制した結果でもあり，第二次世界大戦後に植民地主義からの解放を目指した非ヨーロッパ世界の民衆にとっての「国民国家」とは，統合のための原理というよりは，国民国家概念を生んだ当の勢力（欧米列強）が強要した抑圧と搾取からの解放を目的とした運動が，実際面で実現すべき「到達目標」として捉えられたのだった。

　そうしたコンテクストに照らしわせた時，東アジア諸国における歴史（国史）教科書の紡がれ方が見えてくる。すなわち，国民国家の為政者にとっての歴史，特に近現代史とは自身の国民国家形成への苦難の物語に他ならず，たとえば中国にあっては抗日戦争を勝ち抜き，アヘン戦争以来の「屈辱の歴史」にピリオドを打ち，中華民族の"栄光"を回復した共産党の統治の正当性を訴える手段として，あるいは韓国にあっては，「日帝36年」支配下で民族文化を守護してきた抵抗の記録として歴史教科書はその機能を担っており，その最大の障壁だった大日本帝国の侵略，植民地支配が批判的に（いわゆる「反日的」に）紡がれることとなる。もちろん，大日本帝国時代の日本でも「国体護持」を至高の目的とした歴史教科書には同じような性格が濃厚に見られたし，戦後にあっても，検定制度のもとで愛国心を涵養するとの「国策」に沿う形で，その記述は変遷を遂げてきた。ただ，東アジア世界の歴史教科書記述のコントラストを際立たせているものは「侵略した側・された側」，「植民地支配した側・された側」の歴史的立ち位置の違いであり，それが「国民国家の物語」という歴史教科書の共通目的にもかかわらず，それぞれの「物語」の紡ぎ方を分け，歴史認識の相違を生み出している。国家権力が主導する「国家の物語」に固執している限りは，その収斂あるいは止揚はよほど困難であると言わざるを得ない。

　その困難を克服するには，国民国家フレームの維持と「国民」への同化を促

す体制が付与する価値観を，いったんラディカルに疑ってみるという知的冒険を試みることだ。現代の東アジアには，国家権力に対する市民権の未確立，あるいは市民社会の未成熟という問題が今なお横たわっている。それは中国や朝鮮半島に限ったことではなく，戦後の日本社会にも当てはまる。たとえば，多くの日本人もまた，自らの戦争責任を自覚しないままに戦後の民主的諸改革を受動的に受けとめ，理想とすべき市民社会の在り方を自らの課題として考えようとはしてこなかったのではなかったか。

　東アジア共同体市民にとっての「共通歴史教科書編纂」とは，かなり大上段に振りかぶってしまったが，私たちの歴史教科書記述に関する原初意識は，まさに脱国民国家的な，東アジア市民社会的視点を得るための「知の公共空間」の創造を目指すものだった。実際，ここに実現した知的コラボは面白いものだった。呼びかけに対して集まった人々は日本人学生，留学生ばかりでなく，他大学の学生，比較的ご年配層にある市民の方々…国籍，民族，思想信条，年齢なども実に多様で，様々な主張をされる個性が集まってきた。そして，1ヶ月に1回程度の研究会では近代アジアに生起した様々な事件・戦争・民衆運動などを取り上げ，主に日本，中国，韓国3国，時には東南アジア諸国の歴史教科書の記述を比較研究したうえ，各人の歴史認識を披露，交錯させることで，私たちは「東アジアの共通歴史記述」へのチャレンジを試みてきた。以後，2009年3月まで28回にわたる研究会に参加した人々の数は600名（延べ人数）を超えた。また年度ごとで実際の歴史記述と参加者それぞれの意見・感想をまとめた「記録集（研究会の歩み）」を都合4冊刊行した後，2010年7月にはその総合版として『東アジア共同体への道・学生市民が紡いだ東アジア近現代史』（文教大学出版事業部）が公刊された（なお，この「続編」として2016-2017年には「3・11」以後の直近史を記述すべく，学生諸君が中心となった小冊子『東アジア共同体への道・第Ⅵ部：願うべき，未来への展望を紡ぎだそう〜「3・11」,「フクシマ」,「オキナワ」に問われる現代東アジア世界にあって』も2018年3月に公刊。さらに2019年には英語翻訳版も公刊される運びとなった）。

3．トランスナショナルな「共通歴史テキスト」比較研究

　当初はそれほど明確に意識したわけではなかったのだが，私たちが挑戦しようとしてきたトランスナショナルな視点に立った歴史教科書作りという試みに

道標IX 「われわれの歴史」の紡ぎ方 | 227

ついては，既に幾つかの先行事例がある。それらは各国政府の支持の下で大規模なプロジェクトとして行われたもの，また，少数の専門家集団による研究著作というものもあったが，いずれも共通しているのは，国家を唯一の歴史的文化主体として捉えるのではなく，より広範かつ重層的で多様な文化主体の運動に注目し，主権国家間の反目を止揚しようとの問題意識を備えたものだった。

　以下，その代表的な事例を地域事情や時代背景との関連において比較考察してみる。

（1）ヨーロッパでの取り組み：「欧州共通歴史教科書」への試行

　1992年，『ヨーロッパの歴史』（原題：*Histoire de l' Europe*）と題する本が出版された[4]。同書はフランス人を父に，ノルウェー人を母に持つ歴史家フレデリック・ドルーシュを総合編集者とし，彼を含む12名の欧州諸国の歴史家[5]の手に成るもので，各執筆者が1章を自国語で書き，それらを残りの11人が相互に検討を加えるという手法で4年間にわたる討論を重ねて完成したものだ。その後，ポーランド人2名の編集顧問が加わって改訂版が1997年に公刊されており，現在EU10か国で欧州の「共通歴史」を紡ぐ副教材として利用されている。

　その構成は序章において「ヨーロッパとは何か」という大テーマを取り上げ，その地理的・言語的多様性から説き起こし，「一定の社会で観察される政治的，社会的，宗教的，文化的現象の総体」としての文明と「中央集権的で専制的な権力によってコントロールされる」文化の矛盾・対立・止揚のもとに近代以降，「民主主義，法治による公正，個人的自由」の理念が付加され，今日のヨーロッパ精神が育まれてきたことを欧州共通の歴史的原点と捉えるところから記述される[6]。また，以後の記述では地域の多様性を踏まえつつ，時々の権力の恣意的な意思に翻弄されるヨーロッパが紆余曲折を経つつも，普遍的・共通の理念を育み，脱国家的な統一への道を歩み始める物語を紡いでいる。言うまでもなく，その基調は現在進行形の「欧州合衆国への道」＝欧州の政治・経済・社会的統合に関わる様々な試みとシンクロナイズする。「統合ヨーロッパに向

4）　考察に際しては以下の改訂版を参照した。Une initiative Europénne de Frédéric Delouche, *Histoire de l' Europe*, 1992 & the revised and updated edition, 1997（邦訳：フレデリック・ドルーシュ総合編集『ヨーロッパの歴史・第2版』（1998)
5）　フランス，ドイツ，デンマーク，イタリア，オランダ，ベルギー，イギリス，アイルランド，ギリシア，スペイン，ポルトガル，チェコスロヴァキア（当時）
6）　注4掲載書 pp.14-15

かって？」と題する改訂版最終章（第12章）では，国民国家中心の歴史記述視点を相対化し，欧州市民への自覚を醸成すべく，以下のようにヨーロッパの展望と共通歴史教育の意義を次世代に対して呼びかけている。

　　「…かつてヨーロッパ各国はそれぞれ政治的，経済的，文化的障壁を築き上げ，その内側で国民的自覚を発展させたが，今日，このような国境は無意味なものとなった。…国民国家はもはやヨーロッパ人にとって最後の拠り所ではない。…国民国家とはヨーロッパ人の発明になるもので，その歴史はわずか2世紀に過ぎない。1945年まで，国民国家は国家への強い帰属意識を自国民に呼び起こしてきた。帰属意識は多くの場合，教育制度を媒介にして伝えられ，強化される。そして時には過度のナショナリズムへ行き着くこともあった。…ヨーロッパは自発的意思に基づいて作られている。諸国民は自由な選択のもとに，それぞれの違いを乗り越え，共通の運命を作り上げるために集まった。このユニークな経験（EU統合）を失敗させないためには，教育もこの新しい政治圏に門戸を開放しなければならない。…ヨーロッパの建設ならびに古代からヨーロッパを活気づけてきた人文的価値の擁護は，ごく幼い年齢のうちから，ヨーロッパ市民を育成することにかかっている。」[7]

　欧州各国もまた近代にあっては，その歴史記述はあくまでも自国中心のそれだった。たとえば，ドイツは近代の統一国家の出現，二度の大戦，東方への膨張運動を「自国民の生活圏の防衛」という観点から記述する一方で，フランスはこの強大な隣国の侵略からいかにして自国の文化を防衛してきたかについて記述エネルギーを注いできた。さらに，より大きなパースペクティヴに立てば，少なくとも近代以降の「世界史」はヨーロッパ中心史観によって組み立てられ，他世界に対する征服者，支配者であるヨーロッパ人の目線から，「人類文明の輝かしい未来の担い手」としての彼らが「劣等な非ヨーロッパ世界」を導いていくとの視点から紡がれていた。それゆえに，ヨーロッパの発展段階を規範とした歴史的把握というものは，「マルクスの史的唯物論を含めて…ヨーロッパ的な世界史体系は，一応世界のどこにでも通用するものとして受け取られていた」[8]のだが，共通教科書を目指した記述が，ヨーロッパ世界内部がそうであ

7）　同上，第12章「国民国家と超国家」pp.409-411
8）　増田四郎『ヨーロッパとは何か』（岩波新書，1967）pp.15-16

るように，非ヨーロッパ世界の多様性を踏まえたうえで，自身もまたヨーロッパ中心史観からの脱却，少なくとも自己の相対化と脱国民国家主義的な視点からアイデンティティーの再確認を志向していることの学術的意義はけっして小さくない。ドルーシュ自身の言葉を借りるならば，「歴史の力を借りて，私たちは自らのルーツを探り，ルーツから生まれ，いまだにヨーロッパの一部につきまとう緊張を理解」したうえで，「ヨーロッパ人に共通するすべてのもの，ヨーロッパという語に一定の意味を与えるすべてのものを理解することができる」[9] のであり，その教育目標が国民国家の枠を超えた「ヨーロッパ市民意識と公共性」の樹立におかれていることはその証左とも言える。

　もちろん，ここに至るまでに突然の"飛躍"があったわけではない。その前段階には，時々の各国の政治情勢の変遷とともに，EU 統合の拡大と深化に並行して営まれた欧州諸国民の長い試行錯誤の歩みがあった。たとえば，その中心的な役割を担ったドイツの歴史教育では，戦争直後の占領軍による非ナチ化政策と歴史教育が一体のものと考えられ，この時代に後の教科書作成のための基礎が作られた。詳しくは「道標X」での記述に譲るが，紆余曲折の末，1960年代にはナチズムに関する批判教育を義務付ける一方，周辺諸国との教科書対話が進んだ[10]。

　ところで，欧州統合の理論の一つとして，いわゆる交流主義アプローチ（transactionalist approach）と呼ばれるものがある。1950 年代半ば，国際政治学者カール・ドイチェ（1912-1992）らによって主張された理論で，社会各層のコミュニケーションやモノ・カネやヒトの流れから生じる国家間の構造変化に着目し，諸国民間での多様なレベルでの結びつきを通じた戦争勃発リスクの解消＝安全保障共同体を目指すことを第一義的な統合の目標とする。この理論では経済的な相互依存の深まりにつれてコミュニケーションの量的拡大が質的変化をも生みだし，主権国家内における市民感情や歴史認識の変化が戦争を回避する方向に働き，やがて統合に向かうための「敷居」を下げていくことが中核的課題に位置づけられている[11]。「共通歴史教科書」の試みは，こうした交流主義アプローチを意識し，具体化したものと言えよう。

9）　注 4 掲載書，序文より
10）　奥田孝晴・矢崎摩耶「東アジア共同体への道研究」（2013）pp.123-124。併せて「道標X」の章も参照されたい。
11）　鴨武彦『ヨーロッパ統合』（1992）pp.96-101

230

　それでも「共通歴史教科書」への道の困難さは欧州でも例外ではない。本書もまた，当初は「共通教科書」として企図されたものの，作成過程における各国の歴史教育の事情やテキスト記述形式の差異などが調整の中でもなかなか埋まらず，最終的に教科書への収斂は断念され，EU域内においては副教材的な位置づけで使用されている国が多いようだ。合意形成の困難さは21世紀に入って厳しさを増すEUに働く分解モーメントによっても揺らいでいる。南欧・東欧加盟国での財政危機の深化，イギリスのEUからの離脱，テロリズムの横行や中東からの難民受け入れ規制をめぐる域内各国の足並みの乱れや排外的「内向き志向」の蔓延など，ドルーシュらが当初期待していた脱国民国家的歴史認識の形成への努力とは裏腹の現実が「理想」とせめぎあっていることも否定できない事実だ。とはいえ，こうした議論と実行への具体的動きが可能となる土壌がヨーロッパに育ち，またそれが許容される余地を拡げてきたことの意義は大きい。「共通歴史教科書」への試行はこれまで長い時間に営まれてきた欧州市民としての知的努力と文化社会面での協業成果の一つとして生まれ，欧州市民意識と思索の涵養に貢献していくものであることは確かだろう。

(2)　東アジアでの取り組み：日中韓3国共通歴史教材委員会『未来をひらく歴史』ほか

　2001年，日本においては「新しい歴史教科書をつくる会」（初代会長：西尾幹二）の歴史教科書が初めて教科書図書検定に合格した。同会は1996年に日本の保守層有識者が中心となって草の根レベルから愛国気運を掘り起すことを目的として，右翼勢力，自民党国会議員，地方議会の教育関係者たちを巻き込んで生まれたもので，その国粋的・国権主義的な主張は不況下で社会不満を鬱積させていた人々の関心を引きつけ，1万人以上の会員を集めた。「つくる会」は，それまでの歴史教科書を日本人が受けつぐべき伝統と文化を忘れ，日本人の誇りを失わせるものであり，（その定義自体は極めて曖昧なものながら…）「自虐史観に基づいたもの」と批判し，自身が著した『新しい歴史教科書』を（この定義もまた極めて曖昧であるのだが…）新自由主義史観に基づく歴史記述であるとして，「子供たちが日本人としての自信と責任を持ち，世界の平和と繁栄に献身できるようになる教科書」であると主張した[12]。だが，その実際の記述内容は，

---

12)　三谷博「日本の歴史教科書の制度と論争構図」（2006）pp.216-221

特に近代史にあっては大日本帝国の帝国主義政策がもたらしたアジア民衆への加害責任に触れることはほとんどなく，朝鮮半島の植民地支配を正当化し，南京事件をはじめとする戦争犯罪を否定ないし無視する一方で，国家のため特攻に殉じた若者を賞揚するなど，ショーヴィニズム的・自国中心主義的性格の強いものだった。それは中国や韓国の政府，国内外の有識者たちから「偏狭な排外ナショナリズムを煽るもの」とされ，激しい反発を招くこととなった。

　こうした動きに代表される日本の歴史教育現場での右傾化の動きに対して，それを危惧した日中韓３国の研究者，教師，大学院生らが３国市民の共有すべき歴史認識の構築を目指して「歴史認識と東アジアの平和フォーラム」を結成した。同研究会では，３カ国にまたがる歴史事象を相互の議論を経つつ歴史記述に反映するという手法がとられ，３国の諸都市で都合10回の会合を重ね，2005年にはそれぞれの言語による『未来をひらく歴史・東アジア３国の近現代史』が公刊された[13]。同書の歴史記述がカバーした範囲はアヘン戦争から今日に至る東アジア史で，「序章・開国以前の３国」，「第１章・開港と近代化」，「第２章・日本帝国主義の膨張と中韓両国の抵抗」，「第３章・侵略戦争と民衆の被害」，「第４章・第二次世界大戦後の東アジア」，「終章・21世紀の東アジアの平和のための課題」の各章から構成される。その論考対象には19世紀末における東アジア３国での近代化改革，民衆生活と文化，中国や朝鮮半島民衆の独立・抵抗の運動，南京大虐殺，細菌戦・毒ガス戦と人体実験，日本軍の戦時性暴力など，「つくる会」のそれとは明らかに対峙する歴史的事件が取り上げられているほか，戦争犯罪への個人補償問題，「慰安婦」問題と女性人権問題，靖国神社問題，さらには反戦平和運動と市民運動，東アジアの和解と平和といった，検定教科書が意図的に扱おうとしない草の根レベルから発せられる諸課題が取り上げられており，研究者らしい穏当な記述姿勢の中にも民衆の運動や交流に力点を置く筆者らの脱国民国家歴史観への真摯さが感じられる。公刊に際してのメッセージには，若い世代読者を想定して，以下のように東アジアの相互依存時代にふさわしい未来志向の歴史観の醸成が必要であることがアピールされる。

---

13)　同書の各国委員会委員・執筆協力者は日本14名，中国，17名，韓国23名，総計54名の有識者から成り，出版元は日本が高文研，中国が社会科学院・社会科学文献出版社，韓国がハンギョル新聞出版部で，それぞれの母国語で公刊されている。

「…過ぎ去った 19 ～ 20 世紀の東アジアの歴史には，侵略と戦争，人権抑圧など
の癒しがたい傷が染みついています。もちろん，東アジアの過去は暗いものだけで
はありません。東アジアは交流と親善の長い伝統を持っており，国家の垣根を越え
て明るい未来のために努力している人々もたくさんいます。…日ごと近くなる"地
球村"時代に，この本を通じて隣国の歴史と相互の関係を少しでも深く理解してく
れることを願う気持ちで，この本を準備しました。これまでの世代が解決すること
のできなかった宿題を，3 国の若い皆さんがお互いに協力しあいながら解決し，新
しい東アジアの歴史を作り出していってくれることを願っています。」[14]

　一方，歴史教科書とは別に，より専門的な研究集成を目指した日中両国の若
手研究者を主体とした共同対話の試みもある。2006 年に公刊された『国境を
超える歴史認識・日中対話の試み』（東京大学出版会）は，2001 年より開始され
た「日中若手歴史研究者会議」での日中関係史や歴史事件，さらには歴史教科
書や戦争賠償問題・戦後補償問題など多岐にわたるにテーマでの諸議論を反映
した労作であり，"フォーマル"な国家・政府委託研究では達成できない課題
を"インフォーマル"な民間交流が乗り越えようとした学術成果と言える。同
書において，編者代表の劉傑は議論の経緯を振り返り，日中間の視点や解釈の
相違の根拠を互いに理解し，様々な相違があっても和やかで理性的な対話が可
能であること，彼らの経験と知識をより若い世代に対して伝え，対話に必要な
環境を提供することの必要性を痛感したという自身の意識進化を披露しつつ，
上記『未来をひらく歴史』の執筆者たちと同様に，今般に至る日中間の争い，
対立軸の解決への道筋を提示することにこだわっている。

　　「…敵対の歴史を有する両国民の歴史認識にギャップが存在することは客観的事
実である。また，加害者と被害者の立場の相違も明確であり，被害者の心が癒され
るのは，加害者や第三者の想像をはるかに超えて，難しいことである。自らの歴史
認識に合わせるよう，相手に強要することはできない。しかし，歴史を振り返るこ
とは，『心の問題』でもある。相手の『心』を思いやり，相手の主張に耳を傾け，
尊重することは，日本と中国が真の和解を実現する第一歩ではないだろうか。」[15]

---

14)　日中韓 3 国共通歴史教材委員会『未来をひらく歴史・東アジア 3 国の近現代史』,「読
　　者の皆さんへ」（2005）より。
15)　劉傑・三谷・楊編『国境を超える歴史認識，日中対話の試み・はしがき』（2006）より。

道標IX 「われわれの歴史」の紡ぎ方 | 233

　以上の試みが示していることは，欧州との比較において意味深長かもしれない。というのも，今日の東アジア社会では「国家」意識の強さに対する「市民」意識の劣勢，或いは未成熟な情況を反映して，「国境を越えた市民社会」へのネットワークは依然民間レベルに留まっており，ただ民際的な学術ネットワークだけが国境を越えた，トランスナショナルな歴史記述視点を持ち得ることを示している。市民社会の紐帯を深めつつ国家レベルでの統合へと歩を進めてきた欧州の場合と異なって，東アジアでは政府間レベルで歴史認識の再構成という課題を解決できる可能性は小さく，「国境を越えた東アジア市民社会」を意識的に目指す市民の運動ベクトルはなお微弱な段階に留まっている。したがって，それらは為政者たちが扇動する排外的ナショナリズムを克服するに足る政治的力量を，なお十全に備えるには至っていない。もし，市井市民の間で経済的相互依存や多文化社会的性格の現状が明確に意識され，「共通の歴史認識」醸成という課題が重要であるとの認識が深まり，地方自治体，教育現場，NPO／NGO などで活発に議論されるような環境が整っていくならば，既存の国民教育，すなわち「国家に規定される公民作りのための教育」とは違った次元で，東アジア共同体という市民社会づくりへの運動エネルギーはより高まっていくだろう。

4.「知の公共空間」と「学び」の発展過程

　「研究会」はアジア近現代史上の諸事件に対して忌憚なく意見を述べ合うことを目指しており，国籍，民族，年齢，職業や役職といった〝お荷物〟をすべておろしたうえで自由闊達に話し合いを進めようとすることにこだわってきた。その意味で，当初は「参加者が自由に話し合える場」という単なる物理的レベルでの公共空間 = open space といった程度の場を提供することだけを考えていた。運営ルールも至って簡単なもので，発言の自由を確保するための最低限のルールとして，「自分の発言責任は問われない，他の参加者の発言権を侵害しない限り，どのような見解を述べても構わない」という程度のものでしかなかった。

　参加者の多くは当初は相応に気負っており，これまで〝刷り込まれて〟きた特定の価値観から極力自分を解放し，出来得る限り自由な立場に立って東アジア近現代史を再検討していこうとしたのだが，実際のところ，それは言うほど

には簡単なことではなかった。留学生たちとの議論や，世代間での意見の交換などを経験してゆく中で，国民国家によって訓育されてきた特定の教育（公民化教育），文化（国民文化），歴史（自国中心史）観の影響力はたいそう強いもので，トランスナショナルな歴史記述という課題にとってはある意味厄介で，東アジア市民意識を育んでいくには障害とさえなりかねないこの「負の公共性」が生み出す固定観念の呪縛からはそう簡単には抜け出せないということに，私たちは次第に気付かされるようになってきた。

　議論の閉塞を打破する上での一つの智恵は，自分（日本もしくは日本人）と他者（中国・韓国もしくは中国人・韓国人）の関係を相対化させ，いったん「相手の立場」に立って考え，「自分がその立場に置かれたらどう思うのだろうか」という想像力を働かせることだった。それは，多角的なものの見方をいつも意識し，国民国家・民族という近代固有の「しがらみ」を自覚して頑なに背負いこんでしまうのではなく，また「歴史を学ぶ（あるいはこれまで勉強してきた知識を再確認する）」のではなく，「他者」を思いやる感性をもって参加者が未来志向の東アジア共同体を創造し，共生していく上で必要な共通項を求めるとの「歴史を紡ぎ直す（あるいは新しい歴史認識を求めていく）」意識と姿勢を私たちに持たせてくれるうえで有効な手立てだった。こうして，当初は単なる物理的な意味での「公共空間」としての「研究会」も次第に内実の変化を伴っていった。すなわち，分離されたナショナルな「知」を基礎とするのではなく，相互の理解を目指して「自」・「他」の認識位相を出来る限り収れんさせていく論争の中から，新しい視点の発見，「自」・「他」を超えるトランスナショナルな「われわれ」の見方・認識，東アジア共同体における市民意識を覚醒する場としての，より本源的な意味での公共空間 = public space という，知的公共性を伴ったそれへと進化を遂げていった。

　議論の舞台となった私が勤務するキャンパスは交通至便の地とは言いがたく，また正規授業時間帯への配慮もあって，「研究会」自体は夜間開催というというハンディも背負っていた。しかし，この研究会を継続していく中で，参加者たちは或る思いをますます実感するようになっていったのではなかったか。それは，「学ぶ」という行為の本質自体にもかかわっている。「研究会」が提起したものは，資格を取得するためとか，立身出世のためとかの「手段」としてではなく，純粋に「知りたい，学びたい」という好奇心から始まる無償の，それ自体が目的であるという「学び」の類型だった。そして，よくよく考

えてみれば，それこそがもともと人間が求めてきた「知ること」＝「学ぶこと」
＝「より善く生きること」の原点にある衝動，知的好奇心という名の人類固有
の特性ではなかったのだろうか，という思いを私たちは深めていくこととなっ
た。ごく単純に言ってしまうならば，ここに来る人たちと共に「学ぶ」ことは，
本当に楽しかったのだ。

　大学には若い世代の日本人ばかりでなく，多くの東アジアからの留学生が在
学している。その意味において，ここは紛れもなく現代東アジア世界の「現場」
の一部であり，地域社会に帰属する一部でもある。大学は意識としても，また
実態としても，外部と遮断された閉鎖空間であってはならず（またそうあるはず
もなく），地域社会―国際社会と連動し，絶えずその動向に向き合い，共振す
る「知の公共空間」であるべきなのだ。こうした思いにも支えられ，国籍，世
代，職業の区分を超え，東アジア市民の共同作業である共通近現代史教科書の
編纂という，ある意味突拍子もなく，またある意味健全な問題意識を育み，活
動は続けられてきた。そして，そのような意識を共有出来，共に歩んでいこう
とした仲間が少なくなかったことに，私はけっして小さくない驚きと，この活
動に関わることが出来たことへのある種の「誇り」さえ覚えるまでになってい
った。「研究会」の活動は，本当の意味での「学ぶこと」とは何であるのかと
いうことについて，多くの人々，とりわけ「学」の目的を見失いがちな若い世
代に対して一つの挑戦状を突付けてもいたのだと，今ではひそかに自負してい
たりもする。

5. 迷走した「知の公共空間」―研究会の歩みから

　4年間にわたる「研究会」の各回テーマは必ずしも時系列的に整理・配置さ
れておらず，近現代東アジアの時空間を行き戻りしつつ進められていった。た
だ，或る歴史事件をテーマとして，それを巡っての諸議論をたたかわせるとい
うスタイルは一貫して変わらないものだった。

　議論そのものはけっして平坦なものではなかった。2005 年 5 月に始まった
「研究会」はまず，東アジアの国民主義の覚醒起点となった 1919 年に起きた民
族運動や，関東大震災時の朝鮮人虐殺事件などをテーマとしながら，明治国家
の成立とその膨張，その侵略対象となった朝鮮，中国民衆との矛盾の拡大とい
う流れに焦点を当て，議論を進めた。19 世紀後半は植民地化の危機に直面し

た日本が帝国主義国家へと転換していくという"化学変化"を通じて，今度は逆にアジア周辺諸国を従属対象と見なすに至った逆説的なストーリーを軸にして，東アジア世界の分岐─侵略するものとされるもの，支配するものとされるものへの分岐─を画する時代だった。そうした中にあって，東アジア民衆は西洋列強からの侵略と専制支配への抵抗を志し，自身の手で「自らが欲する近代化」を実現しようと努力を続けてきた。2005年度は主にこの時代をカバーする仕事であり，近代国民国家に働く同化と異化の圧力を分析しつつ，「自らの近代化」を実現しようとした東アジア民衆の抵抗，革命運動の在りようを記述の中心に据えた。そして，それに対する最大の障害物となったのが，「脱亜入欧」を掲げて膨張する大日本帝国の帝国主義政策であったことを批判的に検討していった。

　困難の度合いは2年目（2006年度）に入ってさらに増していった。取り上げられたテーマは1910年から1945年までの朝鮮半島における日本の帝国主義統治（「日帝36年」）や，1931年の九・一八事件（柳条湖事件）以来の日中全面戦争をめぐる認識論争であり，いわゆる「歴史認識の相違」問題の，いわば中核的部分を成すものだったからだ。当然のことながら，参加者の間の意見の相違は非常に大きなものだった。議論は往々にしてかみ合わず，アジア諸国の留学生やご年配市民からの声高な反論が相次ぐことも稀ではなかった。議論は過去にさかのぼる認識が「侵略した側・された側」，「植民地支配した側・された側」という差異を際立たせる一方で，それらを捉える自らの「立ち位置」にも否応なく検討を迫るものであったがゆえに，いっそう国家・民族間，世代間での"ズレ"の存在とその修正を鋭く問うものとなっていた。また，研究会の内実にも小さくない変化があった。それは，歴史記述を日中韓の学生諸君が各回で執筆委員となって，自発的に試みるようになったことだ。学生たちの学術経験の乏しさ，歴史を「覚えるもの」としてではなく，「紡ぎ直すべきもの」とする意識変革へのためらい，そして記述に要求される史料研究の必要性等々の理由から，執筆ペースのスローダウンは避けられなかったものの，時として「圧倒的な戦争犯罪の重みに精神的に耐え切れない気持ち」（学生Aさん）に苦しみ，「お互いの知識や認識の相違の大きさに唖然とする思い」（学生Bさん）に動揺しながらも，「歴史を多様な視点から見，自分の言葉で紡ぎ出すことの重要さ」（学生C君）を体感してきた。前年に比べて「研究会」活動の裾野が拡がり，若い世代の関与が質的にも量的にも深化を遂げたことは，大いに評価すべきことだ

った。

　2007 年度の「研究会」はアジア太平洋戦争から冷戦時代の諸事件に焦点を当てた。満州事変以来の戦争がアジア太平洋全域で戦われたという空間的把握だけでなく，日本の帝国主義政策が 20 世紀以降のこの地域で台頭した民族解放運動との全面的衝突に至るという時間軸を考慮して，私たちは敢えて「アジア太平洋戦争」の名称にこだわった。かつて「大東亜戦争」と呼称されたあの戦争が，中国の抗日統一戦線を前衛とした広範な民衆闘争によって泥沼化し，長期消耗戦を余儀なくされ，疲弊した大日本帝国が戦争継続のための資源確保を目指し南方へ侵攻を行った結果であったこと，そしてそれが単に欧米列強との衝突のみならず，萌胚するアジア諸民族の民族解放闘争，反帝・反植民地主義運動との真っ向からの対立を生み出したことに留意した。そして，彼らの自立と解放を求める闘いの前に大日本帝国は消耗し，遂には敗退に追い込まれていったとの歴史視点を明確にするため，この時空間を包括的に議論し，総括しようとしてきた。

　また後半では，第二次世界大戦後の対立軸が表面的にこそ資本主義対社会主義というイデオロギー対立に移行したように見えつつも，冷戦構造の本質がいわゆる「パックス・ルッソ＝アメリカーナ」の大国による寡頭支配体制に他ならず，またそれゆえに，現状を打破しようと努力を続けてきた第三世界民族運動にとって，理想の実現には多くの困難と錯綜した関係性が立ちはだかり，解放運動は必ずしも成功裡には進まなかったことなどを，朝鮮戦争やヴェトナム戦争などを通して論考してきた。アジア地域に関して言えば，アジア太平洋戦争期間を通じて成長してきた民族解放運動が第二次大戦後もなお苦悶を続けつつ戦乱や分断に呻吟してきたありようと，運動の連続性に注目し，いわゆる「東西冷戦」の展開には「南」のプレゼンスが絶えず影響を与え続けているというアジア現代史の構図にも気付かされ，グローバリゼーション・ダイナミズムへの造詣が一段と進んだという知的成果にも恵まれた。また，研究会参加者でもあった若林一平氏（文教大学名誉教授）からの助力も得て，日本国際文化学会臨時秋季研究大会（於：早稲田大学，9/17）での報告を行ったうえ，同学会誌に一文を寄稿，掲載していただく機会にも恵まれた[16]。

---

16)　奥田・隅田・斎藤・坂本「アジア共通現代史教科書編纂研究会 3 年の歩み」(2008)
　pp.55-65

2008 年度の「研究会」は冷戦構造の崩壊に至る時代とその後，私たちにとっての同時代と向き合うことを主たる課題とした。痛感したことは，歴史の研究ないし記述という作業は身近な地点，すなわち，「今」に近づけば近づくほど難しいということだった。それは，今時の事件事象への評価がいまだ定まらず，記述者が活用できる文献資料や統計などがあまりに多種多様にあるという事情ばかりでなく，それらを使いこなす記述者自身の立ち位置，思想性がより鋭く問われることからくる自身の「迷い」や「畏れ」を，否応なく意識するからだろう。これまで生きてきた時間に長短の差はあるものの，参加者たちがカバーしなければならなかった時代は私たち自身が生きてきた，あるいは生きつつある時代であり，それを俯瞰して記述する立場にある者は，すべからく自身との関わりをあらためて問い直し，その課題の大きさにたじろがざるをえなかった。道のりはこれまで以上に険しいものとなっていることを知らされることとなった。

　「研究会」では日常の忙しさにもかかわらず，交通の不便性を乗り越えて夜間に足を運び，また重い課題であるにもかかわらず，積極的に自分との関わりを求めて議論の輪に加わろうとしてきた市民，学生，教員たちの真摯な姿勢が見られた。大げさな表現かもしれないが，それはまさに，「東アジア共同体時代」にふさわしい健全な市民意識，新しい「公共」の出現とでも言えるものだった。今でも鮮やかに脳裏に残っている光景が幾つか有る。韓国併合，「日帝 36 年」へ至る道を議論した際，或る日本人年輩者が「もし，あのとき日本が（朝鮮半島を）取らなかったら，きっと朝鮮はロシアに支配されてしまったはずだ。そうなれば鉄道も敷設されなかったろうし，工業化の芽だって摘まれていたかもしれない」との意見を述べたとき，儒教伝統をなお重んじ，それまで年長者には遠慮気味だった韓国の若い留学生が憤然として，「ご心配してくれるのはありがたいですが，朝鮮半島の未来はそこに住む民衆自身が決めるべきものです。たとえロシアに支配されようとも，それが『日帝 36 年』を正当化する理屈にはけっしてなりません」と反論した光景，あるいは南京大虐殺での殺戮人数の正確性への疑義を執拗に語ろうとする方に対して，別のある市民が「皆，いろいろな意見はあるだろうけど，歴史を単なる過ぎ去った事象としてだけ理解しようとするのは前向きな態度とは言えないでしょう。私たちは二度とあのような非人道的な差別や侵略戦争をしない，よりまともな共生社会を作り上げるために，真剣に戦争犯罪を反省して，『これから』を考えていかな

ければいけないのではないですか」と毅然と言われた光景，等々…こうした体験を共にすることを通じて，私たちはとにもかくにも，19世紀から今日に至る東アジア通史を書ききってきた。それは為政者や専門家と言われる人々が容易に出来なかった，というよりむしろ，ナショナルな枠組みに固執しがちなそうした人々に委任してしまうこと自体が，そもそも危険でもあるこの「知の領域」を，市民の「公共空間」がイニシアティブを取ってカバーすることで，共生と協働原則に基づく21世紀の東アジア市民社会を創造していく可能性を示す作業，一つの知的トライアルでもあった。

そしてこの「研究会」の成果を引き継ぐ形で，後輩の学生諸君が「3・11」以降の日本社会の変動，さらに国際情勢の激変（それも，あまり好ましからざる激変），特に朝鮮半島情勢を中心とする東アジア世界の危機深化などをふまえ，2016年度からはさらに直近同時代史を紡ぐべく，新しい歴史記述を引き継いだ。2年間の試行錯誤を経て生まれた小冊子は，世界の情勢変化を批判的包括的に描くとともに，福島第一原発事故や沖縄普天間基地移設問題，安保法制や東アジア諸国民間での排他的ナショナリズムなどの問題を取り上げる中で，「この国のかたち」と自らの暮らしの在り方を鋭く問うテキストに仕上がっている[17]。

この間に真摯に交わした議論が歴史認識相違の相互理解に果たした効用はけっして小さなものではなく，ここに参画したすべての人々が東アジア共同体市民意識の形成という道標に向かう"ならし作業"を進めてきた。新約聖書風の表現を借りるならば，ここに集った人々は，ともすれば回避しがちな困難に敢えて挑み，摩擦と対立を恐れず議論をし続けてきたことによって，東アジアの大地の味を確認できる「地の塩」の役割を，少しばかりは果たすことが出来たのではなかったろうか。

6.「知の公共空間」再考

思えば，「共通歴史教科書の編纂」とは，ずいぶん無謀な看板を掲げてしまったものだ。「研究会」に参画してきたメンバーには歴史学の専門，専攻が多

---

17) アジア共通現代史教科書編纂委員会『東アジア共同体への道第Ⅵ部・願うべき，未来への展望を紡ぎだそう〜「3・11」，「フクシマ」，「オキナワ」に問われる現代東アジア世界にあって』（2018年3月）

くいるわけでもなく，いわゆる歴史学の正統的方法論と称される文献史料による実証能力や調査発掘といった手法にも暗い。いわばシロウトの寄せ集まり集団が，東アジア近現代史上の諸問題を議論し，各々の認識を止揚し，あまつさえ「共通教科書」を編纂してしまおうというのだから，それ自体が破天荒な試みであることは，おそらく部外の人々，特に「専門家」と称される学術畑の方々から見れば，とんでもない絵空事を考える連中だと思われるのも当然のことだったろう。実際，私たちの知識不足やしばしば起こった議論の錯綜，デッドロックを反映して，「共通歴史書」の内実は時に交錯し，時に並列にとどまり，時には矛盾し，誤記と思われるような論述さえ見られるなど，必ずしも予期したようには収れんしていかなかったことを率直に認めなければならない。

　しかし，そのことはこの「知の公共空間」での作業の意義を損じるものではないし，面子や国益を背負い込んで議論しなければならない運命にある政府お手盛りの既成専門家会議がけっして乗り越えることができない自国家中心の歴史記述視点という「没公共性」を，私たちならば意識することなくすり抜けていくことが出来るかもしれないという意味において，「シロウト集団」であることを卑下する必要も，いわんや議論に参画する資格に乏しい者であるというわけでもないだろう。それどころか，今日にあっては，一市民が日々の暮らしを営む事自体が既に「国際的な仕事」となってしまっていることは，たとえば 100 円ショップの商品の大半が made in China であることや，学生諸君が下宿生活を維持するために必要な比較的安価な家電製品が made in Korea であったりすること一つをとっても，歴然としている。私たちがより善い社会的文化的生活を志す限りにおいて，東アジア世界はすでに自身の生活圏の中にあり，したがって，そこに生きる人々の暮らしを尊重し，彼らとのより善い共存共生を図ろうと努力することは，ある意味，まったく自然の「暮らしの営み」の一部分を成すものとなる。この点からすれば，歴史認識の共有とそれに基づいたより善い関係性を打ちたてようとする作業への参加資格にシロウト・クロウトの区別などあるべくも無く，シロウトであることに何らの遠慮もする必要はない。それに（多少，誇大妄想の癖はあるのだが…），学問上の新しい発見，新しい認識の獲得，パラダイムの転換といった大仕事が門外漢にいた人々の手によって成されるということは，それほど珍しいことではない。たとえば，地中海古典古代世界の究明に偉大な足跡を残したハインリッヒ・シュリーマン (1822-1890) やマイケル・ヴェントリス (1922-1956) らは，基本的に「シロウト」

の域を出る人たちではなかったのではないか。

　「知の公共空間」の創成意義の一つには，いわゆる未来志向の智恵を獲得する手立てを参加者たちが共有できたことだろう。先に述べたことだが，＜これから＞を考えるためには，「した側」が「された側」の気持ち（憤怒や情念や屈辱や無念さを含めたそれ）に思いを馳せ，「もし自分がそちらの立場だったらどう考えるだろうか」を想像すること，また「された側」も，もし知的余裕を持ちえるならば，「なぜ，彼らはそんなことをしたのだろうか，そうさせられたのだろうか」，「自分があの時代のあの状況（貧しさや統制や臣民化といった状況）にあったらどう行動しただろうか」と思いをめぐらすことだろう。とりわけ，この場合には「した側」の想像力が決定的に重要で，いかに文献史料実証が進んだとしても，相手の痛みを理解しない無感性，「客観的／実証的事実」を隠れ蓑にする独善は大いに戒められねばならない。多少の見識さえ備わっていれば充分に知覚できるのだが，相手の「痛み」が分らない，或いは分ろうとさえしない立ち位置に永遠に留まることは，「自」・「他」の関係を払拭して「われわれ」の関係を作り上げることができないという意味において，やはり不幸なことに違いない。私たちにとっての＜これから＞はまた，「過去との対話」を進めながら相互に心象を想像し思いやること，心と心を結び交わすことの大切さ，言い換えれば「生きた人間の感情の記憶」への配慮を忘れずに「痛みを共有すること」の上にこそ生まれ得るのだ。

7. 「われわれの歴史」を紡ぐこと・その意義

　右往左往し，遅々とした歩みであったことを充分に認めつつも，東アジア共同体の歴史を学生市民の手で紡ぎ直そうとしてきたこの「知の公共空間」は，ともすれば近代国民国家がそのフレーム内に統合した人々に課してきた国家中心・民族主体の「公共性」の概念を批判的に再検討し，そのフレーム自体を乗り越え，経済的・社会的に実態を成しつつある東アジア共同体の市民としての新しい「公共性」を再構築していく実質を備えたものだった。

　この世の事象は別個に存在するのではなく，何がしかの因果関係を伴って関わっており，時には相互に依存し，あるいは逆に対立する形で出現する。たとえば，現在の東アジア関係が戦後日本人の戦争責任・戦後責任問題に対する真摯な思考の欠落や，近年の右傾化情況を映し出す一つの「鏡」であるように，

また「3・11」以降顕著となった地方の疲弊が富を集中する中央の横柄を映し出す「鏡」となっているように，物事には必ずそれを生み出すに至る関係性・構造性が背景にある。そこに見え隠れするのは，両者の社会的・政治的位相と「力の非対称性」だ。既成の秩序を背景にして行使される構造的暴力に関して，体制側は往々にして自分達の立ち位置に無自覚で，彼らが日々行使する力の暴力性自体にも鈍感だ。それに対して，侵略の犠牲となったり，差別的支配におかれたり，周辺化を余儀なくされている人々にとって，忘れられない，また忘れ去るべきでない「感情の記憶」こそは，たとえそれらが文書や映像といった記録媒体に残されなかったとしても，彼らにとっては「真実」であり「本質」であり続ける。しかも，加害・被害の関係は必ずしも不動かつ固定的なものではなく，暴力に絡む関係性・構造性も時とともに変化し，したがって「感情の記憶」の銘記の仕方もまた時には屈折したものとなってゆく。

　1945年8月15日を基点として，日本人と日本国家は東アジア世界での新しい国家原則と生活の原理，言うなれば戦後の新グランドデザインを求めようとした。それは，アジア太平洋戦争の悲惨な教訓を基礎として，二度とアジア民衆を搾取，差別，支配しないこと，人として当然の暮らしを営む願いに邪魔をしないという誓い，単純化してしまえば「殺さない国家」としての自己規定だった。こうした「誓い」は，直後に始まった冷戦の展開のもとで次第に済し崩され，形骸化していくのだが，それは果たして冷戦構造，あるいはアメリカの占領という「外圧」によるものだけだったのだろうか。朝鮮戦争やヴェトナム戦争時，日本は"臨戦体制"のもとにあり，時の保守政権は安保体制の維持強化を唱え，アメリカの第三世界抑圧戦略に加担するのみだった。「脱亜入欧」の悪しき精神風土は戦後もなお残ったままだった。

　戦後日本の知性もまた，アジア諸国民との共生を生み出す作業に失敗してきたのであり，その怠慢は糾弾されなければならない。戦時性暴力被害者への謝罪責任の放棄[18]と保障要求に対する門前払い，かつてはアジア侵略を「進出」と言い換え，今は沖縄戦での「集団死の強要」記述を削除するなど，歴史の糊

---

18) 奇妙なことに，アジア各地での戦時性暴力被害者問題に関する海外世論の展開で日本政府があわてたのは，米国議会（下院外交委員会）での謝罪要求決議が話題となった時だった。2012年に訪米した安倍首相は「過去のそうした事実犯罪に謙虚に反省する」と述べたのだが，それは本来，ワシントンでではなく（すなわちアメリカ政府や議会に対してではなく），ソウルや北京や台北やジャカルタで，当の被害者に対してこそ最初に述べられてしかるべきものではなかったのだろうか。

塗とも言える権力の介入などに鑑みるならば，戦争責任の未総括，責任所在の霧散とともに，戦後責任もまた取られておらず，「過去の清算」は今なお全く不充分と言うべきだろう。人々の「感情の記憶」に思いを馳せ，調査すべきはし，非を認めるべきは認め，真摯な謝罪と補償を迅速に行なうことこそが急務の課題だ。それはまた，アジアと日本の間に横たわる歴史認識のミゾを埋め，「共生」の基盤を作り出すために避けて通ることのできないステップでもあるはずだ。

　「感情の記憶」への敬意はまた「殺すな」の原理原則を普遍化すべく，自身の生活のあり方を見直し，それを転換していく作業にもつながっている。だが残念なことに，今私たちが目撃しているには，それとはまったく裏腹の現実である。右に傾く現在の政権は「日本を取り戻す」ことを声高に叫んで戦後日本の立ち位置を否定し去ろうとしており，政治家たちの知的レベルの低下や外交の稚拙さも手伝って，周辺アジア諸国との関係を険しくするばかりだ。その基層にあるのは，戦後の日本社会を実質的に支配してきたアメリカ帝国の凋落，およびその帰結としての日米安保体制の変容かもしれない。「最大最強の超大国」との"キャッチコピー"とは裏腹に，アメリカ合衆国の「双子の赤字」は深刻となり，戦争会計の視点からすれば，アメリカ単独での軍事力の行使はもはやほとんど不可能となっている。だが，日本の為政者たちがアメリカ覇権に徒に拘泥して既得権の維持に汲々とする結果，日本がアメリカの戦争会計を多額の米国債を保有することを通じて財政的に支え，第三世界の人々と対峙するという構造がグローバルな地平から眺めた時に見えてくる（「道標Ⅷ」の章参照）。そして近い未来に，日本から派兵された兵士が現地の人々を殺してしまうかもしれないという事態も，最早けっして想定外とは言えまい。そうした事態をわが身に引き寄せて考え，流される血，吹き飛ぶ肉片，砕ける骨の痛みへの想像力が働かないのは，過去の経験に対する無関心と知的貧困の所産だろう。

　今から100年前，世界大戦への予兆が次第に深まっていく欧州にあっては，各国の社会主義政党を中心とした第2インターナショナルがバーゼル決議（1913）など，格調高い反戦宣言を打ち出し，反帝国主義戦争の世論を喚起していた。だが，ひとたび戦闘が勃発するや，彼らは愛国ナショナリズムの突き上げに動揺し，持ちこたえられず，遂には手のひらを反すように帝国主義戦争に賛同し，反戦運動もまた霧散してしまった[19]。もし，彼らが「真のインターナショナリズム」を手放さず，彼らが属していた帝国主義諸国家の世界政策と

真摯に対峙し続けていたならば，あの3,700万人の死傷者を生み出した第一世界大戦の悲劇は避けられたかもしれない（この話への「こだわり」については，改めてコラム「国際学の道草③」にて言及した）。歴史が教えるこの教訓は，いかに体制が鼓舞するナショナリズムへの抵抗が困難な課題であるかを示すとともに，知的冷静さと地球市民的な感性が為政者の思惑に騙されず，世界平和を維持していくうえでいかに重要な，全人類にとっての資質であるかを物語っている。

「歴史認識」と正面から向き合うことの意味とは，一方で国家や民族の"重荷"を背負うことを敢えて覚悟することでもあるのかもしれない。人間は社会的動物であり，ナショナリティーの中で刷り込まれてきた固有の価値観や歴史認識の有り様は，それ自体が国家や民族のしがらみを背負わされてしまっていることの産物と言えよう。しかしその一方で，人間は所与の条件のもとで能動的に周囲の環境に働きかけ，それらを再構成することが出来る存在でもある。多様な国民，民族の主張や見解に耳を傾け，それらを比較研究することを通じて自分の考え方を相対化し，より広く深いフィールドから物事を見渡すことができるようになれば，そこから見える歴史の心象風景は，以前のそれとはかなり異なったものとなりえるだろう。無知と偏見に曇らされ，それまで対立的に存在してきた自・他の関係性は，そうした知的運動を通じて，はじめて「われわれの関係性」という新しいレベルへと止揚していける。暮らしを営む時空を一足飛びに駆け抜けることはできない。私たちはただ謙虚に学び，鋭敏な感性を持ち，地道な知的努力を続け，国民国家固有の認識や価値観からより自由になって発想し，他者を慮る姿勢を身に付けてゆくことによってのみ，現代東アジアにおける共生と協働の実現の可能性への展望を見出すことができるのだ。

---

19)「…オーストリアの対セルビア宣戦から一週間でヨーロッパ列強は全面戦争に突入した。その一週間のうちに，インターナショナルに結集していた社会主義者たちは，ごく一部を除いて，四分の一世紀にわたって掲げ続けた反戦の旗を降ろして自国政府の戦争遂行に協力するに至った。…ドイツではもとより，フランスにおいても，自らの行動を秘し，虚偽の情報を流し，警察を通じて反体制側の動きを掌握し，何よりも暴力装置を独占する政府が，ことさらに醸成したナショナリズム。社会主義者がその抗し難いほどの力を本当に実感したときは，自分もまた免疫のないことを気付くときでもあった。」西川正雄『第一次世界大戦と社会主義者たち』(2013) p.211

道標IX 「われわれの歴史」の紡ぎ方 | 245

引用文献

アジア共通現代史教科書編纂委員会『東アジア共同体への道・学生市民が紡ぎ出す東アジアの近現代史』（文教大学出版事業部，2010）

アジア共通現代史教科書編纂委員会『東アジア共同体への道第Ⅵ部・願うべき，未来への展望を紡ぎだそう〜「3・11」，「フクシマ」，「オキナワ」に問われる現代東アジア世界にあって』（2018.3）

石牟礼道子『苦海浄土』（講談社文庫，1972）

鴨武彦『ヨーロッパ統合』（NHKブックス，1992）

カール・シュミット著／田中訳『政治的なものの概念』（未来社，1970）
　　［原典：Shumitt C., *Der Begriff des Politischen*, 1932］

孫歌『アジアを語ることのジレンマ』（岩波書店，2002）

西川正雄『第一次世界大戦と社会主義者たち』（岩波書店，2013）

中韓3国共通歴史教材委員会『未来をひらく歴史・東アジア3国の近現代史』（高文研，2005）

増田四郎『ヨーロッパとは何か』（岩波新書，1967）

フレデリック・ドルーシュ総合編集／木村監修『ヨーロッパの歴史・第2版』（東京書籍・1998）
　　［原典：Une initiative Europénne de Frédéric Delouche, *Histoire de l' Europe*, 1992 & the revised and updated editon, 1997］】

劉傑・三谷・楊編『国境を超える歴史認識，日中対話の試み』（東京大学出版，2006）

奥田孝晴・矢崎摩耶「東アジア共同体への道研究」，文教大学湘南総合研究所『湘南フォーラム』第17号（2013）所収

道標 X　大日本帝国のグランドデザインと戦争責任・戦後処理責任問題
―日独比較研究から―

1.「国家が溶解した時」から考える東アジア世界

　2011年3月11日に起きた東日本大震災。抗しがたい物理的破壊と混乱の前に，国家（政府）はほとんど手を打てなかったばかりか，福島第一原発がメルトダウンを起こし，「事態が悪化すると住民避難区域は半径200kmにも及び，首都圏を含む3,000万人の避難が必要となる可能性」[1] さえあった放射能汚染という超非常事態に際してさえ，その危険性を隠し，放射能塵が振り落ちる中を避難する人々を事実上放置するなど，国民生活の安全保障機能をまったく果たせないでいた。政府機能がマヒする一方で，働いていたのは，孤立した各地域で互いを支え合い，暗闇の中で体を寄せ合い，水や食料を分け合って寒さに耐え続けた被災地域住民の自助努力と，直後から被災地に飛び込んだボランティアの人々による扶助だった。無数の非日常的体験が錯綜する中，ただ地域コミュニティーの紐帯だけが，かろうじて被災された人々を絶望の淵から救っていた。尊い命の損失と極限状況の中にあっても，なお立ち上がろうとする地域コミュニティーの自助努力と，それを周りから支えようとする市民の有形無形の協力姿勢から見えたものは，あてにならない政府とは別の基層レベルに働く豊かな市民感性と連帯へのエネルギーであり，それはまた，ポスト「3・11」の日本像を創造してゆく力の源泉となるものでもあった。

　「国家の溶解」とでも言うべきあのような事態に立ち到った時，私たちはあらためて国家というものの存在意義，あるいはそれに託していた（と勝手に思い込んでいるのかもしれない）機能に対する疑念を持たざるを得なかった。思う

---

1 ）　福島原発事故独立検証委員会（民間事故調）北澤宏一委員長の言。同委『調査・検証報告書』（2012）p.5

に，そうした「ラディカルな思慮」に至る事態を，私たちの先達もこれまで体験してこなかったわけではなかった。たとえば 1945 年 8 月 15 日がそうであったように，日本人は自身の帰属する国家のありようを見つめなおし，さらに言えばその「リセット」を志向できる機会を幾度か持ってきたのではなかっただろうか。だが，かつての大日本帝国の基本骨格や神経組織がアメリカの占領下で再編・継承され，戦後社会の深層にビルトインされてきたことは，「3・11」直後から始まった「トモダチ作戦」での米軍の動きと原発事故に対するワシントンからの諸々の干渉行為——それらは紛れもなく，イラクやアフガニスタンと重なる準戦時の風景だった——などからも明らかだった。この国の最大の「実力」は一般市民とは遠くかけ離れた部分に握られており，最終的な意思決定の回路もまた，「8・15」以前と同様に，市民を疎外した形でしか働いていなかった。

　ところで，自身が帰属する国家への本質的な懐疑と市民社会目線からの相対化圧力は「内側」からだけでなく，「外側」からも増幅されている。私たちは前世紀とは大きく様相を変えた国際情勢，特に東アジア社会の急激な変容をふまえなければならない。言うまでもなく，それは 20 世紀末から顕著に進んだ東アジア諸国の雁行形態的な経済発展と，主として域内に展開する企業内分業が生み出した水平分業の進展，産業内貿易の急激な増加，そしてそれらが促しつつある東アジア社会全体の変容を指している。しかしヒト，カネ，モノ，ブンカが濃密に飛び交う中，今ではアメリカへの経済依存を凌駕するまでに進んだ相互依存が生み出しつつある現在の東アジア経済統合の成熟状況に対して，近年ますます鋭敏さを増してきた竹島（独島）や尖閣（釣魚）諸島の領有権紛争などが象徴するように，なお「国民国家の呪縛」にとらわれ，それを克服できずにいる国家（帰属）意識との間に横たわる乖離，言うなればグローバリズムとナショナリズムの不均衡な状況を，私たちはどのように理解し，また克服すればよいのだろうか。

　この課題について，たとえば中国研究者の天児慧は後者に対峙する前者トレンドの制度化の未成熟に答えを求めようとしている。

　　　「…国家システムと脱国家の価値，役割，機能が併存し影響し合う状況が続くのが少なくとも 21 世紀の国際社会であろう。私はこれを国民国家（NS）システムにかわる＜N-TN システム＞（Nation-Trans Nation System）と表現しておきたい。＜N-TN システム＞が大きな流れになりつつある今日，政治的な主権論以外の領域

での協力・依存関係を軽視してはならない。脱国家の論理と実践を国家の理論と実践に一方的に従属させてはならない。しかし＜N-TN システム＞への転換にもかかわらず TN の部分の制度化が進んでいないために，緊迫した事態になると国家主権の論理がすべてに優先されるのである。」[2]

　天児はここで東アジアの相互依存関係の深化にもかかわらず，各国（民）にあってはなお脱国家的発想とそれを具現化するための制度化が充分になされていないことを強調しているのだが，そもそも「TN 部分の制度化」には，東アジア共同体の構成主体者間での現状に対する認識の共有，社会的価値観の収れんが欠かせない。だが，それを阻む壁はなお厚い。特に東アジアの各国民が現在なお対抗的ナショナリズムの頸木にとらわれている原因の一つは，近代東アジア史における「力の非対称」が生み出した諸事件に関する認識が大きく異なっており，「過去」に対する評価や価値観の収束がほとんど進んでこなかったことだ。前の章でも紹介した中国の東アジア比較政治文学研究家孫歌が自著の中で率直に述べているように，現在の東アジア諸国民間での脱国民国家意識の未成熟状況と，なお強く働くナショナリズムへの過小評価に基づいた，安易なグローバリゼーション礼賛＝「共同体志向」への傾斜を諫めは，外向的に進展するグローバリゼーションと内向化するナショナリズムとが並行する今日のジレンマの深刻さを浮かび上がらせる。

　　「…もしも東アジアという視覚にナショナリズムを解体する機能があるとすればそれはいったい誰を中心とし，また何を基礎としてのことなのか。ナショナリズムに取って代わるものがないまま，多国籍資本がグローバリゼーションの名目で不平等な経済関係を推進しようとしているとき，ナショナリズムと東アジアという視角との間に，ほんとうに相互に牽制し合うような動力作用があるのか。しかしだからといって，経済のグローバリゼーションがもたらす複雑な事態が，すでに国民国家という単一の枠組みを越えてしまっている以上，私たちは，もはやその単一の枠組みにしがみついていることもできない。またこの枠組みに代わる有効な代替物を探し当てていない以上，私たちは，その枠組みを否定することにやすやすと希望を託すわけにもいかない。…国境を強調することと国境を単純に無化することのどちら

2）　天児慧「アジア地域統合の新機軸を求めて」（2011.2）p.52

道標X　大日本帝国のグランドデザインと戦争責任・戦後処理責任問題 | 249

もが，むしろ真の問題の回避に帰着してしまっている。」[3]

　天児と孫に共通している認識が，トランスナショナルな形で発展を遂げつつ
ある東アジアの経済社会変容とナショナルな意識・価値観との乖離状況の克服
という課題にあることは明らかだが，それを生み出している原因の一つにある
ものが，東アジア近現代史総括の未徹底，とくにアジア太平洋戦争犯罪の総括
にかかわる落差，あるいはアジア諸国民民衆の心に深く刻みつけられている
「過去に対する感情の記憶」（孫歌）に対する無思慮にあることは疑いえない。
それを克服する道は，西洋近代が他世界に押し広げ，現代人の思考回路にも強
固に刷り込まれるに至った国民国家や民族主義のしがらみから自身を自由な立
場に置き，草の根レベルから東アジア共同体時代に相応しい新しい「公共性」
を創造し，継続的に発展させていく努力の中にしか見いだせないだろう。その
ような試みはヨーロッパにおける経済統合と並行して進められてきた文化活
動，たとえば欧州共通歴史教科書作りなどに見られている。もちろん，それは
戦後進展してきた欧州統合と冷戦構造の崩壊という動きに後押しされたもので
あったとはいえ，そこには「3・11」直後の被災地で萌胚してきた市民社会の
エネルギーと同様に，国民国家フレームを超えた形で市民社会を再構成し，国
家主権に一定の“タガ”をはめるに至る広範な共同市民意識，もしくは市民力
とでも呼ぶべき，基層レベルでの「力」の成長があった。
　思うに，第二次世界大戦後のドイツと日本は「国際的には侵略戦争とみなさ
れた戦争における自国の戦死者に対して，どのように向き合うべきなのかとい
う重い課題を課された最初の国家」[4]となった。ただし，この課題に対して向
きあった両国の姿勢には大きな違いがみられた。戦後，日本が「アメリカの傘」
のもとで戦争責任所在を曖昧化し，アメリカのアジア戦略に加担する形で「経
済繁栄」を享受し，アジア諸国民に対する戦争犯罪に無神経になっていったの
に対して，冷戦下の（西）ドイツでは国土分断と核戦争危機の最前線という苦
渋の運命を受けとめ，相応に戦争犯罪総括と戦後の処理責任に向き合ってき
た。この作業は東西ドイツ統一を経てなお続いているのだが，その重要な一部
分を担ったものが，ナチス時代の戦争犯罪やホロコーストへの反省・賠償と，

3）　孫歌『アジアを語ることのジレンマ』（2002）pp.189-190&p.201
4）　吉田裕「戦争責任論の現在」（2005）p.88

領土確定にみられた戦後の国家責任をも意識した安定化努力にあったことは明らかで，それなくして今に続く「欧州合衆国」への歩みもまた無かっただろう。今日の東アジア諸国民ののど奥に刺さった棘の如き「歴史認識の相違」問題の止揚という課題において，欧州の経験，特にドイツと日本のそれとの比較研究が有効性を持ちえるゆえんはここにある。

　強調しなければならないのは，こうした自省作用が単に表層事象としての戦争犯罪行為への反省に留まらず，進む欧州統合のもとで，欧州におけるドイツ国家の位置づけの再検討，そしてその前提としての「そもそも近代ドイツ国家は何故あのような狂気の道を歩むに至ったのか」というよりラディカルな疑問，言うなれば近代ドイツ国家のアイデンティティーに遡及する形で行われているという点だろう。もし，私たちが今日形を成しつつある「東アジア共同体」の一員に加わるべく，その前提としての戦争犯罪・戦争責任問題に真摯に向き合うとするならば，私たちの知的課題は諸事件の分析に留まらず，それらを生み出した源とでもいうべき近代日本国家の構成要件そのものへの批判的検討にまで及ぶべきものだろう。それはまた，今日に連なる日本国家のありようを再検討するのに有益な示唆を与えてくれるに相違なく，「3・11」を通じて可視化された国家と市民社会の乖離状況と疎外の関係を止揚するという，未来に連なる課題解決にも有益なものともなるだろう。

2. 大日本帝国のグランドデザイン・レビュー

(1) 背景と要因

　近代日本国家は欧米列強のアジア植民地化圧力を背景に，それに対抗する排外ナショナリズム（尊皇攘夷運動）の澎湃から生まれたものであり，その意味で明治維新は近代世界史の産物だった。明治政府が産声を上げたとき，日本は周辺を植民地列強の圧力に取り囲まれており，乏しい経済力となお強固な残る封建遺制を抱え込みつつ，万国公法（国際法）に即した主権国家としての国際的認知を勝ち取るため，国家の経営資源を新たに権威化された天皇のもとに集中し，近代国家としての体裁を整えていくことにやっきとなった。爾来，そこには必ずしも明確なものとは言えないまでも，近代日本国家が志向する国家・社会像があった。ここに言うグランドデザインとはそうした漠たる方向性，あるいは「こうなりたい」，「かくあるべき」という国家の意思の所在，経

道標Ⅹ　大日本帝国のグランドデザインと戦争責任・戦後処理責任問題　｜　251

営指針を指している。

　こうした意味でのグランドデザインの登場は，国内の後進的な社会構造や乏しい経済資源の制約を受けている。江戸期に相応の工業化・「近代化」への準備が自生していたとはいえ，近代日本は極東に位置する後発国であり，残存する封建的諸制度のもとに多くの農民が隷属し，狭隘な市場規模と乏しい賦存資本の制約にあっては近代工業の発展条件が不足していた。植民地圧力に絶えず曝される極東の後発国としての性格は，近代日本を律束した基本的条件であるとともに，克服すべき課題でもあった。

　さらに，この国のグランドデザインの生成に影響を与えた「外圧」の震源として，特に南下するロシア帝国と西進するアメリカ合衆国，そしてそれに対抗する形で生まれた大日本帝国の地政学的な「反作用」対象としての周辺アジア，とりわけ朝鮮半島と中国大陸を挙げることは間違いではないだろう。前2者列強がもたらした軍事的圧力は近代日本人の深層心理に深刻な影響―時には恐怖心と呼ぶほどのものであったり，強烈な反発心・自負心と呼べるものであったりした―を及ぼした。一方，周辺アジア諸国のインパクトはこれとは逆のベクトルを伴っていた。西洋列強の圧力を受け，その恐怖心理から逃れようと“受動的な立場”から殖産興業・富国強兵化をいかに進めるかが近代日本の課題であったのに対して，周辺アジア地域はその課題解決の対象，露骨に言えばここから生じる諸矛盾の転嫁先，あるいは外郭防衛線として位置づけられ，日本は“能動的な立場”でこの地域を「国益」のもとに置こうとしてきた。前2者と後2者は，近代日本という国家を造るに際しての「非対称な4本柱」となるファクターだった。

(2)　『脱亜論』と『利益線』論（1880-90年代）

　幕末期の尊王攘夷論など“素朴な”国家論は別として，近代日本にグランドデザインと呼べるものが形を成してきたのは立憲国家としての体裁を整えつつあった1880年代だろう。日本のエスタブリッシュメントの間には増大する西洋列強のアジア支配圧力への危機感と，それに相反する「共に近代化（西洋化）を担うべき」近隣アジア諸国の“停滞”への苛立ちが充満していた。日本では朝鮮や中国を「近代化」の波に乗り遅れた保守頑迷の邦として蔑視する風潮が現れ，かれらの統治能力への疑義が台頭していた。特に朝鮮での甲申政変（1884）によって親日的な独立党勢力が駆逐され，改革が挫折したことが日本

の知識人たちに与えた失望感は大きかった。1885年に福澤諭吉（1835-1901）が「時事新報」紙上で著した，後に『脱亜論』と呼ばれる小論では，「両国はかつて日本にとって範であったが，もはや時代に乗り遅れたものとなってしまった。今後数年で国は失われてしまうだろう」とし，「今後は日本も西洋列強が接するように清国や朝鮮を扱うべきだ」という，いわゆる「脱亜入欧」が唱えられた[5]。この『脱亜論』は，近代日本国家とアジアがいかに向き合うべきかという課題を，福澤という自由主義的傾向を強く持った当時最も高名な開明的知識人さえもが，どのように捉えていたのかを示すものとして極めて興味深いものがある。福澤はそれまで朝鮮の近代化（西洋化）改革に期待をかけており，甲申政変への失望感から朝鮮民衆を啓発すべく筆を起こしたのだが，やがて彼の思惑を超え，「脱亜入欧」イデオロギーは一般の日本人の間に他のアジア諸民族に対する優越感と蔑視をもたらし，その後のアジア侵略を正当化する理論へと変質していった。特に朝鮮に対しては，「自分たちが指導し保護してやらなければ，いずれは西洋列強に奪われ，食い尽くされてしまう」との優越意識と支配欲を日本人の間に生み出していった。

　明治政府の高官たちに絶えず付きまとっていたのは，ペリー艦隊来航以来の西洋列強からの侵略に対する恐怖感だった。この心理的圧迫は明治政府をして急速な殖産興業・富国強兵への道を走らせただけではなく，外国の侵略を避けるためには国境線で相手を迎え撃つのでは不充分で，さらに進んでその先で待ち構えるべきであるとの考え方を植え付けた。その最初の公論は「征韓論」という形をとって現れてきたが，その後，産業資本主義が勃興していくにつれて，現在もしくは将来的に経済的利益のある地域を先んじて押さえ，死守することが重要であるとの認識が広まっていった。シベリア鉄道の起工が間近かに迫った1890年，ロシアの極東侵略を危惧した山縣有朋首相（1838-1922）は軍備拡張のための予算を編成するにあたって帝国議会で演説し，独立を守るためには

5）「…わが日本の国土は亜細亜の東辺に在りと雖も，其国民の精神は既に亜細亜の固陋を脱して西洋の文明に移りたり。…支那…朝鮮…此二国…其古風旧慣に恋々するの情は百千年の古に異ならず，…道徳さへ地を払うて残刻不廉恥を極め，尚傲然として自省の念なき者の如し。…今より数年を出でずして亡国と為り，其国土は世界文明諸国の分割に帰す可きこと一点の疑あることなし。…我国は隣国の開明を待て共に亜細亜を興すの猶予ある可らず，寧ろその伍を脱して西洋の文明国と進退を共にし，其支那朝鮮に接する法も隣国なるが故にとて特別の会釈に及ばず，正に西洋人が之に接するの風に従て処分す可きのみ…」福沢諭吉「脱亜論」，慶応義塾編（1960）pp.239-240

道標Ⅹ　大日本帝国のグランドデザインと戦争責任・戦後処理責任問題 │ 253

国境としての「主権線」を守るのみでは不充分であり，「隣国接触の勢い，わが主権線の安否と緊しく相関するの区域」としての「利益線」の重要性を説き，それを死守するためには巨額の軍事費（当時予算の約30％）が必要だ，と主張した[6]。山縣によれば，当時のその「利益線」はまさに朝鮮半島にこそ引かれるべきであり，朝鮮半島を支配しなければ日本の安全は保障されないというのだった。確かに朝鮮半島は当時の日本経済にとって米の確保先あるいは綿布などの製品販路として重要で，また地理的に見てもユーラシア大陸の東端部分を成し，日本に向かって突出していることから，そこが敵対的な勢力の支配下に入れば安全が脅かされるという不安心理が芽生える土壌はあった。しかし，そもそも「利益線」の考え方自体が日本の利己的な権益確保論に過ぎないことは明らかで，朝鮮民衆の意思や主体性はほとんど考慮されることは無くなってしまう。またこうした考えは，いったん同地を確保すれば，今度はそこを守るためにさらにその外郭を「次の利益線」として確保しなければならず，際限の無い膨張運動を認めることとなる。すなわち，この論理を前提とした場合には対外侵略に対する歯止めはほとんどかからなくなってしまうことになるだろう。事実，大日本帝国は以後「利益線」死守のために，朝鮮 → 満州 → 内モンゴリア → 中国大陸へと侵略を拡大し，遂にはアジア太平洋戦争を引き起こした。アジアに生きる人々の暮らしを視界に入れることのないグランドデザインは帝国主義的膨張を後押しして戦時体制に国民を巻き込み，遂には自身の生活までの破壊する道に日本人を誘っていったことになる。

（3）安重根の "汎アジア主義"（1900 年代）

　近代日本が経験した最初の本格的な帝国主義戦争である日露戦争は，新興ドイツ帝国の海軍力増強や，フランスと同盟するロシア帝国の南下圧力に対抗するイギリスの「名誉ある孤立外交」の転換，さらにはアメリカ合衆国の「門戸開放」政策の展開などが錯綜する帝国主義時代におけるダイナミックな国際関係の再編過程で行われた戦争だった。ただし，ここで言う「国際」の中からは植民地下にあった第三世界民衆の存在が抜け落ちてしまうことに，私たちは留意すべきだろう。この戦争がイギリスやアメリカからの有形無形の支援によって遂行されたことは紛れも無い事実だが，それは桂・タフト秘密覚書（1905 年

6）　山室信一『日露戦争の時代』（2006）p.46

7月）で日本がアメリカのフィリピンにおける排他的支配権を認め，また改訂日英同盟（同年8月）でイギリスのインド支配を全面的に支持する姿勢を明確にしたことも，一つの理由だった。言い換えれば，日本がロシアとの戦争を継続できたのは，英米帝国主義のアジア民衆への植民地支配を容認することを担保としたからだった。そうした構図は，日露戦争最大の犠牲者とも言うべき当時の朝鮮半島1,300余万人の運命がより鮮明に証明していた。既にこの戦争中から日本は大韓帝国政府に干渉を強め，3度にわたる日韓協約を経て，1910年には同地を完全に植民地化するまでに至り，「日帝36年」の惨禍をもたらすこととなった。

　こうした中，1909年10月，ハルビン駅頭で明治の元勲・初代韓国統監府の長官だった伊藤博文（1841-1909）が暗殺された。犯行に及んだのは当時30歳の韓国人安重根（1879-1910）。この暗殺者は，しかし韓国および北朝鮮にあっては愛国の義士として尊崇され，民族文化守護のヒーローとしてソウルの記念館に称えられている。その後の日韓両国での安に対する歴史的評価の大きな乖離をここに細述する余裕はないが，彼が投獄された旅順刑務所の獄中で書かれた，その遺書とも言うべき『東洋平和論』の序文には，痛烈な大日本帝国批判とともに，帝国主義時代の東アジアが直面した危機意識と彼の思想の深層に宿る"汎アジア主義"精神が見て取れる。

　　「…ああ，千云万云々思いもかけなかったことだが，（日露戦争に）勝利した日本は，凱旋するなり，最も近い同一人種であり，最も親しいはずの善良な韓国に対して無理な条約を迫り，満州長春の南に位置する韓国を占拠した。世界のすべての人々の脳中に疑惑の雲が湧き起こり，日本の偉大な名声と正大な勲功は，一朝にしてロシアよりも甚だしい蛮行に変わってしまった。ああ，竜虎の威勢が蛇や猫の行動になろうとは。かの逢い難い絶好の機会に，更に何を求め，何を惜しんだのであろうか。痛ましいかな。東洋平和と韓国独立という言葉は，すでに天下万民の人々の耳目に焼きつき，その信義は金石のごとく韓清両国人の脳裏に刻印されていた。この文字に表わされた思想は，たとえ天の神の力を以ってしても消滅させることはできない。…現在，西洋の勢力が東洋に押し寄せる患難に対して，東洋の人々が一致団結して極力防御することが最上の策であることは，小さな童子でもはっきりと知っている。しかるに，なぜ日本はこの道理に適った形勢を顧みず，同じ人種である隣国を剥ぎ裂いて，友誼を断絶し，自ら蚌鷸の争いを起こすような，愚かなこと

道標X　大日本帝国のグランドデザインと戦争責任・戦後処理責任問題 ｜ 255

を仕出かすのであろうか。」[7]

　ここには日本人が提起するグランドデザインとは別の視点からの，日本の取るべき進路を指し示す言質が溢れている。それは1924年に死の直前に神戸に立ち寄り，「西洋覇道の鷹犬（狩り犬）となるのか，東洋王道の干城（守護武人）となるのか」と日本人に問いかけた孫文の"遺言"へとつながる，日本の転進を促す声でもあったのだが，大日本帝国の為政者たちの耳にはけっして届かないものだった（安に対する論評はコラム「国際学の道草⑤」の中でも試みている）。

(4) 石原莞爾の「最終戦争論」と松岡洋介の「4大広域経済圏」(1920-30年代)

　先にも触れたように，日露戦争は列強間の合従連衡を背景とした，きわめて国際色の濃い本格的な帝国主義戦争だった。このうち，孤立外交に終止符を打ち，東アジアにおける対露けん制パートナーとして日本の利用価値を見出したイギリスと，中国大陸で利権分与に参加すべく「門戸開放」を掲げるアメリカ合衆国のコミットメントは，近代国家形成からまだ30余年しか経ていなかった日本にとっては決定的に重要なものだったし，またそのことが戦後の両アングロ＝サクソン帝国，とくに後者との関係を複雑なものとした。とりわけ満州に絡む利権を巡って，日米両国は微妙な対立を生み始めた。一例として挙げられるのは日本がポーツマス条約で管理権を接取した長春〜旅順間の東清鉄道支線（後の南満州鉄道）利権をめぐる軋轢だった。アメリカは「門戸開放」の担保として鉄道王ハリマンを中心にその経営参加に動くのだが，小村寿太郎らの強硬な反対あって挫折し，結局，同鉄道は日本の独占経営となった。日本海軍の仮想敵がアメリカ海軍へと代わり，またアメリカでも排日運動が激化し，1907年には排日移民法が制定されるなど，日露戦争後の日米関係は次第に対立要因を含むそれへとシフトしていった。

　ポーツマス条約以降，大日本帝国は朝鮮半島から満州の排他的支配へと歩を進め，「大陸国家」としての自給圏（autarky）構築へと向かっていくのだが，この大陸国家志向路線が最終的にアメリカとの衝突に至るだろうことを予見していた人物が，少なくとも2人はいた。一人は「満州事変の張本人」とされる

7）愛知宗教者九条の会『仁の人，義の人，信の人安重根』より「東洋平和論序文」
　　（2011）p.89

柳条湖事件当時の関東軍作戦主任参謀石原莞爾（1889-1949），今一人が満鉄副総裁を経て満州国建国後の国際連盟日本首席全権となった松岡洋右（1880-1946）だ。両者はともに総力戦となった第一次世界大戦後という戦争の劇的変化からの影響を強く受けていた。近代戦争に勝つためには，国家の軍事力は比較的長期にわたる戦争継続に必要な生産力に裏打ちされなければならず，それには経済諸資源，とりわけ石炭と鉄が重要であり，大日本帝国はそれを大陸，特に満洲，内モンゴルに求めていくというコンテクストは両者がともに抱いていた国家指針でもあった[8]。道標Ⅵの章でも述べたことだが，石原のグランドデザインの基点を成したものは1923年に彼が軍事研究のために駐在したドイツでの経験にあった。彼はそこで長期戦となった第一次大戦の教訓から，従来の短期決戦型戦争とは別の近代戦争，彼によれば「殲滅戦争」と区分されるべき「持久戦争」という戦争形態に対応できる銃後の支援体制の構築と国家の経営資源を動員する総力戦体制づくりの必要性を痛感し，その延長線上に満蒙問題の最終的解決が日本の排他的領有にあるとした[9]。そして，大日本帝国は満蒙の地の経済資源を総動員して"東洋チャンピオン"の座を占め，西洋の覇権を握るだろうアメリカとの戦争を覚悟しなければならない，とした。有名な「最終戦争論」がそれだ。以下，その要諦を示す。

> 「…欧州大戦により5個の超大国を形成せんとしつつある世界は更に進んで結局一の体系に帰すべく，その統制の中心は西洋の代表たる米国と東洋の選手たる日本間の争奪戦によって決定せらるべし。すなわち，わが国は速やかに東洋の選手たるべき資格を獲得するをもって国策の根本義となさざるべからず。現下の不況を打開し東洋の選手権を獲得するためには，速やかにわが勢力圏を所用の範囲に拡張するを要す。」[10]

一方，松岡の場合は満鉄に寄り添い，かの地での植民地経営の実体験，特に関東軍が進めた満州国産業五ケ年計画（1937）に象徴される軍・官・産・学の

8）　山室信一「満州・満州国をいかに捉えるべきか」（2002）p.41
9）　「満蒙問題の解決日本が同地方を領有することにより初めて完全達成される。対支外交即対米外交なり。即ち前期目的を達成するために対米戦争の覚悟を要す。」石原莞爾「満蒙問題解決のための戦争大綱計画」（1928）より。
10）　石原「満蒙問題私見」（1931），歴史教科書教材研究会編（2001）p.274

結合と国家主導の産業育成を大日本帝国の範として，国家社会主義的総動員体制による自給圏を構想していた。そこにはうっ積する国内矛盾のはけ口，社会主義ソビエト連邦への防波堤としての満蒙地域との地政学的位置づけとともに，世界大恐慌以降，「持てる帝国主義」諸国がブロック経済へと舵を切り，世界経済が分解をする中にあって，「持たざる帝国」としての日本がそれに抗すべく自給圏づくりを目指さなければならないとする危機感があった。松岡は20世紀以降いっそう強まるアメリカのアジアへの勢力拡張を押し返すべく，満鉄の先輩後藤新平が唱えた「新旧大陸対峙論」に基づく日独伊の三国による同盟とソ連との連携による対峙体制を構想した[11]。

　思想的にも政治的にも枢要な位置を占めていた両者のグランドデザインの影響もあって，大日本帝国の大陸国家への舵取りが明確になっていった。「国家の生命線」を大陸に求める排他的自給圏の構築は，だがしかし，アジア諸民族に大きな苦痛をもたらし，彼らの反感を煽ったばかりでなく，勢力範囲の維持のためには膨大なコストと人的資源の消耗を自らに課すものでもあった。そして，大東亜共栄圏という虚構を実現する企ては欧米帝国主義諸国との激突を生み出すとともに，やがてアジア諸民族の抵抗によって破綻を余儀なくされるに至ったことは，その後の歴史が示しているとおりだ。

(5) 石橋湛山の小日本主義（1920年代）

　時代はやや相前後するが，「脱亜入欧」路線から石原・松岡に至る大陸国家化路線とは一線を画し，"汎太平洋主義"とでも呼ぶべきグランドデザインを提起したのが石橋湛山（1884-1973）だった。第一次大戦後の不況と排日運動が起こるアメリカへの敵愾心の高まる政治社会状況下にあって，東洋経済新報社の論客として石橋は日本の進路を排他的自給圏の樹立に求めるのではなく，対外開放を旨とし，海洋国家としての通商立国こそが日本の生きる道であると説いた。また，経済合理性の観点から植民地経営の経済的・国際道義的なコスト・ベネフィットを勘案してその不利を明らかにしようとし，「朝鮮，満州，すべて捨てよ。すべてを捨てるところからダイナミックな対アジア外交，対欧

---

11)　「…松岡はアメリカの『グローバリズム』に対しては『ドイツ圏』，『ソ連圏』，日本の『大東亜共栄圏』，そして『アングロサクソン圏』という4大『広域経済圏』の設定で対抗しようとしたものである。」三輪公忠「満州をめぐる国際関係・19世紀末から20世紀前半にかけて」（2002）pp.56-57

米外交を再建する道が拓けるとともに，道義の国としての日本の国際信用は高まり，むしろ国益に叶う」とした。有名な小日本主義の主張である。

> 「…皮相なる観察者に依って，無欲を説けりと誤解させられた幾多の大思想家も実は決して無欲を説いたのではない。彼らは唯だ大欲を説いたのだ。大欲を満たすが為めに，少欲を棄てよと教えたのだ。さればこそ仏者の『空』は『無』に非ず，無量の性功徳を円満具足するの相を指すなりと云わるるのだ。然るに我国民には，其の大欲が無い。朝鮮や，台湾，支那，満州，又はシベリア，樺太等の，少しばかりの土地や，財産に目を呉れて，其保護やら取り込みに汲々としておる。従って，積極的に，世界大に，策動するの余裕がない。卑近の例を以って云えば王より飛車を可愛がるヘボ将棋だ。…若し政府と国民に，総てを棄てて掛るの覚悟があるならば，（ワシントン）会議そのものは，必ず我に有利に導き得るに相違ない。例えば満州を棄てる，山東を棄てる，其他支那が我国から受けつつありと考うる一切の圧迫を棄てる，其結果は何うなるか，又例えば朝鮮に，台湾に自由を許す，其結果は何うなるか。英国にせよ，米国にせよ，非常の苦境に陥るだろう。何となれば彼等は日本にのみ其の如き自由主義を採られては，世界に於ける其道徳的地位を保つを得ぬに至るからである。…之実に我国の地位を九地の底より九天の上に昇せ，英米其他を此反対の位地に置くものではないか。…ここに即ち『身を棄ててこそ』の面白みがある。」[12]

　小日本主義というグランドデザインの思想的面白さは，大日本帝国の大陸支配傾斜を政治的，道義的な視点から批判しただけでなく，大陸国家経営のためのコスト支払いはおおよそ無駄であるとし，むしろその経営資源を民需産業の育成に振り向け，強い国際競争力を備えた通商国家に日本を導くべきであるとしたその経済感覚だろう[13]。1920年代の国際的環境（軍縮と国際平和協調気運の台頭）と国内環境（大正デモクラシー）の軟化を背景にしていたとはいえ，その感覚は今日なお斬新に響く。そしてそれは部分的にではあるにせよ，石原・松

---

12) 石橋湛山「大日本主義の幻想」大正10年8月13日「社説」，東洋経済新報社『全集』第4巻（1971）pp.10-14
13) 興味深いことに，石橋の主張は，18世紀末に北米大陸13州の独立運動に際してイギリス本国の負担する植民地経営コストの大きさを説き，むしろ13州の独立を認めたうえで自由貿易に基づく通商の利を主張したアダム・スミスの考えに極めて近いものがあった。「道標Ⅲ」の章参照。

道標Ｘ　大日本帝国のグランドデザインと戦争責任・戦後処理責任問題　|　259

岡が提唱し，満州国で実験された国家主導型の産業育成政策とはまた別の意味
で，戦後日本が追求した通商経済立国モデルへと継承された感覚でもあった。

> 「…経済的利益の為には我大日本主義は失敗であった。将来に向かっても望みが
> ない。…資本は牡丹餅で，土地は重箱だ。入れる牡丹餅が無くて，重箱だけを集め
> るのは愚であろう。牡丹餅さえ沢山出来れば，重箱は，隣家から，喜んで貸して呉
> れよう。而して其資本を豊富にするの道は，唯平和主義に拠り，国民の全力を学問
> 技術の研究と産業の進歩とに注ぐにある。兵営の代わりに学校を建て，軍艦の代わ
> りに工場を設くるにある。…朝鮮，台湾，樺太，満州と云う如き，僅かばかりの土
> 地を棄つることに拠り広大なる支那の全土を我友とし，進んで東洋の全体，否，世
> 界の弱小国全体を我道徳的支持者とすることは，如何ばかりの利益であるか計り知
> れない」[14]

　さらに言えば，石橋の小日本主義はあくまでも大日本帝国の国益を至上目的
とするとの制約下にあり，それ自体が究極の理想ではなかったとはいえ，自国
利益と周辺アジア諸民族の利益とを相対化し，その両立を一定志向する中か
ら，アジアの植民地隷属からの解放とそれに対する自身のイニシアティブを強
調したものであり，それは「アジアからの視点」をグランドデザインに組み込
むという意味において，脱亜入欧路線を超克する試みとも言えた。そこからは
安重根が大日本帝国に投げかけたアジア侵略路線への警鐘，"汎アジア主義"
への一つの回答を読み取ることもできるのではないだろうか。

(6) レビューからの総括
　以上，明治以来の近代日本国家の経営指針の幾つかを主に西洋列強の圧力
（特にロシアとアメリカ）およびそれと表裏一体を成して現れたアジア観（特に対
朝鮮，対中国観）の２つの視座から概括してきた。前者ファクターの重視は後
者ファクターの軽視と一対を成しており，大日本帝国のエスタブリッシュメン
トが西洋列強との対抗を至上命題として排他的な自給圏を東アジアに樹立しよ
うとしたとき，そこに暮らしを営むアジア民衆の主体性は無視され，度し難い
自己優越感，対アジア蔑視観を再生産する意識と体制が維持されてきた。大日

14）　注12掲載書 p.14

本帝国で主流を占めた大陸国家志向・膨張主義的なグランドデザインは，その帰結としての植民地支配と侵略戦争を常態化させ，やがてアジア諸民族からの反発と抵抗に遭い，遂には破綻に至る。

　一方で，エスタブリッシュメントの埒外，あるいは帝国の膨張への抵抗を示した側からは「逆コース」の可能性が提示されている。大陸に軍を進めるのではなく，それを放棄し，むしろ積極的に開放を求め，アジア太平洋地域の平和努力に依拠する海洋通商国家への道，それがアジア諸民族を植民地化の隷属から解放し，彼らとの平和共存を生み出し，その共生努力が西洋帝国主義との対峙を可能にするとの考えがそれだった。冷厳なパワーポリティックスの時代にあってそれが多分に理想論に過ぎたとの批判を甘受しても，このグランドデザインはこの地域の連続的な経済発展と水平分業がもたらした経済的相互依存が進む今日にあっては，あらためて検討に値する意義を内包している。今日，「アジア太平洋共同体」はけっしてお題目ではなく経済的実態であり，モノ・カネ・ヒト・ブンカの相互移動および交流は地域の平和と安定なくしてはけっして成り立たない。「アジアからの視点」を含んだアジア太平洋地域への参画志向は，それ自体が民族解放と平和共生の願いと不可分の関係にあった。

　このように見てくると，今日の東アジア諸民族間に生じている軋轢と対立の中にあって，特に日本人の意識の中で決定的に問題と思われるのが，大陸国家志向型グランドデザインの路線が生み出した彼らへの民族的優越感と蔑視観が今なお充分に解消されていない（否，偏狭なその意識は近隣アジア諸国の経済台頭を前にして一層屈折し，より鬱積してさえいる）ことだろう。その根幹にあるものが，大日本帝国の帝国主義的侵略戦争に対するアジア諸民族の解放運動への過小評価，言うなれば「アジアに負けた」という認識がほとんど定着していないという事実だ。それはアジア諸民族の主体性を無視し，「生活圏」としてしか捉えてこなかった近代日本人の対アジア観がもたらした帰結でもあった。そして，それはまた戦後日本がアジアとの関係をリセットし，平和的共生に基づく海洋国家的グランドデザインを推進していくうえで不可欠なプロセスでもあった戦争責任の明確化と戦争犯罪への反省，そして自身による戦争犯罪者たちへの断罪を曖昧模糊のものとした総無責任体制を今日なお引きずる元凶ともなるものだった。

3. 戦争犯罪・責任意識と「清算作業」に見る日独比較考察

(1) アメリカの対日政策と戦後日本のアジア認識

「たとえ一億死しても守らなければならない」(平沼騏一郎枢密院議長・敗戦当時)として最後まで執着した国体の護持，国民の命よりも重要なそれが担保されることによって，大日本帝国の戦争責任者たちはようやく「終戦」を受け入れた。結果，アジア太平洋戦争を引き起こした統治レジームへの根本的な批判とその打破という課題は充分に日本国民の間では意識化されることはなく，あいまいな決着が「敗戦国」との自己認識を希薄化させてしまった。そして戦後の「平和教育」は戦争を再び起こさないことを呼びかけながらも，その基点を主に戦没者の犠牲に求め，被害者視点を強調することで国民の深層心理から加害性・共犯性への自覚を捨象させ，近代日本国家の戦争責任と補償責任についての追及という思想課題を停止させた。「加害者からの視点」を失い，その責任を負うべきとする意識の希薄さこそが，今日なお日本が東アジア周辺国に信頼を得られない大きな要因となっていることは疑いえない事実だろう。

この思考をさらにミスリードしていったのがアメリカの占領政策だった。日本を従属化させることを第一義の目的としながらも，占領から生じる諸々の軋轢を回避し，さらにアジア太平洋戦争時に蓄えられた大日本帝国の遺産資源——たとえば関東軍七三一部隊が残した細菌戦争や凍傷人体実験の諸データなど——を接収するために図られた様々な妥協，免責措置は戦争犯罪の実態をさらに曖昧模糊なものとさせた。この過程にあって，日本人の嫌米感情は容易に親米・好米へと転換させられたにもかかわらず，大日本帝国時代の対アジア観は温存され，払拭されることはなかった。この位置取りは「反共の不沈空母」として沖縄を含む日本の国土を最大限利用し，ソ連・中国に対峙するというアメリカのアジア戦略によってさらに強化されていった。日本人のアジア認識は大陸国家化を志向していた時代のそれと同様のポジションにとどめ置かれ，戦後に至っても再生産されていったのだった。

それを実態として示したのが，日本国憲法が掲げる非戦主義と日米安全保障条約締結，さらにそれと連動して進められた戦犯免責との矛盾だろう。前文およびわずか5条から成る原安保条約 (1951) の内容が，かつて日本 (関東軍) が「満州国」と交わした日満議定書 (1932) ときわめて類似していると指摘する

識者は多い [15]。さらに 1960 年の安保条約改定に際して，当時の岸信介首相（さらに言えば，かつての「満州国」産業部次長，東條内閣の商工大臣）は反米感情の蔓延が条約改定を困難にするとの大義名分のもとで，その懐柔策としてアメリカに戦犯釈放を促した。アメリカは条約成立をより円滑に進めるためにこの策にのり，岸内閣時代までに戦犯の釈放はほぼ終わった。歴史家林博史は両者のこの間の阿吽の呼吸をして，「日本は冷戦状況のもとでアメリカの日本の戦略的な位置を利用して戦争責任問題を棚上げした一方で，アメリカもまた安保条約の締結を見据えて基地確保のために日本政府のそうした姿勢を容認し，日本の戦争責任を免責した」と批判する [16]。より問題だったのは，安保改定以降日本が一層深くアメリカの「核の傘」に入り込み，それに従属することで「過去」に対する忘却が一層進んだことではなかったろうか。すなわち，日本国憲法に規定された非戦主義と矛盾する戦力の拡充とその行使に関する意思決定をアメリカに委ねることで，多くの日本人は擬似的平和環境に安住し，経済成長路線にまい進し，アジアへの侵略行為を「今とは断絶した，忘れ去るべき過去」として自らの意識から排除した。そして，その意識捨象は，自身もまた協力し，密接に関わってきたヴェトナム戦争から 21 世紀のアフガニスタン侵攻，イラク戦争に至るまでのアメリカが起こした戦争に対しても無頓着で，無関心な感性と表裏一体の関係を成すものでもあった。

　さらに，米国の世界戦略に従属する代償として曖昧化された過去の戦争犯罪・責任所在が「リセット」の機会を戦後の日本人から奪ってしまっただけでなく，冷戦構造のもとでの「片面講和」に伴って賠償“決着”を見た日華，日韓などの 2 国間条約での資金シフトの枠組みもまた，この問題に対する鈍感さを下支えした。というのも，それらは植民地支配や侵略戦争に対する謝罪機会や責任の曖昧化を促し，後々の賠償負担を軽減しただけでなく，戦後の「経済繁栄」を生み出す先行投資として機能したからだった。すなわち，そこで取り決められた借款主体の資金供与は海外展開期を迎えた日本企業の国際経営戦略を刺激し，現地インフラストラクチャー整備への投資とも相まって，日本資本のアジア進出を後押しする役割を担った。歴史家原朗は日韓基本条約（1965），日中平和条約（1972）等での対日賠償請求権の放棄の“見返り”として行われ

---

15)　たとえば藤原彰「現代史序説」，『岩波講座日本歴史第 22 巻』（岩波書店，1977）参照。
16)　林博史『米軍基地の歴史』（2012）p.139

た日本からの供与資金が「賠償金」の性格を捨象し，結果として日本人の戦争責任に対する意識鈍化を進めたと両者の関係性を以下のように概括している。

　　「…国際情勢の変化の影響によるものだといえようが，負担が軽微であったことは支払義務者としての日本人の意識に対しても少なからぬ影響を持った。加害者としての贖罪意識をもって賠償を支払うことにより国際社会への復帰を図るよりも，賠償をむしろ一つの経済的機会をとらえてそれを現地への経済的進出の契機とする意識の方が強く働いていたことが認められる。賠償が寛大であったがゆえに，戦争に対する反省や責任の自覚を十分に行う機会を持たなかったと見ることもできよう。」[17]

　明治政府成立以来の大陸国家志向主義というグランドデザインが生み出した「非対称的なアジア認識」の払拭という課題は，戦後日本においてはほとんど進まず，過去の体験に対する記憶や感性の減耗と贖罪意識の鈍化は，日米安保体制の定着，対米依存傾向の深化の中で再生産されていった。かくして今日の日本は，戦争犯罪・戦争責任に対する追及は社会の脇に置かれ，いたずらに近隣アジア諸国民との軋轢を繰り返す負のスパイラルに陥っている。アジアといかに関わり，つながっていくべきかという思想的・社会的課題と真摯に向き合ってこなかったという意味において，日本は「戦後犯罪」と言えるほどに重い課題をなお負っている。

(2) ドイツの戦争犯罪責任問題と戦後処理【1】—旧西ドイツでの主要な論争

　ドイツは1949年にドイツ連邦共和国（西ドイツ）とドイツ民主共和国（東ドイツ）に分割された。東ドイツは，ドイツ共産党を中心に対ファシズム闘争の勝利の結果として建国されたとしていたことから，自らをファシズムの被害者として位置づけた。そのため，東ドイツは1990年のドイツ統一まで，西ドイツのみに戦争責任があるとの立場を堅持した。

　一方，西ドイツでは，憲法に当たる「基本法」[18]が1949年に制定された。

---

17)　原朗「戦後賠償とアジア」(1993) p.270
18)　実質的には西ドイツの憲法に当たるが，東西ドイツ統一までの仮の憲法という意味で「基本法（Grundgesetz）」と名づけられた。ただし，再統一後もドイツの憲法は作成されず，「基本法」は一部改定を加えた状態で存続している。

この「基本法」ではナチス党政権獲得の教訓から，民主主義体制を守るための
条項が設置されたため，ナチスの思想や行動を賛美・擁護する言論・活動は禁
止された。また，西ドイツ主権回復のための条件となる戦後補償[19]も，アデ
ナウアー政権[20]の元，国家事業として始まった。しかし，1950-1960年代の補
償は，西ドイツの信用回復に必要であったため，それに利害関係のある西欧諸
国やイスラエルの被害者に支払われ，東側諸国の被害者の多くには支払われな
かった。また，国家としての補償は外交政策上のものであったし，すでに過去
とは決別して民主主義化したとされる国家で過去を振り返ることを人々は避け
続けた。

　政治・社会では，1961年にベルリンの壁が造られ，東西ドイツの溝は深ま
っていた反面，1960年代の西ドイツは経済的にも国際的にも安定した時代を
迎えていた。1955年にNATOへの加盟が実現して以来，ますます西側国際社
会との協調が進んでいた。また，戦後西ドイツの驚異的な経済復興の立役者と
いわれたルートヴィヒ・エアハルトは1965年の演説で「戦後の終わり」を宣
言した。しかし同時に，このような政策は（西）ドイツ国民としての反省を妨
げているとして，当時の政府[21]による民主主義のあり方にも疑問がおこった。
1960年代の体制批判は主に学生運動として社会現象に発展した。運動の中心
となった左派の学生たちはいわゆる「68年世代」とよばれる，戦後第一世代
だった。彼らは主にフランクフルト学派[22]の批判精神を学び，ナチス政権を
支持したものの戦後はその罪を忘却し，戦前の権威主義的な体制を継承して

---

19)　ここで言う「戦後補償」とはドイツ国内や協定国内に住む，ナチス迫害の犠牲者個
　　人に支払われるものだった。
20)　キリスト教民主同盟（CDU）は1945年に設立された政党。キリスト教の博愛主義
　　を中心に誕生したことや，その理念，政策，党員・支持者層から，より中道右派・保
　　守主義とみなされる。首相のコンラート・アデナウアーは1950年より初代党首とな
　　る。主に右派のキリスト教社会同盟（CSU）や自由民主党（FDP）との連立によって
　　1969年まで与党となった。
21)　1966年にはCDUとドイツ社会民主党（SPD）の連立政権が誕生し，野党はFDP
　　のみとなった。
22)　フランクフルト大学社会研究所を拠点とする社会学者と列学者の研究集団。批判理
　　論を発展させ，学生運動の知的拠り所となった。ヘルベルト・マルクーゼ，アドルノ，
　　ハーバーマスなどが所属した。しかし，暴力的な運動とは距離を置いたため，後に急
　　進的な学生から批判を受けた。フランクフルト学派と学生運度の関係や，学生運動の
　　経緯に関しては，井関正久『ドイツを変えた68年運動・シリーズ・ドイツ現代史Ⅱ』
　　（白水社，2005）を参照。

道標X　大日本帝国のグランドデザインと戦争責任・戦後処理責任問題 | 265

いる親の世代に反感を抱いていた。その後，ベトナム戦争や非常事態宣言法案
（1968 年成立）への反対などを背景に激化し，運動は 1868 年にピークを迎えた。

激化した学生運動はしかし，「プラハの春」鎮圧や非常事態宣言法成立，暴
力への嫌悪感などの要因から沈静化した。ただ，学生運動やこの運動の支持者
の多くが，1970 年代の「新しい社会運動」[23] と呼ばれる社会的生活を送りなが
らの市民活動に携わるようになっていった。彼らはドイツ社会民主党（SPD）[24]
の支持層となり，1969 年に戦後初の SPD 政権となるブラント政権[25] が誕生
した。ブラント政権は国内改革及び東方政策を掲げていた。CDU 政権の時代
に反体制主義を掲げていた支持者層はもちろん社会政策を中心とした国内改革
に賛成だった。また，東方外交も支持を得た。すでに 1950 年代から知識人た
ちは，アデナウアー外交の東側との溝を深める外交方針の危険性を指摘してい
たし，戦後世代も戦争の代償である東西分割を見過ごすことを嫌ったからだっ
た。東方外交は，西ドイツがドイツの罪を国際社会に対して認めるというもの
でもあり，それまでのドイツの過去への向き合い方から見れば画期的なことと
言えた。

1970 年代に始まった過去に関する代表的な議論は「特殊な道（Sonderweg）」
論と呼ばれた。歴史家ハンス・ウルリヒ・ヴェーラーが主張するドイツ近代史
の特殊性とナチズムの関連は，ナショナリズムの復活を危惧する左派からの批
判を浴びた。また，1986 年には歴史家闘争といわれる議論が起こった。歴史
家エルンスト・ノルテは『フランクフルター・アルゲマイネ』紙に掲載した論
文「過ぎ去ろうとしない過去」で，当時の左派の批判的な歴史観に対抗して，
ホロコーストの起源をソ連ボルシェビキ政権の階級的殺戮に求め，ドイツ特有
の現象ではないと位置づけた。また，その他の新保守主義と言われる知識人た
ちもホロコーストを避けられない歴史の結果とする主張を発表していたことか
ら，ハーバーマスをはじめとするナチズム研究家たちは，これをナチズムの相
対化によって責任を軽減しようとする歴史修正主義につながるとして批判し

---

23) 研究教育機関やマスメディア，政治機関へ所属し，制度の中からの改革を目指す動
　き。また，彼らは 70 年代以降，平和，原発反対，環境保護，フェミニズムなどをテー
　マとした市民活動の中心となっていった。井関，前注掲載書 p.83
24) SPD は 1959 年のゴーデスベルク綱領でそれまでのマルクス主義を放棄し，中道左
　派路線へと転換した。
25) FDP との連立政権。1974 年にヘルムート・シュミットに首相交代の後，1982 年に
　ヘルムート・コール首相が就任し，再び CDU が与党となった。

た。この論争には歴史家だけでなく多くの知識人が加わり，また，国民の注目もあびた。そしてこの論争は少なくとも，ナチスの過去への取り組みが不可欠であることを印象付けた。

　1980年代でもう一つ，過去への取り組みに関する大きな変化は，「緑の党」の躍進だろう。この党はもともと右派・保守派であったが，1968年の学生運動に加わっていた左派勢力が入党し，1983年には左派政党の一つとして連邦議会で初めて議席を得た。「緑の党」は主にエコロジーを唱えていたが，過去への取り組みに関しても積極的に活動した。例えば，ナチス・ドイツによる安楽死犠牲者や同性愛者などの，それまで戦後補償の対象にならなかった犠牲者がその対象となった。「緑の党」は市民参加型の政党として，反戦・平和運動をリードしていくこととなった[26]。

　東西ドイツの国民がドイツ人としてのアイデンティティを回復した再統一以後，最も論じられてきた問題が，ドイツ国民全体に過去の罪を受け継ぐ必要があるかどうかの疑問だった。この疑問をめぐる議論は様々な形で表面化した。1995年にハンブルクで開催され，その後もドイツやオーストリアの各都市で開かれたハンブルク社会研究所の展示会『国防軍の犯罪』[27]では，ドイツ国防軍[28]が独ソ戦争中に東欧での虐殺やホロコーストに積極的に関与していたことが明らかにされた。国防軍の罪を問うことは，ナチスのみに罪があるという立場を否定し，ドイツ人全体の罪を問うことにもつながることから，開催時点ですでに広く賛否両論があがっていた。そしてその後，政府与党がこの展示会に反対したことから，大きな社会論争となった。また，1997年にミュンヘンでこの展示会が開催されると，ネオナチによる5,000人規模のデモが行われた他，その後の他の都市での展示会も妨害を受けたりしたが，同時に，左派勢力の反ネオナチ運動も行われた。展示会は多くの来場者を集め，ドイツ一般市民の関心の高さをうかがわせた[29]。

　さらに，1998年にはドイツ人作家マルティン・ヴァルザーのドイツ書籍業

---

26)　石田勇治「戦後ドイツの『過去の克服』」(1999) p.304

27)　展示会の原題は「Vernichtungskrieg. Verbrechen der Wehrmacht 1941 bis 1944」。

28)　それまで，ナチス時代の大量虐殺はナチス親衛隊によって行われたもので，ドイツ国防軍はヒトラーに従っただけで罪は無いとする理解が主流であった。そのため，この展示は人々に衝撃を与えた。

29)　展示会やそれをめぐる議論に関しては，Hans-Günther Thiele (Hrsg.), *Die Wehrmachtsausstellung. Dokumentation einer Kontroverse*, Bremen 1997 を参照。

界平和賞受賞記念講演が発端となり，「ヴァルザー・ブービス論争」といわれる議論が起こった。この講演でヴァルザーは，ドイツ人は日常生活で常にドイツ人の「恥」であるアウシュビッツを思い起こさせられており，ベルリンのホロコースト記念碑建設などあまりにも過剰な「恥」の見せつけは，本心からの感情を伴わない「唇だけの祈り」を引き起こすとした。この主張は，1990年代のドイツの形式的な過去への取り組みと，戦後補償などの利害のためにドイツに反省を求める一部のユダヤ人団体への警鐘でもあった。しかし，在ドイツ・ユダヤ人中央評議会議長イグナーツ・ブービスは，ヴァルザーの発言は，ナショナリスティックなドイツ人を煽るだけでなく，ユダヤ人を現代の加害者に仕立て上げるとして反論した。ヴァルザー発言の本意は，過去の過ちを忘れないための批判だったのだが，ブービスの懸念したとおり，その後，彼の真意とは逆にネオナチなどに引用されたりもした。そして21世紀に入り社会や政治状況の変化で，また新たな議論が生まれている。このように，さまざまな過去への見方が出てはいるが，一つだけ確かなのは，ドイツでは常に過去に関する議論に社会全体が関心を持って取り組んできたということだろう[30]。

(3) ドイツの戦争犯罪責任問題と戦後処理【2】―「記憶の形」をめぐって

　ドイツではナチスによる虐殺を記憶するために，実際に虐殺が行われた場所を保存し，その場所を「記憶のための物・空間」として後世に残すという試みがあった。このような場所は「記憶の地（Erinnerungsort）」「記念の地（Gedenkstätte）」と呼ばれ，記憶と空間を結びつける役割を担っている。この「記憶の地」の代表的な例としては，強制収容所跡（KZ Gedenkstätte）が挙げられる。強制収容所跡は戦後の比較的早い時期に，記憶のための施設として残そうとする動きが始まった。例えば，アンネ・フランクが命を落としたことで知られているベルゲン・ベルゼン強制収容所跡では1945年に敷地内に追悼碑が建てられた。また，シュレスヴィヒ・ホルシュタイン州のラーデルント強制収容所跡地内には，記念碑としての犠牲者墓地が建てられ，1946年には追悼

30）　戦後ドイツの過去をめぐる論争の歴史については，ペーター・ベンダー／永井・片岡訳『ドイツの選択―分断から統一へ』（小学館，1990），三島憲一『戦後ドイツ―その知的歴史』（岩波新書，1991），仲正昌樹『日本とドイツ二つの戦後思想』（光文社新書，2005），Nicolas Berg, *Der Holocaust und die westdeutschen Historiker, Erforschung und Erinnerung*, Gottingen, 2003 を参照。

行事が開かれている。さらに，ミュンヘン郊外のダッハウ強制収容所跡でも1955 年には強制収容所跡を記念館にすることが決定されている[31]。このように，大量虐殺を人々の記憶に残そうとする活動は，被害者側からのイニシアティブによって始められた。このような「記憶の地」のための活動は，現在までさまざまな方法で行われている。例えば，ドイツの街を歩けば，ナチス・ドイツ時代に虐殺に関係した建物の入り口に，その旨を記した表示板が貼り付けられているのを見ることができる。また，東西ドイツ統一後になると，戦前の官公庁が置かれていた首都ベルリンのヴィルヘルム通り（Wilhelmstraße）を保存し，加害者としての「記憶の地」とする試みが行われた。

　ドイツで主に再統一後に盛んになったのは，記念碑（Denkmal）や追悼碑（Mahnmal）の建設だった。すでに，大量虐殺の場となった「記念の地」には，犠牲者を追悼するための記念碑・追悼碑が建てられていたが，近年増えている記念碑は，大量虐殺とは関係のない街の中心部などに建設される記念碑だ。ドイツ国内において，最も大規模で有名なホロコースト記念碑は，「虐殺されたヨーロッパのユダヤ人のための記念碑」（Denkmal für die ermordeten Juden Europas）だろう。この記念碑は首都ベルリンの中心部に位置し，ドイツ連邦議会やブランデンブルク門からほど近い場所にある。約1万9千平方メートルの敷地に，棺桶のような直方体の形をした2,711 基のコンクリート製石碑が立ち並ぶ。石碑の上面面積は0.95 メートル×2.38 メートルで，高さは0～4 メートルと様々ある。これらの石碑は同じ向きで等間隔に並べられ，石碑の間は一人が通れるほどの広さである。このような構造によって，記念碑は大量虐殺の際に消し去られてしまう「個人」を訪問者に意識させるよう造られている。また，石碑を並べるという，一見して効率的に見える方法によって，効率的・系統的なシステムが大きくなり過ぎ，当初の意図から外れれば，人間的理性を失わせるという事実を表している[32]。

---

31) KZ-Gedenk- und Begegnungsstätte Ladelund, "Erinnerung & Versöhnung," in: http://www.kz-gedenkstaette-ladelund.de/homepage/erinnern-versoehnung（Stand: 03. August 2012）. KZ-Gedenkstätte Dachau, 1945 - Gegenwart: "Geschichte der KZ-Gedenkstätte Dachau," in: http://www.kz-gedenkstaette-dachau.de/gedenkstaette-einfuehrung.html（Stand: 03. August 2012）

32) Peter Eismann, "Das Denkmal für die ermordeten Juden Europas," in: *Stiftung Denkmal für die ermordeten Juden Europas, Materialien zum Denkmal für die ermordeten Juden Europas*, Berlin, 2007, pp.10-11

道標Ⅹ　大日本帝国のグランドデザインと戦争責任・戦後処理責任問題 ｜ 269

　記念碑の建設は，1988 年 8 月 24 日にドイツのジャーナリスト・文筆家であ
るレア・ローシュがとある集会で，歴史家エバーハルト・イェッケルとの共同
構想について語ったことから始まった。この構想は当時西ベルリンにあった広
場 33) に，ユダヤ人虐殺の記憶をとどめる「見逃しようも無いしるし」を造る
というものだった。この構想は世論や政治家 34) の賛同を得ると同時に，記念
碑の専門家からは，虐殺記念碑を芸術作品として捉えることへの批判が起こっ
た。結局，その構想は下火になったものの，ベルリンの壁崩壊後の 1990 年初
めに，記念碑建設構想を支持する市民団体が，壁崩壊以前は東ドイツ側の無人
地帯 35) だったブランデンブルグ門南側の土地に記念碑を設置する提案がなさ
れた。1992 年，この構想にコール政権も賛成を表明し，土地の提供が決定し
た 36)。しかし，統一ドイツの首都であり，連邦議会にも近く，様々な政府機
関や外交機関の置かれる公的性格の強いベルリン中心部に，巨大な記念碑を設
置することへの批判もなされた。また，記念碑の対象がユダヤ人に限られるこ
とも批判された。1994 年 4 月に記念碑のデザインを決めるコンペティション
がドイツ政府に委託を受けた機関によって行われ，一旦候補者が選ばれたもの
の，選考過程が世論を反映していないとして批判を受けた。そのため，1996
年に再びコンペティションが開かれ，記念碑のデザインが絞られた。しかし，
当時のコール首相による建設デザインへの介入や，1998 年 9 月の連邦議会選
挙でのコール政権の大敗を期に，記念碑建設構想そのものを白紙に戻す動き
もあり，決定は引き延ばされた 37)。しかし，連邦議会選挙で政権を獲得した
SPD・同盟 90 ／緑の党連合政権は，連邦議会が記念碑建設の基本決定を行う
取り決めをしており，1999 年 6 月，連邦議会は，「虐殺されたヨーロッパのユ

33)　現在はナチスの戦争犯罪を記録展示する「テロのトポグラフィー」館になっている。
34)　例えば，この構想はウィリー・ブラントやギュンター・グラスなどの賛同を得た
　　とされる。Stiftung Denkmal für die ermordeten Juden Europas, "Geschichte des
　　Denkmals für die ermordeten Juden Europas," in: http://www.stiftung-denkmal.de/
　　denkmaeler/denkmal-fuer-die-ermordeten-juden-europas/geschichte-des-denkmals.
　　html#c957 (Stand: 03 August 2012).
35)　ベルリンの壁の東ベルリン側にはもう一枚壁があり，東側は二つの壁にはさまれた
　　無人地帯を作ることによって逃亡者を発見しやすくしていた。壁崩壊後，この土地は
　　ドイツ政府の所有となった。
36)　*Stiftung Denkmal für die ermordeten Juden Europas*, a.a.O.
37)　Günter Schlusche, "Ein Denkmal wird gebaut. Geschichte, Planung und baulicher
　　Kontext, in: Stiftung Denkmal für die ermordeten Juden Europas," *Materialien zum
　　Denkmal für die ermordeten Juden Europas*, Berlin, 2007, 22-23.

ダヤ人のための記念碑」建設を正式に決定，2000年11月には計2,760万ユーロの支出を認めた。つまり，もともと市民構想であった記念碑建設事業は，次第に国家事業的性格を帯び，ついに政府・議会によって正式な国家事業と決められた。記念碑は2002年11月より建設工事が進められたが，工事中にもまた別の議論が引き起こされた。2003年10月，記念碑の建築に使われる素材の一部の製造元が，ナチス時代に強制収容所に製品を提供していた企業に関係のあったことが判明した。しかし，代わりの製品が見つけられないとして，製造元を変更しなかった[38]。結局，工事は進められ，記念碑は2005年5月に完成した。

　ベルリンの「虐殺されたヨーロッパのユダヤ人のための記念碑」は統一ドイツ初めての国家事業としての設立された記念碑だった。ホロコースト記念碑の最大の問題は，そこに「反省・改悛の念」が存在するかどうかという疑いである。ホロコースト記念碑批判では，その理由として，記念碑建設と政治との結びつきが挙げられている。新国家となった統一ドイツは，対外的に（特にアメリカに対して）自らの過去への取り組みへの真摯な態度を表し，第三帝国の後継者である西ドイツによる再統一，という負のイメージを払拭する必要があった。また，国内政治において，記念碑に代表される「ドイツ国民の改悛」がドイツ人を再び結びつける新たなアイデンティティとして機能しているとの指摘もある。特に，この「罪の共通意識」が作り出したドイツ国民のアイデンティティは新たな疑問を生み出した。ホロコーストを知らない新しい世代もドイツ人であるためにこの「罪」を背負う必要があるのか，という疑問や，ヴァルザーの「過ぎ去ろうとしない過去」といった意識は，ドイツの過去への取り組みに関する問題をより複雑にしている。首都の中央に位置する巨大な記念碑がそもそもホロコーストの記憶に適しているのか，という疑問もある。元来，国家の記念碑とは戦勝記念だったり，戦争で亡くなった兵士を英雄として称えるものだったり，ナショナリズムや国家の栄誉・名声といったイメージと結びついているからだ。また，記憶のためであれば，碑ではなく研究機関や記念館，ホロコーストのための施設の跡地のほうが適しているという批判もある。さらに，ホロコーストとは関係の無い場所に記念碑を新たに建設することによって，ホロコーストが行われた場所（強制収容所跡地など）の意義が失われる危険性も指摘された。また，このような記念碑は，空間として実際のナチス犯罪に結びつ

38）Schlusche, a.a.O., 28.

道標X　大日本帝国のグランドデザインと戦争責任・戦後処理責任問題 ｜ 271

いていない場所に建設されることから，反省や追悼がパフォーマンスに過ぎないという批判も受けている[39]。

　さらに言えば，ナチス・ドイツによる大量虐殺の犠牲者は，ユダヤ人だけではなかった。犠牲者には，シンティロマ，スラブ系人捕虜，身体・精神障害者などの安楽死思想の犠牲者，同性愛者，「エホバの証人」の信者，告白教会のメンバー，共産主義者や平和主義者などナチスに反抗した人々などが含まれていた。しかし，記念碑が対象とする犠牲者は，「虐殺されたヨーロッパのユダヤ人のための記念碑」や「ナチズムによって虐殺されたシンティ・ロマの記念碑」のようにグループ分けされているのが常だ。特に，ユダヤ人犠牲者のための記念碑は1990年以降数多く建設されたが，それ以外のものは必ずしも多くないのが現実だ。

（4）ドイツの戦争犯罪責任問題と戦後処理【3】—教育における「記憶」の継承

　学校教育において，ナチス・ドイツ時代の事実は避けて通れない課題だった。現在，ドイツの歴史教育では，比較的多くの学習時間がナチス・ドイツの歴史に割かれていることはよく知られている事実だ。戦争直後の歴史教育は，占領軍による非ナチ化政策によって始められた。そのため，新しいドイツの歴史教科書の必要性が高まり，教員や教育学研究者などの教育関係者が新しい歴史教育に高い関心を示し，この時代に後の教科書作成のための基礎が作られたとされる[40]。本格的にドイツ人による戦後の教科書つくりが始められたのは，1949年以降の占領終了後からだった。1950年代初期の西ドイツの歴史教科書では，ホロコーストなどのナチズムの犯罪を直視しようとする一応の記述がなされていたが，西ドイツのNATO加盟・再軍備によって歴史の抑圧が強まった1950年代後半になると，戦争やファシズムの原因を国際環境に求め，ドイツ人の責任を避ける傾向が顕著になった[41]。しかし，1960年代の体制批判や戦犯裁判などから，そのような教科書を疑問視する声も増えていった。1962年には文部大臣会議（KMK）が西ドイツの歴史授業でのナチズムに関する教育

---

39)　「虐殺されたヨーロッパのユダヤ人のための記念碑」に対する批判は，Hans-Ernst Mittig, *Gegen das Holocaustdenkmal der Berliner Republic*, Berlin, 2005 を参照。
40)　近藤孝弘『ドイツ現代史と国際教科書改善—ポスト国民国家の歴史意識』(1993) p.41
41)　藤沢法暎『ドイツの歴史意識—教科書に見る戦争責任論』(1986) p.220

を義務付けた[42]。また，1950 年にはすでにフランスとの教科書対話がなされていたが，1969 年に誕生したブラント政権の東方政策を契機に，ポーランド，チェコ，イスラエル，ロシアなどとの教科書対話も進んだ。

　さらに，教科書だけではなく他の教材や課外活動を通してもナチズムの歴史に関する歴史教育は行われている。上記の「記憶の地」や「記念の地」，またはその他の記念館や記念碑に課外活動として多くの学校グループが訪れるほか，それらの記念館などを使った教育法に関する学術的な研究も進められている。また，1960 年代から，歴史の中の日常生活に重点を置き，生徒個人の感情に訴える教育がなされてきた。そのため，ノン・フィクションや写真などが授業でも用いられるようになった。例えば，すでに『アンネ・フランクの日記』は 1950 年代にドイツ語に翻訳されていたが，1960 年代には『Der gelbe Stern』という写真とテキストでナチス・ドイツ時代のユダヤ人を描く作品も教材に引用された[43]。また，その後は，フィクションの童話や小説も教材の一つとなった。*Als Hitler das rosa Kaninchen Stahl*[44]，*Damals war es Friedrich*[45]，*Der gelbe Vogel*[46] などの，ナチズムを題材にした童話や小説は，1970・80 年代から学校教育のための副教材として用いられ続けている。

(5) ドイツの戦争犯罪責任問題と戦後処理【4】─外交と領土に見る「記憶」の処理

　ドイツの降伏後，ポツダム協定では，ドイツの非武装化，非ナチ化，非中央集権化，民主化が決定された。しかし，その具体的な方法は 4 つの占領地域で異なっていた。さらに，ドイツの領土に関し，英・仏・米・ソ連の四カ国によ

---

42) しかし，この義務付けではナチズムを全体主義として捉えており，当時東ドイツ体制を全体主義として批判していた西ドイツによるナチズムの一般化であった。この，ドイツ国民がナチズムの加害者としての責任を認識しにくい教育方針は，現在まで続いているという批判もなされている。Susanne Popp, "Nationalismus und Holocaust im Schulbuch. Tendenzen der Darstellung in aktuellen Geschichtsschulbüchern," in: Gerhard Paul/ Bernhard Schoßig, *Öffentliche Erinnerung und Mediatisierung des Nationalsozialismus. Eine Bilanz der letzten dreißig Jahre,* Göttingen, 2010, 100-101, 112.

43) A.a.O., 100.

44) Judith Kerr, *Als Hitler das rosa Kaninchen Stahl,* 1971 年に英語で出版され，ドイツ語初版は 1973 年。

45) Hans Peter Richter, *Damals war es Friedrich,* 初版は 1961 年。

46) Myron Levoy, *Der gelbe Vogel,* アメリカで 1977 年に出版され，1982 年にドイツ語訳された。

る分割占領，アルザス・ロレーヌ地方のフランス偏入が決められたほか，ソ連
の主張により「オーデル（川）・ナイセ（川）線」を暫定的なポーランド・ドイ
ツ国境にすることなどが決定された。その際，オーデル・ナイセ線以東からの
ドイツ人住民追放が容認された。賠償取立に関しては，イギリスがドイツ経済
復興を妨げるとして反対したのに対し，ソ連は実物による賠償の取立てを主張
した[47]。また，ポツダム協定ではドイツを経済的統一体としてみなすことが
定められていたにもかかわらず，分割占領体制は東西の経済体制を隔てる結果
となった。このような，地域ごとに政策・経済体制の異なる分割占領は，後の
ドイツ東西分割への第一歩となった。

　占領期における戦後補償は，まず占領直後に，国内の被害者（人種差別の被
害者，政治・宗教・平和運動を理由とする反ナチ運動に対する弾圧の被害者など）に対
する補償の規定が占領国や州によって定められたほか，1947 年と 1949 年に，
西側三カ国占領地域と西ベルリンで，ナチス・ドイツ時代に不当に取り上げら
れた財産を返却する法律が作られた。また，人的被害や財産で返却が困難なも
のに対しては，1946 年にアメリカ占領地域で遺族の生活のための補償に関す
る州法が成立したほか，1949 年にはナチス・ドイツによる不当行為に対する
補償が西側占領地区の多くの州で定められた。これらの法律は西ドイツ成立以
降も引き継がれた[48]。しかし，これらの補償は西側占領地域内の住民に限ら
れており，実際のナチス・ドイツによる被害の多かった国外の被害者に対して
の補償はなかった。

　西ドイツ外交の転機となったのはブラント首相の東方外交だった。1969 年
に首相となったブラントはその施政方針演説で，前政権がなし得なかったソ連
との武力不行使宣言[49]の成立が西ドイツの東側諸国との関係改善に繋がると
し，東方政策を進めるにあたって，ソ連や東欧諸国だけでなく東ドイツとの交
渉を進めることを明らかにした。また，「ドイツの二つの国家」という表現を
使い，実質的に東ドイツの存在を認めた。ただし，ブラントは武力不行使宣言
が西ドイツ単独ではなく，アメリカをはじめとする西欧諸国との連携によって

---

47)　戦争賠償については以下の文献参照。ライナー・ホフマン「戦争被害者に対する補
　　償—1949 年以降のドイツの実行と現在の展開」pp.296-313
48)　Bundesministerium der Finanzen, *Entschädigung von NS-Unrecht Regelungen zur
　　Wiedergutmachung*, Berlin, 2011, 5-6. また，この章の戦後補償については，Hannes
　　Ludyga, "Die Juristische „Wiedergutmachung" nationalsozialistischen Unrechts in
　　Deutschland," in: *Rechtstheorie 39* (2008), pp.573-586 も全体的に参照した。

のみ実現し得ると考えていた。一方，ソ連は1969年末の段階では強硬な態度をとり，東ドイツの承認，国境線の不可変，ドイツ統一への要求取り下げなどを求めた。西ドイツが譲歩を求めた結果，西側との経済関係強化を求めていたソ連は次第に西ドイツに歩み寄りの姿勢を見せ，東ドイツの承認については棚上げとした。さらに，ドイツ再統一を最重要課題とする西ドイツはその可能性を探るが，現状の承認と国境の不可変（オーデル・ナイセ線だけでなく東西ドイツ間の国境も含まれていた）を要求するソ連は，これを拒否した。しかし，西ドイツは根強く交渉を進め，条約とは別形式で，この条約がドイツの分断を固定せずドイツ人の自決権と反するものではないとする「ドイツ統一に関する書簡」を西ドイツ側が交付することを提案し，最終的に受け入れられた。双方の歩み寄りの結果，1970年8月にソビエト・西ドイツ武力不行使条約（いわゆるモスクワ条約）が結ばれ，両国の武力不行使，現在の国境線の不可変，両国間の協力関係の樹立などが定められた。また，1970年2月からポーランドとの交渉も行われた。12月にはワルシャワ条約が結ばれ，双方はオーデル・ナイセ線をポーランドの西側国境として承認したほか，武力不行使，両国関係改善努力などを決めた。しかし，ポーランド側の希望したナチス・ドイツによる犯罪行為に対する賠償と，ドイツ側の希望したポーランド国内に住むドイツ人の出国に関しては合意に至らなかった。ブラントがワルシャワ・ゲットーの記念碑の前で跪いたのはまさにこのワルシャワ条約調印のためワルシャワを訪れたときだった[50]。

1989年に東ドイツ内での経済状況の深刻化やソ連のペレストロイカに反対する東ドイツ政府の消極姿勢から，体制批判が強まり，東ドイツ市民の西側へ

---

49) 武力不行使宣言は，相手国の領土保全を考慮するものであり，東側が求めていたヨーロッパの現状承認につながるものだった。また，ソ連は西ドイツが武力行使により未だ西ドイツの承認していないオーデル・ナイセ線変更を求めることを危惧していたほか，西ドイツも国連憲章の旧敵国条項によってソ連の武力行使の対象となり得たことから，この武力不行使宣言は双方にとって望ましいものであった。そのため，東方諸国と西ドイツの関係改善のために双方が歩み寄ることのできるテーマとして，ブラント政権はこれを交渉の手段とした。妹尾哲志『戦後西ドイツ外交の分水嶺―東方政策と分断克服の戦略』（2011）p.54

50) 2012年10月，韓国の民間団体が日本政府の従軍慰安婦問題への否定的な態度に抗議するためにニューヨークのタイムズスクエアに広告を設置した際，この時の出来事を紹介し，ドイツとの比較対照のうえで韓国人女性への戦時性暴力被害への謝罪を求めたことは記憶に新しい。

道標Ⅹ　大日本帝国のグランドデザインと戦争責任・戦後処理責任問題 ｜ 275

の出国の動きが出始めた。そして，すでに体制改革を行っていたハンガリーが
オーストリア国境を開き，東ドイツ市民のさらなる脱出が始まった。ベルリン
の壁崩壊直後は，西ドイツもまだ再統一に対する明確なコンセプトを持ってお
らず，東ドイツも当時のモドロウ首相が提唱する自由選挙による体制改革が可
能であるとしていた。しかし，東西ドイツの政策協力を行う共同体形成をソ連
が容認すると，コール政権は 11 月に「ドイツとヨーロッパの分裂を克服する
ための 10 項目プログラム」を発表し，東西国家連合の形成に乗り出した。西
ドイツはその後，経済状況が悪化し再統一への声が高まっている東ドイツに通
貨同盟の形成を提案し，東ドイツの選挙（1990 年 3 月）で統一への決定を下さ
せようとした。西ドイツでは，この経済的なリスクを抱える提案に反対の声が
上がったが，東ドイツではコールの作戦が功を奏し，早期統一への声が高まっ
た。一方，米・英・仏・ソはドイツ統合後の四カ国の立場について話し合いを
していた。1990 年 1 月アメリカは，東西ドイツにまず経済・政治・法律の分
野での統合を表明させ，東西ドイツと四カ国の間で外交交渉を行うという案を
発表した。これは，再統一そのものはドイツ人の自決権に属し，4 カ国と，最
終的には全欧安保協力会議（CSCE）が東西ドイツの決定を承認するという「二
プラス四方式」と呼ばれる方法だった。コール政権は西ドイツ国内に住む追放
ドイツ人の団体への配慮やポーランドからの賠償請求への恐れから，ドイツ統
一後の議会によってのみ国境を決定しうるとの立場を主張した。1990 年 2 月，
ポーランドのマゾヴィエツキ首相（当時）はポーランドの「二プラス四」会談
への参加を求めたが，その要求をコールは退け，そのかわりに二国間の国境
条約締結を提案した。この問題に対し，フランスのミッテラン大統領（当時）
は，ドイツ再統一前の国境条約締結とポーランドの会談参加へ積極的な姿勢を
見せた。コールはアメリカの後押しを受けてこの動きをかわし，フランス側を
なだめるためにも，数ヶ月間停滞していたヨーロッパ統合の動きをさらに進め
ることとした [51]。ミッテランはドイツ側の提案したヨーロッパ統合のための
政府間協議に賛成し，そのためにドイツ再統一を承認した。また，英・ソも
1990 年 3 月の東ドイツにおける選挙で早期ドイツ統一を望む結果が出たこと
から [52]，ドイツ統一を受け入れることとなった。特にソ連に対しては，4 月の

---

51)　西ドイツは EC の望んでいた外交面・防衛面での統合推進には消極的だった。しか
　　し，これをフランスと協議を進めることを提案，この提案は将来的にマーストリヒト
　　条約につながった。

終わりに，コールはドイツ軍の削減を打ち出したほか，融資を決定した。これに応じて，ソ連は5月に，ドイツ再統一の際は所属する同盟を自由に選択できることを承認した。NATOが7月に機構改革を行い，ワルシャワ条約機構を仮想敵とはみなさないこととすると，ソ連は再統一後のドイツのNATO残留を認めたほか，ドイツ側も国防軍兵力の上限を決めた。7月に開かれた第三回「二プラス四」会談では，オーデル・ナイセ線を国際法上，国境として確定することを取り決めた。その後，9月に開かれた第四回会談では，ソ連が西ドイツに対して，東ドイツからのソ連軍撤退と引き換えにさらなる融資を求め，西ドイツはこれに合意した。最終的にモスクワで「統一条約」が調印され，ドイツの主権が認められた。この条約は10月にCSCEで確定され，ドイツは再統一に至った[53]。

　同時に，再統一したドイツは補償のための動きも始まった。旧東ドイツ地域における戦後補償が始まったのも再統一後だった。また，1995年にアメリカとの補償協定を結んだ。東欧諸国との協定も結ばれ，1991年にポーランドの「ポーランド・ドイツの和解のための財団（Foundation for Polish-German Reconciliation）」に対する補償支払いが取り決められ，約2億5千万ユーロが支払われた。また，1993年にロシア，ベラルーシ，ウクライナへの補償支払いの基金が作られ，合計で約5億ユーロが支払われた。バルト三国もロシア・ベラルーシの財団を通して支払いを受ける予定だったが，バルト三国側がこれを拒否したため，100万ユーロの追加支払いを行った。さらに，1997年にチェコ（約7千万ユーロ），1998年から2000年の間にその他の中東欧10カ国に補償を支払い，補償のための財団や，多くの場合，赤十字が補償金分配の機関となった。また，ユダヤ人対独物的請求会議が中・東欧諸国に住むユダヤ人のための基金を設置し，1999年から2010年の間に約3億5千万ユーロがドイツからこの基金に支払われた。さらに，2000年には，すべての強制労働被害者のための財団が設立され，ドイツ国家やドイツの企業から支払いがなされた[54]。

---

52) この選挙のためにコールは東のCDUをはじめとする友党に対して強力な選挙援助を行った。

53) 戦後西ドイツの外交政策については，妹尾前掲書ならびに次の書参照。Ulrich Lappenkuper, *Die Aussenpolitik der Bundesrepublik Deutschland 1949 bis 1990*, Munchen, 2008

54) Bundesministerium der Finanzen, a.a.O., 8-13.

（6）総括─日独比較の視点から

　戦後の日本と西ドイツにあってはともに冷戦構造を背景にして西側への編入ベクトルが強く働き，社会主義との対峙という制約のもとに経済発展の基礎づくりにプライオリティーが置かれた。西ドイツでは移管条約・ロンドン債務協定を通して賠償請求問題を平和条約締結で解決するとして賠償が先送りされ，占領諸国への賠償は実質的に無視された一方で，ナチスによる迫害に対しては補償措置が進められた[55]。すなわち，補償に傾斜することによって戦争に伴う被害の賠償は当初はネグレクトされ，「戦争犯罪と人道に対する罪」と賠償・補償とは直接的には結びつかなかった。したがって，戦後（西）ドイツの戦争犯罪処理が「完全な清算」をもたらしたかについては疑問の余地がある。特に戦後補償がナチス迫害，とりわけ犠牲となったユダヤ人たちに集中したことが結果としてシオニズムの正当化に利用され，パレスチナでの抑圧を間接的に支えているといった批判は無視できない。パレスチナ系米国人，ポストコロニアルの思想家 E. サイードが生前に残した次の言葉は，戦争犯罪の清算作業の困難さについて警告しているかのようであり，良心的なドイツ人には耳が痛いに違いない。

　　　　「…私たちはパレスチナと呼ばれる土地にいた。たとえ，ナチズムを生き抜いたヨーロッパのユダヤ人残存者を救うためであっても，ほとんど何百万もの同胞にパレスチナからの離散を余儀なくさせ，私たちの社会を雲散霧消させてしまったあの土地収奪と私たちの存在抹消とは，いったい正当化される行為だったのであろうか。」[56]

　しかしそれゆえに，西ドイツにあってはホロコースト犯罪への対応がより真摯に追及され，市民の間でもそれを意識した広範で長い「過去の清算」への営みが今日なお続けられている。ドイツ人戦犯に対する最初の審判はポーランドで 1944 年に始まったのを皮切りに，有名なニュルンベルク国際軍事裁判だけでなく欧州各地で行われ，全体で少なくとも 10 万人のドイツ人，オーストリア人が裁かれている[57]。そして，それと連続する形で東方領土の放棄を意味

---

55)　矢野久「賠償と補償」(1993) pp.199-200
56)　サイード『パレスチナ問題』(2004) p.10

するオーデル・ナイセ線の国境承認や他の欧州諸国との共通歴史教科書への取り組み，また再統一後の周辺諸国への賠償措置など，戦後ドイツの「清算作業」は一定の進展を見せてきた。(西) ドイツでは冷戦構造のもとで東西間でのバランス感覚を常に保たなければならないという内生化された危機感が，戦後処理や欧州統合の推進力として機能したことも重要な要因となった。言うまでもなく，その根底にあったのは第三帝国中枢としてのドイツ自体が東西に分断され，その冷厳なポリティックスのもとで過去の戦争犯罪に対する「痛み」が国民意識に内在化された，という事実だった。

それに対して，戦後の日本では冷戦構造のもとにおかれながらも，いやそれゆえに，アメリカの占領政策が戦争犯罪問題を意図的に糊塗してきたことも手伝って，戦後処理断行や近隣諸国との協調へと舵を切るだけの危機意識は自生してこなかった。ドイツとは異なって，国土「分断」は大日本帝国の中枢ではなく朝鮮半島という，かつての版図の一部で周辺化された形で起こったために，植民地支配・戦争犯罪への「痛み」は日本国民の間にあっては意識の外部に留め置かれ，本来責任を負うべき朝鮮半島の分断状況に対して，ほとんど当事者としての自覚を持ちえないまま，今日に至っている。さらに，サンフランシスコ平和条約は賠償義務を認めながらも，その後の近隣アジア諸国との 2 国間条約にあってはそれが借款ベースでの資金供与に置き換えられた結果，責任の所在を曖昧化しただけでなく，それが日本資本のアジア進出の呼び水として機能したために，経済成長路線に取り込まれた多くの日本人の間にあっては，戦争犯罪への贖罪意識とともに戦争責任問題は相対的に希薄化されてしまった。日韓基本条約や日中平和条約の締結などで，「補償問題は解決した」との認識が正当化され，戦争時の人権侵害，たとえば戦時性暴力被害者たちへの個人補償請求権などは黙殺されているばかりか，そもそもそうした事実の存在さえ認めようとさえしない世論がまかり通るのが不条理な現状だ。賠償問題だけではない，領土，歴史教科書など，「敗けた国」としての現実と本質に目を瞑り，「見たいものしか見ない」ことで，「清算作業」は戦後の歴代政権によって意図的に先延ばしされ，それが今日の東アジアに生起する多くの軋轢の要因となっていることは疑いのない事実だろう。

---

57) ノルベルト・フライ「ヨーロッパにおける戦争犯罪・ナチ犯罪の処罰の概観（下）」（2012 秋季号）p.49&52

4. グローカルな地平からの市民意識の再構築

　近代国民国家フレームはヨーロッパでは 15 世紀末以降において形成されてきたものだが，日本ではせいぜい 150 年前のことだ。それが付与する様々な「幻想維持装置」として，日本では中央集権的な公教育を通じた国旗国歌への敬意や，自国中心の歴史（国史）観の薫陶などによって，臣民（戦前）・公民（戦後）意識を訓育されてきた。それらによって私たちは漠たる「ナショナルな感覚」を刷り込まれ，自身の日本人性・日本国民としてのアイデンティティについて，ほとんど疑問を挟むことさえも無くなってしまう。国民国家フレームの下で意識的に（あるいは無意識的に）教化されてきた「立ち位置」は，自身が意識して相対化・総体化する注意をしないと，その“呪縛”からの脱却は極めて難しい。

　国家は絶えずその統治下にある人々の紐帯を強め，「想像の共同体」への帰属意識を再生産するために，意図的にナショナリティーの所在を演出する。大日本帝国時代もそうだったが，戦後「民主主義時代」になると高度経済成長がもたらした価値観の多様化や，天皇の神性に依存した統制が不可能となった分だけいっそう，帰属意識を間歇的に再確認する作業が要請されるようになった。市民間の結びつきが希薄となり，ますます「アトム化」が進む社会にあって，為政者たちには都合よく国民を操るために「アトム」のまま留め置き，彼らに逆らうような「分子」へと成長していくことを避けるべく手のひらに転がしておくという，結構厄介な政治作業が要請されることとなる。すなわち，市民社会の基層レベルでの内生的な紐帯の強化ではなく，むしろその分断，国家が介在しなければいかなるチャンネルも機能しなくなるような統制モーメントが派生することとなる。戦後日本社会に働く国家と市民社会との相克のコンテクストを，アジア学の泰斗鶴見良行（1926-1994）はかつて次のように分析していた。

　　「…大衆消費社会のなかで人々がばらばらに切離されていればいるほど，政府にはそれをむすびわせていく操作が必要なわけで，だから新幹線，東京オリンピック，Expo，札幌オリンピックとつづく系列は，どれひとつをとってみても，市民たちが自発的に参加した事業というよりも，政府がほとんど一方的に上から作り出した

ものです。そして政府にとっては，市民たちがばらばらである状態を自分たちの手で作り直していくよりも，実は，ばらばらのままで，一つの器に入っているような状態の方が好ましいのです。（評論家の）なだいなだ氏は『日の丸を掲げる人と日の丸を掲げられる人』というエッセーで，『日の丸は，連帯の象徴である前に，まず孤立の象徴なのです』と鋭い警句を放っていました。」[58]

　国民国家のフレームを脱し，東アジア市民的立場から「過去の記憶」を辿ることの必要性は，国家権力の恣意的統制から自由になり，市民的感性と自立的な紐帯を作りだしていく努力とけっして無関係なものではない。それは意識と行動をグローバルとローカルなレベルで相互に結びつけ，東アジア市民社会の実態化を促す初歩的な営みでもある。先に触れたドイツでの戦争犯罪総括や領土問題決着の経験が示すように，欧州では「過去」を総括する市民の真摯な，息の長い取り組みが進んでおり，今日では各国の財政危機や移民受け入れを巡る混沌に揺さぶられつつも，「欧州市民意識」とでも呼ぶべき文化土壌も生まれている。「東アジア市民意識」もまた，ナショナリティーとは別次元に芽生える市民感覚のもとに育まれてゆくものに相違なく，そのためにも，東アジア市民間での地道な「過去」への総括が要請されている。「市民社会から生まれながらも市民社会をますます疎外する」（エンゲルス）国家の枠組みにとらわれない新しい市民意識を，相互依存の現状を意識したローカルな現場に根を張った「グローカルな地平」から再建する試み，たとえば国籍の違いを超えた地域構成員の共同作業としての歴史の紡ぎ直しといった取り組みは，冒頭に触れた天児や孫が指摘する東アジアの現状と意識に関する「乖離」を埋め合わせ，接合させていくための方策となって，実体をなしつつある東アジア市民社会の新しい公共概念を創造する可能性を秘めたものともなるだろう。

5.　戦争責任・戦後処理責任問題の総括と「清算」の展望

　2011 年 6 月，福島原発事故の 3 ヶ月後，ドイツのメルケル政権は原子力法を改正し，2022 年までに国内 20 数基の原発を完全廃止することを決定した。その光景は「3・11」より 8 年以上を経ても明確な原子力政策を打ち出せず，

---

58)　鶴見良行『アジア人と日本人』（1980）p.21

既得権諸勢力への配慮を優先して右往左往してきた日本政府とはきわめて対照的なものだった。

　災害時もさることながら，その後の事態を見て痛切に思うことがある。それはアジア太平洋戦争の時と同様，「だれも責任を取ろうとしない体制」の本質がなお戦後日本の政治社会に強固に生き残り続けてきたという感嘆だ[59]。1945年8月15日が必ずしも「リセットの日」とはならず，戦争責任と戦後責任の連続性を示しているのが，責任所在の不問とともに行われた明治憲法の神聖天皇から現行憲法の象徴天皇への移行だった。大日本帝国の統治システムの枢要を占めた天皇という存在（機能）が，本来背負うべき相応の戦争責任と戦争被害者への謝罪という問題に十分な総括を経ないまま戦後に橋渡しされ，国家の加害性は曖昧なものとされてしまった。

　昭和天皇が終戦交渉への努力を初めて公の場で口にしたのは，1945年6月22日の最高戦争指導会議の席上だった[60]。それは，翌23日には沖縄での組織的抵抗が沈黙したことを勘案すれば，沖縄戦が本質的に本土防衛の「捨て石」として位置付けられていたことを雄弁に物語ると同時に，彼と彼を取り巻く戦争遂行責任者たちにとって，沖縄での20余万人の命よりももっと重要な，守らなければならないもの—そういうものが存在していること自体が最大の問題なのだろう—があったことを示している。それとは逆に，市民自前での戦犯責任追求努力はなおざりにされ，遂には「なかったもの」とさえ見る風潮が一般化した。

　近代日本国家がアジア民衆に対して持っている加害者責任への謙虚な反省と共に，「これから」のために必要な課題は，「戦うこと，殺すこと」から訣別し，市民共生への具体的な方策を模索することだろう。そうした観点から，たとえ

---

59)　福島原発事故を取材したジャーナリスト大鹿靖明はその著で次のような感想を記している。両事象に関わる驚くほどの類似を彼もまた感じた一人なのであろう。「…彼らにとって，『電力を守る』，『原発を推進する』は，組織のDNAだった。いままでそうしてきたので，その枠から外れることができないのだ。先輩が積み上げてきた政策や制度を変更する勇気はなく，無難な前例踏襲でお茶を濁す。『レベル7』という人類史上最悪の原発事故を引き起こした戦犯官庁であるにもかかわらず，彼らには『戦犯意識』，『責任感』は希薄だった。」大鹿靖明『メルトダウン』(2012) p.316

60)　昭和天皇の言，「戦争指導については，先の御前会議で決定しているが，他面，戦争の終結についても，この際従来の観念にとらわれることなく，速やかに具体的研究をとげ，これを実現するように努力せよ。」小倉庫次，半藤一利（解説・『文藝春秋』2007年4月号）p.189

ば広島の被爆者たちが「報復」よりも「和解」を説く姿勢は極めて重要だろう。そこには，自身が体験した理不尽な惨禍を普遍化し，グローバルな地平で「痛み」を共有しようとの意志がすわっている。日本人が戦争被害者としての意識にのみとらわれ，ただその立場から平和を訴えることは，必ずしも世界への説得力あるメッセージとはならないだろう。そうではなく，自らの「加害自覚」をふまえ，他者が蒙った悲嘆と痛みへの共感と，想像力を働かせることで，はじめて東アジアにより善き生活の公共空間を打ち立てることができるのではないだろうか。興味深いことに，こうしたアジア諸民族和解への主張は安重根が著した『東洋平和論』の中にも見られるものだった。私たちは，この両者に共通した姿勢の中にこそ東アジア市民共生のカギを読み取りたい。

　戦争という暴力に対する真摯で冷静な理解と想像力を働かせ，「損なわれ，苦痛に満ち，破壊された身体に敬意を持ったまなざしを向け，その身体の中で，生まれ，育って，死んだ，喜びや悲しみ，愛や恐れ，希望や夢のすべてを想起し，あるいは少なくとも想像するという，非常に困難な作業」[61]に挑むことを敢えて覚悟しつつ，私たちは国家やナショナリティーが付与し続けてきた固有の認識や価値観からより自由になって発想し，他者を慮る姿勢を身に付けてゆくことによって，現代東アジアにおける公共的空間の創造と共生と協働の実現の可能性への展望を見出したい。

【付記】

　本章は公益財団法人 JFE21 世紀財団よりの 2011-2012 年助成金研究の成果による研究論文*を基に，その改訂・再構成を試みたものです。なお，第 3 節（2）－（5）については，同研究共同研究者である矢崎摩耶氏（ハイデルベルグ大学歴史学科博士課程）に執筆協力を仰いでいます。文責は奥田に帰すべきものであることと共に，ここに付記させていただきます（＊奥田孝晴・矢崎摩耶「東アジア共同体への道研究」，文教大学湘南総合研究所『湘南フォーラム』第 17 号（2013）収所，pp.107-133）。

61）　テッサ・モーリス - スズキ「暴力を語ることは可能か」（2005）p.314

道標X　大日本帝国のグランドデザインと戦争責任・戦後処理責任問題　｜　283

引用文献

愛知宗教者九条の会『仁の人，義の人，信の人安重根』（ほっとブックス新栄，2011）

妹尾哲志『戦後西ドイツ外交の分水嶺―東方政策と分断克服の戦略』（晃洋書房，2011）

遠藤乾・板橋拓己『複数のヨーロッパ―欧州統合のフロンティア―』（北海道大学出版会，2011）

大鹿靖明『メルトダウン』（講談社，2012）

慶応義塾編『福澤諭吉全集第 10 巻』（岩波書店，1960）

近藤孝弘『ドイツ現代史と国際教科書改善―ポスト国民国家の歴史意識』（名古屋大学出版会，1993）

サイード／杉田訳『パレスチナ問題』（みすず書房，2004）

孫歌『アジアを語ることのジレンマ』（岩波書店，2002）

鶴見良行『アジア人と日本人』（晶文社，1980）

林博史『米軍基地の歴史』（吉川弘文館，2012）

藤沢法暎『ドイツの歴史意識―教科書に見る戦争責任論』（亜紀書房，1986）

歴史教科書教材研究会編『歴史史料体系第 11 巻』（学校図書出版，2001）

山室信一『日露戦争の時代』（岩波新書，2006）

天児慧「アジア地域統合の新機軸を求めて」，早稲田大学アジア研究機構『ワセダアジアレビュー』第 9 号所収（2011.2）

石田勇治「戦後ドイツの『過去の克服』」梶村太一論他『ジャーナリズムと歴史認識―ホロコーストをどう伝えるか―』所収（凱風社，1999）

石橋湛山「大日本主義の幻想」大正 10 年 8 月 13 日「社説」，『石橋湛山全集』第 4 巻（東洋経済新報社，1971）

小倉庫次，半藤一利（解説）「小倉庫次侍従日記・昭和天皇戦時下の肉声」，『文藝春秋』2007 年 4 月号所収

木谷勤「ベルリン・ホロコースト記念碑（警鐘碑）をめぐり思ったこと」『ドイツ現代史研究会ニューズレター』第 4 号（2005 年 10 月）

テッサ・モーリス‐スズキ「暴力を語ることは可能か」，『岩波講座アジア太平洋戦争第 1 巻』所収（岩波書店，2005）

ノルベルト・フライ／福永訳「ヨーロッパにおける戦争犯罪・ナチ犯罪の処罰の概観（下）」，『季刊戦争責任研究』第 77 号所収（日本の戦争責任資料センター，2012秋季号）

原朗「戦後賠償とアジア」，『岩波講座近代日本と植民地第 8 巻・アジアの冷戦構造と脱植民地化』所収（岩波書店，1993）

三輪公忠「満州をめぐる国際関係・19 世紀末から 20 世紀前半にかけて」，雑誌『環』，Vol.10（2002 夏季号）

矢野久「賠償と補償」，『岩波講座近代日本と植民地第 8 巻・アジアの冷戦構造と脱植民地化』所収（岩波書店，1993）

山室信一「満州・満州国をいかに捉えるべきか」, 『環』Vol.10（2002 夏季号）

吉田裕「戦争責任論の現在」, 『岩波講座アジア太平洋戦争第 1 巻』所収（岩波書店, 2005）

ラインハルト・リュールップ／西山訳「ナチズムの長い影─1945 年以降のドイツにおける過去をめぐる政治と記憶の文化─」, 『ヨーロッパ研究』第 8 号（2009）

同上／浅田訳「ナチズムの過去と民主的な社会─ドイツにおける記憶政策と記憶文化」, 『公共研究』第 5 巻第 2 号（2008 年 9 月）

ライナー・ホフマン／山手訳「戦争被害者に対する補償─1949 年以降のドイツの実行と現在の展開」, 『立命館法学』第 306 号所収（2006）

Diasio, Nicoletta / Klaus Wieland (Hrsg.), *Die sozio-kulturelle (De-) Konstruktion des Vergessens. Bruch und Kontinuität in den Gedächtnisrahmen um 1945 und 1989*, Bielefeld, 2012.

Dutt, Carsten (Hrsg.), *Die Schuldfrage. Untersuchungen zur geistigen Situation der Nachkriegszeit*, Heidelberg, 2010.

Georg Eckert Institut (Hrsg.), Grenzgänger. Transcending Boundaries, (Eckert. Dier Schriftreihe 125) *Aufsätze von Falk Pingel*, Göttingen, 2009.

Hartmann, Geoffrey/ Aleida Assmann, *Die Zukunft der Erinnerung und der Holocaust*, Konstanz, 2011.

Lehrke, Giesela, *Gedenkstätten für Opfer des Nationalsozialismus. Historisch-politische Bildung an Orten des Widerstands*, Frankfurt/ New York, 1988.

Musioł, Anna Zofia, Erinnerung und Vergessen. *Erinnerungskultur im Lichte der deutschen und polnischen Vergangenheitsdebatten*, Wiesbaden, 2012.

Weber, Matthias, u.a., *Erinnerungsorte in Ostmitteleuropa. Erfahrungen der Vergangenheit und Perspektiven*, München, 2011.

Langenbacher, Eric, "The Mastered Past? Collective Memory Trends in Germany since Unification," *German Politics and Society*, Vol.28, No.1, Spring 2010, pp.42-68.

Ludyga, Hannes, Die Juristische „Wiedergutmachung " nationalsozialistischen Unrechts in Deutschland," in: *Rechtstheorie* 39 (2008), pp.573-586.

道標 XI 「死者の光景」を繋ぐ
―強制された「死」の意味，奪われた命に思うこと―

1. 体制の「重さ」と命の「軽さ」との狭間から

かつてハイジャックした旅客機を第三世界のある国の空港に強行着陸させ，乗客を人質に仲間たちの釈放を要求した日本人"過激派"たちがいた。そしてその要求に応じて，テロリストとして収監されていた面々を超法規的措置と称して釈放する決定を下した総理大臣がいた。そのときの彼の弁は「人命は地球より重い」というもので，当時の日本にあっては，この裁定を「英断」とする世論が強かったように記憶している。その是非を問うこと自体はこの章の目的ではない。だが，その時，かの地で人質解放のため交渉の陣頭指揮にあたっていた将校は，ハイジャック犯たちに向かって，「あなたたちは豊かな国に住んでいるのに，どうして私たちのような貧しい国を巻き込んで迷惑をかけるのか」と呼び掛けをしていたのだが，先の首相の発言に比べて，彼の発言を真摯にとらえ，耳を傾けようとする世論はこの国には湧き上がってはいなかった。その数年前から，その国では自然災害をきっかけに大規模な飢饉が蔓延しており，何百万という人が飢えに苦しみ，命を失っていた。その国の多くの民衆が貧困に喘ぎ，「地球より重い」はずの命がいとも簡単に奪われている現実に，この国の人々は，少なくともハイジャック事件という事態の推移以上には，あまり関心を払うことはなかったのだ。

通常，この国では「死」と直に向きあうことは多くの人々にとって必ずしも頻繁にあることではなく，そうした意味あいで，「死」は非日常の中にしか存在していない。しかしそれゆえに，人々にとって"その瞬間"こそが重い意味を持つことになるのかもしれない。東日本大震災に見舞われた 2011 年 3 月 11 日，家屋がつぶされ，津波にのまれて多く命が失われ，また行方不明になるという圧倒的不条理に直面したとき，残された被災者たちにとってできたことは

ただ，突然に訪れた別れを無理やり受け入れ，去って逝った肉親や友人たちへの冥福を祈ることだけだった。人生観あるいは信仰観などの違いから，「死」の解釈を巡っては見解の分かれるところだろうが，多くの人々にとって命が尊く，また重いものであるとの思いについて，異論をはさむ余地はほとんど無いだろう。現生のこの瞬間で関わり，交わり，つながっている彼・彼女の命は宇宙の中でここにしかない唯一のもの，過去そして未来永劫にわたって二度とは存在しえないもの─それはたとえ輪廻転生を信じる宗教にあっても同じ真理だろう─であり，それが失われることは，それこそ宇宙の喪失にも等しい重みをもつことになる。実存主義哲学の巨人 J. P. サルトル（1905-1980）が人間の尊厳の根拠を "Être est être." [1] という簡潔な文章で括ったように，「今，ここにある命」への尊崇こそが人生観・世界観の根底にある普遍的に共有されるべき認識，ヒューマニズムの根源となるのだ。

　だがそうした死生観に関する叡智に到達した西洋近代は，一方で近代国家という政治体制や植民地主義や帝国主義を生み出し，非西洋世界に大きな災厄をもたらし，地球上の多くの人々を支配，従属させてきた暴力の歴史を伴っている。歴代の為政者たちにとっては，体制の「重さ」に比べて人命のそれ，とりわけ非西洋世界に生きた人々のそれらは必ずしも均衡あるものではなかった。冒頭に挙げた事例にある，或る発展途上諸国における命の「軽さ」は，近代西洋がかの地にもたらした植民地支配，搾取の産物としての零落と貧困に起因しているおり，その非対称な歴史関係性は，かつて後発の帝国主義国として周辺アジア地域の植民地化にまい進した過去を持つ日本人にとっても，けっして他人事で済ませる話ではないだろう。何せこの国は，帝国の中枢を防衛するための捨て石として南の島々の住民を「鉄の暴風」に曝し，さらには自らの手で彼ら彼女らを殺害さえするという行いをした後，2 発の核爆弾を落とされ幾多の非戦闘員の命を犠牲とし，また帝国の北辺から攻め込まれた際には同胞民間人を現地に放置する，という戦争（末）体験を有している。そしてこの国は，現在にあってさえ，メルトダウンした原子炉から大量に放出された放射性物質による汚染という超緊急事態にあっても，被災地住民を放置し，その責任を取ろうとさえしない政治家や企業人たちがなお平然としていられる国なのだから。

1）「あるは在る」，すなわち「今ある存在（実存）こそが真の存在（本質）への前提であり，『すべて』の基点である」ということであろうか。詳しくは以下の文献参照。
　J. P. サルトル『存在と無』（2007）

国際学が取組むべき「死」に関する課題は，誰にも均しく訪れる純生物学的な“その瞬間”ではなく，近代国家という体制がそこに従属させられた人々に強制し，奪い取った命と強く結び付く。そして，国家権力の強弱やソフトパワーの多寡に規定されながら不均等にグローバル化が進む現代世界にあっては，明らかに，体制の「重さ」に対する命の「軽さ」が重層的に形成，差別化され，不均等な形をとって普遍化されようとさえしている。底辺層と位置づけられる人々の命の「軽さ」は，たとえば現在でも第三世界の多くの子供が栄養失調で命を落としており，毎年数百万人の子供たちが５歳の誕生日を迎えられないという理不尽な現実に直接反映される。その多くは戦争や内乱といった直接的な暴力ばかりでなく，飢餓，貧困，差別など，理不尽な政治社会構造の下で生み出された構造的暴力に伴う犠牲者たちだ。

本来，種としての人間が平等に享受すべき運命の最たるものこそが死という瞬間なのだろうが，厄介なことに，体制の「重み」はそうした生物学的に自明の理さえも歪めてしまう。2003年のノーベル経済学賞受賞者アマルティア・センは，飢餓や貧困など第三世界諸国の弱者を理不尽に襲う構造的暴力に対抗しうる民衆の社会経済的能力全般を「権原」（entitlement）という概念を用いて説明し，食料など生活諸資料にアクセスすることができないことで餓死に追い込まれる人々に決定的に欠けているものこそがそれであり，この意味で「権原は基本的人権に他ならない」と主張している[2]。本来ならば，より永く生きることができ，相応の人生を営むことができたはずの人々の命が突如として奪われるという不条理な現実を再生産している権限剥奪の構造を介して，命の値は相対化されることとなる。生きること，死ぬこと，地球市民としての私たちすべては“その瞬間”に関してさえ，この厄介なコンテクストに否応なく巻き込まれている。

そうしたことを否応なく考え込まされてしまう幾つかの「死者の現場」をさすらい，それらを繋いでいくことから，近代国家と死のかかわりについて考えてみる。

---

2) 以下の文献参照。アマルティア・セン『貧困と飢餓』（2000）

2. 「資材」とされた死者たちの光景：
   ポーランド，ブジェジンカ村～ビルケナウ絶滅収容所跡

　アーチ型にくり抜かれたその空洞を中心として，左右シンメトリックに広が
るレンガ造りの正面建物，そして空洞から構内へと導かれていく鉄道引き込み
線の跡，その「終着点」が，ここに連行されてきた一人であるユダヤ人精神科
医・心理学者ヴィクトール・フランクル（1905-1997）がその著『夜と霧』で描
いた，あの有名な「生と死」の選別地点だ。ドイツ第三帝国のナチス親衛隊
（SS）将校によって，「奥へ行け」と指示されたユダヤ人たちをガス室へと送り
込んだ，あの「最後の審判」が下された，まさにそのスポット[3]。だだっ広い
構内の中には居住用の粗末なバラック群が整然と立ち並び，それらが醸し出す
空気の圧倒的な「重さ」が，訪れる人すべてに均しく姿勢を正させ，歴史上最
大級の国家犯罪がもたらした惨禍と，生と死を巡る果てしない迷路に訪問者を
巻き込んでいく。ポーランドの古都クラコフ近郊ブジェジンカ（Brzezinka）村
に残るビルケナウ（Birkenau）絶滅収容所は，近隣のオシエンツム（Oswiencim）
に先立って作られた強制収容所などとととともに，いわゆる「アウシュビッツ
（Auschuwits）収容所群」の主要部を占めており，ナチズムによって遂行され
たユダヤ人ホロコーストをシンボライズする施設として訪問者を迎える。

　オシエンツム収容所（アウシュビッツⅠ）と共にビルケナウ収容所（アウシュ
ビッツⅡ）に設けられた数か所のガス室には，これら施設群の建設が始まった
1940 年からソヴィエト赤軍の侵攻を受けて破却された 1945 年初頭までに，ド

3）「…男は今や私の前に立っている。長身痩躯でスマートで，非の打ち所のない真新
しい制服に身を包んだエレガントで身だしなみのいい人間だった。男は心ここにあら
ずという態度で立ち，右肘を左手で支えて右手をかかげ，人差し指をごく控え目にほ
んのわずか動かした。…夜になって，わたしたちは人差し指の動きの意味を知った。
それは最初の淘汰だった！ 生か死の決定だったのだ。それはわたしたちの移送団の
ほとんど，およそ 90％にとっては死の宣告だった。それは時をおかずに執行された。
（わたしたちから見て）左にやられた者は，プラットフォームから直接，焼却炉のあ
る建物まで歩いていった。その建物には―そこで働かされていた人々が教えてくれた
のだが―『入浴施設』といろんなヨーロッパの言語で書かれた紙が貼ってあり，人々
はおのおの石鹸を持たされた。そして何が起こったか。それについては言わなくても
いいだろう。すでに数々の信頼できる報告によって明らかにされているとおりだ。」
ヴィクトール・E・フランクル『夜と霧』（2002）pp.17-19

表XI－1　ドイツ第三帝国時代のホロコーストで犠牲となったユダヤ人概算（各国別）

（人）

ドイツ	160,000-165,000	オーストリア	65,000-65,500
オランダ	100,000-102,000	ハンガリー	270,000-300,000
ベルギー	25,000-25,700	エストニア	930-1,000
ルクセンブルグ	1,200	ラトヴィア	65,000-70,000
フランス	76,100-77,100	リトアニア	140,000-150,000
デンマーク	116	ソ連（占領地）	950,000-1,050,000
ノルウェー	758	ルーマニア	275,000-295,000
ポーランド	2,900,000-3,100,000	ユーゴスラヴィア	60,000-65,000
チェコスロヴァキア	250,000-260,000	ギリシア	58,900-59,200
アルバニア	100	イタリア	5,600-7,000

出所：*Materials on the Memorial to the Murdered Jews of Europe*, Berlin, 2008

イツ第三帝国占領下の欧州各地から連行されたユダヤ人，同性愛者，シンティ・ロマ人，ポーランド人政治犯，ソ連兵捕虜など約130万人が収容され，うち約110万人が殺害されたとされている（ユダヤ人のほか，ポーランド人約7～7.5万人，シンティ・ロマ人約2.1万人，ソ連兵捕虜約1.4万人などが殺害されている）[4]。第三帝国の支配下にあった1930～40年代のヨーロッパ全体で600万超といわれるユダヤ民族抹殺禍（表XI－1参照）の中にあって，この施設群こそは，まさしく最大級の絶滅施設だった。

　毒ガスとして使用された青酸系殺虫剤チクロン-Bは必ずしも即効性の毒物ではなく，犠牲者が死に至るまでには少なくとも数十分の時間を要したと言われている。したがって，ガス室に送られた彼ら彼女らが“緩慢な死”の訪れを受け入れなければならなかったその苦痛は察して余りある。一方，死の執行人たちは隔離された別室から毒ガス剤を投与し，また死体の搬出，処理作業などを別のユダヤ人収容者たちに行わせることで，直接に死の現場に立ち会うことは稀だった。彼等はごく普通の官僚組織の定法に則り，上司の命令に唯々諾々と従い，ただ機械的に「公務」を遂げていったに過ぎなかった。

　「人類文明の担い手」たるゲルマン民族の優越性，その生活自給圏（autarky）の獲得を至上としたナチスの国家社会主義イデオロギーのもとにあっては，そ

4）　Panstwowe Muzeum Aushuwits-Birkenau,『その歴史と今』【日本語版】（2009）より。

の裏返しとしての反ユダヤ主義とその民族的抹殺は絶対的な「善行」だったのかもしれない。ナチスが「ユダヤ人問題の最終解決」を，それまでの第三帝国内からの強制的な国外移住政策から，文字通りの生物学的抹殺へと方針を本格的にシフトしたのは1940-41年のことだったとされる。宣伝相ヨーゼフ・ゲッベルスは1941年の8月19日付日記に「ユダヤ人は文明化した人類の虱であり，何としてでも抹殺しなければならない」と記し，その"決意"のほどを吐露していた[5]。おそらく，この哲学博士の思考回路に大なる影響をおよぼしたに違いないアドルフ・ヒトラー著『我が闘争』（原題：Mein Kampf）の中には，青年期を送ったウィーン時代での「民衆が感染したかつての黒死病よりももっと悪質のペスト，精神的なペスト」とのユダヤ人観からはじまり，「相互に血みどろの闘争をするねずみの群れ」，「彼らが現れるところでは，遅かれ早かれ母体民族は死滅する他民族の体内に住む寄生虫」へと肥大妄想化するヒトラー自身の感情が描かれている[6]。反ユダヤ主義は中世以降，欧州世界で一般的に見られた傾向だったが，ヴェルサイユ体制下で一方的な戦争責任を負わされ，多額の賠償金を課された当時のドイツ人一般にも蔓延していた鬱屈，閉塞感に対する屈折したナショナリズムのはけ口でもあった。それはやがてナチスによって巧みに利用，誘導され，世界大恐慌とブロック経済がもたらした1930年代初頭の経済混乱のもとで急速に顕在化し，第三帝国を暴走に至らしめるエネルギーの源となっていった。その意味で，反ユダヤ主義とナチスの国家社会主義は共犯関係にあるものだった。

　ドイツの歴史学者ザウル・フリートレンダー（ソール・フリードランダー）はホロコーストについて，「20世紀西欧社会の内部に住む，ある一つの人間集団全体をそっくり絶滅させるための，意思的で，体系的で，産業的に組織され，大規模な成功を見た試み」と定義する[7]。事実，ナチスのユダヤ人絶滅計画は時々の段階をふまえた，極めて用意周到な，国家総ぐるみのプログラムに基づくものだった。第三帝国内で強制収容所の建設が始まったのは1933年，ナチスが全権委任法を通じて政権を掌握したのとほぼ同時だった。ユダヤ人の他，反ナチスの政治犯，同性愛者，シンティロマ人などが標的とされた。1935年

5）　ゲッツ・アリー『最終解決・民族移動とヨーロッパのユダヤ人殺害』（1998）p.4&p.290
6）　アドルフ・ヒトラー『わが闘争（上）』（1973）p.96, p.429 & pp.433-434
7）　ソール・フリードランダー『アウシュビッツと表象の限界』（1994）序論より。

には「ニュルンベルグ法」が公布され，ユダヤ人と非ユダヤ人との通婚が禁止され，第三帝国からのユダヤ人の国外退去圧力が強まった。1938 年 11 月 9 日から 10 日にはナチス支配下にあるドイツ本国，オーストリア，ズデーテン地方各地でのポグロム（民族迫害と略奪），いわゆる「水晶の夜」を迎え，ユダヤ人の住宅，商店，そしてシナゴーグが襲撃，破壊された。結果，およそ 2.5 ～ 3 万人のユダヤ人が集中キャンプに押し込まれ，国外退去を強要されたのだった。さらに第二次世界大戦の勃発によって広がった占領地では，ユダヤ人はゲットーと呼ばれる隔離居住区への集住を余儀なくされた[8]。ナチスが「ユダヤ人問題の最終解決」を目指す絶滅政策へと舵を切り始めたのはこの頃で，1940 年夏にはドイツ国内精神病院にいたすべてのユダヤ人患者 2,000 人以上が，人種的分類という基準だけでガス室で「安楽死」させられたのを皮切りに，死の強制は順次拡大し，同年末までに 2 万人以上が殺害された[9]。以後，絶滅収容所や強制収容所，労働収容所，中継収容所，そしてゲットーを含む広義の意味での「収容所」はドイツ本国およびナチス占領下地域で約 15,000 を数え，巨大なユダヤ人絶滅体制のネットワークが構築されていった[10]。1941 年 6 月に始まったソヴィエト連邦との戦争はこの動きを加速し，本格的な絶滅政策が展開され，収容所への収監が進められた。ナチスは自らを社会という庭に蔓延る雑草とたたかう庭師に例え，「頑固な雑草を根こそぎにして，価値ある植物に養分と空気と光と太陽を与えるために戦う」と人々に喧伝していた[11]。

とはいえ，我々はこの所業をけっして「狂気」の一言で片付けるべきではないだろう。ホロコーストはけっしてナチス党固有の犯罪ではなかった。ホロコースト研究で著名な政治学者ダニエル・コールドハーゲンは，「ユダヤ人を奴隷労働者として使役し，迫害した人々は数百万人，それらのうちホロコーストの加害者となった人数は間違いなく 10 万人以上，それが 50 万人か，それ以上になったとしても，驚くことではない」としている[12]。ナチスの犯罪に加担し，絶滅業務を淡々とこなしていったのは紛れもなく，「ごく普通のドイツ人」だった。そして，それを生み出した歴史的背景をたどれば，中世から啓蒙

---

8) "Escalation of the Extermination Policy," *Materials on the Memorial to the Murdered Jews of Europe*（2008）
9) ゲッツ・アリー注 5 掲載書 p.149 & p.154
10) ダニエル・ゴールドハーゲン『普通のドイツ人とホロコーストと』（2007）p.215
11) ゲッツ・アリー注 5 掲載書 p.290
12) ダニエル・ゴールドハーゲン注 10 掲載書 p.213

主義時代に至るまで，ドイツ社会そのものが徹底して反ユダヤ主義であった，と彼は指摘する[13]。さらに時空を遡ってゆけば，リコンキスタ（国土回復戦争）に勝利したカトリック勢力が改宗に応じなかったユダヤ人25万人をイベリア半島から追放した15世紀末の事例が象徴するように，同化に応じない文化マイノリティー集団への迫害は，近代西洋の産物としての国民国家形成過程における統合力学，およびそれと対を成す現象としての異化，選別，排除思想の延長線上にあった。ナチスによるホロコーストは反セム主義という近代西洋固有の東方世界に対する文明的劣等感と，それゆえの倒錯した蔑視観とが織りなすグロテスクな産物ともいえた。

　アウシュビッツ収容所群には抹殺されたユダヤ人たちから接収した金（アクセサリーだけでなく，金歯はSSが直営する病院の歯科技師たちの手で溶かされ，インゴッドとして加工された），貴金属類（集積のうえベルリンへ運ばれ，主にスイスで売却された）の他，約3,800個のカバン，8万足以上の靴，40kgの眼鏡，夥しい数の食器類，さらには7トンに達する髪の毛（1945年1月の解放時の残存トン数，現在約2トンが保存。当時はキロ当たり0.5マルクでドイツ企業に売却されていた）が積み重なる。想像を絶することだが，ユダヤ人の躯の一部さえもが「資材」とされ，石鹸やカーペット作りに利用された[14]。抹殺された命は一切沈黙しているが，その痕跡は雄弁で，持ち越され，伝えられてゆくべき記憶がある。アウシュビッツ収容所群に見る資材化された「死」に纏わりつくある種の空虚さは，それ自体が強権体制の生み出した国家的犯罪行為への痛烈な批判として，半永久的な反証意義を持っているかのようでもあった。

3. 「資料」とされた死者たちの光景：ハルビン，七三一部隊遺址

　戦後3四半世紀の時が過ぎ去ろうとする時，日本国内にあっては戦争記憶の風化とともに嫌韓，反中といった排外ナショナリズムが台頭する昨今にあって，とうの昔に消し去られるべき過去，あるいは「知らない」ことが当然視され，禁忌となろうとさえしている「死」に関する記憶が，この地には今なお，確かに息づいていた。

---

13)　同上 p.38
14)　以下の文献参照。Teresa and Henryk Swiebocki, *Auschuwitz, The Residence of Death*, Six Edition, Bialy Kruk, Krakow-Oswiencim, 2007

道標XI 「死者の光景」を繋ぐ | 293

　中国黒竜江省の省都ハルビン市中心部から車を1時間ほど走らせた平房区。現存施設跡だけで約6平方キロという敷地の中にある「侵華日軍七三一部遺址」は，かつて細菌・毒ガス兵器を開発製造し，アジア民衆を人体実験に供した関東軍防疫給水部（七三一部隊，通称「石井部隊」）の本部が置かれていた場所だ。細菌戦研究のため，陸軍軍医石井四郎が東京新宿戸山の陸軍軍医学校防疫部に「防疫研究室」を設置したのは1932年のことで，同研究室には東京帝国大学や京都帝国大学など，当時の大物帝大医学部教授たちが嘱託研究員として名を連ね，細菌兵器研究には彼らの医局に属する多くの弟子たちも参加していた。一方，それと並行して，中国大陸における細菌兵器研究施設は同年の満州国成立と同時に関東軍によって計画が進んでいた。1933年8月には石井を長[15]とする部隊がハルビン南方70キロにある背蔭河に組織され，あわせてペスト，チフス，炭疽，猩紅熱，赤痢など各種細菌兵器を扱う付属実験場が建設された。軍内部では当初この部隊に「加茂部隊」，「東郷部隊」とのコードネームが用いられた。1936年5月，軍部は「軍令陸甲第7号」を発し，関東軍防疫給水部を正式に発足させ，石井が部隊長に就任，やがてこの特殊技能集団は「石井部隊」あるいは「七三一部隊」と呼ばれるに至る。

　平房区に大規模な生物化学兵器研究施設の建設が図られたのは，戦線の拡大に連れて細菌・毒ガス兵器の需要が増し，機密保持と開発施設拡充の必要性が高まっていたためだった。建設工事は鈴木組，松村組，藤田組，大林組など，当時の大手建設会社が担当し，1939年に完成を見た[16]。完成時，周辺施設を含めて16平方キロという広大な敷地には約70棟の細菌研究，開発，実験施設が密集し，その周囲は高さ2mの土塀で囲まれ，至る所に電流が通じた鉄条網が張り巡らされた[17]。そして，そこに直接・間接に石井の息がかかった諸帝大医局の若い研究員たちが続々と送り込まれた。彼らの多くが学究肌の，研究熱心な医学者であっただろうことは想像に難くない。彼らは多少の功名心を持ちつつも，純粋に細菌や化学物質に関する研究に没頭し，その科学的成果を求めたに過ぎず，また研究開発に従事することを通して臣民教育で染められた素朴な義侠心，使命感，そして相応の祖国愛をもって「お国のため」との大義にプライドを満たすこともできたのだろう。細菌兵器毒ガス兵器の開発を担う防

---

15)　当時陸軍二等軍医生＝中佐相当，なお石井の階級は終戦当時軍医中将。
16)　刈田啓史郎『戦争と医学／みやぎ憲法ブックレット』（2010）p.7
17)　金民成『日本軍細菌戦写真集』（2010）p.10

疫給水部のネットワークは満州（関東軍管区）にとどまらず，北支・中支・南支各派遣軍および南方軍にも置かれており，総勢で2万人を超える人員が石井の統率下に置かれていた[18]。

　小説家森村誠一著『悪魔の飽食』（1981）でも詳細に描かれていたように，七三一部隊の中にはシステム化された臨床観察，解剖観察，病理観察段階組織があり，その過程で他の試験動物と同様，人間の生体解剖が行なわれた。生身の人間が部隊に供され，生きたまま，麻酔もかけられることなく，人体実験に使われた。人々は関東軍憲兵隊から「特移扱」という名を付けられた資料検体＝モルモットであり，ハルビン駅までは列車で，平房までは幌付きトラックで鎖につながれて連行された。「特移」が開始された1938年末から大日本帝国の敗戦に至る1945年8月まで，その「資料」数は6,000人を超えるものと推計されており，主に捕虜となった中国人，ロシア人，朝鮮人，モンゴル人などが「マルタ」と呼ばれ，生体実験に供されている[19]。100歳を超えてなお現役医師として有名だった故日野原重明医師（聖路加国際病院元理事長，1911-2017）は1936年，京都帝国大学医学部学生の時に関東軍七三一部隊長だった石井の講演を聞いた体験を持っていた。日野原医師によれば，石井はその時，自らが写したという16ミリフィルムを医学生たちに見せ，中国人マルタにコレラ菌，チフス菌を生体感染させ，発病から死に至るまでの一切始終を克明に説明したという。その際に彼は，「敵国の兵隊をいかにしてやっつけるかを研究しているのであり，日本にとって非常に大切なものである」と自慢げに語ったという[20]。実際，研究成果としての細菌兵器はアジア太平洋戦争期間中各地に投入され，中国国内に限っても，北は黒竜江省・吉林省から南は福建省・広東省に至るまで，延べ36回にわたる広域使用が確認されている[21]。

　石井部隊のみをもって非人道的な戦争犯罪者集団と断罪するのは，必ずしも正しいとは言えないだろう。彼らが生体実験を行なった理由は聖戦遂行への奉仕であり，それは当時にあっては至高の価値を占めるものだった。石井は医官としての出世欲にあふれた自己中心的人物で，費用対効果に優れた兵器として

---

18)　それぞれ北京一八五五部隊，南京一六四四部隊，広東八六〇四部隊，シンガポール九四二〇部隊と呼ばれ，七三一部隊と同様に，管轄下の各都市に支部を持っていた。宮崎享「隠蔽と解明と—七三一部隊研究の歴史をたどって」（1993）p.35
19)　刈田啓史郎，注16掲載書 p.13
20)　刈田，注16掲載書 p.3
21)　金民成，注17掲載書 p.84

の細菌兵器の開発を熱心に主導した人物だったとはいえ、彼を取り巻く医官たちは冷血な悪魔ではなく、科学的探究心と祖国への忠誠に溢れた愛国者だった。おぞましい生体実験もまた、彼らにすれば相応の合理性と愛国的意義を持っていた。せっかくペスト蚤を培養しても、戦地の自然条件で感染力が弱ってしまっては元も子もない。彼らは毒性を強化したペスト菌の生成を目指して人体を培養資料として利用した。資料が死体だった場合には雑菌がはびこり"純度"の高い菌が得られない。ために、生身の人間にペスト菌を注射し、生体解剖する。これを繰り返すことで、ペスト菌の毒性が高まっていった。要するに、医学者としての成果・業績の蓄積と功名心、体制の維持発展への真摯な奉仕精神こそが、石井部隊を貫いていた思想であり、その犠牲となったアジア民衆が本来持つべき幸せになる権利への想像力や、彼ら彼女らの生命への敬意は一切払われることはなかった。そこには、国家の意思を背負い、体制と一体化した彼らの度し難い驕慢と、拭いがたいアジア諸民族へ蔑視がうかがわれる。

　日本の戦争遂行責任者たちに纏わりついていた自己中心的な優越感、他アジア人に対する日本人の優秀さのアピールとその誇示は、ナチス・ドイツのそれと幾分かは共通するものがあった。そして、当時のあらゆる科学技術が戦争遂行の道具となり、あらゆる学識が聖戦勝利のために捧げられていた。たとえば、大日本帝国時代における栄養学は兵士を戦闘可能な状態に保つための最低限度の栄養をいかに確保するか、という「戦闘時飢餓水準」を設定することに重きを置いて発展したもので、臨床研究では前線にある兵士を最も悩ましていた病気である脚気に関する研究が突出して多かった[22]。それは、戦争遂行のための資源として兵の健康をより"安上がり"に管理し戦闘力の低下をいかに防ぐか、という重要課題があったからだ。七三一部隊の所業とは、実はそうした科学の権力への従属と奉仕のシステムの延長線にあった。

　七三一部隊の細菌・化学兵器開発は体制が作り上げた戦争遂行システムのほんの一端であり、その「序」に過ぎなかった。アジア太平洋戦争の全期間（1931-1945）を通じて日本軍が生産した毒ガスはインペリット・ルイサイ

22）日清・日露戦争期を通じて日本軍兵士の脚気罹患者はそれぞれ約3万人、16万人と極めて多く、両戦後から第一次世界大戦期には脚気に関する医学研究報告が数多く出された。たとえば、1909年〜1920年の間に、当時の内地と植民地を包含した軍医学界全体を代表する軍医団分団研究会で取り上げられた脚気をテーマとする主要報告は116本にのぼり、年平均約10本の報告が行われている。原田敬一「軍隊と医学・医療―『軍医団雑誌』の分析を通じて」（2003.10）pp.9-17

ト 4,992t，青酸 255t など，軍事転用可能な化学剤を含めて総計で 22,206t，そして毒ガス弾は判明しているだけで陸軍 1,646,326 発，海軍 70,600 発（総計 1,716,926 発）にも達している[23]。大日本帝国はそうした非人道的兵器をアジア民衆に振り向けることで，「大東亜の共栄」を樹立しようとし，そして崩壊していった。

　話はこれで終わらない。「マルタ」として資料化された，かの死者たちの無念さとはうらはらに，戦後，生体実験を指揮した当の石井をはじめ七三一部隊の主要幹部たちは戦犯訴追から完全に免れた。それは，占領アメリカ軍が冷戦構造のもとでソ連に先んじて細菌化学兵器を開発しなければならないという課題を優先し，石井部隊の実験データと開発ノウハウとの引き換えで免責措置を彼らに付与した結果だった。この大きな不条理と戦争犯罪の曖昧化が，戦後医学界・薬学界になお高位の“重鎮”として彼らの多くを長く留まらせ，後の薬害エイズ惨を引き起こすミドリ十字社の幹部などを輩出した事実をも合わせて考えた場合，このことは一層悲痛に思われる。

4.「資本」とされた死者たちの光景：東京九段，靖国神社

　1869（明治 2）年，軍務官による「東京招魂社」としての創建以来，その体制装置（レジームディバイス）は皇居に隣接する九段坂の勾配を登ったその場所から動くことはなかった。敗戦後 75 年を経てもなお，コンクリート製の大鳥居をくぐれば見えてくる近代日本陸軍の創設者大村益次郎の銅像が睥睨するそのあたりは，「英霊の顕彰」という営みのための特異な舞台空間であり続けている。「神」として顕彰された死者の総数は 246 万 6 千余（柱），戊辰戦争からアジア太平洋戦争までのあらゆる内戦，対外戦争において，近代日本国家の“栄光”と最高総攬者であり現人神だった天皇のために殉じた命が祀られる。靖国神社は本質的には近代日本国家が建設した，一元的な「殉死者の管理地」であり，「神社」と称しながらも，国家が強要した死への旅立ちを称賛し，残された者たちに対しても「国家による死の強要」をエクスキューズするための，奇妙な合理化装置の役割を担ってきた。

---

23) 米軍資料に基づく推定値。吉見義明「日本軍はどのぐらい毒ガスを生産したか」
　　（1994）pp.2-7

道標XI 「死者の光景」を繋ぐ | 297

　アジア太平洋戦争末期，大日本帝国が保持できた戦争継続のための諸資源は明らかに欠乏の様相を呈しており，若者たちは男女を問わず戦争継続のための消耗品＝人的資本の役割をより重く担わされることになっていた。戦局悪化を背景にして，国家総動員体制がますます強まり，若い命を戦地に送り出すメカニズムが作られていった。天皇の忠良なる臣民として帝国の栄光に殉じることで英霊となり，靖国神社で「再会する」ことが合言葉とされ，多くの命の消耗が逆に美化された。体制が個別の死をも統制，管理しようとするこのようなふるまいは，近代国家が持つ冷厳な現世統治システムの残酷な帰結とも言えた。しかも，戦地に散った命の中には，けっして国家による顕彰を望んではいない人々，例えば困窮して軍属としての仕事を求める他はなかった帝国植民地の民衆や，「ひめゆり」・「白梅」等の女学校部隊の生徒など，不本意ながらも自身が侵略戦争への協力者となってしまった人々や，「捨て石」として利用され，犠牲となった地の民衆さえもが含まれている。この傲慢な企てに対して，靖国神社は「いったん合祀された御霊を除くことはできない」との姿勢をけっして崩そうとはしない。生前，帝国の資本として利用された命は，その消失後においてさえ体制に収容され，解放を手に入れることができないでいる。

　若人の命を消耗するうえでの大義として掲げられた「大東亜の共栄」とは，そもそもいかなるものだったのだろうか。昭和天皇による終戦勅書には「米英二国ニ宣戦セル所以モ亦，実ニ帝国ノ自尊ト東亜ノ安定トヲ庶幾スルニ出テ，他国ノ主権ヲ排シ領土ヲ侵スカ如キハ固ヨリ朕カ志ニアラス」(1945年8月14日)と，自らが発起し，やがて敗北に至ったこの聖戦の目的が，アジア地域の安定と共栄を目指したものであったことが述懐されている[24]。しかし，その実態はどうだったのか。1943年5月31日，御前会議において決定された『大東亜政略指導大綱』要領には占領地のビルマ，フィリピンの独立を促す一方で，「マライ，スマトラ，ジャワ，ボルネオ，セレベスハ帝国領土ト決定シ重要資源ノ供給地トシテ極力コレヲ開発並ビニ民心把握ニ努ム」との文言が見られる[25]。にもかかわらず，東條英機をはじめ大日本帝国の為政者たちはけっしてこれを公表しようとはしなかった。彼らは帝国秩序を維持するための自給圏確立という戦争目的を「大東亜共栄のための聖戦」という美名にすり替え，若者を戦場に送ったばかりか，植民地からの解放と独立を願うアジア民衆の素朴な感情をも利用し，裏切ってさえいた。

　にもかかわらず，「ヤスクニ・イデオロギー」の支持者たちが紡ぎ出す国粋

主義的な歴史観，ストーリーはあまりに無思慮かつ自己中心的と言わざるを得ない。神社付属の展示館である遊就館では欧米列強の侵略をはね除けるため，幕末維新の志士たちの累々たる屍の上に築かれた天皇中心の近代国家（国体）が，東アジア地域を戦場として敵と戦い，遂には列強に伍する一流国となり，アジアの盟主として君臨するまでの道のりが，自己陶酔的に紡がれる。

例えば，その"ハイライト"の一つとしてのアジア太平洋戦争についてはこのように，だ。

ⅰ）東アジアの平和と安定に努力する大日本帝国に対して，中国大陸では排日運動が起こり，その結果満州事変がはじまった，そして盧溝橋で日本軍に向けて発砲された中国側の一撃，相次ぐ攻撃を受け，ついに帝国は中国との全面戦争へと至った。

ⅱ）「支那事変」の拡大を避けようとする日本に対して，米英仏ソは裏で中国を支援，米国が日本の前面に出てきて挑発を仕掛ける，日本は隠忍自重をしたものの，ついに苦渋の決断によって開戦する。

ⅲ）そして戦局悪化の中，皇国守護のために「玉砕」したり，特攻で散った若き将兵たちの思いを情緒的に語りかける。

ⅳ）さらに，日本を「侵略国」と断罪した東京裁判の不当性を暴き，刑場の露と消えた「戦犯」の無念を振り返る。

…それは大日本帝国の栄光を至上価値とした"勧善懲悪"の物語であり，その演出資本として，国家に殉じた若者の英雄化という美学が最大限賞賛される[26]。その一方で，ここでは数多くの民衆の命を奪った帝国主義的膨張と侵略戦争への反省は，微塵も語られることはない。たとえば，いわゆる「東アジア諸国の歴史認識の相違問題」のうち，現在日中間で最もホット・イシューとされる南京アトロシティーズ（1937年12月）に関してはごく僅かな記述で，「市内では私服に着替えて便衣隊となった敗残兵の摘発が厳しく行われた」とする解説がなされ，虐殺事実そのものが隠滅されているだけでなく，「南京を包囲した松井

24）政府『官報』号外（1945.8.15）

25）外務省編『日本外交年表竝主要文書（下）』（1996）pp.583-584

26）このような「遊就館史観」を最も端的に示している映像資料に靖国神社が後援し，日本会議・英霊にこたえる会が製作したドキュメント映画『私たちは忘れない』があり，遊就館で1日数回上映されている。

道標XI 「死者の光景」を繋ぐ | 299

(石根) 司令官は隷下部隊に外国権益や難民区を朱筆した要図を配布し，厳正な軍紀，不法行為の絶無を示達した」とされる記述[27]からは，日本軍が中国大陸で行った侵略行為と民衆殺戮の実態を読みとることはまったく不可能だろう。

　遊就館の最終展示ブースには，日本陸海軍が開発した数々の特攻兵器がある。例えば，海軍が開発した「人間魚雷・回天」は，全長14.75mの九三式魚雷をエンジンとして，1.55トンの炸薬を装着した一人乗りの自走兵器だ。志願者たちから選ばれた搭乗員の大多数は20歳前後の若者で，戦没者は106名。「文字通り一身肉弾となって敵艦隊に体当たり，一撃をもって敵艦を必沈する兵器」[28]である。他にも，大型爆撃機に吊り下げられて敵艦近くまで運ばれ，発射される全長約6m，1.2tの爆薬を機首に装備した特攻専用機で航続距離わずか37kmという「桜花」，さらには16-17歳の少年兵に棒機雷と呼ぶ突き上げ式の爆弾を持たせて敵の上陸用舟艇を襲う「伏竜」といった兵器の展示や映像もある。これらの兵器は人が操縦し，敵艦船に体当たりし自爆するという，ただその一つの目的のためだけに生まれ，乗り込む（乗せられた）者が100%死ぬことを前提として作られたものだ。慄然とするのは，乗り込んで逝った人々の決意もさることながら，これらの特攻兵器を設計し，開発製作した人々の思い・感覚とは果たしてどのようなものであったろう，との思いにとらわれる時だ。命そのものを戦争遂行の人的資本とし，敵に体当たりさせることに，ほとんどためらいの無い（少なくとも表象された物体からはそう思う以外には無い）着想とは，いったいどういう社会的環境と思想コンテクストのもとに生まれ出るものなのだろうか？　当時の日本人に憑いていた「国家の重さ」と「人命の軽さ」との落差，権力の横暴がもたらした殺伐さと退廃の様からは，近代国家というものが持つ剥き出しの狂気と，生命の尊厳に対する侮りが見て取れる[29]。

27) 靖国神社遊就館展示（2018年11月時点）より。
28) なお，回天作戦全体では上記搭乗兵のほか未帰還だった搭載潜水艦8隻の乗組員810名の戦没者もいる。全国回天会刊「人間魚雷回天」より。
29) 特攻兵器の生産現場では生々しい「死の瞬間」への想像力がどのように働いていたのだろうか？　この疑問を解くカギは，その体験者（女性）からの聞き取りだった。曰く，勤労動員で回天の部品を製造していた彼女は自分が作るそれらがいったい何に使用されるのか，皆目知らされることはなく，兵器の全体像が掴めていなかったとのことだった。彼女にとって，自分の仕事と兵士の死との関係は想像の外にあったのだ。巨大に体系化され，国家によって統制された現代科学技術による人間疎外を象徴するこのような話は，原爆製造にあたったマンハッタン計画の労働者，さらにはメルトダウンを体験した福島第一原発の現場技術者の話にも共通していたものだ。

この感慨はまた，戦争犯罪の大きさとともに，官僚的で無責任な仕草に終始した戦争指導者たちへの怒りともセットになっている。統帥権を盾とし，弄び，人々を死地に追いやったにもかかわらず，なお責任を回避しようとした為政者たちの理不尽な立ち振る舞いに対して，その責任所在を明示し，糾弾してこそ「リセット」は初めて可能だったはずだ。しかも，戦争の記憶が空襲や耐乏生活といった自己（被害）体験にのみ基づく危うさは，自らの加害性という問題をいつしか喪失させてしまうことにもつながりかねない。他の章でも言及したように，中国大陸，朝鮮半島，アジア太平洋地域の時空間の下には，日本の帝国主義統治によって理不尽な死を強要された人々が数多くいたことを，私たちは認めなければならない。

　だが，戦後日本の保守政権の意思はこれとは裏腹に，加害者としての戦争記憶を風化させるべく責任所在を曖昧化させ，英霊を顕彰するとの大義のもとに「国家の栄光」を美化する方向へと国民を誘導する"逆コース"を歩むものだった。1952年4月のサンフランシスコ平和条約の発効を受けて，旧厚生省は1954年には「英霊を靖国神社に合祀する前提として，護国神社へ未合祀の向は合祀方取り扱はれたし」と都道府県に通達し，A級戦犯3名（広田弘毅，土肥原賢二，武藤章）を含む戦犯の各県護国神社合祀を先行させたうえで，1959年（未帰還者の戦時死亡措置が取られた年）から戦犯の靖国神社合祀を促した。そして，1966年にはA級12人を含む205人の「靖国神社未合祀の戦犯関係死没者に関する祭神名票」を靖国神社に送った。靖国神社はこうした国の意向を受けて逐次戦犯合祀を拡大し，1978年には東條英機をはじめとする14名のA級戦犯を合祀した[30]。かくして，合祀戦犯は939人を数え，靖国神社は「時には名誉の感覚をくすぐり，そしてある時には不名誉の感情を押し付けて，遺族に沈黙を強いるという機能」[31]を担う。

　英霊への尊崇を名目に，戦争犯罪と戦後責任と真摯に向きあうことを回避し，曖昧化させてしまう行為は国家的・国民的な無責任のそしりを免れないだろう。「ヤスクニ・イデオロギー」の支援者が主張するのとは全く別の意味において，その清算は「他国からとやかく言われる筋のものではない」のであり，私たち自身で解決すべきものだ。九段坂の体制装置は，国体護持のために消耗

30）旧厚生省「戦犯問題の早期完全解決のための内部資料・業務要旨（1954年分）」記述に基づく。2012年1月21日付「朝日」紙。

31）内海愛子「シンポジウム・靖国神社と追悼」（2005・冬季）p.6

道標XI 「死者の光景」を繋ぐ | 301

資本としての運命を担わされた死者たちを管理し，体制が再生産する偏狭なショーヴィニズム的美学を自己満足させるために，彼ら彼女らを半永久的な闇の中に留め置き続けている。

5. 「資源」とされた死者たちの光景：
北マリアナ諸島～広島・長崎の回廊

　日本本土から約2,400kmの南方，世界で最も深い海に周囲を取り巻かれた島々は，今はリゾートアイランドとされ，多くの日本人観光客が訪れる。東京から飛行機で約3時間，深夜に発てば早朝には到着できる勘定だ。だがアジア太平洋戦争末期，ここ北マリアナ諸島は大日本帝国の「絶対防空圏」と位置付けられた戦略要衝であり，日米両軍の約2か月の激闘の末，非戦闘員を含む約7万人余の犠牲者を生み出した「玉砕の島々」だった[32]。以後，アメリカ軍は新たに実戦投入された戦略爆撃機B29をサイパン，テニアン両島を中心に大量配備し，日本本土爆撃を本格化させた。それは日中戦争期を通じて大日本帝国が上海，南京，重慶等の中国諸都市に対してくわえた無差別爆撃の"拡大版"であり，北マリアナは，合算すれば50万人を優に超えたであろう東京大空襲（1945年3月10日）等の主要都市爆撃，さらには広島（同年8月6日），長崎（同年8月9日）への原爆投下へとつながる凄惨な死の生産拠点となった。今は訓練基地となっているテニアン島ハゴイ米空軍基地の草生した滑走路脇にはエノラゲイ，ボックスカー両機が広島，長崎へ向け離陸する直前に搭載されたリトルボーイ，ファットマン原爆の搭載ピットが強化ガラスに囲まれ，当時の写真とともに展示・保存されている。深く刻まれた溝に横たわる原爆，その搭載作業が行われた島と広島・長崎をつなぐ回廊には，紺碧の海ばかりではなく，「あらゆる命の根絶」という戦略爆撃の課題と，それを淡々と進めた両帝国指導者たちの体制思想_{レジュームイデオロギー}の連続性があった。

　無視してはいけない事実がもう一つある。原爆投下を巡る北マリアナ諸島と広島・長崎をつなぐ回廊には，現在の日本の為政者たちが意図的に黙殺しようとしている帝国周辺部民衆に押し付けた戦時動員体制の傷跡が横たわる。大日

---

[32]　1944年6-7月の北マリアナを巡る戦いのうち，サイパン島における戦没者は日本側軍民あわせて約55,000人，米軍約3,500人，テニアン島における戦没者は日本側軍民約10,000人，米軍約400人とされる。

本帝国中枢部の労働力不足と周辺部の貧困化に押し出される形で，植民地朝鮮からは多くの民衆が半強制的に（あるいはより直接的に）徴用，動員されていた。その時々の個々人の事情や社会経済状況の多様さ，そして創氏改名に伴う戸籍上の"混濁"などからその数を正確に特定することは困難だが[33]，彼ら彼女らの「活躍領域」もまたアジア太平洋地域に拡がっており，結果，戦闘に巻き込まれ，奪われた命が北マリアナ諸島と広島，長崎をつなぐ。「玉砕」のとき，サイパン島には労役に動員された朝鮮半島出身者約 1,000 人が暮らしており，彼ら彼女らの多くが日本人非戦闘員らとともに死を選び取った。同島北部のバンザイクリフ，スーサイドクリフを訪れ，「天皇陛下万歳」を叫んで絶壁から身を投げた日本人を慰霊する日本人観光客は相応にはいる。ただ，諸々の日本人犠牲者慰霊碑に近接する韓国人慰霊碑に目を向ける日本人は必ずしも多くはない。慰霊碑に刻まれた文章（原文はハングル・英語並列表記）は，過去に起こった悲劇の犠牲者への哀悼だけでなく，戦争責任問題の本質に関心を向けようとしない旧帝国中枢部国民の想像力の欠落に，今も警鐘を与えているかのようだ。

> 「…いったい何人の人々の命が祖国から奪われ，二度と戻れなくなったことか。悲痛な悲しみとともに眠れる魂たちよ。あなたたちは私たちの心に身を切るような悲しみを残した。ここを訪れる人々よ，あなたがたに尋ねよう。どのようにしたら彼らの永遠に続く郷愁の思いを鎮めることができるのか。どのようにしたら彼らが再び親たちと会えるように取り計らうことができるのか。そして，どのようにすれば彼らの命をまた再びこの世に返すことができるのかを…」[34]

　1945 年 8 月 6 日，テニアン島から離陸したエノラゲイ号が目指した広島。ここでも大日本帝国臣民たる「彼ら」は暮らしを営んでいた。「道標Ⅱ」で触れたように，その日に被爆した「彼ら」は 2 万〜3.2 万人余，被爆死者数は 5,000 〜 8,000 人と言われる。その多くは国民総動員計画によって徴募された労働者，軍人・軍属，そして軍都広島での労働を強要されていた徴用工だっ

33）　もっとも，韓国内務省警保局などの調査では，徴用された朝鮮人約 100 万人のほか，朝鮮半島内からの移出者数は約 450 万人，軍人・軍属が約 37 万人，大日本帝国全体で約 600 万人の朝鮮人が戦時体制下で動員されたとされる。鈴木賢士『韓国のヒロシマ』（2000）p.126

34）　Saipan Island, *The Korean Memorial*

た[35]。また長崎にも「彼ら」はいた。今は御影石の柱が立つ長崎市松山町の爆心地，1945 年 8 月 9 日，おそらく何人かの人々は（米空軍観測機からの観察を容易にするために）黄色く塗られていた総重量 4.5t のプルトニウム爆弾を目撃したことだろう。ボックスカー号から投下されたファットマンは当時 24 万人とされる住民の頭上 500m で炸裂，73,884 人の死者，74,909 人の負傷者を生みだした。その中には，高島炭鉱や長崎三菱造船所での強制的労働に徴用された工人や，職を求め，やむなく海を渡ってきた人々もいた。長崎原爆資料館の展示では朝鮮人被爆者数を 12,000 〜 22,198 人と，幅を持たせた数字しか紹介していない（うち死者は 3,000 〜 10,000 人と推計）。韓国原爆被爆者援護協会の推定による朝鮮人被爆者数は広島で約 7 万人，長崎で約 3 万人とされるが，当時，多くの半島出身者が創氏改名によって日本名を名乗らされていたこともあって，その正確な数は定かではない[36]。

　水俣病患者さんたちに寄り添い，不知火海とともに生活を営んできた作家，故石牟礼道子（1927-2018）の著『不知火』の中には，長崎で被爆した朝鮮人たちからの聞き取りに基づいたエッセーが掲載されている。そこには強制連行されて長崎に行き着いた朝鮮人が被爆し，躯が最後まで回収されずカラスについばまれる様，挺身隊に徴用されて被爆した若い女性が全身焼け爛れて死んでいく様，さらには戦後，原爆手帳を交付申請しようにも被爆事実を証言してくれるはずの人さえ全て亡くなってしまい，「死人に口なし」状態で疎外される朝鮮人被爆者の様が長崎言葉で訥々と語られている[37]。そこには，「死」を直接的に語れない無念の思いで亡くなった人々，体制によって理不尽な運命を強要され，社会から差別の目をもって遇された人々，そして死によってさえ平等を得られなかった数多くの声が代弁されている。

　時の経過とともに，韓国社会の被爆生存者数は 2,000 人程度（2004 年集計値）にまで漸減している[38]。戦後，日本国内では被爆者医療法（1957 年制定）によって被爆者には原爆朝鮮人遺族から手帳が交付され，相応の医療ケアーが施されるようになった。1968 年に日本政府は原爆被害者に対して医療補助以外の

---

35)　上原敏子「外国人の原爆被害について」(1988) p.153
36)　鈴木賢士，注 33 掲載書 p.122
37)　石牟礼道子「菊とナガサキ」(1968，2004 所収) pp.341-342
38)　もっともこの数自体も韓国原爆被害者協会に申請登録されている数のみで，実際にはそれ以上の人々がいると思われる。鄭根埴『韓国原爆被害者苦痛の歴史』(2008) p.29

特別手当支給を行い，生活を支えることを目的に「原子爆弾被害者にたいする特別措置に関する法律」を制定し，幾つかの特別手当のほか遺族は葬祭費などを受給できるようになった。しかし，これらはあくまでも日本国内に居住する被爆者に対しての措置で，戦後離日した朝鮮人被爆者にはそうした措置は適用されていなかった。韓国に対しては，1965年の日韓基本条約による「戦後処理の決着」に埋もれ，個人の被害補償は一切黙殺された。1978年以降は渡日した韓国人被爆者に原爆手帳が交付され，日本での一部治療が認められるようになったものの，手帳交付を受けるためには来日する必要があり，その原則は総合的な被爆者支援のために新設された原爆被害者援護法公布（1995年）後も変わらなかった。状況が多少なりとも動いたのは21世紀に入ってからで，韓国人被爆者郭貴勲が日本政府に対して起こした被爆者援護法上の被爆者地位確認訴訟での敗訴を受け，2003年9月よりは日本で受給権を得た被爆者が韓国に帰国しても援護手当が支給されるようになった[39]。さらに，2005年よりは在外公館で申請を受け付けるようになったものの，申請が却下されるケースが相次いでいる。また支援措置は被爆一世に対するもので次世代に適用は及ぶことはないし，あくまでも「人道的な支援である」とのスタンスを日本政府は取り続けている。

　「資源とされた死者の物語」はまだ完結していない。広島での被爆者が今なお多数居住している慶尚南道陜川（ハプチョン）市は「韓国のヒロシマ」と呼ばれているが，原爆被害者援護法の適用は彼ら彼女らに及ばず，さらに国交が開かれていない北緯38度線の向こうには，果たしてどれほどのヒバクシャが生存しているのかは皆目わからないままだ。原子爆弾が結びつける回廊は，動員され，消費されていった「死」の数々が，そして歴史から消されようとする「死」に抗う「生」の数々が今なお繋がっている。

6.「目前の豊かさ」が生み出した「死者の光景」

　たどってきた幾つかの「死の光景」から浮かびあがってくるのは，時の権力者たちによる冷徹な体制への同化政策強要と，その一方で，部外者(アウトサイダー)と認定され

---

39)　渡日した韓国人被爆者に原爆手帳が交付され，日本での治療を認めるようになったこの決定は韓国人被爆者である孫振斗氏が提訴，勝訴した被爆者手帳交付判決に基づくものだった。前注掲載書 pp.19-20

た者の排除，異化政策の残酷さかもしれない。「死」に直面した日常下で，おそらくアウシュビッツのユダヤ人収容者たちに課せられたであろう非人間化の圧力，また絶えざる苦痛のもとで忍び寄る「死」に慄く七三一部隊収容下のマルタたち，あるいは一瞬にして命を奪われた原爆投下の瞬間…それらに共通するのは，大量死を生み出した構造の中に，ごく「普通の人々」が被害者・加害者の役割をそれぞれに割り振られ，巻き込まれていたことだ。それらは言論が圧殺され，真実を知らされることがなかった非常事態，あるいは戦時下での狂気の一言で済ませられるべきものではない。このような蛮行が国家権力の統治行為，国策の一環として，換言すれば「公的な営み」としてなされてきたことに対して，体制の統治下におかれた人々が，たとえ厳しい情報統制のもとで実態を知ることが甚だ困難であったという事情を差し引いても，ほとんど異議を唱えることなく追従し，あまつさえそれに熱狂するという歴史の場面でしばしばみられる倒錯のストーリーを，私たちはいったいどのように理解すればよいというのだろう。

　敢えてその謎を解くコンテクストを求めれば，それは時の権力者も国民も，当面の閉塞した時代状況を打開するためには他者に相応の負担を転嫁することも厭わない，との感覚に絡め取られ，自らの鬱積を解消するために周辺に犠牲を強いることに対して痛痒を感じなくなってしまうという，ある種の「感性磨滅」が社会を覆っていたことではないだろうか。ヴェルサイユ体制下のドイツ，昭和不況下の日本に共通して漂っていた雰囲気＝社会的閉塞感は，「先が見えない」不安感を国民の間にもたらし，時の為政者たちは民衆の不満転嫁の具体策として自給圏＝植民地，海外領土の獲得を必要とし，その結果としての軍事的冒険に乗り出していった。キーワードとなったのは民衆への「豊かさの分配」，それも目前の，刹那的な「豊かさの分け前」という馬の鼻先にたらされたニンジンだった。生活苦にあえぐ一般庶民にとって，ナチスが唱導したアーリア人優越主義，ユダヤ人排斥，東方生活圏の獲得といったスローガンや，日本の軍部が主導した「拓け満蒙」，八紘一宇，大東亜の共栄といった勇壮な宣撫が，いかに時代閉塞の中で不満を抱える民衆の偏狭な民族的プライドを煽り立て，刹那の「高み」に立たしめるだけの政治効果を生み出したかは想像に難くない。西洋社会に深く根付いた反ユダヤ主義を背景としていたとはいえ，ナチスのホロコーストを支え，民族抹殺に少なくとも無関心を決め込んでいたのは，1930年代におけるドイツ人が求めたある種の「豊かさ」への執着だった。

そして，それこそが再軍備と軍事膨張，とりわけ東方への侵略を支持し，ナチスのプロパガンダに踊らされた人々の深層心理で共有されていた情念だった。その意味で，ホロコースを構造的に支えたのは，たとえそれがいかに他者を犠牲にする過酷な手段であったとしても，またおおよそ持続的なものではなかったにせよ，ごく普通の生活者としてのドイツ人大衆が純朴に願った「より豊かな生活」への渇望だった[40]。一方，非人間的行為の極致とも言える七三一部隊の人体実験は戦争遂行のうえで派生する帝国の"ニーズ"に基づくものであったし，広島・長崎の惨禍もまた，結局のところは自己中心的な目前の「豊かさ」を追求した果ての自損行為に他ならなかった。

　過去の教訓は現在にも生き続けている。デフレ経済が長く続き，民衆が生活不安と社会に対する不満を高めていたとき，転機をもたらしてくれる（と，たぶん期待を込めて勝手に思い込んでいるのだろう）政権が出現した時，彼らの驕慢が生み出す危うさには目を瞑り，当座の株価上昇や景気動向に浮かれる日本人の心情は，おそらく過去のあの時と大きく異なっていないのではないだろうか。出口の見えない超低金利政策を続けることで維持される中央銀行の株や国債買い支え，天文学的な規模にまで達した財政赤字，不可避的に訪れる人口減少社会，またエネルギー資源や環境上の制約が顕在化している危うい状況の下で，相も変らぬ「金のバラマキ」政治が到底持続可能なものでないことははっきりしている。にもかかわらず，皆が目前の「豊かさ」を渇望する中で社会全体が視野狭窄に陥り，展望を描けず，目先の利益を追求するあまり，最終的には中長期的な利益が失われていく。そのような悲劇の顛末を，私たちはあの「フクシマの悲劇」を体験し，あまたの尊い命の損失や故郷の放射能汚染を代価に，はっきりと確認したのではなかったか。

7.「死者の思い」と関わり，つながり，交わることの意味

　近代国家という体制（レジューム）と，それに命じられ，召され，疎外されてきたあまたの命を巡るドラマはまだ終わることはない。かつて総理大臣によって命の値が「地球よりも重い」とされたはずのこの国にあっても，過去と現在，そして未来はけっして断絶してはいない。それどころか，この国にあっては戦後強固

---

40)　ゲッツ・アリー『最終解決・民族移動とヨーロッパのユダヤ人殺害』(1998) pp.5-6

道標XI 「死者の光景」を繋ぐ | 307

にビルトインされてしまった対米従属の磁力と民衆疎外圧力が社会の根幹部分で働いている。結果，戦後日本人の感性はアメリカの帝国原理が生み，支えている構造的暴力に対して鈍感となり，ソフトパワーの影響力にも馴化され，現状を疑問視するだけの批判精神を決定的に欠いてしまった。この構図は今ある生活のありように対しても反映されている。「無尽蔵に獲得利用できるエネルギー」，「(広告マーケティングに踊らされ) 際限もなく豊かさを求める消費生活」，「限り無き右肩上がりの経済成長」といった諸々の虚構の上に成り立ってきた消費欲望に執着する日常，いわばアメリカン・ウエイ・オブ・ライフを理想モデルとした成長神話こそは，そうしたものを支える条件がほとんど失われつつある現在であればこそ，より深刻で，抜本的見直しの対象となるべきものであるにもかかわらず，なおそうした虚構にすがろうとする人々がけっして少なくないのは，今の生活の「質」を本源的に疑うということに消極的な私たちの実践的な批判力の乏しさを物語るものだろう。

　近代社会は国家の体制と市民の命とを秤にかけ，前者に後者を隷属させるべく民族優越イデオロギーや殉国の美学を鼓舞し，民衆の鼻先に「目前の豊かさ」というニンジンを垂らして体制の延命を図るという悪しき政治メカニズムを生み出してきた。そこでは現生の命ばかりではなく，失われた命さえもが利用され，なお管理しようとする冷酷な仕掛けさえもがビルトインされた。体制を介して形作られた，生と死を巡る倒錯した関係性は今なお強力に再生産されており，「死者」が家族や共同体から分断され，アトムに解体され，体制に利用されるメカニズム，「資者」としての疎外状況にはまだピリオドが打たれてはいないのだ。

　あえて比較を試みたい。ベルリンの中心地，ブランデンブルグ門のすぐ脇には 2005 年に完成した「虐殺されたヨーロッパのユダヤ人のための記念碑」が建てられており，ドイツ人ばかりでなく多くの人々がそこを訪れる。館内に入る前に現れる，ホロコーストで失われた「個人」を表象しているといわれる 2,000 本以上のコンクリート製石碑の中をさまよい，ともすれば進むべき方向を失ってしまうような感覚にとらわれた一人の日本人訪問者として，痛切に思い知らされたことがあった。様々な議論，紆余曲折を得ながらも，戦後のドイツ人たちが「その後」の欧州共同体での新しい生活原理を求めるために追求してきた過去へのラディカルな反省が，なぜ戦後の日本人にはできなかったのだろう。たとえそれが「分断」を直接経験したものとそうでないものとの差であ

ったとしても，それは自国が行った侵略や支配の犠牲となった他者の痛みへの理解不足，悲しみへの鈍感さの言い訳にはならない。奪われた多くの命と自らとのかかわり，つながり，交わりに無頓着である生者たちにとって，「死者の光景」は愚直なまでの訴求力をもって今の生活に付随する危うさと脆さへの疑問を投げかけ続けている。そして，彼ら彼女らは自らの死に対する理解という課題を生者たちに突き付けることを通して，自身の姿を甦らせる。すなわち，「死者」はけっして他者ではなく，奪われた命は生者たちの有り様を映しだす鏡となり，現下の体制と関わり，つながり，交わりを考えていく上での「基準」となる。私たちに今必要なことは，あまたの死の存在を我が身に引きつけて考え，それらを生み出した理不尽さを理解する叡智を身に付け，その上に新しい価値観を育んでいくことだ。声高なプロパガンダ，美辞麗句に潜む危うさを見破り，死を強要する体制の暴力に対して，命の重さを確認し，"Être est être."の原則に踏み留まることだ。

　「死の体験」への遡及努力とは，自らを「当事者」の一員として認識することでもある。私たちは過去あるいは遠隔地の「死」に対して，決して小さくはない関わりを持ち，今を生きている。またその交わり方次第で，私たちは必ずしも被害者と同じ側にあるのではなく，むしろ別のつながりのあり様，構造性を認識させられることとなる。たとえば，「3・11」や「フクシマ」の悲劇的な体験を通して，私たちは被災者の不幸に同情を寄せ，あの惨禍がもたらした数多の死を悼む。無論，そうした行為自体は否定されるべきものではないだろうが，その一方で，情緒的同情はかくも多くの死者や離郷者を生み出した行政や企業の無策，無責任，そして平和利用の名の下に国策として進められてきた「核」開発体制そのものへの批判をかえって封じ込めてしまう危険性と隣り合わせでもある。すなわち，情緒的な「絆の大切さ」という言葉が浸透し，「すべての人々が痛みを共有しよう」との論理が幅を利かせるもとで，「フクシマの悲劇」を生み出した東京電力の無責任さや原発の建設・立地を推進してきた政・官・産・学・マスメディアの責任所在と犯罪は曖昧なものとされ，不問に付され，いつのまにか「あの事故はなかったことに…」として原発の再稼働がなし崩し的に進められてく。そうしたコンテクストはここで論考の対象としてきた「死者の光景」にも付きまとってきたし，それに対する鈍感さは国家的犯罪を風化させ，結果として構造的暴力の温存を許容してしまう私たちの批判精神のひ弱さにつながるものだろう。そして，体制の暴力的犯罪が「国家の栄

道標XI 「死者の光景」を繋ぐ | 309

光」という倒錯した自尊心にすり替えられ，いつの間にか責任の所在と真摯に向き合うことをやめ，徒にかつて植民地支配や侵略をした土地に住む人々を嫌悪し，排斥さえしようとする昨今の傾向，東アジア諸民族の和解と共生という課題から，いかに自らを疎外してしまっているのかを自覚する知性さえもが磨滅しつつある現状にあって，こうした知的精神のひ弱さは致命的になりかねないものであるかもしれない。

　体制の「重さ」と命の「軽さ」との間にある位相は，両者を平均化，均衡化することによってではなく，前者が押し付けてきた暴力に対峙し，後者をより価値あるもの，重いものとして再定義することによってしか埋め合わせることはできない。死という"その瞬間"は，誰もがいつかは迎えるべきものだが，また同時にそれは，あらゆる権力の思惑から自由であってしかるべき固有の権利，すなわち基本的人権に属するべきものではないか。宇宙の中で，過去から未来永劫に至る時間の中でたった一つしかなかった命の存在，それを理不尽に押しつぶされた人々の思いを活かす方途はどこにあるのだろうか。「体制からの自由」は「体制への自由」と表裏一体を成している。"その瞬間"を，真の意味で自分とその肉親たちの手に取り戻し，体制の呪縛から自由になり得るための意思，そして「力」の在り方を改めて考え直してみよう。望ましい「命の光景」はその先に，ようやく姿を現すことだろう。

引用文献

　アジア共通現代史教科書編纂委員会『東アジア共同体への道』（文教大学出版事業部，2010）

　アドルフ・ヒトラー／平野・将積訳『わが闘争（上）』（角川文庫，1973）
　　【原典：Adolf Hitler, *Mein Kampf, 2Bde.*, Munchen, 1926-27】

　アマルティア・セン／黒崎・山崎訳『貧困と飢餓』（岩波書店，2000）
　　【原典：Sen K. E., *Poverty and Famines*, 1981】

　ヴィクトール・フランクル／池田訳『新版夜と霧』（みすず書房，2002）
　　【原典：Frankl E. Victor, *Ein Psychologe Erlebt Das Konzentrationsager*, Munchen, 1977】

　外務省編『日本外交年表竝主要文書（下）』（原書房，1996）

　ゲッツ・アリー／山本・三島訳『最終解決・民族移動とヨーロッパのユダヤ人殺害』（法政大学出版局，1998）
　　【原典：Aly G., *Endlosung*, 1995】

刈田啓史郎『戦争と医学／みやぎ憲法ブックレット』（2010）

ジャン・ポール・サルトル／松浪訳『存在と無』（ちくま学芸文庫，2007）。

鈴木賢士『韓国のヒロシマ』（高文研，2000）

ソール・フリードランダー編著／上村・小沢・岩崎訳『アウシュビッツと表象の限界』（未来社，1994）

　【原典：Saul Friedlander eds., *Probing the Limits of Representation, Nazism and the "Final Solution,"* 1992】

ダニエル・ゴールドハーゲン／望田監訳『普通のドイツ人とホロコーストと』（ミネルヴァ書房，2007）

　【原典：Daniel Godhagen, *Hitler's Willing Executioners*, 1966】

鄭根埴編／市場訳『韓国原爆被害者苦痛の歴史』（明石書店，2008）

石牟礼道子「菊とナガサキ」（1968），『全集・不知火第1巻』所収（藤原書店，2004）

上原敏子「外国人の原爆被害について」，広島平和文化センター『被爆証言集，原爆被害者は訴える』所収（1988）。

内海愛子「シンポジウム・靖国神社と追悼」第二報告，日本の戦争責任資料センター季刊『戦争責任研究』2005 年冬季号，No.50 所収。

原田敬一「軍隊と医学・医療―『軍医団雑誌』の分析を通じて」，15 年戦争と日本の医学医療研究会『会誌』第4巻第1号所収（2003.10）。

宮崎享「隠蔽と解明と一七三一部隊研究の歴史をたどって」，日本の戦争責任資料センター季刊『戦争責任研究』1993 年冬季号，No.2 所収。

吉見義明「日本軍はどのぐらい毒ガスを生産したか」，日本の戦争責任資料センター季刊『戦争責任』1994 年秋季号，No.5 所収。

金民成『日本軍細菌戦写真集』【中国語版】（内蒙古文化出版社，2010）

Panstwowe Muzeum Aushuwits-Birkenau,『その歴史と今』【日本語版】（2009）

Teresa and Henryk Swiebocki, *Auschuwitz, The Residence of Death*, Six Edition, Bialy Kruk, Krakow-Oswiencim, 2007

Materials on the Memorial to the Murdered Jews of Europe, Berlin, 2008

道標Ⅻ（終章）　地球市民の実践理性
―近代西洋知と「報復の論理」，
そして今，"Me-First"と
向き合う国際学について―

1. イマニュエル・カントの日常から

　プロイセン王国領ケーニヒスベルク（現：ロシア領カリーニングラード）の町できわめて規則正しい生活を送っていた（なにせ，午後定番の散歩コースの何処に彼がいるのかで，町の人々は時計の時刻を合わせていたという逸話も残されている）イマニュエル・カント（1724-1804）が大著『純粋理性批判』を著したのは1781年のことだった。彼はその中で，人が物事を「認識する」という行為にかんする能力やメカニズムのありようを取り上げる。それまでのヨーロッパ哲学の2大潮流だった経験論と合理論を統合し，「知の体系」とでも言うべき近代科学を生み出した合理的精神の基礎として，経験という行為の重要性を改めて説いた。いわく，「対象は我々の感覚を触発して，あるいはみずから表象を作り出し，あるいは我々の悟性をはたらかせてこれらの表象を比較し結合しまた分離して，感覚的印象という生の材料にいわば手を加えて対象の認識にする，そしてこの認識が経験と言われるのである」と。しかし，人間が経験できることには自ずと限界がある。18世紀後半の中欧の一都市という「閉じた空間」の中で日々の暮らしを完結させていたカントにとっては，世界に生起し複雑に絡み合う事象全てを経験し認識できるべくも無く，また，たとえ経験自体が世界認識の基本的な一要素を成すにしても，単独では世界を認識する能力の獲得は期待できそうにもない。カントはさらに，「しかし我々の認識がすべて経験をもって始まるにしても，そうだからといって我々の認識が必ずしも経験から生じるのではない」として，認識能力の"合成装置"としての悟性の存在と機能に注目し，「我々の経験的認識ですら，我々が感覚的印象によって受け取るところのものに，我々自身の認識能力（悟性）が自分自身のうちから取り出したと

ころのもの（悟性概念）が付け加わってできた合成物だということである」と，世界に生起する諸問題を己の身に総合して認識する能力，あるいは世の中を理解するための知的「鋭さ」がいかに重要なものであるかを説いている[1]。カントが「合理精神」を問題とした頃，イギリスではアダム・スミスが自・他相互の思慮に基づく「道徳哲学」を説きつつ，資本主義の動態を示唆する『国富論』を著していた[2]。彼らが生きた啓蒙主義と呼ばれる時代，多くの欠陥と限界を含みつつも，近代市民社会はようやくその姿を現し始め，覚醒する市民意識の中に国民国家は予定調和的に存在し，経済活動もまたその手のひらの上にあった。少なくともこの段階では，近代国家と資本主義はまだ市民社会もしくはその意識とモラルの枠内にかろうじて留まってはいたのだ。

　それから300年，世界は大きく変化した。あの時代とは比較にならないほどに増大した生産力を背景に，膨大な物量の商品が産み出され，広域でスピードを伴った交通手段が生み出す巨大な物流メカニズムが私たちの生活を覆っている。また，それにあわせるかのように，マス・メディアが提供する膨大な情報が世界を瞬時に駆け回る。だが，それらの多くは多国籍企業体でもある彼らのマーケティングに誘導されるだけでなく，その意図に従って選別され，しかも巨大企業のスポンサーシップからの有形無形の圧力によって変形加工されたうえで届けられる代物で，必ずしも「真実」すべてを伝えるものではない。生活空間が格段に拡がり，複雑に絡み合う世界の中で，自分が持ちえる「経験」にはカントの時代以上に有限性の壁が聳えている。世界で生起することを的確に捉え，自分とのつながりを直接に理解することは困難なことになっている。

　それに，グローバリゼーションがもたらした国際社会の現状は，すべての人々に自由な思索を許すほどの余裕を与えてはくれない。特に近年，新自由主義的グローバリゼーションの浸透に伴う格差の拡大が生んだ社会的低迷と閉塞状況が世界各地に「内向き志向」を高め，国際的な理解と連帯を甚だしく阻害している。いわゆる「自国（自分）第一主義」（Me-First）を掲げ，解体する社会階層，とりわけ零落の恐怖心理に取りつかれた保守的中間層に取り入り，ポピュリスト特有の威勢の良いスローガンを連発して政権の座を占める輩たちが目立っている。「Me-First（○○第一主義者）」はアメリカばかりではない。欧州

1）　カント『純粋理性批判』（1961）p.57
2）　道標Ⅲの章参照。

にも，中南米にも，アジアにも，「××のトランプ」が生まれている。彼ら彼女らに共通しているのは自己中心的な驕慢，他者への憎悪，自分とは「異なるもの」の排斥，人種差別，セクシュアル・マイノリティーへの偏見，そして自分の主張を実現するためには暴力をも是とする傾向だ。多様性を尊重し，共生と協働原則に基づく望ましい地球市民社会を目指す国際学の学知は今，そのような現実に挑戦され，その意義を改めて問われている。

　近代西洋の知性が掲げた「進歩」「発展」の理念は，こうした息苦しい問題を解消してはくれなかった。それどころか，ますます深刻となる今日の環境破壊や人間疎外の情況を世界大にまで押し広げたのは，他ならぬその「進歩」や「発展」といった思想自体だった。近代科学は「知は力なり」のもとで，自然を人間の経験知（法則・原理）で統御できるとの傲慢さを伴っていた。また，産業資本主義は社会的弱肉強食の原理を伴って非西洋世界に強要され，かの地に零落と貧困をもたらしたことは歴史が示すとおりだ。さらに，今日の国際社会は各国家権力の強弱や不均等な経済力の差に基づいて秩序化されて，一部の巨大国家権力が他国を睥睨し勝手気ままに振舞うばかりでなく，文化，教育，福祉など市民の生活全般を統制し，自らが創造した世界標準（グローバル・スタンダード）と称する独善的価値観をもって世界民衆の上に君臨しようと試みる。そしてこの一神教的？　な「基準」を峻別の手段とし，自らに跪く者を「味方・同盟者」として取り込む一方で，それを批判する者たちを「邪悪 (evil) な勢力」，「犯罪者」，「テロリスト」，「嘘つき」と罵り，排除する。繰り返される善悪二元・勧善懲悪のステレオタイプの情宣に人々はやがて飼いならされ，健全な批判精神は摩滅していく。

　彼我の「力の非対称性」を前提して，抑圧され，不満を持ち，こうした流れに抗おうとする人々はどのような対応を取り得るのだろうか。直接的あるいは構造的暴力の最大の犠牲者として世界秩序から疎外される周辺部民衆は日々抑圧され，鬱屈した底辺的生活を余儀なくされている。彼らにとっては日々の生活の経験そのものが希望の持てない，構造的暴力に溢れていることを自覚させるのだ。カントが言うように，「対象が感覚を触発し，自ら表象を作り出す」とすれば，こうした被抑圧的立場から惹起される反作用は，より直截的な暴力形態を取っていく。かくして「原理主義」，「テロリズム」などと呼ばれる運動が，構造的暴力に対抗的な直接暴力としての形をとって発現されるのは，或る意味，力学の法則にも似ている。カントの「経験と認識」のロジックを前提と

する限り，合理精神と暴力は必ずしも相反するものではないのだ。また，その中間的位置を占める人々が社会階層の分解モーメントが高まる中で自らの将来を不安視し，他者に厳しい目を向け，排他的傾向に陥っていく。高まる閉塞感の中で威勢の良い掛け声を繰り返すポピュリスト政治家が人気を博し，瞬く間に権力の階段を駆け上がる。それはまさに，近隣窮乏化政策をぶつけ合って排他的ブロック経済に走り，やがて凄惨な大戦争に突入していった1930年代の愚考の繰り返しであり，「20世紀のアンシャンレジーム」への回帰ではないだろうか。「経験」は必ずしも理性的判断を人々にもたらさない。この「落差」を埋めるには，いったい何が必要なのだろうか？　私たちは国際学を「より善き地球市民社会」を創り上げてゆくために必要な叡智，「より善き地球市民」となるための道を切り拓く実践的な学知として捉え，その思索の重要性と共有を訴えてきた。今こそ，この学知の価値が改めて問われているのだ。

2. 近代西洋知と「主体」観

「あなたはどのような人生を送りたいですか」と問われたとき，おそらく真面目なあなたなら，「自分らしく，主体的に生きたい」と応えるのではないだろうか。ところで，「自分らしい生き方」と言ったとき，そこには暗黙の合意として，「自分」は周囲から別個の，外界から独立した人間存在が想定されているだろう。それは古代ギリシアに源を発し，ルネサンス以降へとつながっていく西洋思想が作り出した人間観でもある。西洋近代が獲得した「自我」もしくは「主体」意識とは，理性を備え，独立した別なる個，すなわち固有のアイデンティティーを持つ「閉じた点」存在として捉えられている。それゆえに，各々の人生観の出発点となる「自我」とは，全体（周囲に存在する無数の他者）とは直接の接点を持っておらず，それとは分離される個的存在として考えられている。また，そうした「閉じた点」の集まる近代西洋市民社会にあっては，「主体」者間でのルールや関係序列を明示する必要があるゆえに，法制度や組織体が生まれることとなる。逆に言えば，このような法や組織から「主体」を持たないと認定された人々は，この枠外にあるものとして排除されることとなる。近代国民国家にあって「枠外」と認定された存在，たとえば非西洋世界の「未開人」や女性達には強い社会的疎外の力が働いていた。

一方，カントは「物事を知る（認知する）」という能力を，主体的自我を持っ

た各人（近代人）の五感とそれを総合的に集約する悟性にその多くを依存していると述べていた。その悟性自体が各人にまったく別個に備わっているものだとすれば，森羅万象に対する印象，もしくは判断結果がそれぞれで大きく異なってしまう事は避けがたい，というにもなるだろう。西洋近代市民社会は「アトム」としての別個の認識体系を持つ個人が混ざりあい，構成される「器」としての機能を担っていた。そえゆえに，カントに始まるドイツ観念論の大成者ヴィルヘルム・フリードリヒ・ヘーゲル（1770-1831）にあっては，近代市民社会は「欲望の体系」に他ならず，より高次の社会的共同体（彼にあっては国家がそれにあたる）へと止揚していかなければならないものだった。

　カントが示す「近代的自我」あるいは「主体」とは近代西洋知が獲得した人格像，すなわち，他者から分離された自律的自我（カント的な意味での自由な人格者）が想定されているわけだが，そもそもそうした「閉じた点」としての主体観自体に問題はないのか。この点に関して，第三世界の小生産者たちとの直接的な関わりを持ち，運動を進めてきた或るフェアトレードの活動家が述べている次の指摘は非常に興味深い。

　　　「…西洋哲学は自我を出発点とする。各人は固有のアイデンティティーを持ち閉じた円のような存在である。それゆえに自我の共存は法やルールを作る必要が生じる。しかし，人は他者との交わりによってアイデンティティーを確立していく。それは最初から各自に与えられているものではなく，他者との関係の中で作られていくものだ。周囲との人間との関係がアイデンティティーの確立プロセスに大きな影響を与える。」[3]

　ここに見られる主体観は，カントに示される伝統的な概念とは一線を画している。自らが第三世界の小生産者と直接向き合い，相互の関わり・つながり・交わりを通じて「あなたと私の関係」から「われわれの関係」を目指そうとした時に起きる，ある種の意識変化＝「主体の革命」とも言うべきプロセスがここに言及されている。人は生態系のごく一部を占める存在に過ぎず，また「ポリス的動物」として周囲と不可避的につながっている。特に社会生活の場面で

3）ニコ・ローツエン，フランツ・ヴァン・デル・ホフ『フェアトレードの冒険』（2007）p.34

は，人は絶えず他者とのつながり，関わりを通じて変化し，自らの「主体」を作り上げてゆく。他者と交わり，周囲との相互の関係性の中でこそ人はアイデンティティーを築いていくのであって，その意味で「主体」とは必ずしも「閉じた点」存在ではなく，自然界の生態系と同様，社会の関係性が絡み合う「ウェッブの一部分」を成すものとして捉えられる。近代西洋が自然を「征服すべき対象」として捉え，人間をその頂点に座するものとして自らに服従させようとした時，そして自らを「人類文明の先導者」として非西洋世界に圧倒的な暴力を振るい始めた時，たとえば仏教・ヒンドゥー教的な「輪廻の一部」といった存在観は周辺に追いやられ，今日に至る資源収奪型，環境負荷型の「現代文明」の骨格が作られていった。それはまた，国民国家を単位とした国際社会を成り立たせ，権力の強弱に従って構成される国際秩序を許容し，格差の拡大を不可避とする経済システムをも普遍化させていったのだった。そうした視点からすれば，私たちが日々見聞きする数多の社会矛盾への不安や，「有限性」への自覚は，近代西洋知がもたらした不条理な「文明」の在り方に対する危機感の帰結でもある。そしてそれはまた，いま世界に拡大しつつある Me-First 主義のヒステリー性エネルギーへの反証の源となるものでもあるのだろう

　地球市民社会の理想形を考える際，考えておくべきことは「近代西洋的な人間観」を当然視せず，その見方の根底に潜むある種の「孤立」を疑問視することではないか。特に地球規模で相互依存が進む中にあって，自分達の主張や意見を周囲との関係性の中で再吟味し，様々な視点から考え直して見る姿勢，いうなれば自己認識・自己判断の相対化という知的に冷静な思考回路が今日ほど求められていることはない。決定的に重要なことは，諸問題・諸事象をどれほどに自・他の関係性を踏まえたうえで「わが身」に即して考えると同時に，「他者」の視点から考える想像力を働かせることが出来るのか，といった感性・悟性的「鋭さ」だ。同じ時間，同じ場所に立ち，同じものを「見た」としても，「閉じた点」としての個人であれば，それは必ずしも同一の認識をもたらさないだろう。その差異を少しでも埋めようとするならば，私たちには「ウェッブの一部」，すなわち「われわれの視点」から物事を俯瞰する姿勢が求められる。ここでは，問題を多元的な認識力をもって捉えることが出来る知性，「当事者の視点」に立って物事を考える事が出来る悟性が要請されるとともに，暮らしの現場で自由闊達に意見を交換し，認識をたたかわせることができるという意味においてのウェッブ作りの場＝「公共性」が充分に担保されていなければな

道標XII（終章）　地球市民の実践理性　｜　317

らない。それらを欠く場合，自・他の認識の乖離はしばしば重要な事態を引き起こす。その最悪のケースが，社会的関係性が分断され，内部での争いが激化し，遂には市民社会そのものが窒息してしまう危険性を内包する今日の世界の状況だろう。「ウェッブの一部」としての自我への自覚は，この傾向に立ち向かうためにも重要であり，近代西洋が作り出した今日のグローバリゼーションがもたらす諸困難を克服するためのオルターナティヴを模索していくうえでも，「主体」観の再検討が必要となってくる。

3.「アトム的主体」観の下で起こっていること ―“Me-First”の構造

　現代世界にあっては「閉じた点，孤立した個」としての人間存在概念が「世界標準」となっており，民主主義を標榜するいかなる国にあっても「個」の集合としての意思の多寡が政権を決め，社会のあり様を規定する。それゆえに，権力中枢に駆け上がろうとするポピュリスト政治家たちは「人権の尊重」，「民意の尊重」を口実して民衆に迎合するそぶりを見せて勢力を拡大し，「数の論理」をもって特定の人種・民族や文化的マイノリティー集団を敵視することで市民間の分断を煽る傾向が顕著となっている。表面的な反骨姿勢？とは裏腹に，その実は新自由主義的なグローバリゼーションの下僕でもある彼ら彼女らにとっては，民衆とは自己利益のために都合よく利用出来る「カード」であり，そのためにも，「自国民第一」を掲げて国民統合や生活安定を口実に管理統制を強めていくことが焦眉の課題となる（「私は私，あなたはあなたなので，まず私の利益が第一」というわけだ）。

　近代社会にあって権力者が既得権を維持するためには，日々鬱積する民衆の不満を巧妙に転嫁しその憎悪対象を他者，少数民族や同性愛者，紛争難民や移民たちに振り向けるのが常套手段だ。そのためには，民衆の自発的・自立的なつながりに介入し，相互の連携を拒み，バラバラに分断して統治し，「化学反応」を起こすことのないような“安定状態”に置くことが望ましい。逆に，国家や民族の枠組みを超えて連帯しようとする人々の運動間での「ウェッブの密度」が高まっていくことは，政治的には大いに邪魔となる行為となる。たとえば，史上初の原爆製造計画（マンハッタン計画）に動員された科学者・技術者のあり様に目をやってみよう。近代西洋知が生み出した究極の巨大科学技術体系

とも言うべき核分裂エネルギーの利用は，戦争の勝利を至上課題として国家機密を大義名分に軍の独占管理下に置かれた。並行して，科学者・技術者たちは外部と遮断され，強大な管理組織のもとで分断された「アトム人間」として原爆製造に従事することとなった。多くの科学者，技術者，工員たちにとって自らが従事する仕事が最終的に何につながるかを知らされることは無く，「部分」については博識ではあっても「全体」を理解できる人はほとんどいなかった。かくして，巨大管理社会への流れに伴って人がますますアトム化され，市民社会が孤立する市民という「点集合」の容器となって実質的な機能を失い，構成員が結び，交わることさえ困難となっていく。近年では，そうした傾向が可視化できる現場が至る所に現れるようになった。壁に囲い込まれるパレスチナ自治区，アメリカの「バリケードシティー」，ゲットー化される移民施設等々…それらを実質的に管理統制する者たちは，「隔離の哲学」を共通の原理として自分たち（だけ）が属すると考える文化集団が安住できる根拠と為そうとする。「共生の哲学」原則とは対極にある彼らの「異邦人」に対する蔑みと無理解，憎悪と不信は，自身の驕慢と独善の裏返しでもあるのだが，最大の問題は，そうした強権行為が"Me-First"に踊らされた大衆の支持と「民主主義」的手続きを経て合法化された政権の下で為されており，「閉じた点」集合としての「民意」の名のもとに強行されていることだ。

　こうしたコンテクスト自体が実は歴史的な産物だということを，私たちは改めて確認しておきたい。前近代にあっては，西洋世界は非西洋，特に東方（オリエント）世界の周辺的存在だった。地中海古典古代文明が育んだ文芸，哲学，諸科学は先進オリエントから流入する文明の影響下に開花し，その古典古代諸学にしても，もし東方イスラーム世界での保存，発展の過程を経なければ，中世ヨーロッパはその恩恵に欲することは出来ず，プラトンもアリストテレスも知る由もなかった。中世でも，ヨーロッパで最も先進的で隆盛を誇った都市国家ヴェネチアにあっては，東方（レヴァント）貿易によってもたらされた数多の高級奢侈品こそが，その富強の源泉だった。マルコ・ポーロ（1254-1324）の時代，西洋世界の最先進地であるヴェネチアの富貴は，以下のように記録される。

　　「…その年（暦1268年），運河の水がひたひたと押し寄せる石造りの大きな勘定
　　場の中で，商人は帳簿を片手に，インドから来た丁子・にくづくの皮と種子・肉
　　桂・しょうがなどの香辛料やインド・シナの黒たんの将棋駒・マダガスカルの竜涎

香・ティベットの麝香などの荷物を照合していた。その年，宝石商はゴルゴンダの
ダイヤモンド，バダフシャーンのルビー・瑠璃石，セイロン島の漁師がとった真珠
の値段をつけていた。絹商人は，バグダット・イェズド・マラバル・中国の絹，モ
スリン，錦の梱を積み重ねていた。その年，ヴェネチアで最も繁華なリアルト街で
は若い伊達者（彼らはみな香水を匂わせて，ちょうどシェークスピアのアントニオ
のように持船をレヴァント地方の港に出していた）が各国の人々と交わり，外国人
から各国の話を聞き，明け方にはゴンドラ（当時は黒一色ではなく，色彩をほどこ
し，絹の布を飾ってあった）を運河にすべらし，朝の挨拶を歌いかわした。数世紀
後にテッツィアーノが好んで題材にした赤髪のヴェネチアの婦人たちは，ありった
けのペルシア錦を肩に羽織り，そのきゃしゃな手にアラビア香水をふんだんに振り
かけ，裳裾をひきずりながら御殿の大理石の石段を昇り降りした。」[4]

　だがそのヴェネチアでさえ，取引の相手としていた東方の富裕な国々には及
ばなかった。世界の中枢‐周辺関係は明らかだったのだ。近代に入って生起し
た西洋・非西洋の「逆転のドラマ」は既に別の章でも語った通りだが，ここに
述べた歴史的な刻印は，今に至る西洋世界の非西洋世界に対するある種の「コ
ンプレックス」の根本にもなっている。エドワード・サイード（1935-2003）は
代表作『オリエンタリズム』の中で，近代西洋が敷衍化した非西洋世界に対す
る認識＝固定観念は自己の屈折した独善と偏見の産物，自身の「見たいもの」
の投影に過ぎず，歴史のほとんどの時代を通じて，軍事的にも経済的にも西洋
世界が絶えず圧迫されてきた先進地域オリエントへの劣等感とその鬱屈こそ
が，非西洋世界を遅れた，未開人の住む人類文明の周辺部としてのイメージを
作り上げたのだ，との次のように語っている。

　　「…ヨーロッパのオリエント観が持つヘゲモニーというものがある。それは東洋
　人の後進性に対するヨーロッパ人の優越を繰り返し主張し，より自律的に，よい懐
　疑的に物事を考えようとする人物が異なる見解を取ることを踏みにじってしまうの
　が常である。オリエンタリズムは，依拠すべき戦略として，融通無碍に優越的位置
　を制することを常道としていた。そのため，西洋人は東洋人とのありとあらゆる可
　能な関係系列のなかで，常に相手に対する優位を保持することができた。…東洋に

──────────────
4 ）アイリーン・パウア『中世に生きる人々・第 2 章マルコ・ポーロ』(1969) pp.45-46

関する知識の概括的見出し語のもとに，また 18 世紀以来の東洋に対する西洋の覇
権の傘の下で，アカデミーにおける研究，博物館の展示，植民地省の再編，人類と
宇宙に関する人類学的・生物学的・言語学的・人種的・歴史的命題の理論的解説，
開発・革命・文化的パーソナリティー・民族的または宗教的特質に関する経済学
的・社会学的理論の実例など，これらもろもろのいずれにも適合するひとつのオリ
エントが出現した。さらに，想像力がオリエント的事物を吟味する場合には，多少
なりとも排他的に統治者たるべき西洋の至上性の意識を土台としていた。そこでの
西洋の揺るぎなき中心性の内側から，オリエンタルな世界が出現したのである。」[5]

　大事なことは，ここに見る自（西洋人）・他（東洋人）を遮断した認識が「閉
じた点としての個」という近代西洋の主体観と密接につながっていることだ。
フランシス・ベーコン（1561-1626）が「知は力なり」として自然の一部を生態
系の全体から切り取り，そのエネルギーを利用して「自然を征服する」と述べ
たとき，あるいはルネ・デカルト（1596-1650）が「思索する自己」を真の存在
と確信したとき，西洋近代の合理精神を育んだ両者の脳裏にあったものは，虚
妄と迷信からの自己解放と同時に，「個としての主体」への信頼があった。認
識と理解を個のレベルに還元する近代合理精神は，だがしかし，自然界や人間
社会に内在する「他者」との関わり・つながり・交わりの重要性と，自分とそ
れらの相互作用によって確立される「主体」という側面をスポイルするもので
もあった。すなわち，自己を「閉じた点」として見るのではない，「ウェッブ
の総合」として捉える人間観・世界観は近代西洋知にあっては十分に育たなか
った（この断絶を補うのが，「神」の存在だったと考えれば，近代西洋的宗教観の意味が，
より明らかになる）。カントが「認識する」ことを感性・悟性を通した外界から
の刺激とその総合メカニズムと捉え，価値判断の"最終機能"としての理性
（純粋理性）に言及したとき，「主体」は自己完結的な「個」として把握された
のだった。それが 15-16 世紀以来のヨーロッパ主導のグローバリゼーションが
進展していくなかで，「他者」，とりわけ非西洋世界の民衆との接触機会を増し
ていくとともに，「劣等人種の個」には敬意が払われることはなく，遂には存
在そのものが否定されるに至ったことは近代の植民地主義や帝国主義の横暴の
事実が示している。そして，今なお民衆に働くアトム化への強い圧力は，権力

5）　エドワード・サイード『オリエンタリズム（上）』（1993）pp.30-31

道標XII（終章）　地球市民の実践理性　│　321

の恣意やマス・メディアによる世論操作を通じて人々の生活を律束し，グローバリゼーションの下で増大する社会の分解モーメントや零落への不安心理から“Me-First”が跋扈する状況を招いている。改めて，近代西洋的「主体」観への再考が求められる所以だ。

4.　現代国際社会と「報復の論理」

　手元には2つの地球儀がある。一つは森林や砂漠の分布，山脈や海溝の隆起や沈降の具合を示した緑，茶，黄，青で色分けされた自然環境儀，そして，もう一つは多色塗りで，やたらに線（国境）で区分けされた政治社会環境儀だ。前者が地球の「ありのまま」の地勢を示しているのに対して，後者はあくまでも人間の都合で決められた，「便宜的な」区分に基づいたものであることは言うまでも無い。だが，グローバリゼーションの時代にあってなお，私たちはここに刻まれた人為的に設けられた線によって制限を受けているばかりか，少なくない人々が運命を弄ばれる苦境に直面している。

　西洋起源の国民国家が形成される過程でこれに付随したものは同化と異化の並存という現象だったことは既に触れた。国民という意識は敵対する勢力との抗争や流血の中で，自分にとっての味方を発見することで形成されてきた。そこには共通の文化的価値観というよりは，むしろ抗争を継続させる上での紐帯が必要とされ，それゆえに同化が促される事情によるところが大きかった。国家は「血を滴らせて」生まれてきたのだし，またそれゆえに，生まれ出たそれらはユダヤ人などの“異質集団”を排除し，これを迫害するという異化行為を通じて民衆を糾合することが出来たのだった。政治学者カール・シュミット（1888-1985）がその著『政治的なものの概念』で活写したように[6]，国家は「友」と「敵」を意図的に想定し，峻別することを通じて統治力を強め，人々の頭上に君臨する。このロジックには主権国家が持つ「力」自体が「敵」を叩くことによってはじめて正統性を勝ち得るものであることが暗黙裡にビルトインされており，それゆえに，「閉じた点としての個の最大集合体」としての現代国際社会においても，「やられたら，やり返せ」の原則が貫かれていることが察せられる。世界各地に台頭する“Me-First”がこの思想延長線上にあることも明

6）　カール・シュミット『政治的なものの概念』（1970）p.16

らかだ。

　こうした意識の所在と思想構造を「報復の論理」を名付けよう。「報復の論理」は既存の国際政治システムに組み込まれ，権力の強弱序列に基づいた合法性の衣装をまとってもいる。たとえば，大国が第三世界の弱小国に対して振舞う様は，国際的な取り決めや数々の機関を介在させることで多くの場合軋轢が表面化することはなく，目立った武力衝突も起きることはない。前者が「援助」や「協力」，あるいは「国際合意に基づく制裁」を建前として後者を自分の影響のもとに置くことに既成の国際秩序は整合的であり，その意味において，「報復の論理」は潜在化し，トラブルを抑え込むための政治的コストも最小化される。United Nations（連合国）＝国際連合は第二次世界大戦の戦勝国によって生まれた国際組織であり，より本質的には5つの核保有大国の主導による国際管理のスキームに他ならないが，いわゆる「オリーブの御旗」を掲げることで，国連は露骨に「報復の論理」を示さずとも"合法性"を纏うことが出来ている。逆に，2つの対立する勢力が拮抗している場合には，「報復の論理」はより露わなものとなる。米ソ超大国が対峙した冷戦時代の大量報復戦略はその典型的な例だろう。敵が先制核攻撃を仕掛けた場合，その被害を逃れうる防衛手段はほとんど皆無だ。その代わりに自分が敵の第1撃を上回るほどの第2撃報復能力を持てば，それを恐れて相手も攻撃を自制する確率はより高くなる。敵からの核攻撃を防衛するのではなく，大量に報復する能力を誇示することで攻撃を未然に抑止する，というのがアイゼンハワー大統領時代の国務長官ダレスらが唱えた大量報復戦略のエッセンスであり，この「核抑止論」と言われる思想[7]こそが20世紀後期の東西ブロックの対峙と勢力均衡の根底にあるものだった。

　冷戦構造が崩壊し，大国間での全面対決のリスクが漸減するのに代わって，21世紀の「報復の論理」にはさらに別の形態が付加されるようになった。アメリカの「一極支配」体制がユーラシア大陸の不安定化を促すとともに，戦争の民営化が進んで行くのに並行して，イスラーム世界を中心とした対抗的反米行動が台頭してきた。それは両者の圧倒的な「力」の差，言い換えれば暴力の

7）　この思想の典型的な事例が1957年11月にアメリカ民間防衛検討の特別委員会（通称ゲイサー委員会）の秘密報告で，ソ連のICBM展開に対抗するには戦略空軍の分散配置，核ミサイル基地の堅固化，隠密化等によって核反撃能力を維持すべきであるとの主張だった。この報告は以後，核抑止理論による軍備拡大に道を拓き，いわゆる「恐怖の均衡」を現出させるに至る。宍戸寛「防衛から抑止へ」，『20世紀の歴史⑫』所収（1979）

国際的非対称構造を背景として，多くの場合，非合法で自身の命の犠牲を前提とした殺人行為の形を取り，「テロリズム」と呼ばれるようになった。ここでの「報復の論理」は極めて明示的で，しかも政治コンテクストから見ても，方法論としては素朴かつグロテスクな形をとって現われる。マス・メディア（その多くは大国の意思と巨大な商業資本の支配下に置かれている）を通じて喧伝される焼け焦げた建物，飛び散った肉片，こびり付く血痕，無慈悲な無差別殺戮のイメージが，それを見る人々に恐怖心を植え付け，先進諸国にあっては反テロリズム，そして（実際のテロリストの多くが自国民の国籍を持っていたにもかかわらず）反イスラーム感情を掻き立てる。一方，この惨劇に対してテロを受けた側は，「テロとのたたかい」，「テロの根絶」を声高に叫んで，掃討作戦と称するより大規模な報復を繰りひろげる。その過程では，テロ事件とはまったく無関係の民間人・非戦闘員がミサイル，劣化ウラン弾，地雷の犠牲となっていく。そしてこの報復行為によって理不尽にも命を奪われた人々の肉親家族は新たな「テロリスト」となって，自身の体を張った対抗的暴力に向かってゆく。21世紀の「報復の論理」はこうして拡散・深化し，国家体制やイデオロギーの如何を問わず，果てしない消耗戦へと人々を巻き込んでいった。それと並行して，世界各国では自分たちの国益を至上の価値とする「内向き志向」が強まっていった。「報復の論理」は外に対する暴力性の強化だけでなく，内に対しても社会の分断と孤立，そして文化的マイノリティー集団への排斥力を生み出していったのだった。

5.「報復の論理」の諸様相
―「9・11」の衝撃からトランプ現象へ

　2001年の「9・11」の衝撃が生んだ様々な反応の中には，ヒステリックな類例が少なくなかった。最大の衝撃は，ポスト冷戦期における「唯一の超大国」としての体面が剥げ落ち，その自負の源とも言うべき「力」に正面から疑問符が打たれたことだった。崩れ落ちる高層ビルの姿を目前にして，超大国の優位性と覇権への挑戦に驚愕し，体面に泥を塗られ，権威の失墜に狼狽したアメリカの為政者たちは，その挽回策として忙しく大規模な報復に乗り出した。彼らは事件直後から声高に「対テロ戦争」を宣言し，マスコミを総動員して「敵」をまつりあげ，市民の敵愾心を煽り，アメリカ合衆国を戦争マシンへと改造す

るために奔走した。そして，「テロリストをかくまったタリバーン勢力を掃討する」ことを大義名分にアフガニスタンの民衆を標的に巡航ミサイルを撃ち込んだ。さらに，その後には国際世論を無視してイスラーム世界の中央部とも言うべき膨大な石油資源が眠るイラクの地へ軍事侵攻し，サダム・フセイン政権を転覆してしまった。一連の脈絡の中には，歴代アメリカ政府がイスラエルに軍事支援を続け，圧倒的な武力によってパレスチナの地で民衆を弾圧し，無差別の殺戮—これこそまさにテロリズムの名に値するものではなかったか—を中東地域で続けてきたという事実や，イラン革命の影響力を封じ込めるために，あるいはアフガニスタンに侵攻したソ連軍に対抗するために，自らが率先して1980 年代からアフガニスタンの軍閥ボス，タリバーン指導者たちやサダム・フセインに巨額の資金を注ぎ込み，彼らを育成してきたという過去の履歴などは，都合よく無視されていた。アフガニスタンやイラクで巡航ミサイルや劣化ウラン弾を撃ち込み，世界貿易センタービル倒壊の死者の数百倍にものぼる人々を虐殺するという狂態は，自身の世界政策の行き詰まりの裏返しでもあった。

　何にも増して悲劇的だったのは，この理不尽で非論理的でさえあった戦争への熱狂を大衆が支え，ネオコン（新保守主義者）たちの暴挙に拍手喝采するという倒錯した状況が現われたことだった。21 世紀初頭以来，アメリカでは社会全体の保守化が進んでおり，新自由主義イデオロギーが浸透して格差がますます拡大する中で，市民社会の紐帯が緩み，亀裂さえ見られる傾向が明らかに見て取れた。「上がり続けるロビイストたちの音量レベルがあまりにも高いので，市民が大声を出したとしても，とてもその不協和音を超えてまで政治家たちには届かない。超資本主義は，政治の世界にまで溢れ出て，民主主義を飲み込んでしまった」[8] という状況は，「対テロ戦争」の熱狂でさらに加速されていった。狂騒が鳴り止まない中で，ブッシュ政権はアメリカ市民の人権を一方的に制限し，秘密捜査や盗聴の許容，人身を無期限に拘束するための政府権限などを盛り込んだ愛国法（Patriot Act）を 2001 年 10 月末に成立させた。市民は一体誰が「本当の敵」であるかさえ分らないままに，無条件の生活監視や令状なき逮捕拘束権を国家権力に委ねるようになり，「自由と民主主義」の総本山を自認する合衆国の市民社会自体が，まさにその最も重要な市民的権利の命脈を絶たれるまでに事態は進んでしまった。それは市民社会に対する「権力か

8）ライシュ『暴走する資本主義』（2008）p.223

らのテロ」行為に他ならず，「想像によって世界規模の敵をつくり出し，それに戦争を仕掛け，敵についての正確な定義も，明確な目的も，具体的な着地点も，さらにひどいことにはそのような行為の法的根拠さえいいかげんなままにしておくという権利」（サイード）[9]が国家権力に握られてしまうという「公共性」の欠落をシンボライズするものでもあった。

　一方，「邪悪なテロリズムの巣窟」であるとのレッテルを貼られ，「空からのテロ」を受けたアフガニスンや，軍事占領されたイラクではどのようなことが起こったのだろうか。西洋的「自由と民主主義」が相手の置かれている立場や固有の価値観に対して配慮を持たず，地政学的にも抑圧され続けてきた人々に対して無思慮かつ傲慢に振舞うとき，これまで積み重なってきた悲しみや痛みの所在は視界から消えうせてしまうのかもしれない。強大な暴力によって家族や居場所を奪われ，あまりに軽く扱われた命の喪失を前にして，抑圧された「他者」は，ますますアメリカとそれに連なるすべてのものへの憎悪を募らせていった。そしてアフガニスタンへの兵員増派が象徴する「オバマの戦争」が泥沼の様相を呈し，さらにその後にはトランプ政権が“Me-First”を掲げて傍若無人な振る舞いを見せるとき，抑圧された人々の心には絶望が増し，憎悪がいっそう掻き立てられ，唯一の対抗手段としての物理的暴力へと走らせる。そしてアメリカ合衆国内では治安が国家の最重要課題となり，「他者」を排除するために多額の資金がつぎ込まれる。愛国法は継承，再承認され，ますます市民監視強化と社会的荒廃が進んだ。「国内には 4,200 万人の飢餓人口と，4,700 万人の無保険者がいる。1,500 万人が職にあぶれ，1,000 万人が家を差し押さえられそうになっている。財界へ流れた分と戦争予算のしわ寄せを受けて拡大する国内の貧困と失業者こそが，大量破壊兵器ではないか」（デニス・クシニッチ下院議員，オハイオ州選出民主党）[10] ―かくして，アメリカ市民社会に巣食う病理としての「知の公共性」の欠落の上に「対テロ戦争」は拡大し，「一人のテロリスト」を殺すことで「数百人のテロリスト」が再生産される。そして，際限の無い「報復」の連鎖の中で市民への監視はますます強まり，アメリカ市民社会そのものが閉塞と分裂へと誘導されていくこととなっていった。その分裂様相こそが，新自由主義的資本主義の浸透の中にあって没落する危機感を募ら

---

9 ）　サイード『オスロからイラクへ』（2005）pp.217-218
10）　堤未果『ルポ貧困大国アメリカⅡ』（2010）p.202

せていた保守派中産階級の不安を背に2016年大統領選でトランプ政権を生んだ構図でもあったし，世界各国に「トランプのエピゴーネン（亜流）」を出現させる現象の発信源でもあった。

　破壊された世界貿易センタービル跡地である通称「グランド・ゼロ」の認識解釈は，ブッシュからトランプに至る共和党政権中枢を占めるネオコンたちと，彼らに運命を翻弄され，家族身内の命をあの事件後の空爆で失ったアフガニスタンやイラクの民衆たちとでは全く異なっている。前者にとってのグランド・ゼロとは自分が体現している権力の優越性への脅威と，報復のシンボルとして認識されていることは明らかだ。その後に起こったことは，もはや破滅的と言える事態だった。アフガニスタン，イラクでの泥沼の争乱に加え，シリアでの紛争の泥沼化，パキスタンでの非常事態宣言，イェルサレムへの大使館移転，対イラン核合意の破棄，そして温室効果ガス規制を取り決めたパリ協定からの離脱，中距離核ミサイル禁止条約の破棄等々…21世紀初頭期のユーラシア大陸各地は全く不安定な情勢へと推移してしまった。その多くにアメリカの為政者たちの場当たり的な対応と恣意的な思惑が多くの責任を負っていることに，当の本人が思い至らないという事実こそが世界中に悲喜劇を生み出している。彼らが「認識した」ものとは，要するに理性を欠く虚像であり，傲岸不遜と屈折した恐怖が生み出したものはニューヨークから遠く離れた地での血の報復だった。一方，アメリカの対テロ戦争の犠牲となったかの地の民衆が「認識した」グランド・ゼロの心象風景は，アメリカ合衆国の為政者たちとは全く異なるものだった。急進化した一部の原理主義者たちが対抗的暴力の尖兵となり，自身の肉体を武器としてテロリズムを繰り返す。それに対して，さらなる暴力と監視が深まり，市民は不安と相互不信に絡めとられ，ますますポピュリスト政治家たちに自己の運命を一任してしまう…際限の無いこの「報復の論理」に根底にあるものは，自・他の止揚を不可能とするほどに深刻化した亀裂，分断された「主体」を救い出せない知の退廃だった。

6. 繰り返される『ユートピア』現象？

　「報復の論理」の悪しきメカニズムの中心には権力の意志が働いており，自らの失政を糊塗するため，高まる一般民衆の不満を「敵」に転嫁するため，政治的に利用されてきた。1923（大正12）年関東大震災が発生した際に，6,400

道標XII（終章）　地球市民の実践理性　｜　327

人以上の在日朝鮮人が日本人「自警団」，警察，さらには軍隊によって虐殺された事件は主に「朝鮮人たちが震災の騒動を利用して日本人を殺害している，井戸に毒を投げ込んでいる」とのデマに折からパニックに陥っていた民衆が過敏に反応し，自警団を組織して朝鮮人たちを襲った結果だった。それは大日本帝国が自民族の優越性を誇り国民統合を図るためにアジア諸民族を劣等視し，度し難い偏見と驕慢を国家自身が訓育してきたこととけっして無関係ではなかった。第一次世界大戦後の経済不況や米騒動に代表される社会不安が次第に拡大を見せる中，大衆の不満が大震災を契機に向かってくることを恐れた時の政府は，意図的にデマを看過し，首都に戒厳令を布くことで朝鮮独立運動の活動家や無政府主義者への弾圧[11]を図っただけでなく，社会矛盾を民族対立の図式に誘導し，霧散させてゆくことを狙った。「報復の論理」はこうして権力によって醸成，利用され，いびつな社会構造の維持機能を担う。朝鮮人の命はいわばそのための人身御供であり，犠牲は民族間の対立と憎悪をさらに惹起し，より大きな「報復の論理」を社会にビルトインさせていった。時と空間こそ違え，関東大震災とグランド・ゼロの風景，さらには「トランプ現象」は多くの類似を見せる。関東大震災後の社会不安が在日朝鮮人虐殺を媒介とした民衆の分断統治強化によって夢散させられていったのと同様に，「9・11」もまた，3,000人を超える犠牲者を"英雄"にまつり上げ，「テロとの戦い」を声高に叫ぶことでることで，アメリカの為政者たちは中東政策の失政責任を霧散させ，アラブ世界中枢部の石油資源をより強力に掌握することができた。"Me-First"もまた，「敵」を意図的に作り出して独善の塔を聳えさせることで，自身の狭量さや無責任を糊塗していくという「報復の論理」のグロテスクな構図だった。

　16世紀の後半，エリザベス1世期の大法官だったトーマス・モア（1478-1535）は，牧羊を目的とした土地囲い込みによって生活を奪われ零落する農民たちが問題となった当時の世相を風刺すべく『ユートピア』を著し，時のチューダー王朝の失政を痛烈に批判した。ここには，今日にも見られる矛盾のありようと本質が示唆されるばかりか，暴力の作用と反作用を示す脈絡も，たとえばアメリカの歴代権力とアルカイダとの奇妙な関係さえもが示唆されている。権力ある者たちが対抗する者たちに対して「邪悪なるもの」とのレッテルを貼るとき，

11）　大震災時の戒厳状態を利用して，時の首都憲兵分隊長甘粕正彦大尉（当時）が無政府主義者大杉栄を逮捕惨殺した事件はその典型的なものだった。

それを生み出したものは，他ならぬ自分たちの驕慢と高圧的姿勢，そして資金
や武器さえも与えてきた自身のご都合主義の産物だったのであり，「邪悪なる
もの」とは，つまるところそれは自分自身の「邪悪さ」の投影に過ぎないとい
うことだ。500 年の時を経ても，権力の本質はまったく変わっていない，とい
うことなのだろう。

　　　「…かように，もともとお国の繁栄の基となっていたものが，実際はお国を亡ぼ
　　そうとしているわけですが，これは元といえば，少数の人間の途方もない貪欲か
　　らなのです。食料品の値段が暴騰したため，誰も彼も，出来るだけ家の口数を減ら
　　し，交際を狭くし，召使を追い出そうとします。追い出された召使いたちの行き先
　　は乞食のほかに何がありましょう。根性のしっかりした勇気の或る連中なら，もっ
　　と気のきいた仕事を始めます。つまり泥棒をやるのです。…（中略）…あなた方の
　　公正は，本当の公正であり有効であるというよりは，見た目に美しいというに過ぎ
　　ません。あなた方は若い人たちが腐敗しきった，淫蕩な空気の中で育てられ，幼い
　　ときから少しずつ悪の道に染まって行くのを平気で見ておられる。そのくせ，彼ら
　　が大人になったとき，若いときから，かねがねそうだと思われていた悪事を，ふと
　　し出かしでもしようものなら，それこそ忽ち，神様の御名のもとに処罰なさるので
　　す。…一体，あなた方は泥棒をこしらえておいて，それを罰するという以外，どう
　　いう手段を講じられておられるのでしょうか。」[12]

　力による支配は対抗する力を生み出し，覆われる暴力の網がきつく縛られれ
ば縛られるほど，その網の目をかいくぐって対抗的暴力が当事者たち，そして
その主権国家の国民をさらに内向化させ，敵意を煽ることとなる。21 世紀の
諸大国による監視セーフティネットは万全でないどころか，それ自体が危険の
タネとなっている。たとえば，闇ルートで流出する核物質は核兵器開発を独占
的に進めてきたと諸大国の相互監視の隙間から漏れ，大国の干渉に反発する対
抗諸国へと流出，拡散し，遂にはテロ組織の手に渡る可能性さえもが否定でき
なくなっている。世界は「恐怖の均衡」による安定を追求してきた結果，核物
質流失へのリスク度をますます高めることとなってしまった。2016 年 3 月 22
日，300 人超の死傷者を出したベルギーの首都ブリュッセルでの空港・地下鉄

---

12)　トーマス・モア『ユートピア』pp.113-114

テロの際，犯行声明を出したイスラーム国（IS）系グループが狙った標的の中には，アントワープ近郊にあるドエル原発からの核物質の強奪テロも含まれていたと言われている。「核ジャック」の危険性は現実の問題だ。しかもそれは，「テロとの闘い」を名目に原発に関する情報がますます秘匿され，「核」への市民監視能力が低下するのとは逆に，市民社会への監視圧力がさらに強化される動きと並行している。絶えざる暴力に怯え，市民の自由そのものが押しつぶされていく寒々とした未来の風景がそこには広がっている。

7.「和解の論理」への道

「報復の論理」とそれに触発された"Me-First"が幅を利かせるようになってきたのは日本でも例外ではない。プチナショナリズムと言われるような国家主義・国権主義への傾倒は「日本は素晴らしい国，日本人はエライ民族」というショーヴィニズムの台頭と並行する近年の顕著な傾向だ。それは国際社会との関わり方にも表れている。日本政府が日米同盟路線を補完するエクスキューズとして唱えられる国連中心主義や多国家間主義さえもが，実は「報復の論理」を内在し機能している。もともと国連（United Nations）とは核保有大国が主導的地位を占める「連合国」機関であるし，加盟国の多くが自身の主張を反映させることが困難な状況にあるという意味において，核大国中心の「国際社会」からは実質的に排除されている。今後，日本が「国際社会において名誉ある地位を占めたい」（日本国憲法前文）と願うならば，「報復の論理」への道—たとえば，軍事力行使を暗黙裡に義務とする常任理事国になるための工作—に固執するのではなく，むしろそれと異なる選択肢として，第三世界諸国との共生・協働の原則に依拠した「和解の論理」への道—たとえば，総会権限を強化した形への国連組織改編へのイニシアティヴ—を歩むべきなのだ。

「報復の論理」と訣別して憎悪と対立を止揚していく道は，互いの違いを認識する冷静な悟性と，本来は「われわれの一部」である他者を慮る理性を礎とするコミュニケーションの関係性を作り上げていくことに尽きている。そして，その前提となるものは，「個の尊厳」や「主体的意思」の重要性を意識しながらも，自らが時間的にも空間的にも孤立した存在ではなく森羅万象の相互関係の中で成り立っているとの自覚，より根源的に言えば，近代西洋知の「主体」観から己を解放し，「私は私，あなたはあなた」ではなく，「われわれ」と

しての価値観共有と相互の連帯に基づいた地球市民意識の涵養することであり，そこから生み出される「公共知」を模索していく努力だ。

この精神は，第三世界ポストコロニアルの代表的な思想家であるフランツ・ファノン（1925-1961）の，あの有名な言葉に最も雄弁に示されている。ファノンは西インド諸島の仏領マルチニック島に生まれ，リヨンで精神医学を専攻した後，1950年代後半から活発となったアルジェリアの独立戦争に身を投じ，この運動の理論的指導者ともなった。第三世界の反植民地独立・民族解放運動の理論的支柱を担った一人として，彼は独立・解放運動のあるべき姿をヨーロッパの植民者から自らの運命の決定権を奪還することにあるした上で，さらに他者（先進諸国）からの「お恵み」として与えられる第三世界への「援助」や「開発」を批判し，民衆の共同作業としての自立を確立するための思想を，「一つの橋」の建設を例にしてこう語る。

> 「…一つの橋の建設が，もしそこに働く人々の意識を豊かにしないものならば，橋は建設されぬがよい。市民は従前どおり，泳ぐか渡し舟に乗るかして，川を渡っていればよい。…橋は空から降って湧くものであってはならない…そうではなくて，市民の筋肉と頭脳から生まれるべきものだ。…市民は橋をわがものにせねばならない。このときはじめて，いっさいが可能となるのである。」[13]

ここでファノンは第三世界民衆が自らの力をたくわえ，自分たちで運命を切り拓いていくことの重要さと市民連帯の大切さを唱えているばかりでなく，「わがものとする」との言葉の中に自・他の区別，同化と異化の論理の克服を説いている。少なくともそれは，近代西洋知が表現する「主体」観を越えたレベルへの昇華を目指す逆提起でもあり，この精神は国際学学知が目指す地球市民としての「公共性」を獲得し，それを普遍化していく上でも重要なものだろう。

「報復の論理」はなお強力に，私たちの暮らしにビルトインされている。しかし，「報復の論理」を乗り越えていくための叡智は，自・他の関係を止揚していくコミュニケーションと運動のダイナミズムの中にこそ宿る。そうした「公共知」への自覚は，当の「9・11」犠牲者たちの中にも芽生え，政権が強い

13）　フランツ・ファノン『地に呪われたる者・著作集3』（1969）pp.113-114

る「負の公共性」の虚構性を鋭く付く。「テロとの戦い」の騒擾とアフガニスタン戦争，イラク戦争への熱狂の中にあってなお，「報復の論理」を超えて，次のような声が犠牲家族の中から生まれている。私たちは世界の市民との協力を模索する合衆国の市民社会がなお「健全さ」を保っていることを，ここに実感できないだろうか。

　　「…暴力による報復を叫ぶ人々の口から吐き出されるレトリックを耳にする時，兄と同じように多くの人が死ぬことになると恐れました。すでに何千という人々の命を奪っている軍事行動を正当化するために9・11の犠牲者の死が使われたことには，心が痛みます。この軍事行動は，テロを生み出す根本原因に取り組まないかぎり無益なものです。…私たちは，暴力の原理によって動き続けることにより，人々がオフィスに座ったまま死んでいくような不正の世界を受け入れるのか，それとも，平和を実践することによって，正義の世界を創り出すために奮闘するのか。私の兄を殺した者たちは，どちらの見方に信念を託していたかは明らかです。悲しいことながら，彼らの暴力に対するアメリカの反応もまた暴力への信仰に基づくものでした。多くの人々は，国家による暴力は，より正当で正義にかなったものだと見なしていますが，その結果は同じです。人々が死に，その家族が苦しむのです。私にとって，これはイスラームとキリスト教との間の闘争でもなく，東洋と西洋の間の闘争でもなく，いわゆる文明化した世界と，いわゆる文明化していない世界との間の闘争でもありません。私にとって，これは，非暴力対暴力の問題なのです。」[14]

8. 地球市民の実践理性—国際学という学知を携えて

　国際学の基本的スタンスとは，地球に生きる市民として自分が「開かれたウェッブの一部」として存在するという実存感覚を持って，他者とのつながりや交わりを意識し世界をより望ましいものへと作り変えてゆくために知的な関わりを求めていくことだ。世界の多様性と価値観の多元性を認め合い，「他者の視点」に配慮した生活を志すことがまずは第一歩となる。改めて，思索の原点として「世界には一つではなく，中心はなく，また絶対もない」という世界観

---

14) ライアン・アマンソン (Ryan Amundson)「平和な明日を求める9・11遺族の会 (Peaceful Tomorrows)」寄稿文（広島，2002年10月7日）。No DU（劣化ウラン弾禁止）ヒロシマ・プロジェクト *Hiroshima Appeal* (2003) 所収 p.54

を確認しておきたい。

　国際学の学知はまた，私たちに対してこれまで疑うことなく受け入れてきた「常識」と思われたもの，たとえば経済成長や進歩発展を絶対善とする信仰や，歪んだ実態とダブルスタンダードの内実を隠しながら唱えられてきた「自由と民主主義」のスローガンなどを改めて原点から問い直すことを要請する。ここには西洋世界が作り上げた「近代化」の象徴的価値であると同時に，「近代化」そのものが帯びている暴力性や構造的暴力を被る周辺部民衆へ無関心と，自身が立つ地政学的ポジションに関わる「共犯性」への無自覚への批判もが含まれている。今こそ，「常識」の呪縛から自らを解き，世界の在り方に関して新しい選択肢を次世代に提示していく叡智を身に付ける努力が必要だ。

　2006年，貧困根絶の手段としてバングラデシュでマイクロクレジット（小規模無担保金融支援）プログラムを考案し，実践したことでノーベル平和賞を受賞したグラミン銀行総裁のムハマド・ユヌスは，次のような言葉を投げかけ，人々に人間性への信頼，明日への楽観を呼び掛けている。私たちは「報復の論理」を乗り越え，自・他の区別を止揚していくカギをこの言葉に求めたい。

　　　「人々は人生の意味を求めているのだ。それは私たちの世界をよりよい場所にするために，あなたが本分を尽くしているということを知ることからのみ得られる意味なのである。…すべての人間には，単に自分の世話をするだけではなく，世界全体の幸福を増加させるために貢献しようという内に秘めた能力がある。」[15]

　あらためて，近代西洋知の集約点に立つイマニュエル・カントにもう一度立ち返ることにしよう。1788年に著した『実践理性批判』において，彼は「経験を受容し認識する理性（純粋理性）」に加えて「内にあって行動を発する理性（実践理性）」の存在に言及している。それは経験に制約されるものではなく，自発的に「内なる声」を発し，人が意志の自律によって道徳的行為を為す根源である。カントは「感嘆と尊敬をもって心を充たすものが二つある。それはわが上なる星の輝く空とわが内なる道徳的法則である」として実践理性の至高を説き，「道徳的法則を見るときは，叡智としての私の価値は私の人格によって無限に高められる。道徳法則は動物性から，そしてまた全感性界からさえ独立の生命

───────────────
15)　ムハマド・ユヌス『貧困のない世界を創る』(2008) p.260&p.359

を私に啓示する。少なくともこの道徳的法則によって私の存在が合目的に規定される」と人間尊厳と自身のアイデンティティーの根拠をここに求めている[16]。こうした人間観は近代西洋知が獲得した「人格」の崇高の価値根拠ともなったのだが，実際の所ところ，それはカントがここで想定したのとは異なった特殊解釈，すなわち西洋人の人格意識とはなっても非西洋人には適用されないものとして，文明の優劣を前提とした「限られた普遍性」としてしか敷衍しなかったことは，その後の世界史が物語っている。今日の世界の中枢－周辺構造，権力の非対称性にもつながるこのような不均衡を是正していくのは，より共生的で共感を伴った地球市民的感覚に基づいた実践理性への再認識だ。それは共生と協働の主体原理＝「われわれ」という地球市民意識の覚醒と涵養を伴うものであり，まさにカントが指摘したように，あらゆる仮定や条件を排除したうえで定言命法にて発せられる「地球市民の良心の声」へと繋がってゆくだろう。

引用文献

アイリーン・パウア著／三好訳『中世に生きる人々』（東京大学出版会，1969）
　　【原典：Power, E., *Medieval People*（1924）】
イマニュエル・カント著／篠田訳『実践理性批判』（岩波文庫，1959）
　　　〃　　　　　　　　／波多野他訳『純粋理性批判』（岩波文庫，1961）
エドワード・サイード著／中野訳『オスロからイラクへ』（みすず書房，2005）
　　【原典：Said W. E., *From Oslo to Iraq*, Pantheon Books, 2004】
　　　〃　　　　　　　　／今沢訳『オリエンタリズム（上）』（平凡社，1993）
　　【原典：Said, W. E., *ORIENTALISM*, 1978】
カール・シュミット著／田中他訳『政治的なものの概念』（未来社，1970）
堤未果『ルポ貧困大国アメリカⅡ』（岩波新書，2010）
トーマス・モア／平井訳『ユートピア』（岩波文庫，1957）
ニコ・ローツエン，フランツ・ヴァン・デル・ホフ著／永田訳『フェアトレードの冒険』（日経 BP 社，2007）
フランツ・ファノン著／鈴木他訳『地に呪われたる者・著作集 3』（みすず書房，1969）
ムハマド・ユヌス著／猪熊訳『貧困のない世界を創る』（早川書房・2008）
ライシュ B. R. 著／雨宮他『暴走する資本主義』（東洋経済新報社，2008）
宍戸寛「防衛から抑止へ」，『20 世紀の歴史⑫』所収（日本メール・オーダー，1979）

16）　カント『実践理性批判』（1959）pp.225-226

【コラム】歴史の舞台を散策する

国際学の道草①

この海峡から「明治」が生まれた
―長州奇兵隊：「市民軍」と近代国家の弁証法―

門司／下関／小倉

I

　雨が今にも降り出しそうだ。空は厚い雲に覆われ，太陽は顔を出してはくれなかった。狭い水域に広がる煙霧，遠くにかすむ関門橋，そして手前には下関の町並みが見渡せる。門司港サイドから眺める関門海峡には大小さまざまな船がゆるやかに行き交い，喧騒とも無縁のたおやかさがあたりを包んでいた。

　だが今から160年も前，この地には砲声がとどろき，おそらく多くの人々の熱狂と喧騒が交錯していたのだろう。この海峡に押し寄せた外国艦隊や，幕府の軍勢との戦いを経て，当時長州藩と呼ばれた侯国に帰属した人々たちは，己の血肉を犠牲として時代に立ち向かい，新たな幕を開ける役割を担っていた。あの時，この海峡には歴史が旋回する瞬間が凝縮していた。漂う硝煙と戦塵の中から，「明治」は産声を上げたのだ。

　江戸期260年は封建体制の時代と言われている。日本は数百の藩に分かれ，幕権を掌握する徳川氏はその中での最大の権力機構ではあるものの，諸藩はそれぞれの領内で統治権や課税徴収権を持っていた。同時に，この社会は厳格な身分社会であり，権力を握る武士階級は士・農・工・商・エタ／非人といった差別の体系を設け，生産者を「生かさぬように，殺さぬように」搾りたて，階級間の対立を煽り，体制に異を唱える者の存在を許さなかった。封建社会とは，意識的のうえでも実体としても「分断された社会」であり，統合された均質的な国民集団の存在しない社会でもあった。端的に言ってしまえば，この時代には長州人や薩摩人は棲んでいても，「日本人」なるものは存在せず，したがって，この時代の「日本」は多分に虚像でしかありえなかった。

　例えて言えば，江戸幕藩体制とはミカンのようなイメージで捉えられるものかもしれない。「日本」は表面を覆う皮ではあっても，そこに中心軸となる芯は見当たらず，果実はさらにたくさんの小さな「袋」に分かれている。徳川幕

府はその中で単に「最も大きな袋」に過ぎないだろう。「日本」が芯を持ち，均質的な果肉を備えたリンゴのようなものへと化けるには，手品のような仕掛けが必要だった。一定の限られた土地に，一定の共通の意識を持った，均質的な統合集団が生まれるための奇術（マジック）は，既にヨーロッパでは15世紀頃から起きていた。スペインやポルトガルはイベリア半島でのイスラーム勢力とのリコンキスタ（再征服）を勝ち抜くなかで，またイギリス，フランスは互いに「百年戦争」を展開する中で，この動きに巻き込まれていった人々に間では，同じ生活価値観を共有する均質集団＝国民（nation）としての意識が覚醒し，国王を中心とした集権的な体制が形作られていった。後に国民国家（nation state）と呼ばれるに至るこの結社体は，さらにその後の革命や独立のための戦争を経て，「人民の人民による人民のための政府」を生み出すべく内部で苦悶を続けることとなるが，産業革命を経て確立した産業資本主義は国民国家システムと不可分の関係にあった市民社会の内に，資本家・労働者階級の深刻な亀裂と対立をもたらすこととなった。そして，高まる社会的不満を外部に転嫁し，また産業資本主義が自己増殖をするために不可欠な海外市場や一次産品獲得の欲求が，欧米列強をして他世界，とりわけ富裕で人口も稠密な国々が並ぶアジア地域に対する侵略運動に駆り立て，この波動が東アジア世界に及ぶのが19世紀の半ばだった。

　人間集団とその社会との関係は，あたかも力学法則のようなものかもしれない。一点に働く作用は，そこに必ず何がしかの反作用を生み出す。西洋列強からの外圧は，一方でそれを受ける側の内部に変容を促し，変身への奇術（マジック）を準備した。攘夷という名の狂気が湧き出し，そのエネルギーが急速に沸騰していった。遂に日本は動乱に突入し，ミカンのようだったこの国は，眼前で煙霧にかすむこの海峡を保育器として，リンゴへの化学変化を遂げることとなっていった。

Ⅱ

　西洋列強からの侵略圧力に対して，当時の日本の識者たちは鈍感でもなければ，また直近の欧亜情勢に無知でもなかった。下級武士階級の間では林子平（1738-1793）の『海国兵談』や，清朝の官僚魏源（1794-1856）が著した『海国図志』が読まれ，南下するロシアの圧力に対する警戒心や，アヘン戦争で屈服した中国の蹉跌を踏まぬよう海防充実の必要性が認識されていた。とりわけ，

アヘン戦争での中国の敗北は一大衝撃事件で，いずれ日本にもその惨禍が及ぶものとの危機感が広範に行き渡っていた。1853（嘉永6）年のペリー艦隊の来航はこうした情況のもとで起り，その際に幕府が採った"軟弱外交"への批判が高まっていった。

1856（安政3）年に初代総領事として来日したアメリカのハリス（1804-1878）は通商条約の締結を求めて幕府に迫ったが，"西夷"の上陸をヒステリックなまでに嫌悪していた京都朝廷からの勅許が得られるべくもなく，幕政は混迷の度合いを深めた。この年，中国ではアロー戦争でイギリス，フランスが華北を侵略し，1858年には天津条約が結ばれ一時的な停戦が実現したものの，清朝は華北諸港の開港やキリスト教布教合法化のほか賠償金の支払い，領土の割譲など，ますます半植民地化が拡大する情勢にあった。ハリスはこうした情勢を利用して幕府にイギリス，フランスの脅威を説き，早期のアメリカとの条約締結を迫ったこともあり，遂に大老井伊直弼は勅許を得られないままに日米修好通商条約を結んでしまった。この条約は開港場の増加，同地での外国人居留地の設置のほか，居留地内での領事裁判権や関税決定の相互協議制（協定関税）などを定めた不平等な内容を含んでいた。幕府は続いてオランダ，ロシア，イギリス，フランスとも同様の条約（安政の五カ国条約）を結んだ。この結果，西洋世界由来の万国公法の枠組みを受容せざるを得なかった幕府だったが，欧米列強からはその実力を劣ったものと見なされており，事態の推移如何によっては植民地化される危険性も高かった。また，金銀の交換比率が欧米と日本では大きく異なっていたことから，金が大量に海外に流出し，また生糸や海産物の輸出超過に刺激されて物価が高騰，民衆の生活は困窮の度合いを深めていった。都市部での打ちこわしや農村部での百姓一揆は江戸期を通じてそのピークに迎え，封建体制は動揺し，幕威は急速に失墜していった。

このような情勢のもとで，危機感を深めた下級武士（いわゆる草莽の志士と呼ばれた）の間には西洋列強による植民地化を免れるためには朝廷を中心とした新たな集権的体制を樹立しなければならないとする意識が高まり，尊皇攘夷思想を奉じて自身の所属する藩政府を突き上げたり，下級公家たちと結んで幕府の姿勢を非難するようになった。とりわけ周防・長門を支配する毛利氏長州藩では，尊王攘夷論を藩論として掲げ，朝廷の下級公家と結びつき，幕府の権威に挑戦する動きが活発化した。関ヶ原の敗戦以降，長州藩は石高こそ36万9千石の中級藩だったが，下関港は北前船の中継港として繁盛し，また干拓事業

や塩田の開発，藍，蝋などの換金作物生産を基礎とする重商主義的な殖産政策を早くから進めていた西南雄藩の一つで，19世紀中期にあっては薩摩藩と並ぶ富裕な藩だった。この藩から出た吉田松陰（1830-1859）は，ペリー艦隊が再来航した際に密航を企て，その企図が失敗に終わるや獄に繋がれた後，萩城下に私塾（のちに松下村塾と呼ばれる）を開設して草莽の志士たちを薫陶していた。安政の大獄で松陰が刑死した後，彼の弟子たちは藩内に影響力を拡げ，尊攘運動を次第に先鋭化させていったのだった。

Ⅲ

　さて，「攘夷」運動とはいったい何だったのだろう。作家司馬遼太郎は幕末長州藩の諸群像を描いた或る小説の中で，それを西洋列強の侵略に対抗するべく生まれた「土俗的ナショナリズムである」と簡略に総括したうえ，当時の倒幕論者中岡慎太郎（1838-1867）の議論を紹介し，この排外主義的な狂気が日本固有のものではなく，国際的な"普遍性"を持つものであることに踏み込んでいる。中岡は，「国を興すものの事業を見るに，百戦のなかから英傑がおこり，百戦を経て諸人の議論も定まっている」として，国民国家の誕生には「戦いの一字のみ」が必要であると言う。そのうえで，このエネルギーを作り出す源こそが攘夷という排外ナショナリズムであるとし，「攘夷と言うは皇国の私言にあらず。そのやむを得ざるに至っては，宇内（世界）各国，みなこれを行うもの也」として，その"国際性"をアメリカ合衆国が宗主国イギリスとの戦いを経て独立した事実に触れることで強調していた[1]。

　もし，優れた国際感覚を持ち合わせたこの人物が坂本竜馬と共に暗殺されることなくその後も生き永らえ，19世紀中後期のユーラシア大陸情勢をつぶさに観察することが出来たとしたならば，彼はエジプト（オラービーの乱），インド（シパーヒーの反乱），中国（太平天国の乱），そして朝鮮（東学運動）などでも同様に，西洋列強に対する「攘夷」が起きたこと，起きつつあることをより説得力をもって引用したことだろう。攘夷運動を偏狭な排外ナショナリズムであると切り捨てることはた易いが，それは外圧に曝され，それゆえに生存さえ脅かされるかもしれないという民衆の心理的恐怖と，素朴な義憤を梃子として生まれ出る土俗的感情の発露であり，それゆえに人々が生み出すその種のエネル

---

1 ）　司馬遼太郎『世に棲む日々・第二巻』（文藝春秋，1971）pp.181-182

ギーを結集させることによってのみ，体制転換が出来たのだろう。その意味で，当時の攘夷熱は民衆を統合し，植民地化侵略に対して無策な旧来の支配秩序を引っくり返し，国民国家を仕立てていく上で不可避な熱狂＝排外民族主義とでも言うべき共感であり，それは（多分に強引さを含むことを否定しないが）アメリカが強要した「帝国の原理主義」に対してイスラーム世界で興っている「原理主義」運動とも，何がしかの共通性を備えてもいた。

　幕末期にあって，長州藩が外国勢力と直接に戦火を交え，敗戦の憂き目に遭いつつも攘夷を実際に断行しようとしたことの意味は大きかった。この藩が倒幕の中核勢力となりえたのは，攘夷戦争が惹起した熱狂が藩民をも巻き込み，ナショナリズムを覚醒させ，意識の上での人々の「統合」を促したからだった。関門海峡を舞台とした長州士民の攘夷戦争は，旧来の幕藩体制を転覆させるドラマを準備する上で重要な契機となっていた。

Ⅳ

　ここにその後数奇な運命を辿る「奇兵隊」なる不思議な組織が生まれている。先に述べたように，長州藩は下級公家らと示し合わせ，朝廷からの要請を受けて幕府が攘夷を決行するように諸藩に命じるよう仕向ける工作を進めていた。これは攘夷運動を先鋭化させて幕府を窮地に陥れようとする政略に基づくものだった。そして幕府がやむを得ずその期日を 1863（文久 3）年 5 月 10 日と約定したのを奇貨として，この日から関門海峡を航行するに外国船に対して砲撃を開始した。これに対して，6 月になるとアメリカ，フランスの軍艦が下関に押し寄せ，長州藩の軍艦を沈め，砲台を破壊し，陸戦隊を上陸させた。

　長州藩は負け続けたが，この劣勢を挽回するために，松下村塾系の藩士高杉晋作（1839-1867）は藩士以外の諸階級から兵を募り，新たに一軍を興して町民・農民をも巻き込んだ藩民の武装化を図ろうとした。毛利長州藩にあっては関ケ原敗戦以降の領土縮小の下で，大量の武士が土着農民（郷農）へと転化していたこともあって，この試みは大きな抵抗を呼ばなかったが，正規軍とは異なる軍という意味から「奇兵隊」と名付られたこの隊は，織豊政権以来の「兵農分離」という封建社会の大原則を打ち破るものでもあり，攘夷戦争が進むなかで封建的な秩序が同藩内で急速に崩れ始めていたことを示すものだった。今は下関駅近くの中国電力ビル敷地内に碑が残されているだけだが，6 月 8 日に地元の豪商白石正一郎宅で結成された奇兵隊は，隊士の多様な出自やブルジョ

国際学の道草①　この海峡から「明治」が生まれた ｜ 341

ワジーの私財によって維持運営されていたといった事実が示すように，階級の差異を越えて郷土防衛に燃えた民衆の，より具体的には松下村塾に発した藩内の数多くの私塾グループによる政治的結社の性格が強い。それはあたかも，18 世紀末にフランス革命が惹起した周辺諸国からの反革命干渉に対抗し，祖国の防衛を革命の防衛と等値と考えてフランス各地に決起した義勇兵たちのようであり，「市民軍」としての性格を色濃く持っていた[2]。

　高杉は 1862（文久 2）年に藩命で上海にわたった折，中国が植民地化されていく有様に危機感を持ち，西洋列強の軍事力の強大さを痛感しながらも，おりからの長髪族の乱（太平天国の乱）が示す民族的抵抗に刺激され，「現在，列強が日本を侵さないのはかの乱が列強の思惑を押し留めているからだ」と看破していた。一方，これより先の 1831（天保 2）年，長州藩では百ヶ所以上の村落で 2 万人以上の農民が立ち上がる防長一揆が起っていた。藩が財政の赤字を補うために木綿，紙，蝋などの商品に専売制度を設け，これらを産物会所で強制的に買い占め，一部商人・庄屋と結んで利益の独占を図ったことから，生計を圧迫された農民たちが立ち上がったのだった[3]。高杉はそうした反封建的な民衆の闘争エネルギーを取り込み，諸列強や幕府との対決に振り向けていくことこそが得策であるとして，「市民軍」の着想を得たとも言えた。その意味で，奇兵隊はアジア的規模で沸き立つ反植民地気運と，過去から連綿と続いてきた百姓町人による反封建闘争との時空間的な結合の産物でもあった。さらに言えば，その着想は彼が上海で見た太平天国闘争を支えた反封建・反外勢の民衆エネルギーに負うところが大きかったのだろう。

Ｖ

　1864（元治元）年は長州藩にとって激動の年となった。幕府は朝廷の権威をたてとして攘夷をせまる長州藩の追い落としを画策し，前年 8 月には薩摩藩，会津藩らと結んで三条実美らの親長州派公家を京都から追放し，同藩の勢力を駆逐するクーデターに成功していた（八月十八日の政変）。この年の 7 月，上方

2）　奇兵隊の隊士構成は，下級士分と農民がそれぞれ 4 割程度を占めていたとされるが，彼らのほとんどは家禄相続や公租負担義務を負わない次男，三男だった。その他にも，町人，社僧などが加わった。田中彰『高杉晋作と奇兵隊』（岩波新書，1985）p.103 & 105
3）　池田・佐々木『教養人の日本史（4）』（現代教養文庫，1967）p.23。

での勢力の回復を焦った長州藩は「尊皇攘夷」の旗を掲げて京都への再進出を図ったが，薩摩・会津両藩の兵に敗れて退いた（禁門の変）。これを機に幕府は長州征討（第1次）を決意し，21藩15万人の兵に命じて長州藩境に迫った。さらに8月には，イギリス，アメリカ，フランス，オランダが17隻から成る連合艦隊を編成して下関に来襲した。彼らは僅か1時間ほどの砲撃で，下関側の砲台を沈黙させた上，陸戦隊が上陸し，砲台はことごとく占領破壊されてしまった。

　奇兵隊ら，その他諸隊は奮戦したものの，戦闘は連戦連敗だった。この直接戦闘は長州藩に攘夷の不可を認識させ，以後，開国倒幕路線に転換していく契機ともなった。10月，長州藩には佐幕派の保守政権が生まれ，幕府への恭順謝罪を表明し，諸隊に対して解散命令を発した。生まれ出た「市民軍」は封建権力によって圧殺される寸前にまで追い込まれていった。

　しかし，長州藩では高杉を中心に藩を再び倒幕勢力化させるための動きが進行していた。12月，高杉は長府功山寺に約80名の諸隊士と共に挙兵し，下関を占領した。当時の藩都萩の上層部が幕府への恭順の態度をとり尊攘派を弾圧したことに対して，高杉のもとに再結集した諸隊は親幕派と戦って勝利を収め，藩論を再び倒幕へと結集させることに成功した。長州藩はこの僅か1年の間に攘夷戦争と藩内革命戦を体験した。そして下関は来襲する外国軍と幕府軍と諸隊が交錯する戦争と革命の舞台となり，ここに維新の原動力が根を付け，萌胎してきた。

　1866（慶応2）年1月，薩長秘密同盟が成り長州藩は薩摩藩の支援や坂本竜馬らの尽力によってイギリスからの新式武器購入に成功，6月から始まった四境戦争（第二次長州征討戦）では高杉や村田蔵六（大村益次郎）らに率いられた新式装備と洋式操典を備えた諸隊が活躍し，寄せ集めの幕府軍を打ち破った。長州士民は自分たちの故郷を守る"国民戦争"として，幕府軍と戦った。このうち，関門海峡戦線における幕府軍の前線司令部は小倉城に置かれていた（この戦場を特に「小倉口」と言う）。同地では諸藩兵の小倉入りのために折から物価が高騰しており，困窮した民衆による一揆や打ちこわしが頻発していた。長州藩の外でも，庶民は封建の世からの訣別を願っていたことが推察できる。小倉口における戦いは，「革命の輸出」という一面をも持ち合わせていたと言えるかもしれない。窮地に陥っていた幕府側の司令官・小倉城主小笠原壱岐守長行（唐津藩主世子，老中）は，折から大坂城中に滞在していた14代将軍家茂が

7月に病死したのを機に小倉城を逃げ出し，主を見失った家臣たちは自ら城に火を放ってその後を追い，幕軍は霧散してしまった。一諸侯に過ぎない長州藩に「中央政府」たる幕府が連戦連敗したことで，諸藩は徳川氏の将来に見切りをつけ，ますます割拠の姿勢を強め，事態の様子見を決め込むようになった。幕府はこの戦いを一方的に中断し，自らの面目を保とうとするのがやっとだった。幕長戦争は封建社会の支配階級である武士階級に対する"市民軍"の戦いであり，長州諸隊が幕府軍を圧倒したことによって，体制転換への革命戦としての性格を色濃く持つようになっていった。幕長戦争における関門海峡戦はフランス革命におけるヴァルミーの戦いの如く，時代を転換した決定的なモーメントとなったと言えるだろう（なお，この革命戦を主導してきた高杉晋作は下関の酒造家林算九郎宅離れで1867（慶応3）年4月14日死去している。享年27歳8ヶ月）。

Ⅵ

　新たに将軍となった徳川慶喜はフランスの援助を受け，多額の借款を得て軍隊の洋式化や横須賀に造船所を建設するなどの策を採っていた。日本国内の幕府と反幕府勢力の対立は英仏の「代理戦争」の観を呈しはじめ，このまま反目が長引けば外国勢力の介入を招きかねない状況に立ち至った。兵庫開港問題と長州藩処分軽減問題で薩摩藩と対立するようになっていた慶喜は，1867（慶応3）年に倒幕勢力の気勢をいち早く削ぐために土佐の前藩主山内容堂の献策[4]を受けて政権を朝廷に返還し（大政奉還），有力諸侯連合中の第一位の勢力として実権を保持しようと試みた。これに対し，幕府打倒を目指す薩長両藩は公家の岩倉具視らと結んで「倒幕の密勅」を受けていた。大政奉還で事態が収拾されてしまうことを恐れた彼らは12月9日に「王政復古の大号令」を発してここに新政府を樹立，さらに同日夜の小御所会議では慶喜の排除を決め，親幕勢力を武力で討ち，天皇を中心とした中央政府を樹立することを画策した。慶喜は大阪城に移り新政府と対じしたが，1868（明治元）年1月の鳥羽伏見の戦いに敗れると秘かに江戸へ帰還し，恭順の姿勢をとった。これに対して新政府は東征軍を興し，親幕諸藩との戊辰戦争へと突入していくのだが，長州の諸隊はその主力軍となって北陸，奥羽，箱館へと転戦していった。

　にわかに作られた明治新政府の実態は薩長土肥といった旧藩勢力を中心とし

4）　この献策は坂本竜馬と土佐藩の高官であった後藤象二郎が謀ったとされている。

た寄り合い所帯だった。新政府は諸列強からの干渉を招かないためにも早急に近代国民国家の体裁を整え，集権的国家への転換を急いでいた。これに対して旧幕時代の圧制と搾取に不満を高めていた民衆は，当初こそ新政府の"御一新"に期待したものの，貢租負担はほとんど軽減されず，国内各地での一揆が次第に激しくなっていた。新政府は 1869（明治 2）年に版図（土地）と戸籍（人民）を天皇に還すという版籍奉還を行った。旧藩主は藩知事となり身分上の大きな変動は無かったものの，以後は中央政府の方針に従わなければならなかった。さらに新政府は 1871（明治 4）年薩長土三藩から兵士を募って天皇直属の「御親兵」を組織した上で，その武力を背景として 1871 年には廃藩置県を断行した。これは軍事権と財政権を中央政府が掌握する前提としての藩知事の免官と地方行政の中央集権化を図る措置であり，この結果，幕藩体制は完全に崩壊することとなった[5]。

　こうして明治国家における中央集権体制整備が進むもとで，奇兵隊の「その後」の運命はいかなるものだったのだろう。御親兵制度が発足して軍事組織の集権化が進む以前にあっては，明治政府は直属の軍を持たず，その軍事力を各藩に依存する状態が続いていた。しかし，戊辰戦争後になお散在している軍事勢力は，農民一揆などと結びつけば新政府そのものを転覆させかねない危険な存在でもあった。諸隊は各地に転戦した後に山口（長州）に凱旋したが，その隊士たちの多くは，藩内での常備軍再編に伴う人員整理と奉典（恩賞）上での不公正を不満として，1869（明治 2）年になると「嘆願の趣あり」として山口を集団で脱し（いわゆる「脱退騒動」），翌年には山口の藩庁を包囲するまでになった。彼らは，当初は待遇の不満から抗議運動に走ったのだが，やがて藩内で再び起こりはじめた農民一揆との結びつきを深め，遂には反政府勢力として無視できないものとなっていった。明治政府の重鎮で長州藩出身の参議木戸孝允は，諸隊の隊員達がもともと下級武士や百姓・町人の出身であったことから事態の成り行きを危惧していた。たとえば，彼らの意思決定方法は軍隊に常識的な上意下達方式を採らず，隊長・伍長会議や諸隊会議所を中心とする合議方法が一般的なものであり，その内実は極めてコンミューン的なものだった[6]。こうした組織体が農民一揆と結びつき，新たな革命軍へと成長していくことを，

5）旧藩主は藩知事の免職と引き換えに，それまでの藩の負債を新政府に肩代わりしてもらうだけでなく，華族という特権身分と旧来と同様の俸禄を得ることが出来た。

6）田中，注 2 掲載書 pp.192-193

明治政府の大官たちは最も恐れていた。かくして，木戸は諸隊の反乱が農民一揆と結びついたと知るや，彼等を「逆臣乱賊」と決め付け，直ちに解散命令を出してその弾圧を主張し，1870（明治3）年2月には鎮定に成功した。このとき，新政府は3府（東京，京，大阪）と西日本全体に戒厳令を発し，事態が全国に飛び火していくことを必死になって押さえ込もうとしていた。

1872（明治5）年，御親兵は近衛兵と改称され，さらに翌73年には陸軍大輔山縣有朋を中心として，国民皆兵の原則に基づいた軍隊を組織するための徴兵令が制定された。徴兵令は「均しく皇国一般の民にして，国に報ずるの道」（太政官告諭）として天皇制国家への民衆の統合・同化を進めようとしたものであり，ここで生まれた政府軍は，やがて佐賀の乱や西南戦争などの士族反乱を鎮圧する鎮台兵となっていった。徴兵制度施行は，倒幕勢力の中核だった長州奇兵隊を生み出した百姓・町人の反体制的気運を圧殺した上で実現を見たものだった。この一連の経緯は，明治国家が民衆から生まれつつも，その軍権がやがて民衆から剥奪され，遂には民衆が目指した理想を抑えるための道具として体制に取り込まれていくという近代国家による民衆疎外のあり方と，F. エンゲルスが言うところの国家の本質—社会から生まれつつも，社会の上にたち，社会からますます疎外していく権力としての国家[7]—を象徴的に示していた。

VII

長州奇兵隊が辿った数奇な運命は，日本における市民社会と国民国家との弁証法を鮮やかに映し出す。彼らに象徴される「市民軍」の力を利用して新国家は生まれたものの，新たに権力を樹立した明治政府はやがて彼らが自分たちの統制をはみ出し，民衆の世直し気運と結びつくことを恐れ，今度は一転して彼らを弾圧するようになった。そして明治国家は，国民皆兵原則による徴兵制を強要することで，民衆を支配機構の内に取り込み，天皇中心の絶対主義的体制を樹立しようとした。

新たに生まれた帝国陸軍は，西南戦争の後には元プロシア陸軍の参謀少佐ヤコブ・メッケル（1842-1905）を招聘してそのシステムを一新し，参謀本部を中核とするドイツ式軍制度と先制攻撃思想を導入した。そのコースの先には陸海軍が外征用の軍隊へと変質し，大陸国家を目指して周辺アジアへの膨張を遂げ

---

7) F. エンゲルス『家族，私有財産，国家の起源』（岩波文庫，1965）p.225

てゆく道と，「天皇統帥権」を盾とする，あらゆる統制手段から解放された軍組織が国家の意思を決定してゆく仕組みが待っていた。大日本帝国が範としたプロシア国家と同じように，「国家が軍隊を持つのではなく，軍隊が国家を持っている」という軍国主義体制への歩みが，ここに始まった。その際，長州で産声を上げた「市民の軍」は「国権の軍」へと変容を遂げ，偏狭な独善性と硬直的な官僚制度は帝国陸軍の体質となって，遂には大日本帝国を瓦解せしめる一因となったばかりか，ここから排出した幾人かの首相たちのもとで，戦後の政権保守党にもその国権主義的・タカ派的な体質を遺伝子として残し，日本社会の保守化・右傾化を促していったのだった。

　1901年官営八幡製鉄が操業を開始し，日本は本格的な産業資本主義を打ちたて植民地を大陸に求めてゆく。そして日露戦争直後の1905年には下関〜釜山連絡航路が開業したのを皮切りにして，下関や門司港は大陸への出発口として，数百万の軍隊，「開拓」移民，一攫千金を夢見る壮士や投機家たちを送り出していった。関門海峡は，明治国家にとって膨張と軍国主義化を促す血流のピボットへと，その機能を変えていった。

　幕末維新という，特殊な時代に生まれた市民軍，彼らが回天させた時勢の推移のうちに明治国家は生まれた。そして，その彼らを潰し，歴史の側溝へと棄て去っていったのもまた明治国家だった。市民社会と国家権力との相克劇は，煙雨にけむるこの海峡を舞台として演じられ，今はただ無言のうちにその弁証法劇を訪れる者に考えさせる。

国際学の道草②

Green Energy Movement 顛末記
―「フクシマ」と向き合った小さな，しかし大いなる企て―

茅ヶ崎・文教大学湘南キャンパス

Ⅰ

2011 年 3 月 11 日午後 2 時 46 分，マグニチュード 9.0 の大地震が起き，その後，「核の恐怖」が日本列島を襲った。原発の安全神話が崩れた。周辺部に，未来世代にひたすらツケを回してきた果ての，恐るべき事態が出来してしまった。

地震が起こったとき，湘南茅ヶ崎にある我が大学キャンパスの 4 階研究室では数分間の横揺れが続いていた。書庫が大きく振動し，書類が散乱した。避難マニュアルにしたがって棟外退避を促されたとき，本当は指定された避難場所に一目散に駆けつけないといけないのだが，私が真っ先に飛んで行ったのはキャンパスのほぼ中央にある図書館の前だった。そこには，ちょうど昨日に取り付け工事が終わったばかりの，12 個のコンセントを備えた 2 枚のソーラーパネル・システムが「正常」（オールグリーン）のランプを点灯させ，けなげに仕事を果たしていた。それは学生諸君が音頭を取って作り上げた，とてもちっぽけな設備なのだが，私にはこの 2 枚のパネルがとても貴重に感じられた。それに込められた若い世代の思いの中には，放射能という見えない恐怖と，それ以後続いた計画停電と付き合わされてきた日々生活の中でじわりじわりと高まる不安とはまったく別物の希望，そして「放射能と電気」のジレンマを乗り越えることが出来るかもしれない一つの道筋が指し示されているようにも思われたからだ。

Ⅱ

最近ではあまり言う人も多くはなく，真正面から構えられるといささか引いてしまう気もするのだが，「学問の府」である大学はもともと人と人のつながり，あるいは「学ぶ」という行為を共通項とした人々の結社体（アソシエーション）である。大 学（ユニバーシティ）の語源となる中世ラテン語の universitas が教師と学生のギルドをあらわす一

種の「組合」の意であることが示すように，ここでは「教える・教えられる」あるいは「共に学ぶ」ことをただ一つの原則として人が集まり，契約を交わし，ルールを定める。人々の行動は「自身が十全に学ぶことができる環境が保障される」ことと同時に，「他の仲間が学ぶことを妨害しない」，さらには「自身と仲間が共有できる目標を立て，それにむかって協働する」こと以外には律束されるはずもなく，ここに学の自由，大学の自治が掲げられる所以がある（おそらく，このことを一番切実に分かっているのは今，香港で街頭でたたかっている若者たちかもしれない）。またそうであればこそ，最も尊重されるべきもの＝「大学の本質」とは，けっして壮麗な建物や豪華な施設などでは無く，まさにそこに集う人そのものに内在し，作り上げられていく「知のネットワーク」であることも分かる。すなわち，「良い大学」とは「良き人々」の集うところである，との論法が成り立つわけだ。では，その「良き人々とは何か」が次の問題なのだが，それを一言で表すのはなかなか難しい。強いて言えば，様々な考えや思いを持って課題に取り組もうとする旺盛な意欲と多少の困難に耐える力，そしてけっして「お客さん」にはならず，人とは少し違った発想から学びに取り組み，知の運動を貫徹しようとする面白さを持ちあわせている多様な人々（良い意味での奇人変人？）のことを言うのではないだろうか。

　我がキャンパスにも，少なからずそうした「良き人々」が集まってくる。たとえば，エネルギーや地球環境の問題に関心ある連中の中には，まずは身近なところからの貢献をということで，大学の省エネ化を目指そうとするエコ・キャンパス運動を推進するグループがある。その一つとして，教室や廊下の不要な照明を見つけ次第消して回るという「電気パチパチ運動」といった超地道な活動も行われていた。それ自体はけっして悪いことではなく，むしろ賞賛されるべきこととは思うのだが，問題は何が必要な電灯で何が不要なものなのかの受け取り方が人によってかなり異なっていることだろう。ある時など，あまりに消灯に熱心な一部の子らが廊下をまったくの暗闇としてしまい，冬の夕暮れ時に別の学生が階段を踏み外して足の骨を折ってしまう，などという笑えない事態も起きる始末だった。これは省エネ → 地球に優しい → 良いという構図が必ずしもすんなりとは通じない事例だが，こうした運動に付きまとうジレンマは，それ自体が次の新たな思索につながる「知の素材」を提供してくれるという意味において（骨折した学生さんには，とても不謹慎な言い方でごめんなさい…），とても興味深いものなのだが。

そんな中で，別の「良き人々」もいる。確かに節電も大事だが，いっそのこと電気を自分たちで作ってしまったらどうだろうか。もし自前で発電施設を作って電気を自足できるのであれば，必要以上の暗闇から解放される上，大学当局から"圧力"（たとえば，携帯電話を教室内のコンセントで充電していた或る学生は，職員から多少の冗談交じりに「盗電はやめて欲しい」と注意され，クサッテいた）を受けることも無くなる。さらに電源が再生可能なものであるならば，エネルギー消費の上での環境負荷もかからない，というわけだ。誰とも無く，「では太陽光発電装置を我々の手で設置しようではないか」との声があがり，少々相談に乗ることとなった。CO_2 を大量に放出する化石燃料由来でもなく，温排水や危険な放射性廃棄物もなく，軍事技術とのリンケージ度が極めて深い原子力由来の電力でもない，自然エネルギーとしての太陽由来の発電ということで，学生たち自身が資金を集め，キャンパスに発電装置を作り上げてしまおうとするこの企てに対して，私は皆が知的関心を再生産し，「学びの結社体」としての大学の意義を一人一人が再認識するための「知の運動」として欲しいとの願いをこめて，Green Energy Movement（GEM）という名を送ることとした。

Ⅲ

大学というところは結構たくさんのエネルギー資源を消費しているものだ。湘南にある我がキャンパスには 2011 年当時は文科系 3 学部があった。（2019年現在は 4 学部。）エネルギー消費の大きな実験観察を行うような理系学部は無いのだが，それでも水道，ガス，電気，電話料金に消える金額は年間で約8,500 〜 8,600 万円にものぼっていた。特に断トツなのが電力料金で，水やガスに比べて 4 倍近い金額（年間でおよそ 300 万 kwh，料金にして約 5,000 〜 6,000万円）が東京電力に支払われていた。その中には過度の冷暖房や無人の教室での照明など，無駄使いもけっして少なくは無い。そうした意味合いからすれば，GEM の諸君が提起した問題は，大きく言えば地球環境破壊やエネルギー浪費への警鐘であるとともに，直接的には大学当局に経費削減を迫る一つの問題提起でもあった。かくして，自らの心と頭と身体を駆使した行動への共感を得るためのアピール文書として「趣意書」が作られ，設置に必要な資金集めが開始された。【稿末資料参照】

私自身，当初はあまり深くも考えてはいなかったのだが，「フクシマ」の脅威にさらされている今にして思えば，この運動の基底を成す思想とは，「空間

的にも時間的にも，他者を犠牲にして成り立っている『豊かさ，便利さ』が果たして持続可能なのだろうか，それは市民感覚からして正しいものと言えるのだろうか，そして，そもそもそういう形でしか得られないような『豊かさ，便利さ』とは，本当にその名に値すべきものなのだろうか」という，かなり根源的な命題だった。地球温暖化が，特に経済的に貧しい第三世界諸国に顕著なダメージをもたらすだろうこと，また原子力発電に伴う放射線や放射性廃棄物のリスクが特に原発が立地する地方に集中的に押し付けられること，さらには放射能汚染の脅威や核廃棄物の処理負担がはるかな後世の世代に至るまで累積し残されてゆくだろうことなどを考えあわせれば，今，この時点での私たちの生活が既に何がしかの "共犯性" を負ってしまっていることに気付くことは，それほど難しいことではない。GEM 活動に携わった皆は次第に「豊かさ，便利さ」を至上とする今の自分たちの価値観やライスタイルを疑い，世の中が変わることと自分が変わってゆくことは同じことなのだ，という意識を自然に共有するようになっていった。

　そうした思想地平にいたるヒントが無かったわけではない。GEM 運動の始まりとほぼ同じころ，私が担当した講座にゲストでお呼びした青森県十和田市の苫米地ヤス子さんは同県六ケ所村に建てられた核燃料再処理工場稼動に反対を続ける無農薬農業家で，鎌仲ひとみ監督によるドキュメンタリー映画『六ケ所村ラプソディー』や花咲アキラ・芦屋哲の漫画『美味しんぼ』にも登場する "有名人" だ。その苫米地さんが講座の中で，自宅に太陽光パネルを設置したことに触れておられた。彼女によれば，台所に取り付けた発電表示パネルで太陽光が発電を示す緑色が明るくなり，自分の家から外へ流れてゆく（すなわち東北電力に売電する）と思わず「頑張って！」と声をかけ，逆に赤色に変わる（すなわち原発由来を含んだ東北電力からの電気を使わなければならない）と「電気を節約しなきゃ」と発奮するとのこと。「うちの太陽光パネルは放射能とたたかっているんだよ」と，明るく笑っておられたその姿がとても印象的だった。

　今日よりも明日，明日よりもその先と GNP を無限に大きくしていく，それは地球資源の有限性を踏まえる限り，どだい不可能な話なのだが，それこそが幸せにいたる唯一の道筋であるというのが近代日本，特に戦後の日本国家が掲げてきた至上価値だった。それは多くの日本人の意識を束縛し，社会の諸制度を整合させてきたという意味において，ほとんど信仰に近いものだったようにも思われる。その下では，エネルギーの "効率化"（実際は，産業界の稼ぎをより

大きくするという意味合いに於いてのそれ）を図るために生産設備の大規模化や流通管理の統合が進んでいった。日本は大規模で統一化・集権化されたエネルギー体系の拡大路線をひた走ってきた。原子力発電はそうした "効率性" を追求する中で生み出された究極の形態だったに違いない。だが、「原子力の平和利用」というその国策は、実に脆い安全神話に乗っかっていた。東京電力福島第一原発でメルトダウン事故が発生した際、日本の原子力利用を一貫して支える役割を果たし、原発の安全性を担保すべき最高権威である原子力安全委員会の斑目春樹委員長（当時）は、「想定外の事態」発言を繰り返すばかりか、放射能が拡散し続けている最中、「現在の福島第一原発で起きている事態に対処すべき策に対する知恵は無い、（監視行政を行うべき）原子力安全・保安院に教えを請いたい」と発言するありさまだった。巨大で複雑な技術体系である原発の「権威・専門家」とは、実はそういう類の連中をいうのだという事実にはもはや怒りを通り越して呆れる他は無かった。

　GEM はそうした既成価値観に対峙して始まった、小さな "反逆" とも言えた。呼びかけ人たちは友人知人たちからのカンパ資金、各研究室や大学の各事務部局をノックし、またキャンパスの広場に立って協力を呼びかけた。小さな一歩とはいえ、自身の手で、自分たちが使える電気を太陽光から作り出すことで今の「集権的エネルギー生産管理システム」の危うさを批判し、市民生活のあり方を再検討し、新しい社会のへの展望を考えるという呼びかけは、少しずつキャンパスに浸透していった。第 1 クールと決めていた 8 ヶ月の活動期間を終えたとき、彼ら彼女らの手元に集まったのは約 82 万円、当初の目標額（100 万円）には及ばなかったものの、メンバーたちの熱意は大学当局を動かしてそのフトコロから協賛補助を得、2 枚のソーラーパネルと蓄電装置、そして 12 の出力端子を備えた独立発電システムを設置するまでに漕ぎつけた。小規模ながら、彼ら彼女らが掲げた「まず、何かを、小さな一歩をここから」との思いから始まり、「共に学び、行動する」ことを表象するモニュメントは、かくして完成したのだった。活動の中で講演にお招きした再生エネルギー研究の第一人者槌田治紀氏（システム技術研究所）は、「GEM という名は英語では "宝石" を意味するね。君たちの活躍は本当に宝石みたいですね」との支援の言葉を残してくださった。またソーラーパネル完成の知らせに応えてくれる形で、ご寄付をいただいた先の苫米地さんは「学生の皆さんが大変な困難を乗り越えたことは、これからの人生に大いに役立つことと思います。力をあわせた学生さんに

達成感を味わってもらえた事は本当にうれしいことです。未来をよりよく考えることができる学生さんだから，意味があると思います。とても良いお話を聞かせていただきました」とのメッセージを送ってくださった。

Ⅳ

　多くの日本人の心情として，「フクシマ」はヒロシマ，ナガサキに続く第三の原爆投下とでも言うべき大事件だった。私たちは 2011 年 3 月 11 日を「豊かさ幻想」への無批判な追従への決別の原点となるべき日として銘記し，戦後日本のエネルギー政策を転換するエポックとしたい。だが，なお成長至上主義に囚われている原発の推進派は言うのかもしれない。「それでも，原発がなければ困るでしょう。電気が足らなくなったらどうするのですか」と。それに対する一つの，ほのぼのとした回答が，ある新聞コラムに掲載されていた。「…電気の使い道には優先順位があり，不要不急が多いほど節電の余地も大きい。そういえば照明を落とした地下鉄の駅こそパリの明るさだと，仏語教師が懐かしがっていた。あちらが暗いのではなく，震災前の東京が明る過ぎたのだ。」[1]

　敢えて言いたい。少ない電気ならば，それはそれで何とかなる。停電だって必ずしも悪いことばかりではない。春の訪れとともに，私たちは計画停電が無いときでも 800 ～ 900 万 kw 以上の節電を行ってきた。既に「3.11」以前に比べて，日本の電力消費量は 10% 以上削減されているのだ。それに，乱暴な言い方かもしれないが，停電だってけっして悪いことばかりではない，「暗闇」が提供してくれる日常への反省の機会，一部屋に集う家族のぬくもり，そして「本当の幸せとは何なのだろう」との本源的な問いかけ等々…少なくともそれらは原発事故が運んできた放射能の恐怖に比べれば，よほど良質なものではないのだろうか。

Ⅴ

　GEM 活動が一段落を見た 2011 年 3 月，学生諸君が計画していた記念除幕式の数日前，東日本大地震が起きた。そしてそのあとを追って「フクシマの悲劇」が日本列島を襲った。メルトダウンという重大事故を起こし，放射性物質を北半球全域にばら撒き，1 万トンを超える放射性排水を海に流した東京電力

---

1 ）　2011 年 4 月 8 日付「朝日」紙「天声人語」欄

国際学の道草② Green Energy Movement 顛末記 | 353

はもちろんのこと，安全神話を振り撒いて原子力政策を推進してきた多くの既成政党，そして世界各国に日本農産物の輸入禁止措置をとらせるまでの放射能汚染と不信感を植え付けた政府の責任はとてつもなく大きく，重い。炉心内に閉じ込められるべき猛毒プルトニウムさえ外気に排出した「フクシマ」は，なお解決への展望を見いだせず，廃炉に至るまで更に数十年の歳月と数十兆円の経費を要する。

電車が止まり，計画停電が実施される中，ソーラーパネルの除幕式は中止となった。だが，彼らが身体と頭と心を動かし作り上げた 2 枚のソーラーパネル，小さな，しかし大いなる企ては，期せずして「フクシマ」と対峙するシンボルとなった。中止決定の夜，私はメールを学生諸君に打った。

> 「こんばんは。学生諸君の中にも被災者・犠牲者が出てはいないかと危惧される事態です。みんなは大丈夫でしょうか？ 除幕式の中止は止むを得ないでしょう。ただし，みんなが取り組んだ運動の意義は今回の地震，原発のメルトダウン問題でかえってクリアーになり，ますますその評価は高まることでしょう。キャンパスに同様のことが起これば，『生きている電力』はあのパネルからだけしかこないのです。あらためて，君たちと共に GEM に関われたことは，私にとっては大きな誇りでした。心の中で，立派な『除幕式』を行いましょう。皮肉なことに，停電という事態を覚悟することで，常々話していた『暗闇の思想』は余儀なく自身のものとなります。ローソクをともし，あらためて GEM の意義を確認できるのも，存外悪くはありません。」

GEM ソーラー発電は「フクシマ」にしっかりと向き合い，今もグリーンのランプを点灯させている。確かに，それは時として光り輝く "宝石" のようにも見えるのだ。

＜資料＞

＊＊＊＊＊＊＊＊＊＊＊＊＊＊＊＊＊＊＊＊＊＊＊＊＊＊＊＊＊＊＊＊＊＊＊＊＊

2010 年 6 月 10 日

文教大学湘南校舎
学生・教職員有志の皆さんへ

趣　意　書

自分たちの手による湘南校舎太陽光発電パネル設置運動：
Bunkyo University Green Energy Movement（GEM）の呼びかけ

こんにちは，学生，教職員の皆さん。

　唐突ではありますが，皆さんがキャンパスライフを営むなかで，いったいどれ程の電力が消費されているのか，ご存知でしょうか。文教大学湘南キャンパスでは 1 年間で約 300 万 kwh（キロワット時）もの電力が消費され，5000 ～ 6000 万円という莫大な費用がかっています。皆さんの中にはエネルギーや資源，環境問題などに関心を持たれている方が少なくないと思いますが，電力消費を削減しようと実際に行動している人はそれほど多くはないのではないでしょうか。「このままではいけない」と思いながらも，自分では何もしない，もしくはできないという人がほとんどではないでしょうか。もちろん，それは大学内に限った話ではありません。世界規模で見ても同様の傾向は強く，だからこそなかなか進展しない問題が多いのです。それが長い目でみたとき，「自分で自分の首を絞める」結果となったとしても…

　人類はより豊かで便利な生活を送ることに力を注いできました。その結果，多くのエネルギーに依存するようになった今では，電気の無かった時代がどのようなものであったかを想像することすら難しい程です。それでもようやく地球環境問題の深刻さやエネルギー資源に限りがあるということが認識され，今後も増加すると予想されるエネルギー需要をいかに満たすかが，環境問題と共に国際的な舞台でも議論されるようになりました。国内でも昨年，鳩山政権（当時）が CO_2 排出量 25 ％削減という目標を掲げ，温暖化防止対策の柱として原子力発電の推進を提示しています。その理由として，火力発電のように CO_2 を排出しないことが理由に挙げられていますが，そこに潜んでいる危険性は地球を崩壊させるかもしれない程のものです。核の「平和」利用が進むことにより，プルトニウムという危険極まりない物質が作られ，それが核兵器開発に転用されることが危惧されるだけではなく，後の世代に「核のゴミ」（放射性廃棄物）を残すほか，原子力関連施設の近隣住民を放射能汚染という恐怖に曝すことにもなります。現に，核

燃料再処理工場の稼働が間近かと言われる青森県の六ヶ所村の人々は日々そうした危険のもとに置かれており，地方のそうした人々の"犠牲"の上に，首都圏に住む私たちの「便利な生活」が成り立っているのです。CO_2を排出しないということが本当に「クリーン」なエネルギーとなるか否かは，大いに議論の余地があるところです。

　昨今，新時代を担うエネルギーとして自然エネルギーが注目を集めています。その名の通り自然環境の中に存在するエネルギー資源であり，原発のような危険な廃棄物を出すことも無く，それ自体に限りもありません。その中で最も普及が期待されているのが太陽光発電です。風力や水力などの他の自然エネルギーと比較してみると，その設置場所が小規模で済む上，日当たりさえ確保できれば半永久的に発電が可能です。また行政も補助金支給を行うなど，草の根に広まるように目指しています。

　そこで，私たちが日々の暮らしを営んでいるこの湘南キャンパスに太陽光発電パネルを設置するための運動（Bunkyo University Green Energy Movement ＝ GEM と命名しました）を興し，地球温暖化防止対策を机上の空論に留めることなく，運動を通じて寄与していきたいと考えています。まず計画の第一段階として，有志からの募金，寄付を募り，毎時 1.5kw 発電モジュール・システムを導入する予定です。（年間で 1500kwh 程度の発電が可能で，キャンパス全体の消費電力 300 万 kwh のうち，0.05％を賄うという計算になります。）そして，発電した電力は携帯電話の充電用などに充て，学生生活の利益に還元したいと考えています。また太陽光パネルを設置するだけではなく，パネルの運用状況の把握と私たちが抱えているエネルギー問題や環境問題についての勉強会を開き，今後さらにどのようなことが出来るのかを議論していきたいと思います。

　このプロジェクトの目的は地球温暖化防止だけではありません。湘南校舎にある国際学部・情報学部・健康栄養学部は何よりも「世界の明日のあるべき姿」・「人間愛」を語るべき学部です。だからこそ，私たちはまず自分たちが主役である大学自体を変えていくことから，**「何かが始められる」**ということを発信したいのです。この運動を通じて，人間一人ひとりが持つ「現在を変え，未来を創る力」を信頼し，連帯行動が生み出す成果の大きさを確信したいと，心から願う次第です。

　以上のような考えのもと，ここに文教大学湘南校舎有志による Bunkyo University Green Energy Movement（GEM）活動計画を提起いたします。学生・教職員有志の皆さん，私たちと一緒に湘南校舎から世界に向けて大きなウエーブを起こしませんか。

【GEM 呼びかけ人】　（略）

＊＊＊＊＊＊＊＊＊＊＊＊＊＊＊＊＊＊＊＊＊＊＊＊＊＊＊＊＊＊＊＊＊

国際学の道草③

第2インターナショナル残照と「欧州合衆国への道」
―戦争と平和，愛国主義と国際主義―

ストラスブール／バーゼル

I

マンハイムから飛び乗ったICEは南へと進む。カールスルーエの町を出て間もなくして西へ方向を変え，いつの間にか国境を通過してアルザスの州都ストラスブールへと滑り込んでいた。乾いた風が心地よく吹き渡る初秋。この町の東端に位置する駅の構内は，他のヨーロッパの町と同様に石造りの重厚感を漂わせるものだが，さらにそれを覆う外縁はモダンで明るいガラス張りで仕上がっている。そのせいでも無いだろうが，活版印刷という革新技術でヨーロッパ文明の黎明に大いなる貢献をしたグーテンベルクも長く滞在したというこの町が放つある種の「明るさ」は，サイズもそれほど大きくはない，鄙びたこの町を強く印象付けるものだった。

フランス領ではあるものの，この町へのアクセスはドイツからのほうがはるかに容易だ。名物のベックオフ（肉とジャガイモの重ね焼き）やシュークルート（ソーセージや豚肉と酢漬けキャベツの盛り合わせ）と地ワインをあわせ，必ずしも洗練されているとは言い難いが素朴な数々の料理に舌鼓を打つ中に感じる「ドイツのにおい」，その濃厚なこと。一方，町の中心にある旧市街の中洲一体は「プティット・フランス」，すなわち「小フランス」と呼ばれている。木組みの家屋の窓に飾られる花々やお洒落なブティックは，間違いなくフランスの街頭の景観だ。観光客が行き交う雑踏のもとで，かすかに嗅ぐことが出来る「フランスのにおい」もまた，この町のハイブリッドな性格に貢献している。

言うまでもなく，この町のハイブリッド性はその多くを歴史に負っている。主権国家という組織的な権力機構が現われ，それらの間の勢力均衡に基づく「国際社会」が形作られていく中にあって，この町はそこで暮らしを営んでいる人々の意思とは別の力によってある時はフランス領へ，またある時にはドイツ領へと編入され，運命を翻弄されてきた。多くの人々が，ヨーロッパにおけ

国際学の道草③　第2インターナショナル残照と「欧州合衆国への道」 | 357

る戦争と平和の問題はこの地を抜きにしては語れない，とも言う。17世紀半
ば，この町はフランスに帰属するのだが，それはドイツ三十年戦争という大戦
争の結果だった。19世紀後半になると，この町は新興ドイツ帝国のもとに組
み込まれる。それは普仏戦争とパリ・コンミューンの戦いという歴史事件を経
ての結果である。さらに20世紀，2つの世界大戦の数々の原因の中に，この
町を含むエルザス・ロートリンゲン（アルザス・ロレーヌ）両州の帰属問題があ
った事は疑い得ない。フランスの文学者ドーデ（Alphonse Daudet：1840-1897）
の小説『最後の授業』(1873)の舞台[1]で有名な独仏確執の源，さらに言えば
世界戦争の"地雷源"として，この町から見えてくる一つの心象風景は，「争う」
という行為の愚劣さと虚しさと，そして「和解する」ことへの気の長い努力と
賢明さ，そしてそれを永続的に維持する事の困難さだ。

Ⅱ

　ところで，一世紀以上も前に，この厄介な問題—戦争と平和の葛藤，国家・
民族間の憎悪の止揚という課題—に向き合おうとした一つの組織があった。フ
ランス革命から100年の後，1889年7月14日にパリで産声を上げた第2イ
ンターナショナル（国際労働者協会）がそれだ。当初，ヨーロッパ諸国のマルク
ス主義政党や労働組合などから成っていたこの組織は，1991年になると非マ
ルクス主義政党も包含してやがて大きな国際的組織となり，実質的には1914
年まで存続した。19世紀産業資本主義の発展，そして資本家に抗する労働運
動の急速な拡大を背景として，第2インターは政党や労働組合単位での「組
織化された労働者」をその中核として，やがてドイツ社会民主党，フランス社
会党，イギリス労働党，そしてロシア社会民主労働党をもその翼下に連ねた全
ヨーロッパ規模の組織へと発展していったが，緩やかな連合組織体としての性
格を保ち続けていた。
　19世紀末のヨーロッパは大きな転換点に立っていた。産業資本主義の勃興
期は既に過ぎ去り，自由競争は繰り返し訪れた恐慌と，その結果としての企業
淘汰過程で生まれた寡占巨大企業群によって排除され，姿を消した。そして，

1）　もっとも，その作品が唱えたフランス語（およびフランス国家）への賛美とは裏腹
　に，ドーデの小説はこの地の人々が実は日常はアルザス語という独自の言葉を使用し
　ており，フランス語はあまりなじみが無い話言葉だったという事実を意図的に捨象し
　ていると，現地ではその「偏向」もしくは「虚構性」が批判されている。

それと並行して湧き起こった植民地の排他的支配への渇望は，資本の輸出先や製品販路の獲得を求める大資本家達の利益に根ざしたものでありながら，それは「祖国の栄光」あるいは「民族の卓越性」といった為政者達からの巧みなレトリック，そして社会不満を抱える民衆にとって「甘美」でもあったスローガンに鼓舞されるナショナリズムにも支えられていた。帝国主義と呼ばれる剥き出しの暴力が世界中の人々を巻き込み，膨張を繰り広げ，列強の世界政策がいたるところで衝突し，世界は荒波の上を漂うような状況に陥っていた。そうした時代にあって，第 2 インターは列強対立に際して起こり得る，あるいは起った戦争の危機に際して，相応の対処能力を示していた。日露戦争（1904-05）の際には片山潜（1859-1933）とプレハーノフ（1856-1918）という両国を代表する社会主義者が握手を交わした。それは市民の意思の所在とはまったく別のところにある体制，人殺しを肯定する権力を否定し，帝国主義に奉仕することを拒否するという姿勢を世界中にアピールするものだった。普仏戦争の際，パリの労働者達が興したコンミューン蜂起以来の "伝統" に準拠して，国際的労働運動は国家権力の膨張主義と対峙し，インターナショナリストとしての矜持を保ち，反帝国主義アイデンティティーを遵守してきた。

　しかし，第 2 インターナショナルは大国主義とナショナリズムの熱狂に必ずしも強い耐性を備えていたわけではなかった。欧州各国の労働運動は労働者の生活改善，とりわけ労働搾取の緩和と賃上げを求めて専ら闘争にエネルギーを費やしてきた。これを支持する社会主義政党もまた，労働者の利益を擁護することを自らの政治的課題として権力からの弾圧に耐え，その勢力を拡大してきたのだった。そして，彼らの努力は一定の「成果」を達成してもいた。近代ヨーロッパが獲得した富の一部は確実に労働者の賃上げ分にまわされ，その配分率も相応に上昇していた。しかし，その富はいったい何処からもたらされてきたものだったのだろう。帝国主義はその主要な搾取対象を植民地の民衆に求め，かの地から収奪される富を極力大きなものとすることで「パイの大きさ」を競うとともに，その一部を国内の労働者に配分して彼らの不満を和らげ，政党指導者や組合幹部を懐柔し，反体制のエネルギーを霧散させようと努めてきた。植民地システムを通じて実現したヨーロッパ宗主国の「豊かさ」の相応の分け前が与えられ，「パイの分け前」に預かることが出来た一部労働組合幹部たちはやがて先鋭性を棄てて，体制の中に取り込まれていった。少なくとも "労働貴族化" した労働組合幹部や労働者運動に指導的立場にあった政党幹部たち

にとって，第三世界の反帝国主義・反植民地主義闘争の存在は，彼らの想像力の外側に置かれていた。

「転向」の兆しは 1907 年 8 月，ドイツのシュツットガルト大会の際に見てとれた。一部の社会主義者は植民地民衆の闘いを初めて議題として取り上げようとしたが，既にこの組織構成団体の一部にはどうしようもないヨーロッパ中心意識が蔓延し，進歩史観の風潮にも蝕まれていた。たとえば，イギリス労働党の前身となるフェビアン協会の主宰者バーナード・ショウ（1856-1950）は，小国や植民地民衆を見下し，彼らを「文明進歩の邪魔者」と公言し，イギリスを「人類文明進歩の原動力」と見なしていた。大会の決議原案にはオランダの保守派ヴァン・コールの提案で「大会は植民地政策を原則的に，またいついかなるときにも排撃するものではない。なぜなら，社会主義体制のもとでも，それは文明の利益に役立ちうるからである」との文言が盛り込まれていた。この一節はインターナショナル内部で大きな問題となり，最終的には反対多数で削除されはしたものの，植民地を保有する列強からの代表団は，なおその条項の存続を強く主張していた[2]。

Ⅲ

排外機運と自己利益至上主義の傾向は，第 2 インターの中核を成していたドイツ社会民主党の中に蔓延っていた。当時ヨーロッパ最大勢力を誇ったこの社会主義政党は，既に「修正主義」と呼ばれる一国主義的・自民族中心の利益重視の風潮に蝕まれていた。ドイツではビスマルクが制定した社会主義者鎮圧法が 1890 年に撤廃されるや，急速な工業化に伴って増加した労働者の支持を背景にして社会主義を掲げる同党が誕生，翌年にはエルフルトでマルクス主義に基づく綱領が定められ，その躍進がはじまった。総選挙で同党が獲得した得票は 1912 年には 400 万を越え[3]，1914 年，すなわち大戦前夜には 110 名の議席を擁する帝国議会の第 1 党となっていた。ただし，この躍進の原因は社会主義革命を目指すマルクス主義本来の主張にではなく，ベルンシュタインらの理論家によって唱えられていた改良主義，つまり革命を経ずに議会での多数派形成によって主張を実現していこうとする漸進的改良主義の流れが主流となり，

2）フォスター著／インターナショナル研究会訳『三つのインターナショナルの歴史』（大月書店，1957）pp.219-221

3）岩間・山上『教養人の世界史（下）』（現代教養文庫・社会思想社，1964）p.108

もはや革命政党とは呼べなくなっていたことに負うところが大きかった。この転換と密接な関係を持っていたのがショーヴィニズム・排外的民族主義の風潮だった。労働者の生活改善と社会改良の前提条件は，帝国主義の膨張運動がもたらす「パイの大きさ」を予め受け入れ，その分け前を国内労働者たちに出来る限り手厚くすることで実現できるというものだった。自然，ドイツ社民党の運動視野からは植民地民衆の苦難や，それをはねのけようと闘う彼ら彼女らの姿は抜け落ち，さらには世界政策を繰り出す近隣列強のプロレタリアートたちとの連帯の姿勢もか弱いものとなっていた。この機運はフランス社会党やイギリス労働党など，第2インターナショナルの指導的立場にあった他の諸政党にも似たり寄ったりの形で忍び寄っており，理念としてのインターナショナリズムはそれに対抗するだけの有効な手立てを持ち得ていなかった。

　植民地での反帝国主義闘争は着実な高まりを見せていたものの，それらに対する無関心はコペンハーゲン大会（1910年8月）でより露わとなった。同大会では「議会に出ている社会主義者代表の義務として繰り返し述べられてきたことは，全力をあげて軍拡と戦い，軍備のための基金を拒否しなければならない」として反戦の精神をうたい，さらにシュツットガルト大会での左派からの重要提案であったレーニン・ルクセンブルグ条項，すなわち戦争が起きた際には，社会主義の樹立を目指してこれを革命に転化する運動方針がこれに続いていた[4]。しかし既にこの頃，第2インターは民族主義と修正主義に蝕まれ，民族的偏見や既得権の維持を目論む多数の保守派達は，大会決議が唱えるインターナショナリズムから次第に距離を置くようになっていった。

　ところで，第2インターの主要政党幹部たちがその磁力に囚われていた「民族主義」とは，そもそも何を根源としているのだろうか。「イメージとして描かれた想像の政治共同体である」（アンダーソン）。国民国家を支えるナショナリズムとは，無意識のうちに集団内に覚醒してくる集団への帰属愛というよりはむしろ逆に，もともと存在していないところに「国民」を発明する熱狂，すなわち一種の「幻想愛」として規定される[5]。それゆえに，ナショナリズムは権力者に容易に操作される代物となってしまう。もしナショナリズムがそうした「幻想の産物」であるとするならば，これを超える叡智あるいは想像力を見

4）　注2掲載書，pp.229-230。
5）　B.アンダーソン『想像の共同体』（NTT出版，1997），p.24 & p.26

国際学の道草③　第2インターナショナル残照と「欧州合衆国への道」　｜　361

出す方途はなかったのだろうか。それこそが自・他の関係性への気付きと，そ
れを再生産している構造に対する冷静な分析，虐げられている人々への共感，
そして連帯信条に基づいた社会運動の中にこそ見出されるべきはずだったのだ
が，目前に提供される「増えつつあるパイの分け前」は，第2インターナショ
ナルに参加する政党指導者や労働運動指導者を幻惑していた。

　英露協商の成立から第一次世界大戦の勃発に至るまでの「武装平和の七年」
は，同盟側と協商側双方が軍備を強化しながらにらみ合ってきた時代にあた
る。1908年のオーストリアのボスニア・ヘルツェゴヴィナ併合はオーストリ
ア・ドイツとセルビア・ロシアとの反目を強め，1911年の第2次モロッコ事
件（アガディール事件）ではドイツとフランスが全面衝突の一歩手前にまで進ん
だ。そして1912年に起こったバルカン同盟4国（セルビア，モンテネグロ，ブ
ルガリア，ギリシア）とトルコとの戦争（第一次バルカン戦争）の際には，オース
トリアとロシアが国境に軍隊を集結させ，バルカン半島での緊張を一挙に高め
ることとなった（さらにバルカン半島での戦争は，翌年第二ラウンドを迎えることと
なる）。高まるこの危機感こそがバーゼル臨時会議を開催させる直接的契機と
なったのだった。

Ⅳ

　ストラスブールからバーゼルへ行くのに区間急行を選んだのは少々惜しかっ
た気がする。アルザスの田園地帯を南へ抜けてゆくと，日差しの度合いが増し，
実りをつけつつある小麦畑やブドウ棚が連続する。その豊かな農村風景を堪能
するには，私が乗った列車のスピードは少しばかり速すぎた。線路が次第にラ
イン川に近づいていく頃，バーゼルの町並みが眼前に広がる。スイス領にある
とは言いながら，この町は濃厚な国際色に彩られており，ライン川に沿った町
の北方にはご愛敬のように「ドイツ・フランス・スイス3国国境ランドマー
ク」が建てられ，観光遊覧船の客には絶好の撮影スポットとなっている。そし
てスイスの良き伝統をふまえ，他の都市と同様にこの町もまた，これまで数多
くの海外亡命者を受け入れ，他のヨーロッパ諸国に様々なメッセージを発信す
る“電波塔”の役割を担ってきた。

　その街中，川沿いの丘にそびえるミュンスター（大聖堂）にヨーロッパ各地
から社会主義者たちが集まってきたのは，1912年11月のことだった。第2イ
ンターナショナル臨時大会は，バルカンでの戦争の拡大を阻止し，ヨーロッパ

が全面戦争に巻き込まれることを回避するため，労働者階級の責務を強調し，国際的連帯をアピールする有名な反戦決議を採択した。それは，インターナショナルの国際連帯精神を確認し，帝国主義に対する民衆の闘いだけが世界戦争を抑止する唯一の手段であることを説く，力強く，高い格調に溢れており，百年後の私達にもある種の感動を与えてくれる質感を備えている。

> 「…インターナショナルの行動中もっとも重要な任務を担当するものはドイツ，フランス，イギリスの労働者階級である。当面これら諸国の労働者の任務は，自国政府にむかって，オーストリア＝ハンガリーに対してもロシアに対しても，いっさいの支援を拒み，バルカン戦争へのどんな介入も差し控え，絶対に中立を保つよう，要求することである。セルビアとオーストリアの港湾争いのために，主導的三大文化国民のあいだに戦争がおこったら，それは犯罪的な狂気沙汰であろう。…いま見るようなヨーロッパの現状と労働者階級の気持ちからして，戦争を始めたら必ず自分自身に危険が及ばずにはいない事実を，各国政府にとくと考えさせよう。フランス＝プロイセン戦争にはコンミューンの革命的蜂起がつづき，日露戦争はロシア国内諸民族の革命的な力をうごかし，陸海軍備の競争はイギリスおよび大陸諸国で階級対立を今までに例の無いほどに強め，大ストライキをひき起こしたことを，彼らによく思い出させよう。世界戦争という兇行を思い描くこと自体が，すでに労働者階級の怒りと反抗をよびおこさないではすまないのであって，このことを各国政府が理解しないとするならば，それは全くの狂気沙汰というべきであろう。プロレタリアは，資本家の利潤や，王朝の野望のために，また秘密外交の面目にかけて，たがいにうちあうことを犯罪と感じている…」[6]

このときの決議は発声方式による"満場一致"で可決された。歴史に「もし」は許されないのだろうが，バーゼルでの反戦精神が完全に履行されていたならば，その後の成り行きは大きく異なったものとなったことだろう。少なくとも，ドイツ，フランス，イギリス間に起きた想像を絶するあの殺戮戦，婦人や子供さえもが有無を言わずに動員されたあの総力戦は回避され，「欧州の没落」はまた別の形で訪れたかもしれない。そのことは，ロシアに社会主義革命が起こり，またドイツやオーストリア＝ハンガリーでも帝国秩序が崩壊していったそ

6）注2掲載書，pp.237-238

の後の事情を考え合わせると，いっそう強く思われる。

　そんなことをぼんやりと考えながら，ミュンスターから見降したライン川の流れは速く，川面は次第に細かな雨と霧に覆われようとしていた。

V

　1914 年 6 月 28 日，オーストリア皇太子フランツ・フェルディナンド大公夫妻がセルビア民族主義結社の青年たちによって暗殺される事件が起こった。これを機に汎スラブ主義の前線国家セルビアと汎ゲルマン主義のオーストリア＝ハンガリーとの関係はいっそう険悪なものとなり，7 月 28 日に両国は交戦状態に入った。セルビアの後ろ盾であるロシアが軍の総動員をかけるのとほぼ同時期の 8 月 1 日，対するドイツはロシアに，さらに 3 日にはフランスに対して宣戦を布告し，中立国ベルギーへと侵攻を開始した。そして翌 4 日にはイギリスが対独参戦を布告したことで，わずか 1 週間で戦争は全ヨーロッパ規模へと拡大していった。

　諸列強の為政者たちはこの戦争を「祖国の防衛戦争」として触れ回った。ドイツはロシア専制主義から，フランス，イギリスはドイツ軍国主義の脅威から自らを守るため，「光栄ある祖国の利益と民族文化を擁護する」ことを大義名分にして総動員をかけ，すべての経済資源を根こそぎにかっさらって戦争へ注ぎ込んでいった。そして「防衛戦争」のためには隣国を侵し，植民地を他国から奪取し，より多くの領土や資源を獲得するために非戦闘員を殺戮することさえもが英雄的な行為として正当化された。そもそも「防衛」という行為は「侵略」という外部からの力への対抗としてはじめて成立する概念なのだろうが，不思議なことに，戦争を行っているどの国からも，この戦争が相手を侵略し，全てを略奪するための戦いであること明言したものはなかった。これは言葉の上での奇妙な循環論法だった。互いが相手の「侵略」を非難し，自分の「防衛」を正当化するために相手の主張を否定しあうことによって，この戦争が持っている侵略的本質がより露わなものとなっていった。

　戦争の勃発に際して，第 2 インターナショナルはほとんど無力だった。ドイツ社民党の指導者達は，国家は民族の自由や文化を守護すべき存在で，侵略戦争はともかく，防衛戦争には積極的に支持を与えるべきだと主張してやまなかった。大戦前夜とも言うべき 7 月 31 日，フランスでは社会党の有力者ジャン・ジョレースが暗殺され，反戦世論が民族主義的熱狂の前に減圧していく中，ド

イツ社民党は 8 月 4 日に戦時公債の発行と臨時軍事予算の執行に賛成票を投じ，一転して戦争協力への姿勢を取った。これに対応してフランス社会党もイギリス労働党もそれまでの反対の姿勢を翻して戦争に協力し，バーゼル決議で「最も重要な任務を担当すべき」とされた 3 国の労働者政党は，ことごとく愛国ナショナリズムの前に膝を折ってしまった。

　30 数力国とその植民地を巻き込んだ第一次世界大戦は，甚大な資源の消耗と人命の損失をもたらした。総動員された兵力 6,500 万人のうち死者 850 万，負傷者 2,100 万，そして 2,100 億ドルもの資金が消耗された。何よりこの戦争は近代国家に内在していた暴力性を剥き出し，総力戦として前線―銃後の区別無く人々に死を強制し，消耗と苦痛を与え続けた。人心の荒廃ぶりもまた凄まじかった。失われた数多くの人命と物的消耗を前に，15-16 世紀以来その「力」をもって他世界を見下ろし，「人類文明の輝かしい担い手」を自認してきたヨーロッパはまさに自身で自分の首をしめるが如く，世界の主導者としての地位から転げ落ちていった。

VI

　崩壊する第 2 インターナショナルの左翼にあって，その数年後にはペトログラードで十一月革命の指揮をとることとなるレフ・トロツキー（1899-1940）は，大戦勃発直後の 1914 年秋，『戦争とインターナショナル』と題する興味深い書を著している。この書は筋金入りのマルクス主義者が表明した第 2 インターナショナルの限界を乗り越える―それに代わる，新しいインターナショナルを作るという意味において―試みの提唱であると同時に，ヨーロッパの将来に関してなにものか― 21 世紀の欧州の在り方を指し示すという意味において―を暗示するステートメントでもあった。

　後に「永久革命論の提唱者」と言われた彼は，よりインターナショナルな視点から戦争と革命のダイナミズムを冷徹に考察しようとした。彼にとって，国境を構えて近隣他国と対峙する民族国家はアナクロニズム（時代錯誤）の存在だった。資本主義の発展が国家国民という枠組みを乗り越えて世界を不可分な経済依存関係に導いた結果，民族国家の分立自体が時代遅れのものとなり，かえってそれが資本主義の拡大に桎梏となっている。したがって帝国主義経済の発展は植民地再分割を促し，世界政策の激突が世界規模の戦争だけでなく，遂には民族国家自体の崩壊をもたらすというロジックを紹介した後，彼の筆は社

国際学の道草③　第2インターナショナル残照と「欧州合衆国への道」│ 365

会主義革命運動の発展を前提としながらも，ヨーロッパ合衆国の創出を予言する。

　　「…民族性はこれからも文化的，イデオロギー的，心理的事実として存在し続けるにちがいないが，その経済的基礎は足元から取り除かれてしまった，現在の血なまぐさい衝突を『民族防衛』の事業であるとする一切の言い分は，偽善かママ（ママ事）のどちらかである。…現在の戦争の核心が資本主義によって生み出された生産力が，それの搾取の民族国家的な形態に反逆していることにあるかぎり，戦争は民族国家の崩壊を告知するものである。…こうした歴史的状況のなかでプロレタリアートにとって問題となりうるのは，経済発展の主要な障害となっている時代遅れの民族的『祖国』の防衛などではなく，ずっと強力で抵抗力のある祖国，すなわち世界合衆国の土台としての共和制ヨーロッパ合衆国の創出である。…昨今のヨーロッパによってわれわれに予告された課題であるバルカン問題とツアーリズム打倒の問題はただ，明日の統一ヨーロッパという課題の革命的解決との関連でのみ解決されうる。」[7]

　もちろん，トロツキーによって想定された「ヨーロッパ合衆国」のイメージは，今日の欧州連合（EU）のそれとはかなり異なったものだった。そこにあるのは，紛れもなく市場原理に基づく社会的・経済的統合体で，社会主義の「概念」からは程遠い。しかしそれにしても，モノとカネとヒトの自由な移動と規格基準の統一を通じて民族国家を隔てる壁としての国境のハードルが低減され，その壁の厚さ自体も薄くなり，自・他の溶解―皮肉なことにかつて集権的社会主義に覆われていた「東」の部分とは逆のベクトル―が進んできた今日のヨーロッパのありようは，「欧州市民」意識をそこで生活を営む人々に育んできた。今，移民規制をめぐる排外「内向き」志向やイギリスの離脱，域内各国強まる右傾化や反EU気運の拡大など多くの問題を孕みながらも，欧州市民意識の萌芽は，呻吟しつつも偏狭な排外民族主義を乗り超える努力を諦めてはいない。

7）　トロツキー『戦争とインターナショナル』（柘植書房，1991）pp.13-18

Ⅶ

　崩壊した第2インターナショナルは新たな胎動を孕んでいた。ロシア革命は
「戦争を革命に転化する」（レーニン）運動として史上初の社会主義政権を打ち
立て，また第一次大戦後の世界の中心軸はヨーロッパからアメリカ合衆国へと
シフトした。さらに植民地での相次ぐ反帝国主義，民族解放の闘争は，宗主国
が植民地を維持するためのコストを著しく高いものとし，欧州植民地帝国の屋
台骨を蝕んでいった。そして1920年代末に世界恐慌が起こったとき，欧米諸
国は先の大戦のときと同じように，自分の利益を確保することに躍起となり，
こぞって勢力圏を高い関税障壁によって囲い込み，ブロック化＝保護主義への
道を歩んでいった。世界経済は分解の様相を呈し，諸大国は互いに"近隣窮乏
化"を強いて生き残りを図ろうとした。その結果，慢性的不況から容易に脱出
の方途を見出せないイタリア，ドイツや日本では植民地再分割を要求するファ
シズムが台頭し，周辺地域を侵略していった。そしてそれは米，英，仏が保持
してきた国際的既得権との衝突を不可避なものとしたのだが，同時に第三世界
の民族運動は第二次世界大戦に伴う混乱と植民地支配体制の動揺を機に，帝国
主義を支えていた構造そのものに大打撃をもたらすこととなったのだ。

　第二次世界大戦後に生まれた新たな世界秩序はアメリカとソ連を極として再
編され，ここに「ヨーロッパの没落」は決定的な流れとなった。米ソの狭間に
取り残された西欧が選んだのは近隣窮乏化ではなく域内互恵，垂直分業ではな
く水平分業，「アルザスの鉄とザールの石炭」を結びつけ新産業を育成するこ
と，そして規模の経済の果実を求めて市場を統合していく道，誇張を恐れずに
言えば，トロツキーがかつて"予言"した「国境無きヨーロッパ合衆国」への
道だった。

　ナショナリティーの基礎となる「共同体員としての意識」＝国民意識が想像
の産物，しかも「たかだか2世紀にしかならない，萎びた想像力」[8]によるも
のだとするならば，その制約を乗り越え，新しい想像力をもって拠って立つべ
き共同体意識を再構築することが可能である，というロジックも成り立つので
はないだろうか。過去の教訓に学ぶならば，偏狭なナショナリズムと排外主義
はしばしば，時の為政者たちが自分たちの失政と無能をごまかすために意図的
に「敵」を創造し，民衆の不満を故意に彼らに転嫁することによって生み出さ

　8）　注5掲載書，p.26。

れる。しかし，人種・民族対立とはあくまでも表層に現れた現象に過ぎない。その深層にはあるものは，人種や民族の違いに関係なく，表立って自分の置かれた立場を主張できない体制下にあり，権力に疎外される民衆の鬱積する不満だ。錯綜する支配─被支配の関係と，入り乱れた人種・民族対立の図式の根底にあるものは，市井市民に共通した価値観や生活観を生み出すうえでの基礎となる開かれたコミュニケーションを担保する「公共性」の欠落，市民社会の未成熟性，民主主義と人権の未確立，そして生活を脅かす諸々の暴力の存在である。

　錯綜し相克する「想像の共同体」が人殺しを誘発する構図は今なお世界を覆っている。他者への想像力の欠如ゆえに偏執的熱狂に煽動されて戦争へと突き進んでいったあの時代を思い浮かべ，バーゼル決議の精神に立ち戻ることはけっして無意味なことではない。

Ⅷ

　再びストラスブールへ。今，この町の北に「ヨーロッパ地区」と呼ばれる一画がある。そこに「民主主義，人権，法の支配」といった共通の価値観を実現するための協議体として欧州評議会が置かれたのは 1949 年のことだ。それがかつての独仏係争の象徴とでも言うべきこの地に置かれたのは，ヨーロッパの平和は両国民の和解と相互依存・相互協力にこそアルファがありオメガがあるとの暗黙の前提があったからだろう。1957 年のローマ条約発効に伴って，この地には EEC（欧州経済共同体）の〝名誉議会〟として欧州議会が生まれた。同議会は 1979 年には議員を直接選挙で選ぶ現在の方式に移行して立法権限を強化し，EU の済統合進展と軌道を合わせ，今では単一欧州の実質的議会となる道を進んでいる。はたしてストラスブールは戦争と平和，国際主義と民族主義の錯綜を乗り越えるヨーロッパの新たな光源となりえるのだろうか。今般の欧州情勢はけっして楽観的な見通しを許さない。

　陽が傾く頃，バーゼルの残照を思い浮かべつつ飲んだ地ビールの味は，少しばかりほろ苦いものだった。

国際学の道草④

薩摩切子とダッカモスリンの間で

鹿児島・尚古集成館／ダッカ・国立博物館

I

　前夜からの雨が，火山灰交じりの少しいがらっぽかった大気をすっかり洗い去り，夜明け前には桜島のシルエットが鮮やかに浮かび上がっていた。立っているこの場所は錦江湾をはさんだ鹿児島市吉野町磯の地，旧薩摩藩主別邸があったこの庭園は，正式には「厳仙園」というのだが，地元の人々からは「磯庭園」と呼ばれることも多い。広大な庭園と神社を背景とした小路一本をはさんで，瀟洒な数棟の洋館が立っている。尚古集成館という名のこの施設は鹿児島県都でも有数の名所であるはずなのだが，私が訪れた晩秋のその日は，日曜日だったにもかかわらず，磯庭園とは反対に来館者もまばらで，ただその白い壁面が朝の光に照り映え，蒼い錦江湾とのコントラストが美しかった。

　この施設のことを語るからには，島津斉彬（1809-1858）について触れないわけにはいかないだろう。薩摩藩第11代藩主（島津家としては第28代当主）だったこの人物は，「蘭癖」（今風に言えば「西洋かぶれ」ということか？）と揶揄された曽祖父重豪によってその才能を見出され，幼少時から薫陶を受け，早くから海外事情に通じていた。開明思想の持ち主だった斉彬はアジアに押し寄せる西洋列強の外圧を鋭敏に捉え，それに備えるべく，海防態勢の強化を説いていた。藩主として存命した8年の間，自藩富強化のために急速な西洋技術の導入を試み，製鉄用反射炉，ガス灯，紡績事業，火薬，アルコール，ガラス，旋盤などの工作機械，さらには小規模ながらもダムの建設と水力発電，蒸気船の建造にまで至る多角的な事業を相次いで行っている。これら施策は封建支配の行き詰まりを藩主自らが率先して打開しようとする一種の啓蒙専制政治とでも言うべきものだったが，その拠点となったのが邸宅の後称「集成館」であり，これらが集成館事業と呼ばれるゆえんだ。

　その地政学上の位置から見ても，日本列島西南端の薩摩・大隅地方は海を介

して南方に開かれた土地で，古から海外との文化接触が濃密な地域だった。鎌倉期以来この地を領した島津氏にあってもまた，そこには戦略的ポジショニング上の利があり，特に17世紀初頭に琉球王国を服属せしめた後，独占に成功する琉球口貿易ルートは，かの地から搾取された砂糖の専売や中国本土，台湾，東南アジア地域との密貿易による巨利の他，薩摩藩をして海外情勢を掴み得る情報拠点の位置に立たせることに寄与し，アジア植民地化のプレッシャーに反応できる政治的体質を醸成した。アヘン戦争以来の東アジア情勢の緊迫化とそれに対応すべき国家体制の在り方等に関する見識などに鑑みるに，斉彬が早晩訪れるだろう社会動乱をある程度まで見据えていただろうことは，ほぼ疑う余地はない。

　幕末動乱の口火を切ったペリー来航時，老中阿部正弘に送った建白書や，後に天璋院篤姫と呼ばれる彼の養女への手紙など，現在尚古集成館に展示されている斉彬による文書の筆致は，華奢な女性の手によるものではないかと見間違うほどに繊細で，優美だ。彼の耳目，脳裏に描き出された近未来の日本のイメージは，当時の為政者の中にあっては飛びぬけて鮮明であり，また危機感に溢れたものだったのだろう。

Ⅱ

　遠くヒマラヤ山系から滴り落ちる水が集まってヒンドスタンの平原を潤し，やがて大河となって下り降りる真水と，ベンガル湾からの海水が混ざり合う世界で最も広大な汽水域，古くからガンジスデルタに自生したマングローブは，この地に巨大な森林地帯を作り上げ，微小なプランクトンからベンガル・タイガーに至る豊かな生態系を作り上げてきた。バングラデシュ南西部にあるシュンドルボンの朝は，どこまでも静謐が支配する世界だ。時折，遠くに野鳥の飛び立つ声を聴きながら，南下してきた宿泊船が曳航してきた小さなボートに飛び移り，漕ぎ手に身を任せる。マングローブ林の中を網の目状に走っている自然のカナルに分け入れば，ここが人口密度世界最高の国の領土であることなど，つい忘れてしまいそうになってしまう。私は第三世界研究を名目にして，20年近くも前から度々ここを訪れている。近年の地球温暖化の影響からか，高潮被害の頻度が増し，砂地が広がってきた。立ち枯れる木々も増え，マングローブの森の後退が懸念されるものの，シュンドルボンでは豊かな自然が育む大気が穏やかに満ち満ち，ゆったりと時間が過ぎている。

そうした静謐の地とはまったく対照的に，首都ダッカは凄まじい喧騒と人息が織りなす混沌が支配する町だ。ここには統計にカウントされないスラム住民などの「非公式市民」を除いても，1,200万人を超える人々の生活が息吹いている[1]。時間の余裕と少しばかりの勇気があるならば，下膨れのナマコ状に伸びたこの街の南，オールド・ダッカ（旧市街）と呼ばれる河川港地区に足を運んでみると良い。この「瞬間的世界最高人口密度地点」の狭い道に溢れる人々の合間をぬって，すみやかな移動ができるまでには相当の“訓練”が必要であることを，あなたは瞬時に理解できることだろう。

　そこからほど近い国立博物館の一部屋に鎮座するガラスケースの中に，今ではすっかり煤けてしまってはいるが，現地で19世紀末〜20世紀初頭期に極細の綿糸で織られた2枚の逸品があった。Dhakai Muslin（ダッカモスリン）と呼ばれる最高級の手織のその布には，かつてのインド織布産業の一大中心地だったダッカの手工業技術水準の高さや経済繁栄の足跡とともに，産業革命の矛盾を一方的に押し付けられ，仕事を強制的に断念させられた職工たちが零落し，遂にはその伝統技術を根絶やしにされてしまうまでの悲哀の黙示録が込められている。

　1757年，ベンガル平原プラッシーでの戦いに勝利し，この地方に覇権を確立したイギリスでは，その前後から綿産業の技術革新が相次ぎ，機械で大量かつ安価に生産されたランカシャー綿布が19世紀初頭期以来インドにも流入してきた。東インド会社の強権的な統治による抑商工政策によって，インド織布手工業の一大拠点だったダッカの人口は1820年代半ばからおおよそ10年で3分の1（10万人から3万人へ）にまで急減していった。もちろん，ベンガルの民衆はただ指をくわえて事態の推移を眺めていたわけではない。優秀な手工業者が織る主要綿製品であるベンガルキャリコ，そして高級品のダッカモスリンはなお競争力を保持し，ランカシャー綿布に頑強に対抗していたが，東インド会社は時に職人の指を切るなどの強硬手段さえ用いて，この地の手工業を壊滅に追い込んでいった。結果，ダッカモスリンを生み出した高度な手工業技術はベンガルの地から永遠に失われてしまった。国立博物館のモスリンは，その「最後の輝き」だ。英領インド帝国は1881年の大農民反乱の鎮圧を機に，植民地偏向型経済へとベンガル一帯を組み込み，この地の社会改造を進めていっ

---

1 ）　Bangladesh Bureau of Statistics, *Statistical Pocketbook Bangladesh*

た。ザミンダーリー制度と呼ばれる寄生地主＝徴税請負人による農村搾取，ジュート（麻）・モノカルチャーの強制，そして（インド亜大陸植民地からの）原料農産物と（イギリス本国からの）工業製品との交易という垂直分業体制の確立…この中にあって，ダッカは植民地経営の拠点としての機能を担わされ，植民地統治に寄生する少数の富裕者が出現する一方で，住民の多くは次第に貧困の度合いを深めていった。ベンガル地方は大英帝国にとっての最重要で，「実入り」の大きな植民地の一つへと変容を遂げていったのだった。

ヨーロッパの植民者たちは隷属化したアジア人を蔑み，"無能力者"として扱った。アメリカ合衆国の独立運動の鎮定に失敗し，またナポレオン戦争中のイギリス外交を取り仕切ったチャールズ・コーンウォーリス卿（1738-1805）は，その後に東インド会社インド総督としてマレー半島にまで計略を進めた植民地主義者だったが，「私はヒンドスタンのあらゆる土民どもは腐れきっている，と信ずる」との露骨な言葉を用いて，そのオリエンタリズム＝社会的ダーヴィニズムの考えを吐露している[2]。ダッカモスリンが象徴する産業革命期におけるヨーロッパとアジアの「光と影」のドラマこそは，現在，バングラデシュが抱える諸々の社会経済的困難と，そこからの脱却という課題の原点を成しているものでもある。

Ⅲ

幕末期，薩摩藩は長州藩と並んで西洋列強と直接交戦した経験を持っている。いわゆる「薩英戦争」は 1863 年 7 月に起きた。前年の生麦事件の犯人処罰と賠償金を要求するため錦江湾に押し寄せてきたイギリス艦隊に対して，斉彬以来この地に堅固な海防体制を築き上げてきた薩摩藩の湾岸砲台が火を噴き，イギリス側は旗艦艦長以下 13 名が戦死，50 名が負傷した。その後，戦列を整え直した英艦隊は薩摩側旧式砲の射程をはるかに上回る新式アームスロング砲により反撃を試み，砲台の大半を破壊したうえ鹿児島市街地の一部を焼き払った。集成館もまたこのとき被弾し，いったんは破壊されたのだった[3]。薩英戦争の教訓は，単純な攘夷気運だけでは混迷する政局を打開できないこと，そして開国による一層の富国強兵化こそが「近代」創出への唯一の道で

2）田中・小島・新島・三木・石田『教養人の東洋史（下）』（社会思想社，1966）p.296
3）池田・佐々木『教養人の日本史（4）』（社会思想社，1967）p.58

あるとの認識だった。一方，この年は京都でも一大政変が起きていた。同年 8 月 18 日深夜，皇都では三条実美以下同藩勢力の公家たちが追放されるのだが，このクーデターを画策し，実行した中心には薩摩藩がいた。京都政局の要石として，薩摩藩の動向は幕府にとっても無視できないものとなっていた。その後の戦略の転換と複雑で多岐にわたる政略を進めたのは斉彬の弟子たちとも言うべき西郷吉之助（隆盛），大久保一蔵（利通）らで，幕末維新期政局の主導権を握るのは，実にこの時からだったと言ってよいだろう。

　「薩摩藩が主導力となって日本を植民地される危機から救ったということは，どのような史観に立っていても，こればかりは否定できない」[4]と作家司馬遼太郎は述べているが，それに付加して言うならば，その中核＝士族集団は西南戦争で溶解し，爾来，「脱亜入欧」イデオロギーに基づく後発帝国主義国家への転換は初めて可能となった。西郷や大久保，そして明治政府の枢要を占めた山本権兵衛，大山巌，東郷平八郎といった有力者たちの生誕地は加治屋町という鶴丸城下外れの小さな一角に集中している。大げさに言ってしまえば，この狭い街区から後の大日本帝国は出現したと言えるのかもしれない。

　ただし，明治維新という歴史事件をただ薩摩藩の政略努力，あるいは日本国内の権力構造にだけ帰するのは少々無理があるだろう。幕末のイギリスの対日外交を取り仕切ったハリー・パークス（1828-1885）らの脳裏にあったのは，インドのシパーヒーの乱や中国の太平天国闘争などに代表される民族運動の高揚，アジア民衆の反植民地主義抵抗の凄まじさだった。パークスの前任者ともいうべき日本総領事ラザフォード・オールコック（1809-1897）は，「アジア人の血を持ったいかなる国民あるいは民族も，頑固な決然たる抵抗をしないで，ヨーロッパ人の優越した力に屈服したことはいまだかつてない」[5]とその闘いを評価し，帝国主義運動が早晩直面するに違いない彼らとの全面衝突への躊躇を率直に表明していたが，この懸念はイギリスに限らず，他の西洋列強首脳たちにも共有されていたものだった。当時にあっては，植民地化に要するコスト（もちろん人命を含んでのそれ）をできる限り軽減し，民衆の直接抵抗の前に立つことを極力回避することこそが，アジアという「未開地」における勢力拡大を図るうえで喫緊のソロバン勘定上の課題だった。アジア規模で高揚する民衆運

4）　司馬遼太郎『街道を行く 3・肥薩の道』（朝日文庫，1978）p.189
5）　注 3 掲載書，p.19

国際学の道草④　薩摩切子とダッカモスリンの間で | 373

動，反植民地主義のエネルギーを無視しては，幕末維新の世界史的意義を見誤ってしまうことにもなりかねない。薩摩藩の内外政略は，これら複雑で刻々と変化する要素を“変数”として自身の政治方程式に取り組み，明治維新という一つの「解」へとたまたま辿り着いたと言えなくもない。

　バングラデシュ国立博物館に展示されている煤けてしまったダッカモスリンの姿には，インド亜大陸におけるその後の民衆の抵抗もまた表象されている。20世紀初頭，マハトマ・ガンディー（1869-1948）は自身が率いた反英非暴力不服従運動のシンボルとしてインド古来のチャルカー（糸車）を用い，草の根レベルに生きる民衆の抵抗こそが歴史を動かす原動力となり得ることをアピールした。それはまた，今日的なコンテクストにおいては，「地産池消型の適正技術」の重要性を確認したものとの再評価を与えられ，エネルギー多消費社会へのアンチテーゼのシンボルとして，物資的「豊かさ」至上主義へのラディカルな批判へと発展していった。その伝統技術を根絶やしにされはしたものの，ダッカモスリンはインド亜大陸民衆が展開した「しなやかな抵抗」の魂を，その内に留めている。一方，尚古集成館では薩摩切子と呼ばれるガラス工芸品が人気のお土産品だ。特に赤色の薩摩切子は「紅ビードロ」と称され，昔より珍重されたもので，西郷や大久保たちは他藩大名や名士たちとの交流の際，これを活用したと言われている。細微にわたるガラス加工の妙技は薩摩藩外交の細やかさ，ひいては彼らを薫陶した島津斉彬に備わっていたある種の繊細さに通じてもいる。

　2つの「事象」は必ずしも別個のものではない。アジアの2地域での経緯，結果に違いこそあれ，西洋列強の植民地獲得運動とそれに抵抗した民衆のたたかい，その歴史コンテクストの下に東ベンガルの民衆運動も，また日本の幕末維新の動乱も位置づけられる。確かに，多様なアジア近代史にあっては，両者の「近代化」にはかなりの差が生まれた。今となってはどちらが適切な道であったかを俄かに判断することは難しい。ただ，植民地化されたものとそれを免れたもの，あるいは抵抗を更に続け独立を獲得した側と後発の帝国主義国家となってアジア民衆からの抵抗を受ける側に身を置くこととなり，遂には体制瓦解へと至ったもの，両者には明らかな差はあるものの，それらはけっして単純な二分法では総括できない。両者は紛れもなく，少なくともある時点までは，共に世界史的規模での反植民地抵抗運動の一翼を担っていた。ベンガル民衆と私たちの歴史もまた，そんな回路でつながっており，今日への時を刻み続けて

きたのだ。

Ⅳ

　結び付けられた「縁」は，今日の日本とバングラデシュの正・負の結びつきにもつながっている。バングラデシュの貧しい農民たち相手に始められたマイクロクレジット・プログラムは現在世界至る所に広がり，創始者ムハメド・ユヌス博士によるグラミン銀行（農村銀行）は 2006 年にノーベル平和賞を獲得するまでに至った。人間の持つ潜在能力に全幅の信頼をよせ，彼女たち（メンバーのほとんどは女性だ）のエンパワーメントに賭けるある種の楽観性は，世界の多くの人々に対第三世界認識の変化と新たな交わりへの可能性を啓発する。「いつか貧困を克服し，貧しさという名の『歴史的遺物』を博物館に送る」―ユヌス博士のこの言葉に触発され，国際舞台へ，第三世界支援へと乗り出す若者は日本にも少なくない。

　未来への責任を少しでも自覚する人々は，誰もが現在の困難な課題から逃れるわけにはゆかず，それに立ち向かうことを均しく要請される。その際，最も役に立つ叡智とは，過去の人々が体験した悲嘆や苦しみ，そして勇気ある生きざまに触れ，そこから教訓を学び取ることだろう。「今日よりも，明日はきっと明るく，幸せな日々は訪れる」との単純ながらも，力強いエネルギーが訪れたバングラデシュには感じられる一方で，今の日本ではそれがなかなか見えず，フェイドアウトさえしているのではないか，との思いは私だけが勝手に持っているものだろうか。せめて出来ることがあるとすれば，それは過去から学ぶことを通して現在を発見し，明るい未来の展望を次の世代に描き，残していくことを心がけることだろう。それはまた，薩摩切子とダッカモスリンに共通して備わる，あの「優しい柔軟さ」と「逞しい繊細さ」を我が物とし，行動していくことを心がけることでもある。「しなやかに生きる」手立てを求める私たちの旅は，まだ終わってはいない。

国際学の道草⑤

「アジアからの声」はまだ聴こえていますか？

京城／哈爾浜／旅順／仙台／台北
（ソウル）（ハルビン）（ルーシュン）（タイペイ）

Ⅰ

　相変わらず，京城の繁華街・明洞では小屋売りのおばさんの声が甲高く響いている。昨今の日韓関係の冷却化を反映してか，ここを訪れる日本人観光客は一時期よりは減っているように見えた。とはいえ，日本語が飛び交っている風景は変わらず，ヒョウ柄ブルゾンを纏った関西風？　おばさんや，ミニスカートの女子大生風？　の姉さんたちが冷やかし半分で店をのぞき，安い服をもっと安く手に入れようと店のおばさんたちに結構しつこく絡んでいる。ふと別の方角の青い空を見上げる。高い塔が目に入ってくる。小高い丘に建つその塔は南山（ナムサン）タワーと言い，今や京城の一つのランドマークだ。漢陽と呼ばれていた李朝時代の頃，都の南を囲む城壁はこの丘を這い上がる形で築かれており，今はその一部が再建されている。

　ところで，日本人が明洞ほどには訪れることもないこの丘は，朝鮮近代史の「負の遺産」とも言える植民地支配の跡を濃厚に残す場所でもある。1910年に朝鮮半島を併合した大日本帝国はこの地を京城と改称，王宮（景福宮）を遮る形で統治中枢となる総督府をその正面前に建設した他，この丘に同化政策の基点となる朝鮮神宮を建立した。日本の朝鮮統治は10年にわたる「武断政治」の後，1919年の三一独立運動鎮定後は「文治政治」へと転換したとされる。字面だけを眺めれば一見，「優しい植民地統治への変更」ととられかねないが，その実は，より深く朝鮮社会に支配の根を張り，朝鮮人を分断し，民族アイデンティティーを抹殺するための同化政策をより狡猾・陰険に進める体制への移行以上のものではなかった。1925年に官幣大社として南山に造営され，天照大神と明治天皇が祭祀された朝鮮神宮もまた，統治装置の一つだった。植民地朝鮮で強制された神社参拝や宮城遥拝は天皇を神格化し，朝鮮民衆を精神的に支配するとともに，「内鮮一体」をより進め，彼ら彼女らを軍国主義的侵略政

策へと動員することを後押しした。満州事変翌年の1932年には朝鮮民衆に神社参拝と神道信仰が強要され、毎日の礼拝が強要された。日中戦争開始以後の、いわゆる「皇民化運動」の高まりとともに、教育界での神社参拝・宮城遥拝は敷衍化していった[1]。

　朝鮮の民衆はこうした動きに対して神社参拝・宮城遥拝拒否運動を展開した。その方法の一つは、総督府や影響力のある機関を訪れて神社参拝・宮城遥拝を強要しないことを請願する「神社参拝強要禁止請願運動」だった。また強要に抗しての殉教さえ覚悟して、最後まで信仰と教会を守ろうとした「神社参拝拒否勧誘運動」も行われた。1938年以後、韓国教会が神社参拝・宮城遥拝に屈すると、これに反対する宗教家や信徒たちは組織的・集団的抵抗運動を展開した。結果として、200あまりの教会が閉鎖され、抵抗による殉教者だけでも50余人を数えた。組織的・集団的な運動は徹底的に抑圧されたにもかかわらず、個人的な神社参拝拒否は全国に拡がっていった。警察はこれらを「反政府主義者」と規定して治安維持法違反、不敬罪などを適用して弾圧した。神社参拝拒否により投獄された人の数は、毎年2,000人をくだらなかったという。いわゆる「日帝36年」の期間、ソウルの南山は帝国支配の"聖地"として、この半島に住む朝鮮人を睥睨し、威圧するシンボルとして機能してきたのだった。はたして、明洞にいる日本人観光客たちはこの丘を見上げた時、そんな「記憶」を辿ることがあるのだろうか。

Ⅱ

　ところで、今はすっかり跡形もなくなっている朝鮮神宮の地には小さな、しかし小綺麗な展示館が建っている。その名を「安重根義士記念館」という。1905年11月、大日本帝国は大韓帝国政府高官たちを恫喝しつつ第2次日韓協約（乙巳条約）を認めさせ、朝鮮から外交権を剥奪するとともに、天皇直属の実質的な統治機関として統監府をこの地に設置した。この時、朝鮮を事実上の保護国とするために明治帝の名代として派遣されたのが明治の元勲、伊藤博

1）　朝鮮総督府は朝鮮各地に神社建立を一貫して奨励し、1945年6月までに神宮2ヶ所、神社77ヶ所、さらには面（村）単位に建立された、より小さな規模の神社1,062ヶ所が建てられた。神社参拝に動員された人員は、朝鮮神宮参拝者だけでも1940年に約215万9,000人、1942年には約264万8,000人にのぼった。アジア共通現代史教科書編纂委員会編『東アジア共同体への道』（文教大学出版事業部、2010）p.88

国際学の道草⑤　「アジアからの声」はまだ聴こえていますか？　｜　377

文（1841-1909）だった。帝国主義列強間の「縄張り」の草刈り場となり，直前のポーツマス講和会議にも参加することを許されなかったにもかかわらず自国の運命と民族の尊厳を汚された朝鮮民衆にとって，伊藤は侵略と強奪を繰り返す大日本帝国の象徴的人物と映っており，この頃から始まっていた反日帝義兵闘争にとっては打倒されるべき奸物，悪の権化と捉えられていた。

　1909 年 10 月，安重根（1879-1910）は満州哈爾浜駅でその伊藤に銃弾を浴びせ，死に追いやった。安は第三次日韓協約で解散させられた韓国軍軍人たちともに呼応して義兵闘争を開始していたクリスチャンだった。その後の軍事公判では自らの行為を反植民地の義兵闘争であり，韓国国民の義憤を代弁したものであると主張したが，彼の熱弁は省みられる事は無かった。彼に対する日韓両国民の評価—「暗殺者」と「反植民地民族運動の義兵」—にかんする落差はいまなお大きく，この事件は戦後に至るも日本人と韓国人・朝鮮人の間に深い認識の溝を生み出している。いま，京城と哈爾浜にはそれぞれ安重根を記念する建物が建つ。前者にあっては南山の中腹に，達筆だった彼の墨書を中心に，その生涯を「祖国を守護した義兵」としての朝鮮民族の矜持を示すものとして。また後者にあっては伊藤が暗殺された哈爾浜駅 1 番線ホームを間近かに臨める「現場記憶」として。それはまた，中国と韓国の両首脳の合意のもとに造られた事実が示すように，現代東アジアの歴史認識の差異を反映した韓国・中国政府よる日本の歴史認識への批判表象として存在する。両者が共通して発信する歴史的・政治的アピールに対して，ほとんどの日本人が関心を向けることなく，意識の対象の外にあることを含めて，「落差」は相当大きい。

　伊藤を射殺した安はその後，関東軍の管理下に置かれ旅順の刑務所に収容される。日本政府の圧力によって関東都督府地方法院で行われた本審は僅か 3 ケ月 5 回の公判によって結審の後，同地刑務所内において絞首刑となっている。旅順での審判での最終陳述の際，安は次のように述べている。110 年を経た今日，彼の言は圧倒的な権力の非対称関係を背景に頻発する，いわゆる「テロリズム」と「テロとの戦い」の錯綜構造を考える際にきわめて意味深長だ。

　　「朝鮮人一人を殺せば十人，十人を殺せば百人，百人を殺せば千人の義兵が立つ。…一回で達成できなければ百回，来年がダメならば百年後，子供が出来なければその子の孫までたたかい，必ず祖国を独立させる。…大韓国民二千万の全員の命を絶たない限り，朝鮮の国土を奪うことはできない。」[2]

「義兵」、「暗殺者」と、日韓間での彼の評価は大きく分かれるところだが、1909年10月26日の伊藤博文暗殺後、旅順牢獄に収監された彼は、その残り少ない人生をかけて、『東洋平和論』と題する書を著そうと試みていた。死刑執行によってその壮図は挫折し、同著は「前鑑」（前文）のみで強制的に断筆されてしまったが、ここに見る彼の東アジア観と時代認識には、現在の東アジアのそれにも十分に活かされるべき何ものかが含まれているように思われる。日露戦争の際、少なくない中国や朝鮮の民衆が「東洋平和」を掲げる日本の対ロシア戦争に共感し、また積極的な協力姿勢さえ示したにもかかわらず、その後の日本が他のアジア諸民族、とりわけ朝鮮民衆を抑圧し続けたことに彼は悲憤し、大日本帝国の侵略政策の愚劣さと、それによって日本人自身が "失うもの" の大きさに警鐘を鳴らし、さらに東アジア民衆の共同防衛と連帯した自治を実現すべし、と主張する。おそらく、獄中にあってなお、彼は最後まで自らの「義戦」を放棄することはなかったのだろう。

安の「遺言」は聞き届けられることは無く、伊藤暗殺事件を機に大日本帝国による韓国併合は着々と進められていった。世界地図上から大韓帝国の名称が消滅したのは、この文書が書かれてから約半年後のことだった。

Ⅲ

言うまでもなく、伊藤と安の運命を繋いだのは日露戦争という、大日本帝国が経験した初めての本格的帝国主義戦争だった。欧米諸列強の隠微な国際対立の構図に放り込まれた後発帝国主義国家日本は、当時最大の陸軍国家とされたロシア帝国と朝鮮半島〜南満州の利権を争い、きわどい「勝利」をものにした。

19世紀以降に強まった植民地化という欧米列強からの暴力に如何に対応するかは、アジア諸民族に共通する「近代体験」だった。帝国主義時代の冷徹なパワーポリティックスの宿命だったとはいえ、近代国家の体裁をようやく整えた日本にとっての火急の課題は、自国諸産業の勃興と中央集権的国家体制の整備とともに、西洋列強に対抗する「防衛線」をいかに設定し、それを守るだけの武備を整えるかというものだった。西洋化を通して強固に確立された「脱亜入欧」路線は、大日本帝国の防衛外郭を朝鮮半島に求め、さらにその後には土地、資源豊かな中国東北部（満州）に求めた。当時、極東に支配権を伸ばしつ

2）片野次郎『李朝滅亡』（新潮文庫、1997）p.416

つあったロシア帝国との衝突は，もし敗れれば朝鮮はおろか自国領土も奪われ，ロシアの半植民地になってしまうかもしれないという危機感という側面とともに，自らの権益圏を対立する帝国主義から奪還し，より強固な帝国秩序をこの外郭地域を得ることで打ち立てようという政略にも基づいていた。ただ，琉球，蝦夷そして台湾，朝鮮半島へと拡大していった「帝国利益線」は，帝国主義という「近代（＝西洋）的原理」というよりはむしろ，日本主導の華夷秩序の延長線上にあるもので，アジア諸民族との関係において，権力の非対称性に基づく中枢－周辺化構造を樹立しようとした負の痕跡でもあった。

Ⅳ

　一方で，日露戦争での大日本帝国の勝利が西洋列強に支配されていたアジア諸民族のナショナリズムを覚醒させ，民族の独立を求める運動を勢いづけたことは事実だ。孫文（1866-1925）は日本の勝利を「不敗のヨーロッパ神話」を打ち破った戦いと評価し，当時は日本を中国国民革命の支援者とさえ見なしていた。また英領インドでも国民会議派の指導者ネルー（1889-1964）は，「アジアの一国である日本の勝利はアジアのすべての国々に大きな影響を与えた。わたしは少年時代，どんなにそれに感激したかをおまえによく話したことがあったものだ。たくさんのアジアの少年，少女，そしておとなが同じ感激を経験した。…ナショナリズムはいっそう急速に東方諸国にひろがり，『アジア人のアジア』のさけびがおこった」[3]と，昂揚感を隠さなかった。

　このとき，日本には一つの可能性―国際的グランドデザインとしての対アジア政策の地平―が拓けていたのではないだろうか。それはアジア各地に萌胚する体制変革運動や民族独立運動を支援し，それと連帯しつつ日本が先頭に立って帝国主義のパワーゲームと決別し，アジア民衆と共に欧米列強の干渉，支配をはねのけていく，という国際戦略の可能性だ。すなわち，安重根やネルーが言うところの「アジア人のためのアジア」原則に立ち，アジアの人々の支持と協同のもとに帝国主義の外圧と対峙していくという道は，植民地状態にあるアジア各地の独立を認め，その発展に日本が積極的に協力していくということを意味する。多分に理想論を含むにせよ，日本がアジア民衆の側に立ち，自らが率先して帝国主義的膨張を放棄し，世界に範を垂れて植民地解放を支援してい

3）　ネルー著，大山訳『父が子に語る世界歴史3』（みすず書房，1966年）p.221

く道，後年，石橋湛山（1884-1973）が「小日本主義」として総括した自由通商海洋国家への転換，「脱亜入欧」路線を放棄して「入亜抗欧」へと価値観を転換していくという，多くのアジア民衆が期待を抱いた方向性を持った政略を選択できる条件と可能性が，日露戦争直後には一筋の光道として残されていたのではなかっただろうか。だが，実際に日本が歩んだのは大陸国家への道，アジア民衆に敵対する侵略と支配の路線だった。

　日露戦争における日本軍の死傷者は約 20 万人，ロシア軍は 10 余万人と言われている。だが，民間人・非戦闘員が多数を占める中国人・朝鮮人の実数については確たる記録が残されていない。特に中国東北地方の民衆は両国の武力衝突の舞台を供出させられたうえ，戦火に土地を奪われ，生活破綻の憂き目にあったばかりでなく，しばしば "戦争協力者" として双方から捕らえられ，「敵のスパイ」として銃殺されることさえあった。自分たちの土地でありながら外国同士の戦いに巻き込まれ，自分たちを支配する権利を勝利者に委ねなければならないという民族の悲哀は，たとえば魯迅（1881-1936）の小説『藤野先生』の中に淡々と描かれている。戦争の勝利を宣伝する幻燈フィルムの中でロシアのスパイとして処刑される中国人，それを無表情に見守る周囲の同国人たちの姿，そしてそのフィルム見ては万歳三唱する日本人同級生の歓声が湧き起こるなかで，当時仙台医学専門学校（現東北大学医学部）の留学生だった周樹人（魯迅）は大きな衝撃を受けた。

　　　「…私にとっては，この歓声は，特別に耳を刺した。その後，中国へ帰ってからも，犯人の銃殺をのんきに見物している人を見たが，彼らはきまって，酒に酔ったように喝采する。―ああ，もはや言うべき言葉はない。だが，このとき，この場所において，私の考えは変わったのだ。」[4]

　個々の患者の病ではなく，半封建半植民地という「政治的病理」に苦しむ民族そのものを治療しなくてはならない。彼は物理的にも精神的にも暴力に隷属させられた中国民衆の解放のために，文学による啓蒙活動を志すこととなったのだった。

　「その後」の大日本帝国の朝鮮半島支配と大陸侵略は，アジアの民族運動導

4）魯迅「藤野先生」，竹内好訳『魯迅作品集 2』所収（筑摩書房，1966）p.161

国際学の道草⑤ 「アジアからの声」はまだ聴こえていますか？ | 381

指導者達をひどく落胆させることとなった。ポーツマス講和条約締結から2ヶ月後の1905年11月，革命運動を弾圧する為，清朝からの要請で文部省が「清国留学生取締規則」を公布し，在日留学生の締め付けが強まる中，中国革命同盟会の陳天華（1875-1905）は中国青年の覚醒を促すために大森海岸で入水自殺した。その遺書（絶命書）には「日本と結ぶことは朝鮮の轍を踏むことであるが，また日本を離れると東亜が亡びるのである」と当時の苦しい政治リアリズムを告白する一方で，「日本を見習えという諸君，どうか朝鮮を見ていただきたい」と書き残している[5]。

　また当時の仏領ベトナムの知識人たちは日本の近代化路線をモデルとし，日本からの援助を得て独立を達成しようと，日本へ留学生を送り込む「東遊運動」を展開していた。その指導者ファン・ボイ・チャウ（1867-1940）に対して，明治政府は日露戦争直後こそ民間レベルでの援助を認めていたものの，1907年に日仏協約を結ぶと姿勢を一転させ，フランス政府の要請に従って彼やフエ王族の一人クォン・デ侯などの有力メンバーを国外強制退去処分にしてしまった。この事件に関連して，チャウはポーツマス会議の全権代表だった当時の外相小村寿太郎に痛烈な皮肉をこめた弾劾の文書を送っている。

　　「…（私たちは）いったい何の罪をもって日本から駆逐させられるのでしょうか。祖国を愛し，祖国の独立を願うことが罪になるのでしょうか。この一事に対し，私は全東洋の黄色人種のために悲しみます。大日本帝国のために悲しみます。…アジアを愛しアジアの人の権利確立のために苦心するクォン・デをアジアの国々はこぞって歓迎してしかるべきであるにもかかわらず，どうして彼を駆逐することが出来るのでしょうか。…（日本が）アジア人とあらば卑しみ，蔑み，侮り，罪の有無を確かめることさえなく，（フランスに）要求されるままに駆逐するとすれば，それはアジア人たる閣下がアジア人を卑しむものであり，すなわち閣下自身を卑しめていることに他ならないのではないでしょうか。」[6]

　ロシアの侵略意図を挫き，帝国主義のくびきに苦しめられるアジア民衆にとって「一筋の光」とも考えられた日本の台頭。その日本が今度は大陸への領土

5）　田中・新島他『教養人の東洋史（下）』（社会思想社，1966）p.124，および池田・佐々木他『教養人の日本史（4）』（社会思想社，1967）p.257
6）　山室信一『思想課題としてのアジア』（岩波書店，2001）pp.618-619

的野心を満たすために白人の諸列強とより強く結びつき，アジア人を卑下し，「西洋覇道の狩り犬」（孫文）に堕して背信行為を行うまでになってしまったという落胆の思いは，アジアの民族独立運動の指導者たちが共通に抱いたものではなかっただろうか。

V

　「アジアからの声」に謙虚に耳を傾けるとき，私たちは過去の植民地支配や侵略戦争といった問題を，単に東アジアに起きた「不幸な出来事」としてではなく，近代が生み出した帝国主義的支配という，より普遍的な世界史的パースペクティブのもとで捉えなおすという知的課題の重要性を痛感する。大量虐殺，戦略爆撃，軍政支配，経済的搾取，宗主国への従属的改造，民族的主体性の剥奪，抵抗運動への弾圧といった犯罪行為は，たとえば大英帝国のボーア戦争やインド統治，あるいはアメリカ合衆国のフィリピン支配などにも多くの共通点を見出せる。というより，大日本帝国はこれらを範として植民地経営や大陸侵略という「近代体験」をこなしてきたわけで，その脈絡から言えば，それらは「脱亜入欧」という日本国家が採った近代化＝西欧化路線が必然的に生み出した確信犯的犯罪とでも言うべきものだった。そして，近代日本のそうしたアジアに対する姿勢は，形こそ違え，今なお続いているものではなかったろうか。

　過去の修正はいまさら不可能なことだが，少なくとも，経験してきた事実は今日の教訓にはなり得る。あれから約1世紀を経，NIES（新興工業経済群）の一員としての台湾や韓国の発展，冷戦構造の崩壊，中国における改革開放などに伴って，モノ，カネ，ヒトの移動や文化の交流，あるいは相互依存が深まる中で東アジア世界はかつてなかったほどに紐帯の度合いを強め，諸国民はお互いの存在が不可欠なほどの地点にまで立ち至っている。東アジアの平和の構築，平等と互恵，民衆相互の信頼醸成といった課題の実現が今ほどに必要とされている時代は無いことは，均しく衆目の一致するところだろう。そのためにも，これらの過去をわれわれ共通の問題として考え，その本質を問い続けることは，近代世界史上の欧亜関係や今日の南北問題を批判的にとらえ，明治以来の近代化路線そのものを問い直し，さらに「これから」を考えて「共に生ききていく」ための叡智をも生み出すことにも役立つに違いない。

　自らの立ち位置の確認と未来のアイデンティーづくりのための「歴史の再構築」という課題は，アジア諸地域にあっても同じ重みをもっているのかもしれ

ない。1980 年代末から進む民主化と多元化，比較的豊かな中産階級の台頭によって愛郷土主義が進む台湾にあっては「台湾の台湾化」，大陸の一党支配体制とは異なる政治社会を実現しようする台湾ナショナリズムが確固とした比重を占めるようになり，経済的に深まっていく両岸関係の中にあっても，中国大陸とは一線を画した独自のアイデンティティーが涵養されてきた。“外来政党”である国民党に対して，現在与党である“土着政党”民主進歩党の政権下にあって，台南市の学校からは蒋介石の肖像が撤去され，また首府台北市でも，二二八事件（1947）に代表される台湾人への弾圧張本人たる彼を記念する「中正記念堂」の名称を巡って議論が交わされるなど，「踏みつけられた側」からの「歴史の再構築」が進んでいる。そのモーメントは「国父」孫文の再評価にも及んでおり，北京―台北に共通する「父」としてではなく，植民地化の危機に瀕して立ち上がる革命家，社会改革者としての孫文をとらえなおす動きも見られる。

　対するに日本ではどうだろうか。日本政府の某官房長官は安重根に言及する際，ただ「テロリスト」と語るだけだった。一部の国粋主義者たちがアジア太平洋戦争での数々の虐殺を「まぼろし」とさえ言い放ち，「慰安婦の徴発に国は一切関与していない」と，戦時性暴力被害者を突き放す様を見るにつけ，アジア諸民族との心からの和解は進まず，戦後日本国家が本来追求すべきだった「アジアにおける友人作り」という課題は，相変わらず放置され続ける。もし私たちが真摯に「アジアと共に生きる」ことを決意するならば，私たちは植民地化や侵略戦争という歴史的体験が持つ「痛み」への無思慮と無理解こそが，現在の協働活動を阻んでいる原因の一つであることを自覚することだろう。

　フォーク歌手吉田拓郎が「落陽」の中で歌った，「この国ときたら，賭けるものなど無いさ」とのフレーズが耳に響く。彼が言うように，この国には果たして「賭ける」に値するほどの矜持があるのか，世界に向かって胸を張って自らの価値を誇ることのできるものがどれほどあるのか。戦後 3 四半世紀を経てもなお，真の意味でアジアの隣人を「友」とできなかったこの国に，いったいどれほどに未来を語る資格があるのか…その答えは「アジアからの声」に耳を傾け，それらを聴こうとする私たちの頭の柔らかさと意思の強さ次第だと思われる。

国際学の道草⑥

「核」に壊された町，「核」に脅かされる町
―2018年「2つの現場」から見えたもの，考えたことなど―

福島県大熊町／青森県十和田市

I

　ピコーン，ピコーン，ピコーン…かん高い警報音が手元のウクライナ製放射線量計から鳴り響き，途切れることはなかった。東京電力福島第一原子力発電所（以後，「いちえふ」と表記）から数キロ脇，「あの日」押し寄せた巨大津波に破壊され，かろうじてカマボコ型の屋根部分だけが残ったマスの養殖場跡地に立った時のことだ。毎時 4.47μSv [1] はこれまで幾つかの原発の周辺地域をウロついてきた我が身にとっても初めて体験した数値で，さすがに気持ちの良いものではなかった。

　2018年3月，関係各位のご厚意に甘える形で私は福島県大熊町，「いちえふ」のメルトダウン事故以来，外部からの進入を阻んでいる「帰還困難区域」を訪ねる機会を得た。常磐道から町で唯一「困難区域」指定を解除され，「復興拠点」に指定されている大川原地区へ，そこからスクリーニングの検査場を経，さらに厳重警戒下にあるチェックポイントでの3回の身分確認を終えて，「困難区域」の内へと入った。いまだ開通の見通しが立たない（2020年以降？）常磐線大野駅が，「あの時」の状態のまま捨て置かれていた。雑草が茂り，イノシシの足跡が至る所に見られる中，ふとプラットホームに立っていた名所案内板に目をやる。「原子力発電所・東北方3キロメートル」の文言が今となっては虚しく映っている。駅前周辺の商店街もまた，広範・高濃度に飛散した放射性物質が人々のアクセスを頑なに拒んでいた。壊れた雨戸，散乱する商品（だったと思われるガラクタ），けっして片づけられることのない瓦礫，そしてすっかり倒壊した家屋…人影は一切なく，声を聞くこともない。ここからは「生活」を

1）　単純な年間積算では 4.47 × 24 時間 × 365 日 = 39.2mSv。なお，「3.11」以前の一般市民に対する安全基準値は年間 1mSv だった。

国際学の道草⑥ 「核」に壊された町，「核」に脅かされる町 | 385

感じることができるものすべてが奪われてしまっている。強要された沈黙，見捨てられた（少なくともその風景からはそう映る）世界の有り様は，政府が喧伝する「震災復興の途上にある」との謳い文句を白々しくさせるに充分だった。

　改めて確認しよう。ここは「天災」と言うだけでは済まされなかった，あの凄まじい核災害の最前線なのだ。「あの日」まで，面積 78.71km^2（うち 6 割は山林）のこの町には 4,235 世帯，11,505 人の命が息づき，日常の営みが続けられていた[2]。2011 年 3 月 11 日午後 2 時 46 分，震度 6 強の揺れに見舞われた約 1 時間の後，13m を超える津波がこの町を襲った。浸水面積は約 2km^2 に及び，死者 10 人，行方不明者 1 人，他に地震による死者が 1 名だった。しかし，「町史上最悪の事態」はその後にやってきた。隣接する双葉町と海岸線に跨って 1970 年代に相次いで立地した「いちえふ」（6 基）では主要建物が冠水，地下に設置していたディーゼル発電機などが使い物にならなくなった。そして 6 号機以外の 5 つの原子炉が全交流電源を喪失したことで，炉心制御と核燃料棒の冷却ができなくなるという，非常事態を迎えた。特に 1,2,3 号機では崩壊熱による炉心溶融（メルトダウン）が急速に進んだ。炉内圧力が高まり，1 号機が翌 12 日午後 3 時 36 分，3 号機が 14 日午前 11 時 1 分に水素爆発を起した（なお，当時 4 号機は定期点検中で原子炉内には核燃料は装てんされていなかったが，3 号機から配管を通じて流入した水素が充満し，15 日午前 6 時 14 分に水素爆発）。最大の危機は炉内の水位低下のために 14 日夜には燃料棒が露出し，午後 9 時ごろから急速にメルトダウンが始まった 2 号機だった。緊急措置として，放射性物質に対しての "フィルター機能" を持つと期待されていた格納容器内の水を通す作業もできず，直接大気に放出するドライウェルベント（減圧操作）が試みられたものの，この作業も炉内圧力上昇のために困難となっていた。15 日午前 6 時にはメルトダウンは加速し，容器内圧力が設計耐用限度を超える 750 キロパスカルまで上昇した[3]。この時，偶然のことだったが，4 号機建屋が爆発した。そのショックからか，高温高圧で脆くなっていた 2 号機格納容器の隙間を塞いでいたシリコーンゴムなどが溶け落ち，蒸気が漏れた可能性があり，格納容器の一部にあたる圧力抑制室内の圧力がゼロとなった。この時，2 号機からはおよそ 12.8 京（京は兆の 1 万倍を示す値＝ 1×10^{16}）ベクレルという

2）　福島県大熊町編『大熊町震災記録記』（2017.3）。なお，本稿で紹介する同町に関する諸データは，主に同書に拠っている。

大量の放射性物質が短時間に撒き散らされ，午前9時には発電所正門の計測で 11,930.0 µSv/h の高い値が計測されたのだった[4]。

　政府が「いちえふ」の半径3km圏内避難，10km圏内屋内待避の指示を出したのは11日午後9時23分だったが，翌12日午後には1号機から炉心内の圧力を逃がすためのベントが行われたのを皮切りに，既に大量の放射性物質が外気にまき散らされていた。メルトダウンが始まった直後から4日間で放出された放射性物質の量は，セシウム137（半減期約30年）だけでも約1.5京ベクレルに達した[5]。また，後に東電は事故発生から3月末までに大気に放出された放射性物総量をチェルノブイリ事故（1986）放出量の17%にあたる約90京ベクレル（うち1号機約13京ベクレル，2号機約36京ベクレル，3号機約32京ベクレル，残余分は放出源不明）とする試算結果を発表している[6]。

　3月12日午後6時25分，国が指示する避難地域は「いちえふ」から半径20km圏にまで拡大され，大熊町はその全体が覆われた。全町避難指示を受けて町民は近隣市町村へ追いやられることとなったのだが，メルトダウン事故の影響が拡大していく中にあって，長期にわたる避難を覚悟せざるを得なくなった。町当局は学校，医療機関，町民受け入れの規模などを勘案して苦渋の選択を迫られた。3月25日，会津若松市に拠点を移すことを発表し，4月に避難

3）　もし，原子炉格納容器内で爆発が起これば大量の放射性物質が飛散し，福島県浜通り一帯には人が立ち入れなくなってしまう。そうなれば，6基の原発を抱える第1原発だけでなく，その南に4基の原子炉を持つ福島第2原発もまたコントロール不能の事態に陥ることとなる。すなわち，このまま"暴走"を許せば，「東日本壊滅の危機」（吉田昌郎福島第一原発所長（当時）―国会事故調査委員会証言）さえ覚悟しなければならず，放射性物質拡散のために立ち入り禁止区域は半径200kmにも及び，「首都圏を含む3,000万人が退避せざるを得ない状況」（北澤宏一，民間事故調査委員会委員長（当時））に立ち至っていたかもしれない。

4）　2号機の圧力抑制室の圧力計器がなぜゼロになったかについての詳しい理由は今なお分かっていない。抑制室の破損可能性も指摘されているが，これによって原子炉格納容器大破の可能性が低下したことが結果的に幸いした。その後の東京消防庁，自衛隊をはじめとする官民挙げての原子炉や使用済み核燃料保管プールへの懸命の注水努力によって，1-3号機が「冷温停止」に至るまでに，さらに9か月を要した（2016年3月2日付「朝日」紙，NHKスペシャル「原発メルトダウン，危機の88時間」（2016/3/13放映）等より）。またこの時，福島第一原発敷地内でプルトニウム239も検出されていた。

5）　経済産業省発表値（2011.8.26）。なお，この量は広島原爆による放出量の168.5倍で，原子爆弾とは単純に比較できないまでも，多くの放射性物質が拡散したことが分かる。

6）　2012年5月25日付「朝日」紙

が行われたのだった。町民にとっては，比較的温暖な浜通り地域から雪深い会津への疎開は驚天動地の事態であり，全く予期しない理不尽な運命の始まりでもあった。

Ⅱ

　田んぼにドジョウが泳ぎ，希少種のイトトンボが身体の周りを飛びまわる。大熊町の帰還困難区域への立ち入りから3ヶ月後，私は青森県十和田市の無農薬の田んぼで繁茂した雑草と格闘していた。遠くに八甲田山系を臨む田んぼには奥入瀬渓流を通ってやってきた冷たく，清冽な水が運び込まれ，初夏の暑さを和らげてくれる。農家の主である苫米地さん（国際学の道草②に登場）は「この土はね，40年モノだよ」と胸を張る。裸足で踏ん張っている田んぼの土は黒く，柔らかく，その感触は肌に心地よい。科学的にはしかと分からないものの，農主は「デトックス効果がある」とのこと。そして何より，貴重な国産大豆から作られた自家製味噌，同じく無農薬で作られた数々の野菜をおかずに，朝夕御相伴にあずかるご飯はとびっきり美味しい。

　TPP協定の締結によって規制緩和される遺伝子組み換え種子の"侵略"や，安全性に疑問符が打たれる安価な外国産農産物の流入といった危惧もさりながら，農主にとっての大きな心配事の一つは，東北方向約40kmにある「或る施設」がいつ動き始めるかということだ。その施設，日本原燃㈱の核燃料再処理工場は近隣の六ケ所村にある。1983年12月の中曽根康弘首相（当時）の「下北半島＝原子力のメッカ」発言から30年余，今では六ケ所村は再処理工場の他，ウラン濃縮工場，放射性廃棄物埋設施設，MOX燃料工場などが立ち並ぶ日本最大の「核基地」だ。特に，再処理工場は日本各地に立地する原発が運転することから生じる使用済み燃料棒をここで化学処理し，半減期2.4万年，致死量0.2マイクログラムという超危険核分裂物質プルトニウムを抽出するだけでなく，高濃度に汚染された「核のゴミ」をガラスと混ぜ合わせ固化することを主要任務とする「核基地」中の最大施設で，これまでに3兆円近い巨額の資金が注ぎ込まれてきた。周辺住民にとっては幸い？　なことに，ガラス固化技術がいまだ完全に確立していないことや，日本原燃の拙劣なコーポレート・ガバナンス，そして「いちえふ」事故以降高まった反原発世論という「風圧」もあって，六ケ所村再処理工場は2019年夏現在に至るまで本格稼働に至ってはおらず，現地PRセンター職員の言葉を借りるならば，「今年こそ竣工」（こ

の言葉の意味するところはイマイチ不明なのだが…）との謳い文句が繰り返されている。

　しかし，仮に本格稼働が現実のものとなれば，「1日で原発1年分の放射能が出る」と言われている再処理工場からは膨大な放射性物質が排出されることは不可避だ。大気中に放出される微小な核分裂性物質は，たとえば北東北一帯に冷害をもたらす東北風が吹けば，下北半島の南西部に位置するこの地にも運ばれることになる。日々，黙々と土を育て，無農薬無化学肥料によって安全・安心なコメを真面目に作りあげてきたこの田んぼにも，理不尽にも放射性物質は落ちてくるかもしれない。六ケ所村に再処理工場が存在することによって，この田園風景は数十年にわたって「核」に脅かされてきたのだ。

Ⅲ

　「いちえふ」でメルトダウン事故が起き，深刻な放射能汚染が出来した時，当時の民主党政府は後手の対応に終始していた。水素爆発が起こる前から放射性物質が大気に放出されたにもかかわらず，「当面は心配ない」，「安全は確保されている」との虚言が繰り返され，菅直人首相（当時）も収束対応に忙殺される現場を突如訪問するなど，混乱に拍車をかけるばかりだった。政府は3月15日までには「緊急時迅速放射能影響予測ネットワークシステム」（SPEEDI）を使って放射能汚染物質が北西方向へ向かって流れていくことを事前予測していたにもかかわらず，「国民がパニックになることを懸念」し，風下の自治体に避難指示を出さなかった[7]。結果として，何も知らされず北西方面へと避難していた人々は折からの雨や雪に混じって降り注いだ大量の放射性物質によって被曝することとなってしまった（しかしその一方で，この時，SPEEDI情報は沖縄の基地と太平洋上の空母ロナルド・レーガンを中心に展開されつつあった「トモダチ作戦」に従事しているアメリカ軍に対しては，外務省を通して詳細に伝えられていた）。被災避難者たちは忍耐強く寒さと放射能の恐怖に耐えていたが，県外では福島県から避難してきた人々に対して「放射性物質持ち込みお断り」と宿泊を拒否するホテルが現れ，また福島ナンバーの車に対しては「放射能がうつるから出ていけ」などと，差別的なビラが貼られることもあった[8]。さらに，首都圏の各浄水場でも福島第一原発から飛来した放射性物質が検出され，スーパーマー

7）　小出裕章『原発のウソ』（扶桑社，2012）p.40

国際学の道草⑥ 「核」に壊された町，「核」に脅かされる町 ｜ 389

ケットやコンビニ店から飲料水やインスタント食品などの日常品が瞬く間に姿を消した。計画停電も実施され，社会の混乱は容易に収拾しなかった。政府は危機管理能力を欠いていたばかりか，情報の隠匿まで行って被曝被害を拡げ，風評被害も収まらなかった。それはまるで，関東大震災時の朝鮮人虐殺時やアジア太平洋戦争時の大本営発表の際の déjà vu のようであり，「国家はウソをつく」との歴史の教訓が活かされることはなかった。

　「潜在的核武装能力（技術）の維持」という隠れた「不都合な真実」以外に，「原子力ムラ」が原発建設に固執する最大の理由は，「原発事業は儲かる」というごく単純な資本の論理だ。標準的な軽水炉（出力 100 万 kwh）の建設に要する費用は 5,000 億円程度と言われていた（しかし，「3・11」以降，審査基準が格段に厳しくなり，建設費はさらに 1 兆円近くまで上昇するようになった）。この巨額のカネに集り群がる政治家，許認可権を天下りのカードに使う諸官庁の官僚たち，地域独占電力会社，設計建設企業，周辺インフラ整備を行う大手ゼネコン，「安全神話」を補強することで政府や電力業界からのおこぼれ研究費にあずかろうとする民間研究所や大学の御用学者たち，そして地元の下請け中小企業，ホテル，飲み屋，クリーニング屋…といった重層的な利権の分配構造が出来上がり，大きな影響力をふるう。一方，原発からの固定資産税収入に頼っている地元市町村もまた，減価償却に伴う税収減への対応と地元雇用の担保として，原発の更なる増設を望むようになる。1983 年，原発が日本で最も多く立地する福井県（商業用軽水炉 13 基，新型転換炉「ふげん」，高速増殖炉「もんじゅ」）の敦賀市の前職市長が原発誘致で揺れていた石川県志賀市での講演で，「（原発を誘致すれば）短大は建つわ，高校は建つわ，50 億円の運動公園は出来るわ，棚ぼた式の町づくりができる」[9]と豪語したように，「安全神話」を口実にして，原発はまるで麻薬のように地域共同体を蝕んでいったのだった。

IV

　帰還困難区域内の奥，「いちえふ」が見渡せる地点に至った。このあたりに

8）　この事故のために避難してきた福島の子供たちが「ばい菌」呼ばわりされ，また，「賠償金もらったんだから金を持ってきな」などという理不尽ないじめにあっている事例が 2016 年秋にマスコミで取り上げられている。「フクシマへの差別」は子供たちに限ったことではなく，むしろ世間の「大人目線」の投影と考えられる。

9）　2011 年 10 月 14 日付「朝日」紙

は幾つかの墓地が点在していたが，彼岸の入りを迎えながらも，近親者のみに許されている墓参に訪れる人は疎らだ。ある墓は倒壊を防ぐために横積みにされ，積み木のように扱われていた。空気中を漂う見えない「魔物」，国策の名の下に人為的に生み出された放射性物質が震災からの復興努力を阻んでいるこの町に，国家はさらに追い打ちをかけようとする。「いちえふ」に隣接する北台，大，夫沢，東台など大熊町の海岸地区一帯がすっぽりと収まる 1,100ha の広大な土地には福島県内で除染された土と，放射能汚染の度合いが大きな特定廃棄物（10 万 Bq/kg）が運び込まれようとしているのだ[10]。いわゆる「中間貯蔵施設」の建設は，1,600 万〜 2,200 万 m^3（東京ドーム 13 〜 18 個分）と推計される膨大な汚染物質を運び込み，30 年にわたって「一時保管する」ことを主眼に計画されたものだ。この地区が対象として浮上したのは改めて言うまでもない。ここは既に高濃度に汚染され，高い放射線量が長期にわたって続く土地，「もう汚染されてしまって使い物にならない土地」という，いわば踏んだり蹴ったりの理由で，最大の被害を被った土地がさらに二次的な損害を被る，という意味あいを持っている。2014 年 12 月にこの計画を受け入れ，汚染物質を集中的に押し付けられることとなる運命を受け入れた大熊町にとって，それはとてつもなく辛い，苦渋の決定だったことは想像に難くない。「中間貯蔵」との建前とは裏腹に，こうした巨大迷惑施設を最終的に受け入れるだろう自治体を他に見つけ出すことはほぼ不可能だろう。本音として，この地が半永久的な放射能物質の「最終貯蔵施設」となることは，多くの人にとっての黙契だろう。

　目の前にある景色は，かつてここに人々の生活の営みが確実にあったことを物語っている。しかし，メルトダウン事故はそれを根こそぎに奪い，この土地に立つすべての構造物―人家はおろか，神社，仏閣，墓地に至るまで―を破壊し，放射性物質を含む汚染土を運び込む「広場」へと変えてしまう。既にここには汚染された土をパッケージした黒い袋（フレコンパック）が続々と運び込まれており，生活の痕跡は次第に消されていく。故郷を半永久的に棄損された多くの人々はその「痕跡」に背を向け，生まれ育ってきた場所との永訣を覚悟しなければならない。大熊町が 2015 年に行った町民アンケート（回収率 50.0%，

10）　中間貯蔵全体計画では施設全体予定面積は 16km^2 に及んでおり，うち大熊町が 11km^2，双葉町が 5km^2 を占める。なお，「特定廃棄物」とは放射能汚染廃棄物のうち放射性セシウム濃度が 8,000Bq/kg を超えるものを指し，国はその全量に処理責任を持つと定められている（「放射性物汚染処理特措法」・2011 年制定）。

2,667世帯）によれば，全体の80.8%が「戻らないと決めている（戻れないと考えている）」，「まだ判断がつかない」と答えており，その割合は特に20代では84.7%，30代では92.1%にも達し，若い世代の帰還はほぼ絶望的だ[11]。

　その一方で，この町で唯一の復興拠点と指定される大川原地区の一角には廃炉作業を担う東京電力とその"協力企業"の新しい単身赴任者用の住宅や，彼らのために新設された給食センターが並んでいた。この町でも一見「復興」が進んでいると思われるのだが，ここに見る風景は，昔からの仕事を生業としてきた地元の人々，浜通りの文化風土の下で培われた共同体的なつながりとは全く異質で，断絶している。ある町民が言うように，「今，大川原に行くと給食センターも東電寮もあって，すごいと思う。でも考えてみると，あれは俺たちのではねえんだな。町民のための施設ではねえんだ。それを見て復興しているとか，そんなことではねえと思うんだ。」[12]

　地域のつながりや住民の営みに支えられた生活の再生，伝統的な文化，地域風土に根差した文化共同体が時代や環境の変化にあわせて変容を遂げながらも継続的に回復していくプロセスを「復興」というものと定義するならば，今の大熊町で進められる営みはけっして「復興」とは呼べるものではない。それはリセット，昔から住んでいた人々による自治的再生も，伝統の継承も無く，以前からあったものが全く異質のものに置き換えられていく脱換作用であり，強いて言えば，「疎外下での復興」とでもいうべきものだ。悲しい話だが，たとえ帰還困難区域が解除され，常磐線が「復旧」しようとも，「核」に壊されたこの町は本来の，元あった姿へと戻ることはたぶん永久に無いのだろう。

Ⅴ

　建設中あるいは建設計画中の大間町や東通村の原子力発電所，むつ市の使用済み燃料棒中間保管施設，六ケ所村のウラン濃縮工場，核燃料再処理工場，さらに米軍三沢基地など，下北半島には多くの核関連施設が集中している。「原子力ムラ」の強大な権力と民衆疎外を象徴するこれら現代のピラミッド群は，新全総計画による開発拠点に指定されて以来，カネの力で漁業権を奪い取り，農地を買い占め，反対運動を切り刻み，地域社会に君臨する構造的暴力のシン

11）「大熊町住民意向調査・調査結果」，注2資料所収

12）　同上

ボルでもある。しかし，「下北核半島」の中枢を占める再処理工場は建設以来30年を経てもなお本格的に動くことは無かった。日本原燃の拙劣なコーポレート・ガバナンスによって連続して起こった幾多のトラブル，ガラス固化技術の未熟さ，そして，核武装放棄の意図を国際的に担保するための象徴的存在でもあった抽出プルトニウム再利用の根幹と目されていた高速増殖炉原型炉「もんじゅ」の廃炉決定…いわゆる核燃料サイクルと呼ばれる「核の平和利用」スキームが破綻してしまったことは誰の目にも明らかなのだが，それにもかかわらず，再処理工場は稼働への動きをけっして止めようとはしない。投ぜられてきた数兆円のカネが水泡に帰するだけではない。もしそれが止まった時，これまで民衆を欺き，利をむさぼり続けてきた「核の平和利用」という神話のすべての幻想が剥げ落ちてしまうことを，「原子力ムラ」の連中はよく知っている。これまで彼らが声高に叫んでいた「核開発」は，すべての大義名分を失うのだ。

　「原子力ムラ」に属する既得権益者たちが常套句として使うのは，「原発推進は国策ではあるけれど，きちんと立地地域の民意を尊重して進めてきた」とのエクスキューズだ。確かに，下北半島にしても浜通りにしても，「核関連施設」は県や立地自治体の地元からの同意を得て，初めて建設ができたことはその通りだろう。また，それらが立地する自治体には巨額の「原子力マネー」が投下され，大きな財政的恩恵をうけてきたことも否定できない。だが，そこに至る「民意」とは，実は札束攻勢と恫喝による地域社会の揺さぶり，賛成・反対派を分裂させ，亀裂を深めさせるという淫靡で狡猾な，力による分断統治政策の産物でもあった。

　同時に，国民国家の代議制民主政治が「数の暴力」を常態化させ，最も深刻な被害や負担を負う周辺部地域共同体を疎外し，その意思を抹殺してしまうコンテクストが存在することも指摘しておきたい。沖縄の米軍基地問題や福島の原発事故問題から都市部と地方の間にある構造的な差別関係を「犠牲のシステム」と命名した高橋哲哉（哲学）は，「無意識の植民地主義が日本国憲法の民主主義的原則によってむしろ正当化され得る危険性」について，次のように述べている。あらゆる差別問題と同様に，ここでもまた，「中立者」，「第三者」はけっしてありえない。私たちは果たして「どちらの側」の立とうとするのかが，今，厳しく問われている。

国際学の道草⑥ 「核」に壊された町，「核」に脅かされる町 ｜ 393

「…沖縄に米軍基地が集中している現状について，仮に国民投票で賛否を問うた場合，ヤマトの日本人がいわゆる NIMBY（Not In My Backyard ＝迷惑施設は自分の裏庭には来て欲しくない）という態度を取れば，沖縄の希望は圧倒的多数によって否決されてしまう。これが植民地主義の実態である。原発についても同じことが言える。国策として原発を推進することが国民多数の意思として決定されてしまうなら，既に原発が存在する地域や，今後原発が建設される地域には，そのリスクが民主主義的に押し付けられてしまうのだ。」[13]

　民主主義とはお題目でも無ければ「数の暴力」を是認する制度でもない。その真髄とは，そこに住む人，暮らしを営む現場に生活する人々の意思の所在と，その表現の直截的な手段でなければならない。「国策」によって脇に追いやられ，グローバリゼーションという世界規模での中枢─周辺関係の構造化によってますます形骸化される地域社会の意思，自己決定権を担保する「民衆の支配（デモス・クラチア）」を取り戻すことこそが，真の課題となるべきなのだ。未来を選択する意思はまさに「現場」にこそゆだねられるべきであり，それを実現するには，潔く「国策」と決別してみることだろう。冗談でなく言いたいのだが，一度，国民であることをやめ，国家が押し付ける民主主義的な暴力にも別れを告げるべく「非国民になる」という手はどうだろうか。

Epilogue

　2018 年 9 月，「フクシマの悲劇」を再度確認するために福島県への旅を試みた。郡山駅から田村市，川内村，「あの日」には双葉郡から避難する車で渋滞を極めた道を逆にたどり，浜通りへと向かった。その行程路である国道 288号線の脇には，放射性物質を含んだ除染土をかき集めたフレコンパックが散見される一方で，「あの日」以降は農業の継続が困難となり，耕作放棄された広大な土地にはソーラーパネルが立ち並ぶ。そしてこれ見よがしのごとく，立派な小学校がいわゆる「復興の証」として建てられ，また，原発事故直後には収束の最前線基地となった J ビレッジ等の「原発マネー」によって建てられた巨大地元還元施設が直前にリ・オープンするなど，一見，「復興」が確実に進んでいるようには見える。しかし，それを信じたいと願う人々の大きな期待とは

13）　高橋哲哉『犠牲のシステム沖縄・福島』（集英社，2012）pp.207-208

裏腹に，双葉 8 郡（6 町 2 村）への住民帰還率は低い。この原発事故周辺地区に，多くの人々は再び帰って来ようとはしていないのだ。

　様々な方々のご厚意に甘え伝手をたどり，東京電力福島第一原発，まさにあのメルトダウン事故が起きた「いちえふの現場」に至ることができた。「あの日」から 7 年半以上を経て，廃炉作業の真っただ中にある構内では凍土遮水壁や地下水の排水ドレン関係の配管が縦横に走り，施設建設用の資材に混じって瓦礫も散乱しており，多くの作業に当たる人々が行き交っていた。例えが悪いが，それはまるで一つのライブ・イベントが終わった後のステージの上のようで，数えきれない物と人の混雑が支配する空間だった。ただ一つ違うのは，そこに確実に存在する「核」の恐怖が人々を縛り，有形無形の不安に陥れていることかもしれない。「いちえふ」正門前の小高い丘からは毎時 7-8μSv，地下水流入の抑制と放射性物質の飛散を防ぐためにフェイシングコートされているとはいえ，第 1 号機上方にある作業用道路では毎時 44.1μSv，そして溶け落ちた燃料デブリがなお残る第 2・3 号機間にある脇道路では毎時 200μSv 超…これまで経験したことがない，信じがたいほどの超高値の放射線量は，そこに確実にある「核の恐怖」の呪縛から私たちが決して逃れられない運命にあることを改めて覚悟させる。廃炉に至る工程は緒に就いたばかりだが，日々たまり続けるトリチウム汚染水用のタンクが増設されていく姿が象徴するように，「核」の恐怖を払拭できる最終的解決へのシナリオは，誰も描くことができない。

　ふと，初夏の十和田の田んぼ風景を思い浮かべた。農薬とも化学肥料とも無縁で自然に不釣り合いな「余計なもの」には一切関わらず，ただひたすら自然に向き合う大変さと清々しさは，人間の傲慢と自然への冒涜，そしてそのツケを払わされる理不尽を象徴する「いちえふ」とは対極の世界にあるものだった。農薬や化学肥料を撒けば長年自然が育んできた本来の地力は衰え，やがて無機質な荒れ地となる。コメと同様，人も地域社会も同じことではないのだろうか。強欲に当座の利益や効率性を追い求めれば，結局は自然からスポイルされ，遂には自らがダメになるという皮肉な結末。「核」はこの世に存在する「余計なもの」の最たるものだろう。秋の訪れを告げるような涼しい風を頬に感じつつ，私はふと，そんな思いにとらわれていた。

あとがき

　「希望」を「道」に例えて「歩く人が多くなればそれが道になる」と括ったのは中国現代文学の父，魯迅だった[1]。それにあやかるというわけでもないのだが，尊大ながら本書にも「道を拓く」とのサブタイトルを付けさせていただいた。確かに，私がこれまでこだわってきた国際学とはイマイチ捉えどころが無く，「まるでヌエのような」と揶揄されることもけっして少なくない。しかし，それは魯迅が言う「希望」とよく似ており，しかと定義するのは難しいけれども，もしそれが無ければ生きていくのに困ったことになるものであり，欠けがえのない地球に生きる市民にとって不可欠な学知なのだ，という思いだけは変わることは無かった。

　グローバリゼーションの進展と急激な科学技術の発展によって「地球は狭くなった」と言われて幾久しい。しかし，それに応じて私たちの叡智がその「狭い地球」全域をカバー出来るまでに及び，つながり・関わり・交わる他者とのあり方をより望ましいものへと作り変えていくまでに力量を高めているのかと問われれば，それに反駁するにはあまりにも厳しい現実が横たわっている。私たちが日々目撃する数多の不条理はそのほとんどが人間自身が招いたもので，80億人の生き様を個別，自分との関係性において考えることは不可能にしても，自分が自分らしく生きたいと願うのと同様に，平和な環境で，自己実現を目指すことができる権利はすべての人々に均しく認められなければならないものではないだろうか。そうした最低限の「基準」さえ満たされていないのが「狭くなった地球」の現状であるとするならば，それが保障される環境を創り上げるために不条理と向き合い，叡智を傾けて改革を志すことは，ある意味，地球市民的責務ではないのだろうか。私たちは現実から目を背けず，歩んでいかなければならない。それが国際学を「知の運動」と規定する所以であり，「希望」たる所以であり，歩みを続ける「道」に例える所以でもある。

---

[1]　魯迅『故郷』(1921)

本書では国際学を森羅万象に関する「関わり，交わり，つながり」を取り扱う学知である，とごく簡単に定義してきた。対象はまさに「すべて」であり，「回答」もまたけっして一つではない。その探究は高い山に登る試みのようでもあり，最終的に「山頂」に立つための登り道（アプローチ）もまさに多様である。その道筋あるいは一つのアプローチを示す試みとして，ここでは12の「道標」（章）と6つの「寄り道（道草）」（コラム）を紹介した。ささやかではあるが国際学研究の中間的総括として，また想像力と実践知を道具として21世紀初頭期を生きる「国際学の旅」の案内を企図したものでもあることを改めて述べておきたい。もっとも，ここで言う「旅」とは一般的に理解されている観光のイメージとしてではなく，「途中にあること」を指している。例えば，異国の現場を訪ねる旅は世界の実相とそれらと自分とのかかわりを考えると共に，自らの生き方を改めて考え直す機会を提供してくれる。戦争の痕跡，非公式教育の実践現場，マイクロクレジットが展開される村や，深い歴史を抱えた町並をさまようことなどによって，私たちはかの地と日本（人）の関係や，現地の人々が抱える困難な状況を理解するだけでなく，真摯なエンパワーメントの努力に心を打たれ，そこから学び，自らもまたエンパワーメントを伴う運動を実践していく。おそらく，この「旅」に終着点は無い。見聞し，接し，そして体感する。現場の空気を感じることによって，世界と自分の望ましい明日の姿を想像する。「意味」を求めるためにはただそこに行き，感じ，そのにおいを嗅ぎ取っていくことしかなく，そうした営みを続けていくことによってのみ，私たちはようやく他者との関わりを検証し，自らの生き方を模索していくことができる。「共に生きる（共生），共に歩む（協働）」とは，つまるところそうした螺旋的な運動であり，永遠に「途中にある」ことなのだ。

　多少挑戦的な言い回しながら，本書は今，日本に敷衍化している即物的で功利主義的な「学び」の質に対する問いかけを敢えて意識して書かれている。既成の多くの「学び」が単に立身出世のための手段として，悪く言えば他者を打ち負かすための競争的暴力に転化してしまっている現状に，筆者はかなりの危機感を抱いている。そこでは「学び」という行為に本質的に備わる素朴な知的好奇心がスポイルされてしまっており，自己刷新，自己実現をめざす知的衝動としての「学ぶ楽しさ」が無視されている。学校で日々詰め込まれる「常識」なるものが，結局のところ「見たいものしか見ない，聞きたい事しか聞かない」

態度を次代を担う世代に横並びに強いることで，物事の本質を見抜く目を曇らせ，また真実の声から耳を塞いでしまっている。「学び」の姿勢を刷新するためには，自らのスクラップ・アンド・ビルト作業が欠かせない。地球市民の立ち位置から，これまで刷り込まれてきた「常識」を疑い，固定的・画一的な物の見方を打ち破ることが重要だ。国際社会の諸問題に安直な回答は一つとして無い。「知的対決」を通して想像力を豊かにし，冷静な頭脳で問題の本質を見極め，温かい心をもって解決への展望を提示することで，私たちは「より善き回答」を求めていこう。

　一方，固定観念を離れて相対化・多元化された「知」を再構成し，改めて体系化を試みていくには他者とのネットワーク作りが不可欠だ。国際学の探究には正解が一つとは限らない事象に向かって挑戦できる仲間作りが欠かせない（「友達作り」，「仲間作り」の必要性とはそうした知的ネットワーク作りを言うのであり，「遊び仲間」のことを言っているわけではない）。特に，若い読者の皆さんにはこの学知作りを通して，競争原理の象徴とでも言うべき偏差値という「重い鎧」を一生まとって生きる必要など絶対に無いこと，そもそも，そんなものは新しい未来作りには何の役にも立たないこと，「リセット」はいつでも可能だということを理解してもらうだけでなく，分断ではなく協働を求める「学び」の面白さ，そして「知ること」＝「学ぶこと」＝「より善く生きること」の楽しさに気付いてもらいたい。世界的視野で見れば，大学生になれるのは世界の僅か2％の人たちでしかない。「学び」への意欲の欠落はそれ自体がモッタイナイ話だ。まずは楽観的に，自分には成長できる力が備わっていることを信じよう。そして，自らの知的好奇心の赴くままに「学び」のメッセージを発信し，共に考え行動することを通じて新しい世界を構想し，人生の目標や自己実現の可能性を手元に引き寄せて欲しい。繰り返し，力で世界を征服した「アレクサンドロス大王」としてではなく，自身の知性を尊厳の根拠とする「21世紀のディオゲネス」として，しかも「樽」から出でて行動するコスモポリタンとして生きてゆくことを，皆さんには望みたい。

　本書を世に問うことができたのは国際学の学知に集う先輩や朋友の優れた先行研究の蓄積や，学生諸君の多様かつ活発な実践活動と共に生活が出来る学究環境に恵まれたことが大きかった。筆者もまたこの道に，ささやかな足跡を残すことが出来れば幸いである。「道を拓く」作業はもとより一人でできるもの

ではない。今は「次に続く方々」が同様の旅を思い立っていただければ，と願っている。

　なお，本書はこれまでに公刊した幾つかの研究論文を相当程度修正・加筆し，さらに新たに章を興したうえで相応に体系化された一書としている。末筆となってしまったが，出版に際しては塚田尚寛社長はじめ創成社の皆さんから多大なご尽力を賜った。紙面をお借りして，あらためて関係各位に心よりの感謝を表したい。

　2019 年 9 月

筆者記す

【オリジナル論文所収先一覧】

道標Ⅰ：文教大学国際学部『国際学研究叢書・世界と未来への架橋』序章【研究論文】
　　　　（創成社，2017）
道標Ⅱ：文教大学湘南総合研究所『湘南フォーラム』第 12 号【研究論文】（2008）
道標Ⅲ：文教大学国際学部『国際学研究叢書・世界と未来への架橋』第 25 章【研究論文】
　　　　（創成社，2017）
道標Ⅳ：文教大学湘南総合研究所『湘南フォーラム』第 13 号【研究論文】（2009）
道標Ⅴ：文教大学湘南総合研究所『湘南フォーラム』第 15 号【研究論文】（2011）
道標Ⅵ：文教大学湘南総合研究所『湘南フォーラム』第 21 号【研究論文】（2017）
道標Ⅶ：文教大学湘南総合研究所『湘南フォーラム』第 22 号【研究論文】（2018）
道標Ⅷ：文教大学湘南総合研究所『湘南フォーラム』第 14 号【研究論文】（2010）
道標Ⅸ：文教大学国際学部『国際学研究叢書・世界と未来への架橋』第 20 章【研究論文】
　　　　（創成社，2017）
道標Ⅹ：文教大学湘南総合研究所『湘南フォーラム』第 17 号【研究論文】（2013）
道標Ⅺ：文教大学湘南総合研究所『湘南フォーラム』第 18 号【研究論文】（2014）

事項索引

A–Z

Green Energy Movement（GEM）… 349

Make America Great Again ………… 187

NATO への加盟 …………………… 264

NIES（新興工業経済群）………… 382

TPP（環太平洋パートナーシップ協定）
………………………………… 187

WTO（世界貿易機関）…………… 78

ア

愛国法（Patriot Act）…………… 324

アウシュビッツ（Auschuwits）収容所群
………………………………… 288

悪魔の飽食…………………………… 294

アグリビジネス……………………… 73

アジアインフラ投資銀行（AIIB）…… 187

アジア主義………………………… 136

アジア太平洋戦争………………… 30，237

足尾鉱毒事件……………………… 183

新しい社会運動…………………… 265

新しい歴史教科書………………… 230

──をつくる会………………… 230

アヘン戦争………………………… 338

アメリカ第一主義………………… 79

アメリカ的生活（American Way of Life）
………………………………… 198

アルカイダ………………………… 213

アルザスの鉄とザールの石炭………… 366

アロー戦争………………………… 338

安重根義士記念館………………… 376

アンネ・フランクの日記………… 272

安保法制………………… 39，207，239

異化力……………………………… 224

イギリス労働党…………………… 357

意志の自律………………………… 332

イスラーム国（IS）……………… 329

いちえふ…………………………… 384

一全総（全国総合開発計画）…… 159

猪飢（イノシシけかじ）………… 130

イラク特措法……………………… 205

イラン核（廃棄）合意…………… 187

インターカルチュラリティー……………… 2

インダストリアリズム（industrialism）
………………………………… 74

因縁………………………… v，vii，3

インフォーマル・セクター……… 51

ヴァルザー・ブービス論争………… 267

ウェスチングハウス（WH）社… 116，181

ウエストファリア条約…………… 5，9

ヴェトナム戦争…………………… 157

ヴェトナム特需…………………… 38

失われた10年 …………………… 69

ウチナーンチュ…………………… 42

内向き志向………………… 312，323

宇宙船地球号……………………… vii

ウパニシャッド…………………… v

ウミンチュー（海洋文化の民衆）…… 43

裏日本……………………………… 155

ウラン（Uranium：U）235 ……… 98

ウラン濃縮工場………………… 110，167

ウラン・プルトニウム混合燃料体
（Mox 燃料）……………… 107，164

ウルグアイ＝ラウンド…………… 69

「英語＝国際共通語」論 ················ 203
英語マーケティング ················ 204
エコツーリズム ················ 14
エコロジー運動 ················ 60
蝦夷の反乱 ················ 126
越山会 ················ 158
江戸幕藩体制 ················ 336
エネルギーミックス案 ················ 179
エノラゲイ ················ 301
エルザス・ロートリンゲン（アルザス・
ロレーヌ） ················ 357
奥羽列藩同盟 ················ 155
桜花 ················ 299
欧州合衆国 ················ 250
───への道 ················ 227
欧州議会 ················ 367
欧州市民意識 ················ 280
欧州連合（European Union） ··········· 11
王道楽土 ················ 47
小川原開発株式会社 ················ 166
沖縄戦 ················ 36
沖縄普天間基地移設問題 ················ 239
オクスファム ················ 54
汚染土中間貯蔵施設 ················ 174
オックスファム・インターナショナル
················ 72
オーデル（川）・ナイセ（川）線
················ 273, 274, 278
オバマの戦争 ················ 325
オリエンタリズム ················ 319, 371

カ

加圧水型軽水炉（PWR） ········ 116, 176
海上権力史論 ················ 9
回天 ················ 299
海洋文明の多元主義 ················ 42
加害者からの視点 ················ 261
核拡散防止条約（NPT） ················ 116

学際学（interdisciplinary studies）
················ viii, 1, 12
核ジャック ················ 329
核燃料サイクル ················ 176
───計画 ················ 106, 168
核燃料再処理工場 ··········· 106, 110, 167
核の傘 ················ 209
核のゴミ ········· vi, 57, 110, 113,
121, 168, 387
角福戦争 ················ 156
核抑止論 ················ 322
官営八幡製鉄 ················ 346
雁行形態的発展 ················ 50
韓国のヒロシマ ················ 304
感情の記憶 ·········· 222, 241, 242, 249
関東大震災 ················ 326
帰還困難区域 ················ 169
犠牲のシステム ················ 178, 392
奇兵隊 ················ 340
虐殺されたヨーロッパのユダヤ人の
ための記念碑 ················ 268, 307
九・一八事件（柳条湖事件） ········· 236
9・11 ·········· 6, 205, 214, 323
旧約聖書 ················ v
教育再生実行会議 ················ 21
共通歴史教科書 ················ 229
───編纂 ················ 226
極東のキーストーン ················ 34, 38
居住制限区域 ················ 175
拠点開発方式 ················ 159, 160
金解禁 ················ 135
緊急時迅速放射能影響予測ネットワーク
システム（SPEEDI） ················ 388
金・ドルの互換性保障 ················ 189
禁門の変 ················ 342
金融恐慌 ················ 135
クズネッツの逆U字説 ················ 54
グラミン銀行（農村銀行） ················ 374

事項索引 | 401

暗闇の思想……………………… 62，123
グランド・ゼロ……………………… 326
グローカリゼーション……………… 19
グローバリゼーション（globalization）
　………………………………………… 4
グローバル人材論…………………… 21
グローバル・スタンダード………… 52
軍民共生共死の一体化……………… 35
経済主体……………………………… 86
軽水炉………………………………… 98
ゲルニカ爆撃………………………… 29
権原（entitlement）………… 52，86，287
言語権力の非対称構造……………… 201
原子燃料サイクル施設……………… 166
原子爆弾被害者にたいする特別措置に
　関する法律………………………… 304
原子力街道…………………………… 164
原子力基本法………………… 33，172
原子力産業のメッカ化……………… 165
原子力植民地………………………… 115
原子力帝国…………………………… 119
原子力発電環境整備機構（NUMO）
　……………………………… 113，168
原子力ムラ…… 48，163，178，182，391
原爆被害者援護法…………………… 304
原発ビジネス………………… 115，118
権力の非対称構造…………………… 163
権力の非対称性……………………… 38
五・一五事件………………………… 145
交易条件……………………………… 74
講座派………………………………… 134
甲申政変……………………………… 251
構造的暴力………… 287，313，332
高速増殖炉（Fast Breeder Reactor ＝
　FBR）……………………………… 106
抗日戦争……………………………… 225
皇民化運動…………………………… 376

交流主義アプローチ（transactionalist
　approach）………………………… 229
高レベル放射性廃棄物貯蔵管理センター
　……………………………………… 110
国際学（international studies）………… 1
国際関係（inter-national relations）学
　……………………………………… 10
国際原子力開発……………………… 117
国体護持……………………………… 225
国土回復戦争（レコンキスタ）……… 224
国土政策懇談会……………………… 161
国内植民地…………………………… 128
国富論…………………………… 45，312
国民国家（nation state）
　………………… 5，224，279，337
国民総幸福量（Gross National Happiness
　＝ GNH）………………………… 61
国民総動員計画……………………… 302
国連開発計画（UNDP）…………… 60
後三年の役…………………………… 127
御親兵………………………………… 344
五族協和・王道楽土………… 141，142
国家総動員体制……………………… 151
国境を超える歴史認識・日中対話の試み
　……………………………………… 232
古典派経済学………………………… 53
近衛上奏文…………………………… 35
コブ＝ダグラス型生産関数………… 88
コペンハーゲン大会………………… 360
米と繭の経済構造…………………… 145
コンヴィヴィアリティ（conviviality）
　……………………………………… 58
棍棒外交……………………………… 197

サ

最終戦争論…………………………… 256
在日米軍基地………………………… 209
佐賀の乱……………………………… 345

薩英戦争⋯⋯⋯⋯⋯⋯⋯⋯⋯ 371
サッチャー主義⋯⋯⋯⋯⋯⋯⋯ 161
薩摩切子⋯⋯⋯⋯⋯⋯⋯⋯⋯ 373
佐藤ニクソン共同声明⋯⋯⋯⋯ 39
サブプライムローン⋯⋯⋯⋯⋯ 185
ザミンダーリー制度⋯⋯⋯⋯⋯ 371
三一独立運動⋯⋯⋯⋯⋯⋯⋯ 375
3・11 ⋯⋯163, 170, 242, 246, 308, 352
サンフランシスコ講和条約
⋯⋯⋯⋯⋯⋯⋯ 37, 44, 278, 300
産米増殖計画⋯⋯⋯⋯⋯⋯⋯ 146
シカゴ・パイル1号（CP-1）⋯ 97
自国（自分）第一主義（Me-First）⋯ 312
思索する自己⋯⋯⋯⋯⋯⋯⋯ 320
市場に友好的な介入（market-friendly
approach）政策 ⋯ 79
実践理性批判⋯⋯⋯⋯⋯⋯⋯ 332
地主―小作制度⋯⋯⋯⋯⋯⋯ 133
市民力⋯⋯⋯⋯⋯⋯⋯ 87, 89
下北核半島⋯⋯⋯⋯⋯⋯⋯⋯ 392
社会契約論⋯⋯⋯⋯⋯⋯⋯⋯ 46
社会的共通資本（social common capital）
⋯⋯⋯⋯⋯⋯⋯⋯⋯⋯ 58
上海協力機構⋯⋯⋯⋯⋯⋯⋯ 186
十一月革命⋯⋯⋯⋯⋯⋯⋯⋯ 364
集成館事業⋯⋯⋯⋯⋯⋯⋯⋯ 368
従属理論⋯⋯⋯⋯⋯ 11, 78, 192
集団死⋯⋯⋯⋯⋯⋯⋯⋯⋯⋯ 36
集団的自衛権⋯⋯⋯⋯⋯ 39, 205
周辺ナショナリズム⋯⋯⋯ 136, 138
自由貿易理論⋯⋯⋯⋯⋯ 71, 75
自由貿易論者⋯⋯⋯⋯⋯⋯⋯ 45
シュツットガルト大会⋯⋯⋯⋯ 359
需要弾力性⋯⋯⋯⋯⋯⋯⋯⋯ 72
純粋理性批判⋯⋯⋯⋯⋯⋯⋯ 311
シュンドルボン⋯⋯⋯⋯⋯⋯ 369
ショーヴィニズム⋯⋯⋯⋯⋯ 219
尚古集成館⋯⋯⋯⋯⋯⋯⋯⋯ 368

使用済燃料再処理機構⋯⋯⋯⋯ 168
小日本主義⋯⋯⋯⋯⋯⋯⋯⋯ 258
消費者余剰⋯⋯⋯⋯⋯⋯⋯⋯ 83
情報の非対称性⋯⋯⋯⋯⋯⋯ 86
縄文文化⋯⋯⋯⋯⋯⋯⋯⋯⋯ 125
剰余価値率⋯⋯⋯⋯⋯⋯⋯⋯ 78
昭和農業恐慌⋯⋯⋯⋯⋯⋯⋯ 143
食糧管理法⋯⋯⋯⋯⋯⋯⋯⋯ 151
白河以北一山百文⋯⋯⋯⋯⋯ 128
不知火⋯⋯⋯⋯⋯⋯⋯⋯⋯⋯ 303
侵華日軍七三一部遺址⋯⋯⋯ 293
新旧大陸対峙論⋯⋯⋯⋯⋯⋯ 257
新産業都市建設促進法（新産法）⋯ 159
新自由主義⋯⋯⋯⋯⋯⋯ 46, 80
───イデオロギー⋯⋯⋯ 15
新全国総合開発計画（新全総・二全総）
⋯⋯⋯⋯⋯⋯⋯⋯ 111, 160
シンティロマ⋯⋯⋯⋯⋯ 271, 289
真の公共性⋯⋯⋯⋯⋯⋯⋯⋯ 122
新マルクス主義派⋯⋯⋯⋯⋯ 11
人命は地球より重い⋯⋯⋯⋯ 285
水晶の夜⋯⋯⋯⋯⋯⋯⋯⋯⋯ 291
垂直的な多文化主義⋯⋯⋯⋯ 24
スーサイドクリフ⋯⋯⋯⋯⋯ 302
ストラスブール⋯⋯⋯⋯⋯⋯ 356
スモール・イズ・ビューティフル⋯⋯ 59
スローフード運動⋯⋯⋯⋯ 14, 199
征韓論⋯⋯⋯⋯⋯⋯⋯⋯⋯⋯ 252
生産者余剰⋯⋯⋯⋯⋯⋯ 82, 83
政治的なものの概念⋯⋯⋯⋯ 321
成長会計⋯⋯⋯⋯⋯⋯⋯⋯⋯ 88
成長の限界⋯⋯⋯⋯⋯⋯⋯⋯ 57
西南戦争⋯⋯⋯⋯⋯⋯⋯⋯⋯ 345
西洋中心史観⋯⋯⋯⋯⋯⋯⋯ 15
西洋覇道の鷹犬（狩り犬）となるのか,
東洋王道の干城（守護武人）となるのか
⋯⋯⋯⋯⋯⋯⋯⋯⋯⋯ 255
世界最終戦論（最終戦争論）⋯⋯ 9, 138

事項索引 | 403

世界システム……………………………… 191
　───論……………………………………… 12
世界の民………………………………………… 22
絶対防空圏…………………………………… 301
ゼネラルエレクトリック（GE）……… 117
1940 年体制 ………………………………… 140
前九年の役…………………………………… 127
戦後犯罪……………………………………… 263
戦争論…………………………………………… 9
戦犯の靖国神社合祀……………………… 300
戦略爆撃………………………………… 29, 301
想像の共同体………………… 194, 279, 367
想像の政治共同体………………………… 20
草莽の志士…………………………………… 338
総要素生産性………………………………… 88
賊軍の地………………………………… 128, 155
ソーシャル・ビジネス…………………… 14
ソフトパワー……………………………… 199
尊皇攘夷思想……………………………… 338

タ

第一次アーミテージ・レポート……… 206
大国の興亡…………………………………… 189
第五福竜丸…………………………………… 172
第三次アーミテージ・レポート……… 206
第三次総合開発計画（三全総）……… 161
大政奉還……………………………………… 343
大政翼賛会…………………………………… 151
対テロ戦争…………………………………… 324
大東亜の共栄………………………………… 47
第2インターナショナル（国際労働者
　協会）………………………… 243, 357
第二次アーミテージ・レポート……… 206
第2次日韓協約（乙巳条約）………… 376
第四次総合開発計画（四全総）……… 161
大陸国家主義………………………………… 42
台湾の台湾化……………………………… 383
多極分散型国土形成……………………… 161

脱亜入欧……… 242, 252, 257, 380, 382
脱亜論………………………………………… 252
ダッカモスリン…………………………… 370
脱退騒動……………………………………… 344
タリバーン…………………………………… 324
チェルノブイリ原発事故 … 109, 172, 386
力の非対称性…………… 27, 212, 242, 313
地球市民内（intra-global citizens）学
　……………………………………………… 15
チクロン -B ………………………………… 289
知の公共空間……………………………… 240
知は力なり…………………………………… 320
チャルカー（糸車）……………………… 373
中間貯蔵施設……………………………… 390
中距離核ミサイル禁止条約の破棄…… 187
中枢（中央）- 周辺（辺境）関係
　…………………………………… 128, 192
長州藩………………………………………… 336
朝鮮神宮……………………………………… 375
長髪族の乱（太平天国の乱）………… 341
徴兵令………………………………………… 345
直耕…………………………………………… 131
　───論………………………………… 133
沈黙の交易…………………………………… 4
帝国主義……………………………………… 358
帝国の原理………… 55, 188, 193, 201,
　　　　　　　　　210, 215, 217
ディズニー化（Disneyzation）……… 201
低レベル放射性廃棄物貯蔵センター
　…………………………………… 110, 167
鉄の暴風……………………………………… 286
テロ対策特別措置法……………………… 205
テロ等準備罪……………………………… 208
電気事業連合会………………… 167, 174
電源三法………………………… 115, 158, 170
電力安定供給議員連盟
　（通称「電力議連」）………………… 178
ドイツ再統一……………………………… 276

ドイツ三十年戦争…………………… 357
ドイツ社会民主党…………………… 357
東亜聯盟……………………………… 141
東海道ベルト地帯…………………… 156
同化力………………………………… 224
東京招魂社…………………………… 296
東京電力福島第一原子力発電所
　………………… 170，351，384，394
道徳感情論……………………………… 46
道徳的法則…………………………… 332
東方外交……………………………… 273
東方（レヴァント）貿易…………… 318
東北風（やませ）…………………… 388
東遊運動……………………………… 381
東洋平和論…………… 254，282，378
動力炉核燃料開発事業団（動燃）… 106
特殊な道（Sonderweg）論 ………… 265
特定秘密保護法……………………… 207
ドーハ・ラウンド……………………… 69
トモダチ作戦………………… 247，388
トランプ現象………… 188，215，327
トリニティー………………………… 100
ドル危機……………………………… 190

ナ

ナイ・イニシアティブ………………… 39
長崎原爆資料館……………………… 303
ナチスの国家社会主義……………… 290
七三一部隊（通称「石井部隊」）
　………………………… 261，293，306
生麦事件……………………………… 371
南京アトロシティーズ……………… 298
南京大虐殺…………………………… 238
ニクソン・ショック（ドル・金の交換停止）
　……………………………………… 190
二重経済発展モデル…………………… 74
日米安保協議委員会（いわゆる「2＋2」）
　……………………………………… 206

日米安保条約…………………………… 37
日米原子力協定…………… 169，173，180
日米修好通商条約…………………… 338
日満議定書…………………………… 261
日露戦争……………………………… 358
日韓基本条約……… 44，262，278，304
日ソ中立条約………………………… 102
日中平和条約………………… 262，278
日帝 36 年 ………… 225，236，238，254
二・二六事件………………………… 145
二プラス四方式……………………… 275
日本円キャリートレード…………… 185
日本原子力研究開発機構…………… 108
日本原子力発電……………………… 164
日本原燃……………………… 110，168
日本資本主義発達史講座…………… 134
日本列島改造論……………………… 157
ニュルンベルク国際軍事裁判……… 277
人間開発指数（Human Development
　Index ＝ HDI）………………………… 61
ネオコン（新保守主義者，neo-
　conservatism）………………… 6，324

ハ

排外ナショナリズム………………… 219
廃藩置県……………………………… 344
パクス・アメリカーナ……… 186，189
パクス・タタリカ（モンゴリカ）…… 189
パクス・ブリタニカ………………… 189
パクス・ロマーナ…………………… 189
バーゼル決議………………… 243，364
バーゼル臨時会議…………………… 361
八月十八日の政変…………………… 341
パックス・ルッソ＝アメリカーナ…… 237
バブル経済…………………………… 162
パリ協定……………………………… 187
ハリバートン社……………………… 213
バンザイクリフ……………………… 302

版籍奉還………………………… 344
反セム主義………………………… 292
反ユダヤ主義……………………… 290
比較生産費説……………………… 77
東アジア共同体市民……………… 226
東アジア市民意識………………… 280
東通村……………………………… 165
ビキニ環礁………………………… 172
非公式教育（non-formal education）… 49
避難指示解除準備区域…………… 175
被爆者医療法……………………… 303
百年戦争…………………………… 337
ヒロシマの記憶…………………… 34
ファットマン……… 100, 104, 105, 301
ファルージャの虐殺……………… 214
不安定な弧………………… 34, 38
フェアトレード（FT）運動
…………………… 14, 60, 64, 199
フクシマ…………………………… 352
福島第一原発事故………………… 239
福島第一原発のメルトダウン事故…… 32
フクシマの悲劇……… 48, 96, 117, 175,
176, 180, 181, 306, 352, 393
伏竜………………………………… 299
不耕貪食の徒……………………… 131
藤野先生…………………………… 380
武装平和の七年…………………… 361
双子の赤字………………… 190, 205
沸騰水型軽水炉（BWR）……… 117, 176
普天間基地………………………… 39
負の公共性……………… 122, 123, 331
ブラックウォーター社…………… 214
プラッシーでの戦い……………… 370
プラハの春………………………… 265
フランクフルト学派……………… 264
フランス社会党…………………… 357
プルサーマル発電………………… 180
―――計画…………………… 109

プルトニウム……………………… 97
―――社会……………………… 118
ブレトン・ウッズ協定…………… 190
ブロック経済……………………… 79
フロンティアの消滅……………… 195
フロンティアの西漸運動………… 195
文化的多元主義…………………… 15
文明の衝突………………………… 186
―――史観……………………… 55
―――論………………………… 14
米穀統制法………………………… 149
米穀法……………………………… 149
平和のための原子力（Atoms for Peace）
………………………………… 172
ヘクシャー＝オリーン理論……… 77
辺野古移転案……………………… 40
ベルリンの壁……………………… 264
ベンガルキャリコ………………… 370
偏東風（やませ）………………… 130
ボーア戦争………………… 140, 382
防長一揆…………………………… 341
報復の論理………………… 322, 326, 330
保護主義…………………… 77, 78
ボックスカー……………… 104, 301
ポーツマス講和会議……………… 377
ホモ・アトミクス（原子力人間）…… 119
ホモ・ファベル（工作人）……… 1
ポリュリスト政治家……………… 314
ホロコースト……… 249, 270, 290, 305

マ

マイクロクレジット（小規模無担保金融
支援）プログラム………………… 332
マクロ経済均衡式………………… 211
松方デフレ………………………… 133
マックス・ハヴェラー基金……… 69
マルタ……………………………… 294
マルチチュード…………………… 8

満州産業開発 5 ヶ年計画……………… 140
満州事変……………………………… 143
マンハッタン計画…… 98，99，173，317
満蒙は日本の生命線………………… 136
緑の党………………………………… 266
南満州鉄道…………………………… 255
未来をひらく歴史・東アジア 3 国の
　近現代史………………………… 231
「民主，公開，自主」の 3 原則 … 33，172
民主主義の兵器廠…………………… 190
むつ小川原開発………………… 111，166
　────計画……………………… 160
明白なる運命（manifest destiny）…… 195
名誉ある孤立外交…………………… 253
メルトダウン………………………… 385
　────事故……………………… 171
モノカルチャー生産………………… 53
　────の拡大…………………… 73
門戸開放………………………… 197，255
もんじゅ………… 106，164，389，392
　────ナトリウム漏れ火災事故…… 180
　────廃炉……………………… 108

ヤ

ヤスクニ・イデオロギー…………… 297
靖国神社……………………………… 296
ヤルタ会談…………………………… 102
唯一の被爆国………………………… 31
遊就館………………………………… 298
ユダヤ人問題の最終解決…………… 290
ユートピア…………………………… 327
欲望の体系……………………… 47，315
横浜線周辺基地群…………………… 210
夜と霧………………………………… 288
ヨーロッパ合衆国の創出…………… 365
ヨーロッパの没落…………………… 366
四境戦争（第二次長州征討戦）……… 342

ラ

ランカシャーの綿布………………… 370
利益線………………………………… 253
リ・オリエント…………………… 7，59
リコンキスタ（国土回復戦争・再征服）
　………………………… 292，337
リサイクル燃料貯蔵株式会社……… 164
リサイクル燃料貯蔵センター……… 164
リトルボーイ………… 28，100，105，301
リーマン・ショック………… 185，215
琉球王国……………………………… 369
琉球口貿易…………………………… 369
リュウキュウネシア………………… 42
柳条湖事件…………………………… 139
冷戦構造……………………………… 237
レーガノミックス…………………… 161
歴史とは「過去との対話」………… 221
歴史認識の相違……………………… 250
　────問題……………………… 236
劣化ウラン弾…………………… 19，32
列島改造ブーム……………… 111，166
レーニン・ルクセンブルグ条項……… 360
レバレッジ・バイ・アウト（金融的梯子
　の原理）………………………… 185
レントシーキング…………………… 93
労働価値説…………………………… 76
労働する存在………………………… 1
68 年世代 …………………………… 264
ロシアゲート疑惑…………………… 188
ロシア社会民主労働党……………… 357
炉心溶融（メルトダウン）………… 385
六ケ所村………… 110，165，350，387
ロッキード事件……………… 156，158
ローマ条約…………………………… 367

ワ

『我が闘争』（原題：Mein Kampf）… 290

事項索引 | 407

わが友原子力（Our Friend the Atom）
……………………………………… 173
ワシントン・コンセンサス…………… 74

忘れられた思想家……………… 131, 133
ワルシャワ・ゲットーの記念碑……… 274

人名索引

ア

相川春喜……………………… 134
アイゼンハワー………………… 172，322
赤坂憲雄………………………… 128，152
アクセル，アミール・D ………… 105
アデナウアー…………………… 264
アトリー………………………… 103
安倍晋三………………………… 206
阿部正弘………………………… 369
天児　慧………………………… 247
アーミテージ，リチャード……… 206
アミン，サミール………………… 12，78
アレクサンドロス大王…………… 22
安　重根……… 254，282，377，383
アンダーソン，ベネディクト…… 20，360
安藤昌益………………………… 129，184
井伊直弼………………………… 338
イェッケル，エバーハルト……… 269
池田勇人………………………… 156
石井四郎………………………… 293
石川啄木………………………… 136
石田　徹………………………… 178
石橋湛山………………………… 257，380
石原莞爾…………… 9，137，155，256
石牟礼道子……………………… 303
伊藤博文………………………… 254，376
稲嶺　進………………………… 40
井上準之助……………………… 145
イリイチ，イワン……………… 58
宇井　純………………………… 166
ヴェーラー，ハンス・ウルリヒ… 265

ヴェントリス，マイケル………… 240
ウォーラーステイン，イマニュエル
　…………………………… 12，191
宇沢弘文………………………… 58
エアハルト，ルードヴィヒ……… 264
エマヌエル，A.………………… 12，78
エンゲルス……………………… 280
オーウェル，G.………………… 47
大久保一蔵（利通）……………… 372
大田昌秀………………………… 40
大貫恵美子……………………… 126
大村益次郎……………………… 296
大山　巌………………………… 372
小熊英二………………………… 128
オッペンハイマー……………… 100
翁長雄志………………………… 40
オリーン………………………… 77
オールコック，ラザフォード…… 372

カ

カー，E.H. ……………………… 220
カエサル………………………… 26
片山　潜………………………… 358
鎌田　慧………………………… 164
河西英通………………………… 128
ガンディー，マハトマ………… 373
カント，イマニュエル…… 311，320，332
菅　直人………………………… 388
魏　源…………………………… 337
岸　信介……………… 141，206，262
キシンジャー，ヘンリー……… 10
ギデンズ，アンソニー………… 54

人名索引 | 409

木戸孝允……………………………… 344
グーテンベルク……………………… 356
宮藤官九郎…………………………… 22
クラウゼヴィッツ，フォン………… 9
クルーグマン，P.………………… 77
グローブス，レスリー……………… 99
ゲッベルス，ヨーゼフ……………… 290
ケネディ，ポール…………………… 189
後藤新平……………………………… 257
近衛文麿……………………………… 35
小村寿太郎…………………… 255，381
コモナー，バリー…………………… 121
コール……………………… 269，275
コールドハーゲン，ダニエル……… 291
コーンウォーリス，チャールズ…… 371

サ

西郷吉之助（隆盛）………………… 372
サイード，エドワード…… 27，277，319
坂本竜馬…………………… 339，342
佐藤栄作……………………………… 156
佐藤栄佐久…………………………… 178
サルトル，J. P.…………………… 286
三条実美…………………… 341，372
椎名悦三郎…………………………… 141
ジェファーソン，トマス…… 46，60
シッダールタ，ガウダマ…………… v
司馬遼太郎…………… 41，209，339
シーボルグ，グレン………………… 97
シーボルト，W. J.………………… 37
島津斉彬……………………………… 368
清水知久……………………………… 194
下河辺淳……………………………… 159
ジャクソン…………………………… 195
シューマッハー，エルンスト……… 59
シュミット，カール……… 224，321
シュリーマン，ハインリッヒ……… 240
蒋　介石……………………………… 383

ショウ，バーナード………………… 359
正力松太郎…………………………… 172
ジョレース，ジャン………………… 363
白井　聡…………………………… 61
スウィーニー，C. W.…………… 104
スターリン………………… 102，103
スティグリッツ，ジョゼフ………… 86
スミス，アダム
　………………… 45，53，60，71，75，312
世耕弘成……………………………… 117
セン，アマルティア…… 52，60，86，287
十河信二……………………………… 140
ソシュール…………………………… 202
孫　　歌…………………… 222，248
孫　　文………………… 255，379，383

タ

高杉晋作…………………… 340，342
高橋克彦……………………………… 127
高橋哲哉…………………… 178，392
竹内俊吉……………………………… 165
田中角栄……………………………… 155
田中正造……………………………… 183
ターナー，フレデリック…………… 196
玉城デニー…………………………… 41
ダレス，ジョン…………… 10，322
団　琢磨……………………………… 145
チェイニー，ディック……………… 213
チャウ，ファン・ボイ……………… 381
チャーチル……………… 100，102，103
チョムスキー，ノーム……… 204，213
陳　天華……………………………… 381
槌田治紀……………………………… 351
鶴見良行……………………………… 279
ディオゲネス………………………… 22
デカルト，ルネ……………………… 320
天璋院篤姫…………………………… 369
ドイチェ，カール…………………… 229

土肥原賢二……………………… 300
東郷平八郎……………………… 372
東條英機……………… 137，297，300
徳川慶喜………………………… 343
戸田三三冬……………………… 13
ドーデ…………………………… 357
苫米地ヤス子………………… 350，387
トランプ，ドナルド……… 33，187，326
ドルーシュ，フレデリック…… 227
トルーマン…………………… 100，103
トロツキー，レフ……………… 7，364

ナ

ナイ，ジョゼフ…………… 39，199，206
仲井真弘多……………………… 40
中岡慎太郎……………………… 339
中曽根康弘………………… 167，172
ネグリ，アントニオ………… 8，52，193
ネルー…………………………… 379
ノーマン，ハーバード………… 130
ノルテ，エルンスト…………… 265
野呂栄太郎……………………… 134

ハ

パークス，ハリー……………… 372
橋本龍太郎……………………… 40
ハック，マブーブル…………… 60
バットゥータ，イブン………… 203
ハート，マイケル………… 8，52，193
パーネル，W. R. ……………… 104
ハーバーマス…………………… 265
林　子平………………………… 337
原　朗…………………………… 262
ハリス…………………………… 338
ハリマン………………………… 255
ハンチントン，サミュエル……… 14，55
ピケティ，トマ………………… 54
ビスマルク……………………… 359

ヒトラー，アドルフ…………… 290
日野原重明……………………… 294
平沼騏一郎………………… 30，261
平野健一郎……………………… 3
広田弘毅………………………… 300
ビンラディン，ウサマ………… 213
ファノン，フランツ…………… 330
フェルディナンド，フランツ…… 363
フェルミ，エンリコ…………… 98
福沢諭吉………………………… 252
福田赳夫………………………… 156
フセイン，サダム……………… 324
ブッシュ………………………… 205
ブッダ，ガウダマ……………… vii
ブライアン，アラン…………… 201
フランク，アンドレ………… 12，192
フランク，アンネ……………… 267
フランクリン…………………… 195
フランクル，ヴィクトール…… 288
ブラント…………………… 265，273
フリートレンダー，ザウル（ソール）
　　……………………………… 290
プレハーノフ…………………… 358
ヘクシャー……………………… 77
ヘーゲル，ヴィルヘルム・フリードリヒ
　　……………………………… 315
ベーコン，フランシスコ……… 320
ペリー…………………………… 338
ベルグソン，アンリ…………… 1
ベルンシュタイン……………… 359
ヘロドトス……………………… 4
保坂正康………………………… 29
細田博之………………………… 178
ホーチミン……………………… 197
ボールディング，ケネス……… vii
ポーロ，マルコ………………… 318

人名索引 | 411

マ

マゾヴィエツキ……………………… 275
松井（石根）司令官……………… 298
松岡洋右…………………………… 256
マッキンレー……………………… 196
松下竜一…………………… 61，123
マハン，アルフレッド………………… 9
マルクス，カール…………………… 1
マレ，ジャン・バティスト…………… 64
ミッテラン………………………… 275
宮崎正義…………………………… 140
宮沢賢治…………………………… 136
武藤　章…………………………… 300
村田蔵六（大村益次郎）………… 342
メッケル，ヤコブ………………… 345
毛　沢東…………………………… 197
望月晴文…………………………… 178
森　武麿…………………………… 143
森村誠一…………………………… 294

ヤ

山内容堂…………………………… 343

山縣有朋………………… 252，345
山本権兵衛………………………… 372
ユヌス，ムハマド…………… 332，374
ユンク，ロベルト………………… 119
吉岡　斉…………………………… 169
吉田松陰…………………………… 339

ラ

ランケ，L.………………………… 221
リカード，D.………………… 53，76
劉　傑……………………………… 232
ルイス，A. W.…………………… 74
ルソー………………………………… 2
レーニン………………… 216，366
魯　迅……………………………… 380
ローズヴェルト，セオドア ………… 196
ローズヴェルト，フランクリン … 99，102

ワ

若林一平…………………………… 237
ワシントン………………………… 195

《著者紹介》

奥田孝晴（おくだ・たかはる）

　1953 年生。文教大学国際学部教授・学部長

　専攻：国際学，アジア開発経済論

主要著書

『国際学と現代世界』創成社，2006 年。

『東アジア共同体への道』（共著）文教大学出版事業部，2010 年。

『グローバリゼーション・スタディーズ三訂版』（共著）創成社，2012
　年。

『私たちの国際学の学び』（共著）新評論，2015 年。

On the road to the East Asian Community（共著／ English edition）春
　風社，2019 年。

ほか

（検印省略）

2019 年 10 月 10 日　初版発行　　　　　　　　　略称─国際学

国際学の道標

─地球市民学への道を拓く─

著　者　奥　田　孝　晴

発行者　塚　田　尚　寛

発行所　東京都文京区　　**株式会社　創 成 社**
　　　　春日 2 - 13 - 1

　　　　電　話　03（3868）3867　　Ｆ Ａ Ｘ　03（5802）6802
　　　　出版部　03（3868）3857　　Ｆ Ａ Ｘ　03（5802）6801
　　　　http://www.books-sosei.com　振　替　00150-9-191261

定価はカバーに表示してあります。

©2019 Takaharu Okuda　　　　組版：ワードトップ　印刷：エーヴィスシステムズ
ISBN978-4-7944-7078-2　C3036　　製本：カナメブックス
Printed in Japan　　　　　　　　落丁・乱丁本はお取り替えいたします。

───── 創 成 社 の 本 ─────

国 際 学 の 道 標 ― 地球市民学への道を拓く ―	奥 田 孝 晴	著	3,800 円
国 際 学 と 現 代 世 界 ―グローバル化の解析とその選択―	奥 田 孝 晴	著	2,800 円
グローバリゼーション・スタディーズ ― 国 際 学 の 視 座 ―	奥 田 孝 晴	編著	2,800 円
多文化理解と異文化コミュニケーション ―多国籍学生チームと共に学んだ理論と実践―	平 林 信 隆	著	2,000 円
実 践 ビ ジ ネ ス・コ ミ ュ ニ ケ ー シ ョ ン ―相手のこころとビジネスの両方を満たすスキルが手に入る―	平 林 信 隆	著	1,600 円
は じ め て の キ ャ ン パ ス・ラ イ フ	山本・石塚・須田 長崎・齊藤・平井	著	1,500 円
は じ め て の 原 発 ガ イ ド ブ ッ ク ―賛成・反対を考えるための9つの論点―	楠 美 順 理	著	1,500 円
アメリカに渡った「ホロコースト」 ―ワシントンDCのホロコースト博物館から考える―	藤 巻 光 浩	著	2,900 円
市 民 の た め の ジ ェ ン ダ ー 入 門	椎 野 信 雄	著	2,300 円
リ メ デ ィ ア ル 世 界 史 入 門	宇 都 宮 浩 司	編著	2,100 円
小 さ な 変 革 ―インドシルクという鎖につながれる子どもたち―	ヒューマン・ライツ・ウォッチ 金谷美和・久木田由貴子 (特活)国際子ども権利センター	著 監訳 訳	1,800 円
新・大 学 生 が 出 会 う 法 律 問 題 ―アルバイトから犯罪・事故まで役立つ基礎知識―	信州大学経法学部	編	1,600 円
大 学 生 が 出 会 う 経 済・経 営 問 題 ―お金の話から就職活動まで役立つ基礎知識―	信州大学経済学部 経 済 学 科	編	1,600 円
よ く わ か る 保 育 所 実 習	百 瀬 ユ カ リ	著	1,500 円
実 習 に 役 立 つ 保 育 技 術	百 瀬 ユ カ リ	著	1,600 円
よ く わ か る 幼 稚 園 実 習	百 瀬 ユ カ リ	著	1,800 円

(本体価格)

───── 創 成 社 ─────